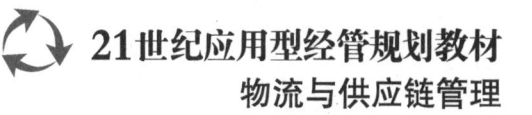

21世纪应用型经管规划教材
物流与供应链管理

物流工程
（第5版）

伊俊敏 编著

Logistics Engineering

电子工业出版社
Publishing House of Electronics Industry
北京·BEIJING

未经许可，不得以任何方式复制或抄袭本书之部分或全部内容。
版权所有，侵权必究。

图书在版编目（CIP）数据

物流工程 / 伊俊敏编著. —5 版. —北京：电子工业出版社，2020.8（2025.8 重印）
ISBN 978-7-121-39051-7

Ⅰ. ①物… Ⅱ. ①伊… Ⅲ. ①物流－系统工程－高等学校－教材 Ⅳ. ①F252

中国版本图书馆 CIP 数据核字(2020)第 093718 号

责任编辑：刘淑丽
印　　刷：北京建宏印刷有限公司
装　　订：北京建宏印刷有限公司
出版发行：电子工业出版社
　　　　　北京市海淀区万寿路 173 信箱　邮编 100036
开　　本：787×1092　1/16　印张：19　字数：475 千字
版　　次：2005 年 3 月第 1 版
　　　　　2020 年 8 月第 5 版
印　　次：2025 年 8 月第 12 次印刷
定　　价：68.00 元

凡所购买电子工业出版社图书有缺损问题，请向购买书店调换。若书店售缺，请与本社发行部联系，联系及邮购电话：（010）88254888，88258888。
质量投诉请发邮件至 zlts@phei.com.cn，盗版侵权举报请发邮件至 dbqq@phei.com.cn。
本书咨询联系方式：（010）88254199，sjb@phei.com.cn。

前言

2005年、2009年、2013年、2017年、2020年，不经意之间，15年过去了，我们一步一个脚印，迎来了本书的第5版。在我国发展与变革不断更新的时代，企业的物流系统要想满足经营发展的需要并应对新技术、新变革和新情况，就需要制造企业与物流企业的各类物流工程与管理、设施规划等专业人才和技术与管理人员夯实物流工程基础，掌握适时先进的知识与技能，深入进行物流系统的规划、设计、实施和改善，寻求物流系统效率与成本的平衡，以应对系统运行不断的变化，甚至意料不到的情况。

同前面几版一样，本书第5版坚持从企业角度和工程应用背景出发，深化理论与实践，不断充实与更新内容。本版对内容框架做了较大的调整，新设第4章"集装单元及其系统"，将原来分布于"物流工程设施与设备"和"物料搬运系统设计"这两章有关集装单元内容单列并大幅增补，因为随着我国物流技术的提升，机械化、自动化与智能化都要以集装单元为基础。第4章对包装、集装单元、托盘单元化、集装箱详述、集装箱单元系统、集装单元系统与运输等诸多方面进行了深入诠释。相应地调整原"物料搬运系统设计"这章的内容，并作为新的第9章，放在第10章"物流辅助设施及工程"之前。

本版全面地更新了"物流工程设施与设备"等基础技术章节中的图片，力求更清晰和真实地跟踪和反映物流工程设施与设备的新发展、规划与设计的新规范。本版还重点补充了一些设施与设备发展及应用的最新情况，如有关托盘内容的更新、半托盘等新技术的介绍，以及搬运车辆、输送机械和散料搬运设备等内容的改写。

这一版，我们对第8章"仓库与配送中心规划设计"中的仓库分类、仓库功能、存储方式、货架存储等一些重点、难点内容，进行了改写和完善。此外，增加了一些章节的习题，以供读者分析思考，更好地理解和掌握相应知识点。

本书秉持开放的理念，继续保持上一版的通过扫描二维码阅读延伸内容的特色，希望借助新的手段丰富、延展本书的内容，弥补纸品书籍的一些局限性。同时本书继续保持国际化视野，多方查阅求证，尽量保证书中专业词汇的中英文对照准确实用，便于读者进一步学习。

本版在编写过程中继续得到不少同人和业界人士的帮助，参阅了大量文献与网络资料，在此向他们表示深深的谢意。书中疏忽、遗漏、考证不足和不妥之处在所难免，敬请相关作者见谅并指教，也恳请广大读者批评指正。

本书各版序

目录

第1章 物流工程导论 1
1.1 物流及相关概念 1
1.1.1 物流的概念 1
1.1.2 物流系统 2
1.1.3 供应链与供应链管理 3
1.1.4 企业物流与第三方物流 4
1.2 物流工程概述 5
1.2.1 物流工程的概念 5
1.2.2 物流工程的研究对象与内容 6
本章习题与思考题 8

第2章 物流系统规划与设计 9
2.1 物流系统与运作 9
2.1.1 物流系统范畴 9
2.1.2 企业生产运作与物流 10
2.1.3 企业物流系统 12
2.2 生产物流分析基础 13
2.2.1 纲领设计 14
2.2.2 产品设计 15
2.2.3 工艺过程设计 17
2.3 物流系统分析 19
2.3.1 物流系统分析概览 19
2.3.2 物流量的衡量 21
2.3.3 搬运活性分析 22
2.3.4 物料流动分析 23
2.4 系统规划设计与可行性研究 24
2.4.1 工程设计概述 24
2.4.2 项目建议书 25
2.4.3 可行性研究 25
2.5 物流系统评价 27
2.5.1 物流系统评价原则 27
2.5.2 常用评价方法 28
本章习题与思考题 31
案例讨论 31

第3章 物流工程设施设备 35
3.1 收发设施设备 36
3.1.1 收发站台设施设备 36
3.1.2 计重计量设备 38
3.1.3 工业门 39
3.1.4 安保设备 40
3.2 包装与集装设备 40
3.2.1 物流包装设备 41
3.2.2 托盘 42
3.2.3 集装箱概述 48
3.2.4 物流周转箱 50
3.2.5 其他物流集装容器 51
3.3 存储设施设备 53
3.3.1 货架的分类与功能 54
3.3.2 托盘单元货架 54
3.3.3 其他类型货架 58
3.4 物料搬运设备 60
3.4.1 搬运车辆 61
3.4.2 起重机械 67
3.4.3 输送机械 69
3.4.4 散料搬运设备 73
3.4.5 自动物料搬运设备及系统 73
3.5 数据收集和通信设备 75
3.5.1 自动标识技术及设备 75
3.5.2 通信技术及设备 78
3.6 典型物流设备的技术参数与选用 79

3.6.1 托盘货架 79
3.6.2 叉车的主要技术参数与选用 80
本章习题与思考题 81
案例讨论 82

第4章 集装单元及其系统 86
4.1 包装与集装单元 86
 4.1.1 包装概述 86
 4.1.2 集装单元化 87
 4.1.3 集装单元设计 88
4.2 托盘单元化 90
 4.2.1 装箱问题 91
 4.2.2 托盘单元设计 93
 4.2.3 带板运输与托盘租赁 95
4.3 集装箱详述 97
 4.3.1 集装箱标准及术语 97
 4.3.2 集装箱基本规格尺寸 97
 4.3.3 集装箱类型 99
 4.3.4 集装箱标志 106
4.4 集装箱单元系统 110
 4.4.1 集装箱装箱 110
 4.4.2 特殊装载及要求 114
 4.4.3 集装箱系统设备 116
4.5 集装单元系统与运输 119
本章习题与思考题 119

第5章 设施选址与物流网络 123
5.1 设施选址概述 123
 5.1.1 设施选址的基本概念 123
 5.1.2 选址的意义及原则 124
 5.1.3 设施选址的内容 124
5.2 选址决策 125
 5.2.1 选址决策的影响因素 125
 5.2.2 选址决策阶段与流程 127
 5.2.3 选址分析与评价方法 129
5.3 服务设施选址 132
 5.3.1 服务设施选址的特点 132

 5.3.2 服务设施选址的因素和方法 132
 5.3.3 物流建筑选址 133
5.4 选址问题基础及应用 134
 5.4.1 选址问题分类的基础 134
 5.4.2 选址问题模型应用 135
 5.4.3 单设施选址问题与模型 135
5.5 多设施选址问题与物流网络 136
 5.5.1 运输模型法 136
 5.5.2 多设施选址问题基本模型及物流网络 138
 5.5.3 覆盖模型 139
本章习题与思考题 140
案例讨论 142

第6章 设施布置与设计 144
6.1 设施布置概述 145
 6.1.1 设施布置的内容 145
 6.1.2 设施布置的原则 146
 6.1.3 流动模式与空间需求 146
6.2 基本布置类型 148
 6.2.1 定位式布置 148
 6.2.2 产品原则布置 148
 6.2.3 工艺原则布置 149
 6.2.4 成组单元布置 150
6.3 流水线平衡与设计 152
 6.3.1 流水线相关概念 152
 6.3.2 流水线平衡 155
 6.3.3 流水线设计 160
6.4 单元式布置 165
 6.4.1 精益生产与单元式布置 165
 6.4.2 单元的形成 166
 6.4.3 单元生产线的类型 168
 6.4.4 单元生产线布置与设计 170
本章习题与思考题 171
案例讨论 173

第7章 布置技术及应用 175
7.1 系统布置设计（SLP） 176
7.1.1 SLP 基本要素与程序模式 176
7.1.2 物流分析之从至表 178
7.1.3 物流相关图 179
7.1.4 SLP 相关图技术 181
7.1.5 平面布置方案的确定 184
7.2 其他布置方法与布置设计 186
7.2.1 关系表法 186
7.2.2 详细布置设计 190
7.2.3 工作地布置 192
7.3 服务设施布置与设计 195
7.3.1 办公室布置 195
7.3.2 零售店布置 196
7.3.3 其他布置 198
7.4 布置模型与算法 201
7.4.1 算法分类 201
7.4.2 CORELAP 202
7.4.3 CRAFT 204
7.4.4 布置算法小结 206
7.5 布置设计软件与仿真 206
7.5.1 计算机辅助设施设计的发展 207
7.5.2 典型软件简介 208
7.5.3 系统仿真概述 209
本章习题与思考题 211
案例讨论 215

第8章 仓库与配送中心规划设计 218
8.1 仓库及仓储系统 219
8.1.1 仓库的分类 219
8.1.2 仓储系统 220
8.2 仓储运作与仓库规划 221
8.2.1 仓库的作业功能 222
8.2.2 仓库运作管理 224
8.2.3 仓库管理信息系统 231
8.2.4 仓库规划 231
8.3 仓库布置设计 232
8.3.1 存储方式与空间 232
8.3.2 空间利用 235
8.3.3 库容量与仓库面积 239
8.3.4 库房布置设计 245
8.3.5 通用仓库及库区规划设计要求 247
8.4 自动化立体仓库 247
8.4.1 概述 248
8.4.2 自动化立体仓库的优点 248
8.4.3 自动化立体仓库的分类 249
8.4.4 自动化立体仓库的发展趋势 249
8.5 配送中心规划设计 250
8.5.1 配送中心规划的要素和资料分析 250
8.5.2 配送中心的设施规划 251
8.5.3 其他系统规划 252
本章习题与思考题 252
案例讨论 255

第9章 物料搬运系统设计 260
9.1 物料搬运概述 260
9.1.1 物料搬运的概念 261
9.1.2 物料搬运的原则 261
9.2 物料搬运系统 262
9.2.1 物料控制系统 262
9.2.2 物料搬运方程式 263
9.3 搬运系统分析方法 264
9.3.1 物料的分类 265
9.3.2 布置 266
9.3.3 移动分析 267
9.3.4 搬运方案分析 267
9.4 搬运系统设计优化与改善 270
9.4.1 搬运设备数量的确定 270
9.4.2 搬运成本优化 270
9.4.3 提高搬运安全性 271

  9.4.4 搬运系统及作业的改善 272
 本章习题与思考题 275
 案例讨论 276

第 10 章 物流辅助设施及工程 278

 10.1 设施系统概述 278
 10.2 服务及辅助设施 279
  10.2.1 物流服务及辅助设施 279
  10.2.2 收发站台 279
  10.2.3 通道、道路及交通 283
 10.3 工程设计规范概述 286
  10.3.1 工厂总平面布置 286
  10.3.2 物流建筑规划与布置规范 287
  10.3.3 厂房设计与工业建筑 288
 本章习题与思考题 291

参考文献 292

第1章 物流工程导论

本章主要内容

- 物流及相关概念
  物流的概念、物流系统、供应链与供应链管理、企业物流与第三方物流
- 物流工程概述
  物流工程的概念、物流工程的研究对象与内容

1.1 物流及相关概念

物流作为一种社会经济运动的形态，自从人类社会有了商品交换就开始出现，并且已经存在上千年了，但人们开始重视它却还是近几十年的事。随着我国市场经济的发展，物流的重要性越来越多地被人们所认识。所谓物流是指物质实体从供给者向需求者的物理性移动。它既包括空间的位移，也包括时间的延续；可以是宏观的流动，如洲际、国际之间的流动，也可以是同一地域、同一环境中的微观运动，如一个生产车间内部物料的流动。因此，物流既存在于流通领域，也存在于生产领域，可以说无处不在、无孔不入。可见物流在经济活动中居于十分重要的地位。

1.1.1 物流的概念

"物流"概念最早在美国形成，当初被称为"PD"（Physical Distribution），译成汉语是"实物分配"或"货物配送"。它是为了计划、执行和控制原材料、在制品库存及制成品从起源地到消费地的有效率流动而进行的两种或多种活动的集成。后被日本引进，并结合当时日本的国内经济建设和管理而得到发展。这时，物流已不单纯是从生产者到消费者的"货物配送"问题，而且还要考虑从供应商到生产者对原材料的采购，以及生产者本身在产品制造过程中的运输、保管和信息等各个方面全面、综合地提高经济效益和效率问题。

在中国，物流的概念受到日本和美国的影响巨大，物流的概念也一直在发展变化，尤其是近年来的变化更加频繁，美国权威的物流管理协会（Council of Logistics Management，CLM，www.clm1.org）在不同的年代曾给物流下过5个定义。2002年CLM的定义为："物流是供应链过程的一部分，是对货物、服务及相关信息从起源地到消费地的有效率、有效益的正向和反向流动及储存进行计划、执行和控制，以满足顾客要求。"

佐治亚理工大学拥有国际上享有盛誉的供应链与物流研究所（www.scl.gatech.edu）。在该所的技术白皮书中是这样定义物流的："物流是伴随获得、移动、存储以及分发供应链货物（制造各个阶段的产品、服务以及信息）的所有活动。物流包括运输、分配、仓储、物

料搬运、库存管理等企业行为,与制造及市场密切相关。"

日本流通综合研究所的定义是:"物流是物资资料从供应地到需求者的物理性移动,是创造时间性、场所性价值的经济活动。"

我国国家标准 GB/T 18354—2006《物流术语》中对物流的定义是:"物流是物品从供应地向接收地实体流动的过程。根据实际需要,将运输、储存、装卸、搬运、包装、流通加工、配送、信息处理等基本功能实施有机的结合。"

从这一系列定义中可以总结出物流的概念包括以下含义:

- 物流的概念是随着社会经济、科学技术发展而不断扩展的,其内涵也是不断延伸的。
- 物流是一个空间上的"物"(主体是货物及与之相关的信息)的物理性移动过程,存在起点和终点,并且从起点到终点的物理性移动过程包括几个基本的环节:装卸、运输、供应、仓储、采购。
- 物流是以高效、低成本地满足客户的需求为研究目的的,物流的一体化和信息化是高效和低成本的保证。
- 物流是各种相关的管理科学、工程技术和信息技术的系统集成,单独重视某一方面而忽视其他方面都不能充分发挥物流的作用。

从狭义上看,物流至少要执行运输、搬运、存储,以及完成订单的文档等相关服务工作,其中前三者分别完成空间、形质和时间效用。但是,现今在顾客越来越高的要求下,仅仅完成这些是不够的。从人类生产经营活动来看,尽管在生产制造、采矿、选育、分装等工艺中,物流不是工艺的一部分,但这些工艺都需要物流来提供所需的物料,分发完成的产品,清除产生的废物和残留材料,这就不仅仅是运输、仓储和搬运就足够的了。因此,物流的范围从围绕产品生产、消费环节的生产物流到综合生产物流、服务物流以及相关的信息流,还包括回收物流或逆向物流(Reverse Logistics)。

现代物流的主要内容扩大到运输(Transportation)、存储(Warehousing and Storage)、包装(Packaging)、物料搬运(Material Handling)、订单处理(Order Processing)、预测(Forecasting)、生产计划(Production Planning)、采购(Purchasing or Procurement)、客户服务(Customer Service)、选址(Location)、退货处理(Return Goods Handling)、废弃物处理(Salvage and Scrap Disposal)和其他活动。

物流的概念,可从不同角度做出多种阐述,而且许多概念还在不断发展中。进入 21 世纪以来,物流的概念已向物流管理、供应链管理的概念转变,着重整个物流系统、运作的优化,包括运输合理化、仓储自动化、包装标准化、装卸机械化、加工配送一体化、信息管理网络化等。物流能力与水平是一个国家综合国力的重要标志,因此日益受到各界的关注和重视。

▶▶ 1.1.2 物流系统

在谈论物流系统之前,先要对系统有一个基本的了解。所谓系统,是指"由相互作用和相互依赖的若干组成部分(要素)结合而成的,具有特定功能的有机整体"。系统具有以下特点:

- 各个系统都具有一定的目的和功能;

- 在系统中通常有多种要素存在；
- 各要素之间互相关联。

系统工程以系统为研究对象，综合工程技术、应用数学、社会科学、管理科学、计算机科学和技术等学科的内容，是制定最优规划、实现最优管理的重要方法和工具。

物流系统是指在一定的时间和空间内，由所需位移的物料、包装设备、装卸搬运机械、运输工具、仓储设施、人员和通信联系等若干要素所构成的具有特定功能的有机整体。物流系统的目的是实现物流的空间和时间效用，在保证社会再生产顺利进行的前提条件下，实现各种物流环节的合理衔接，并取得最佳的经济效益。物流系统是社会经济系统的一个子系统或组成部分。物流系统具有规模庞大、结构复杂、目标众多等大系统所具有的特征。

物流系统是由运输、仓储、包装、搬运、配送、流通加工和物流信息等环节组成的，这些环节也称为物流子系统。运输和仓储是物流系统的主要组成部分，物流信息系统是物流系统的灵魂，物流通过产品的仓储和运输，尽量消除时间和空间上的差异，满足商业活动和企业经营的要求。作为系统输入的是各个环节所消耗的劳务、设备、材料等资源，经过处理转化，变成系统的输出，即物流服务。物流系统要尽量以最少的费用提供最好的物流服务，具体体现在：按交货期将所订货物适时而准确地交给用户；尽可能地减少用户所需的订货断档；适当配置物流据点，提高配送效率，维持适当的库存量；提高运输、保管、搬运、包装、流通加工等作业效率，实现省力化、合理化；保证订货、出货、配送的信息畅通无阻；使物流成本降到最低。

在物流系统集成时要注意系统中存在的一些制约关系，如物流服务与物流成本之间的制约关系、各物流服务子系统之间的制约关系、构成物流成本各环节费用之间的关系等，这些关系称为"二律背反"，因此必须从系统工程的角度出发，合理处理这些关系。

一般地，物流系统可以分为物流运作子系统和信息子系统。物流运作子系统是在包装、仓储、运输、搬运、流通加工等操作中运用各种先进技术将生产商与需求者连接起来，使整个物流活动网络化，提高效率。物流信息子系统是运用各种先进信息技术保障与物流运作相关信息的流畅，提高整个物流系统的效率。将物流运作与物流信息组成一个物流系统的目的就是要以最有效的途径提供最满意的服务。

▶▶ 1.1.3 供应链与供应链管理

对企业来说，最大的物流系统就是供应链（Supply Chain）。随着企业生产经营的发展，物流系统更加注重需求与计划并连接企业的上下游企业，即形成供应链。供应链是生产及流通过程中，涉及将产品或服务提供给最终用户活动的上游与下游企业所形成的网链结构。供应链的概念是在将生产的概念扩大到运作的基础之上发展起来的，它将企业的生产活动进行了前伸和后延。供应链是围绕核心企业，通过对相互关联的部门或业务伙伴之间所发生的物流、资金流和信息流的控制，覆盖从产品（服务）设计、原材料采购、制造加工、组装、分销直到最终用户全过程的增值链的网链结构模式。供应链中的物流是从供应商到顾客手中的物料产品流。

供应链从建立合作制或战略伙伴关系出发，跨越企业界限，从全局和整体的竞争力出发，使供应链从一种运作性的竞争工具上升为管理性的方法体系。供应链管理（Supply Chain Management）就是使供应链运作达到最优化，以最少的成本，使供应链从采购开始到满足最终顾客的所有过程，包括工作流、实物流、资金流和信息流等均高效率地操作，把合适的产品以合理的价格及时准确地送到消费者手上。供应链管理主要涉及需求管理、计划、物流管理、供应和逆向物流。供应链管理注重用户服务水平和降低总的物流成本之间的矛盾关系，因此要把供应链各个职能部门有机地结合在一起，最大限度地发挥供应链管理的力量，达到供应链企业群体获益的目的。供应链管理与传统的管理模式有很大的区别，在我国加入WTO后，企业要想提高国际竞争力，就需要应用供应链管理的思想和方法。

1.1.4 企业物流与第三方物流

物流系统通常分为企业物流系统和社会物流系统，其中企业物流系统源于工厂物流系统，是生产与管理系统的子系统。它是指工厂企业内部产品制造从供应、生产、销售直至回收、废弃等整个过程的物料流动，涉及原材料进入、储存、搬运、停放、加工、装配、包装、成品储存、在制品控制等。当然随着企业经营从生产向销售、贸易等的拓展，企业围绕其经营活动所发生的物流活动都是企业物流。企业物流系统的好坏直接影响企业经济效益和服务顾客的水平。社会物流系统则是企业之外、流通领域中的物流系统，是社会经济系统的子系统，它将生产企业看作物流起点，由若干物流点和配送商、销售商等以及区域信息系统组成大系统。社会物流涉及原材料、生产、销售和顾客的整个过程，并和商流密切相关。企业物流受到社会物流的影响和制约，必须与社会物流相适应。

企业物流是我国物流业发展的关键，工业企业是拉动物流业发展的源动力。物流业务来自供应链的各个环节，而工业企业通常是供应链的核心，因此工业企业的运作是产生物流需求的源泉。物流不仅与企业运作密切相关，还是企业的"第三利润源泉"，对企业的战略发展和增加客户价值有重大意义。如果企业物流管理不畅，时间、空间浪费大，物料流混乱，重复搬运，流动路径不合理，产品交货周期长，废弃物回收不力等，不仅无法提高企业生产效率，降低成本，还阻碍企业的长远发展。因此，企业，尤其是工业企业，应充分重视物流，大力发展企业物流，扭转我国企业物流的薄弱局面。

第三方物流（Third-Party Logistics，TPL或3PL）是独立于供需双方，为客户提供专项或全面的物流系统设计或系统运营的物流服务模式。现在企业面对激烈的市场竞争，为了提高核心竞争力，提高物流运作效率并降低物流成本，会将物流业务外包给第三方物流公司。第三方物流服务除了运输、仓储和配送，还有充分面向行业和企业个性化需求的包装、标签、分拣、回收、分装线作业、车辆出租、车队管理、EDI与报关服务、库存控制、客户服务和物流信息系统等。第三方物流服务由第三方物流企业提供，这些企业可以从运输企业转型而来，也可以从仓储企业延伸到配送等业务发展起来，还可以从制造企业本身的业务部门独立而来。现代信息技术的发展和供应链下分工协作的加强，给第三方物流企业带来了巨大的商机。

1.2 物流工程概述

物流工程是一门工程背景很强的学科。一方面，物流要运用运筹学和系统工程等理论知识来解决实际问题并优化系统，以低成本、高效率、高质量地实现物料的移动，使得准确品种与数量的物料在正确的时间、按照正确的路线、到达正确的地点。另一方面，除了社会经济发展的支撑，物流的发展和物流系统的构建也离不开与其相关的工程技术，这些相关的工程技术促进了物流工程的形成和升华。物流工程侧重从工程技术角度（包括系统工程的理论和方法）来研究物流系统的设计、实现和运行等问题，它涉及从物流系统规划到设计、实施，再到运行和管理的全过程。

1.2.1 物流工程的概念

物流工程是近年来出现的概念，在国内外还没有统一的认识。

一般来说，物流工程研究物流系统的设计、运营与控制问题，涉及产品和服务采购、运输、仓储和配送的整个过程，关键是物料和信息的流动。物流工程是以物流系统为研究对象，研究物流系统的规划设计与资源优化配置、物流运作过程的计划与控制及经营管理的工程领域。由于物流所涉及问题的广泛性和复杂性，因此需要从系统工程这一解决复杂性问题的专门学科的角度来研究物流活动。

虽然物流工程要借助系统工程的方法，但物流工程不仅仅是"物流系统工程"或"物流+系统工程"，它还涉及许多其他工程技术的应用，它是关于物流系统分析、设计、改善、控制和管理的学科，是管理与技术的交叉学科，它与交通运输工程、管理科学与工程、工业工程、计算机技术、机械工程、环境工程、建筑与土木工程等领域密切相关。虽然物料在物流系统内的流动离不开物料搬运的硬技术，但物流工程不仅仅是研究"物料搬运"的专门工程技术，否则它与机械工程及自动化就没有区别了，更重要的是它通过各种搬运与存储手段及方式的合理规划与配置，可以达到物流系统通常的 6R 目标——恰当的产品、数量、质量、状态、时间和地点。因此，物流工程作为一门学科，研究有关物流系统构成、规划设计、优化配置和持续完善的理论、技术和方法及其应用体系。与物流管理和供应链管理偏重于战略、运作与控制不同的是，物流工程更重视定量和工程方法的应用，如规划设计理念与方法、建模与优化求解、设施设备的合理选择与配置等，是用来解决物流系统设计与运作中出现的问题的工具。

物流工程体现了自然科学和社会科学相互交叉的边缘学科的许多特征。

1）物流工程是以多学科综合为其理论基础的，物流工作人员和研究人员需要有多方面的知识，除了要掌握生产、工艺、搬运、存储、信息等技术知识，还要掌握经济学、统计学等经济管理知识。

2）物流工程研究的对象一般是多目标决策的、复杂的动态系统。在系统分析时，既要考虑其经济性，又要考虑其技术上的先进性、科学性。因此，其研究方法不仅要运用自然科学中常用的科学逻辑推理与逻辑计算，同时，也常采用系统建模、优化设计和仿真与分析的方法。在研究中，常采用定量计算与定性分析相结合的综合性研究方法。

3）物流工程作为一门交叉学科，与其他学科有着密切的联系，如管理科学与工程、机械工程、自动化、计算机技术、交通运输工程、建筑与土木工程和环境工程等。

1.2.2 物流工程的研究对象与内容

前面已经明确说明，物流工程的研究对象就是物流系统及其相关活动。从物流系统的大小范围来看，一般将社会物资的包装、储运、调配（如物资调配、港口运输等系统）等区域活动称为"大物流"，而把工厂布置和物料搬运（Plant Layout and Material Handling）等企业内活动发展而来的物流（Material Flow）系统称为"小物流"。这些物流系统广泛存在于社会生产、经营和管理的各个领域，具体来说有以下形态：

- 企业物流系统，包括制造企业及其延伸的供应链；
- 运输及仓储业物流系统；
- 社会物资流通调配系统；
- 社区、城市、区域规划系统；
- 服务和管理系统，如办公室、商店、餐饮、医院、游乐园等涉及人员、物料和信息流动的系统。

本书将这些物流系统分为两类，即生产物流系统和服务物流系统。在制造企业内，一般以生产物流系统为主，但也涉及服务物流系统；而在服务企业和公共系统中则以服务物流系统为主。这两类物流系统将是我们研究的主要对象。

本书中物流工程的内容主要有以下几方面。

1. 物流系统规划与设计

这部分内容从物流系统分析开始，包括生产物流系统分析基础、物料流动（物流）分析；接下来是规划设计的方法与程序，如系统规划设计与可行性研究、系统规划评价与选择。这些内容在第 2 章"物流系统规划与设计"中讲述。物流系统规划设计还有一项主要内容就是选址与网络布点，从单个设施的选址到供应链物流网络的选址与资源分配都是企业经营的战略性问题。这些内容将在第 5 章"设施选址与物流网络"中专门讲述。

2. 物流工程技术基础

物流工程技术主要表现为各种物流工程设施设备，它们是物流系统要素中的硬件设施设备，是我们构建合理先进的物流系统的工程物质基础。随着技术的进步，这些设施设备层出不穷。是否了解掌握这些设备的性能与使用，合理配备物流设施设备，将直接影响物流系统及运作的效率和服务水平。第 3 章"物流工程设施设备"将以图文并茂的形式详细介绍收发设施设备、包装与集装设备、存储设施设备、物料搬运设备和自动数据收集与通信设备。第 4 章"集装单元及其系统"重点阐述包装与集装单元、托盘单元化、集装箱及系统。第 10 章"物流辅助设施及工程"则在比设备更大的层次上对物流涉及的辅助设施及工程进行了介绍。

3. 设施规划与设计

设施规划与设计（Facilities Planning and Design）根据系统（如工厂、学校、医院、办公楼、商店等）应完成的功能（提供产品或服务），对系统各项设施（如设备、土地、建筑物、公用工程）、人员、投资等进行系统的规划和设计。"设施"是指生产系统或服务系统运行所需的有形固定资产。对生产系统或工厂而言，设施包括占用的土地、建筑物和构筑物，加工用的机器设备、固定或移动的辅助设备，此外还包括维修设施、实验室、仓库、动力设施、公用设施和办公室等。不管是生产系统还是服务系统，它们的设施都是由实体建筑、机器设备、物料和人员构成的，这些设施是物流系统中的硬件，它们与信息及管理系统的软件共同构成物流系统整体。这些硬件设施是物流系统的结构骨架。

设施规划是在企业经营策略的指导下，针对企业个体中的生产或服务系统的生产或转换活动，从投入到产出的全部过程中，对人员、物料及所需的相关设施等，做出最有效的组合与规划，并与其他相关设施协调，以期获得安全的、有效率的和经济的操作，满足企业经营的需求，同时进一步对企业长期的组织功能和发展产生更积极的影响和效益。

近年来，设施规划与设计发展很快，已成为一个重要的独立科研方向和技术体系，被认为物流科学管理的开端。系统管理的蓝图，如资源利用、设施布置与选用等各种设想都体现在设施设计中，设施设计对系统能否取得预想的经济效益和社会效益起着决定性作用。

传统的设施规划仍以生产系统为主要对象，而生产系统则以制造工厂的规划最为复杂，也最具代表性。因此，本书第 6 章和第 7 章将以较大的篇幅讲述生产和服务设施规划设计的不同方法与技术。

4．仓储技术

物流系统的建立离不开仓库。在物流工程中，建立各种仓储设施并配置相应的存储设备和集装器具也是十分必要的。从仓库到配送中心，仓储技术已经从静态的存储发展到动态的服务。在各类仓库中最能代表现代物流技术的设施就是自动化立体仓库系统，它涉及机械、结构、电气、自动控制、计算机、网络等学科，是综合性强的高技术，近年来仓库及配送中心机器人技术的不断应用与进步更体现了这一点。仓储技术也是设施布置技术和物料搬运技术的综合应用，像广泛发展的各种配送中心、物流中心就是仓储技术发展的结果之一。本书将在第 8 章 "仓库与配送中心规划设计"中详细讲述这些内容。

5．物料搬运系统设计

物料搬运系统设计是对物料搬运的设备、路线、运量、搬运方法以及储存场地等做出合理的安排，包括物料搬运的概念与原则，物料搬运系统的组成及控制、搬运方程式，搬运系统分析方法和搬运系统设计优化与改善。更详细的内容还有物料的分类、布置、移动分析、搬运方案分析、搬运设备数量的确定、搬运成本优化、提高搬运安全性、搬运系统及作业的改善等，本书将在第 9 章阐述。

6．物流信息技术与仿真技术

现在物流的服务质量和效率更多地取决于信息管理技术，计算机的普及应用提供了更多的需求和库存信息，提高了信息管理科学化水平，使产品流动更加容易、准确和迅速。物流的信息化包括商品代码和数据库的建立，产品、生产计划、仓储、运输和销售等的信息网络。信息技术还应用在布置设计、场地设计、建筑设计、物料搬运系统和工艺流程的布置及动态模拟等方面，如 CAD 广泛应用于规划设计的各个阶段。计算机仿真技术在物流工程中的应用，可以通过计算机将物流系统的运行情况在具体运作前模拟出来，从而为评价、预测和改进系统提供重要的参考。由于信息系统的设计有专门的学科探讨，本书只介绍信息技术在布置设计中的应用和仿真技术（见第 7 章）。

7. 物流系统的管理技术

物流工程以提高物流系统的效率和效益为目的，仅靠先进的装备并不能达到目的，它需要通过对物流系统各要素的综合考虑，采用先进的信息收集和处理技术，加强运作和管理，提高物流服务质量和服务水平，建立先进的物流管理体系，以管理科学的思想和方法来实现物流系统的高效运作。目前一些新兴的管理方法，如 MRP、ERP、供应链管理等已经开始在物流系统中应用。这些内容将贯穿全书相应章节之中。

本章习题与思考题

1. 试比较物流管理和物流工程的异同。
2. 物流的主要内容有哪些？
3. 分别总结物流工程在不同类型企业中的研究内容。
4. 了解物流工程对企业管理的意义。
5. 阅读相关文献，分析现代物流的从业人员分类及所要掌握的知识和技能。
6. 以课后小组讨论的形式，探讨物流工程的主要研究内容。
7. 查找一篇有关物流工程的文献，就其中谈及的问题进行小组讨论。
8. 试翻译并解释以下"Logistics engineering"的英文释义：

"Logistics engineering is a field of engineering dedicated to the scientific organization of the purchase, transport, storage, distribution, and warehousing of materials and finished goods. Logistics engineering is a complex science that considers trade-offs in component/system design, repair capability, training, spares inventory, demand history, storage and distribution points, transportation methods, etc., to ensure the 'thing' is where it's needed, when it's needed, and operating the way it's needed all at an acceptable cost."

案例1 海尔集团的物流革命

第2章 物流系统规划与设计

本章主要内容

- **物流系统与运作**
  物流系统范畴、企业生产运作与物流、企业物流系统
- **生产物流分析基础**
  纲领设计、产品设计、工艺过程设计
- **物流系统分析**
  物流系统分析概览、物流量的衡量、搬运活性分析、物料流动分析
- **系统规划设计与可行性研究**
  工程设计概述、项目建议书、可行性研究
- **物流系统评价**
  物流系统评价原则、常用评价方法

2.1 物流系统与运作

如上一章所述,系统是由一些有相互关系的要素组成的,而网络是一个特殊的系统,它的要素主要是由物流和信息连接的众多工作站或节点。只有在这些节点要素的距离比节点本身的范畴大很多时,物流系统才能称为物流网络,因此物流网络常称为外部物流系统,而内部物流系统的范畴大小则依赖研究观察的距离与视角。

2.1.1 物流系统范畴

物流活动及管理涉及所有类型的组织和机构,包括政府、工厂、医院、学校、金融机构、批发商和零售商等,这些社会组织各自构成一个内部微观系统,而全部加起来就构成外部宏观的社会系统。对物流活动的研究当然是从微观,也就是从单个组织或企业系统开始的。按照定义,运作(Operations)是一切社会组织将对它的输入转化为输出的过程,那么微观的企业等社会组织系统都是一个运作系统,再细分为生产系统和服务系统。实际上,现代制造企业不仅进行生产,还提供服务,甚至服务更重要,因而其物流系统也便从生产系统延伸到服务系统。对应地,就有企业物流系统和社会物流系统,后者也可以称为物流网络。目前在全球市场的经济环境下,不再是单个企业的竞争,而是供应链的竞争,企业要想产品和服务更好、更快、更高质地送达顾客手中,必须从供应链范围来考虑物流问题,也就是说要从内部物流系统扩展到物流网络。

物流运作是十分复杂的，它伴随着企业生产和运作各个方面，企业必须对与物流相关的作业系统及活动进行必要的分析与规划，才能使物流系统有效运行。

分析物流系统，先从有生产、有实物流动的企业物流系统开始。

企业的物流系统与生产系统在很大程度上是重复交叉的，物流贯穿企业生产全过程，很多时候物流系统就是生产系统。对于制造性企业，生产系统的设计，撇开专业的技术设计，就是物流系统的设计；对于服务性企业，人流、信息流在很多时候也可以当作"物"流来看，服务系统的设计在很大程度上也是物流系统的设计。因此，在探讨物流系统规划的时候，就是探讨生产系统和服务系统的规划，本书所讲的对物流系统的规划与布置也将围绕生产系统和服务系统来展开。

▶▶ 2.1.2 企业生产运作与物流

生产过程是指以人、物、设备、资金以及传递的信息为资源，生产出具有实用价值的产品，提高产品附加价值的变换过程。狭义的生产（Production）过程包括加工、装配等物理变换和反应、合成等化学变化的制造过程，广义的生产（生产运作或运营）包括供销、运输等时间变换、地点变换的服务过程。地点变换就是将材料、零部件、产品等根据需求运送到指定地点，也就是通常所说的物流活动。

1. 现代生产过程与物流

现代生产依赖机器系统（Machine System）来完成，尽管机器系统自动化程度和信息化程度越来越高，但机器系统仍然需要人来操作或监控，因此执行系统（Performance System）是一个顺延的概念。机器系统理论的许多概念和原理，以及系统分析的方法都可以拿到执行系统或物流系统中来应用。机器系统执行生产订单时，对实体对象采用特定的技术或工艺来进行加工、转换、处理和移动（如例2-1）。自动机器系统是在有限自由度的情况下不依靠人来完成特定的工作，如生产中的自动印刷、自动化工厂和全自动流水装配线，物流中的自动化立体仓库ASRS、自动分拣系统和自动导引车系统AGV。执行系统依赖人来执行各种不同的顾客订单和服务订单。这一执行过程中需要很多技术手段，即机器系统或技术执行系统，如工厂、仓库、物流中心、交通网络等。

例2-1 电子产品生产制造过程中最重要的是电路板装配工艺（Printed Circuit Board Assembly，PCBA），它主要包括PCB光板经过丝印锡膏、SMT贴片、回流焊接、探伤检测，再经过手工插件和波峰焊、检查和最后测试等工序，如图2-1所示。

其中SMT（Surface Mounting Technology）是指表面贴装技术，将集成电路（Integrated Circuit，IC）、电阻等片状元件贴焊在PCB上，采用计算机控制，具有高密度、高精度、微型化的特点，是光机电一体化最尖端的应用领域，广泛应用于计算机主板、手机、数码相机、数字化装置、变频器等尖端产品的PCB装配工序。SMT后需要回流焊接才能将元件固定在电路板上。

手工插件就是将自动插件机无法安插的元器件采用手工方式安装到PCB上，包括其他所有的插件元件、电容、电感、连接器等元器件。插件后需要波峰焊接才能固定元器件。

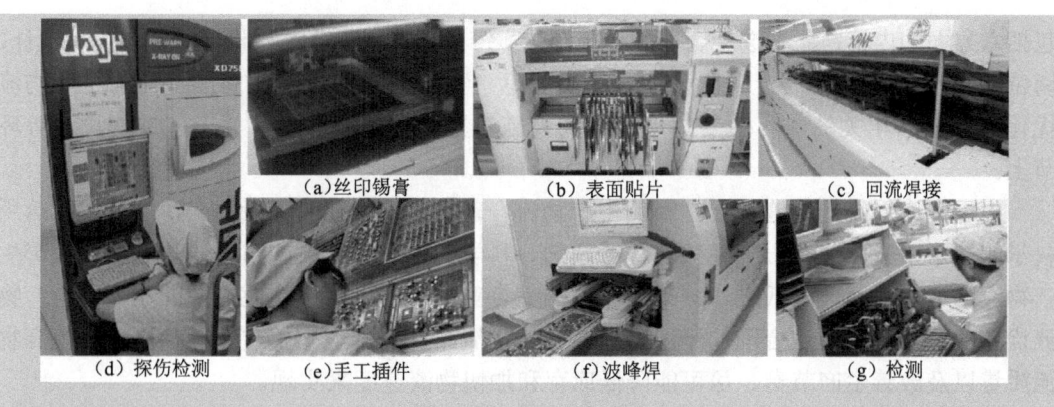

(a) 丝印锡膏　　(b) 表面贴片　　(c) 回流焊接
(d) 探伤检测　　(e) 手工插件　　(f) 波峰焊　　(g) 检测

图 2-1　电路板装配主要工艺流程

电子产品及零部件体积小、重量轻，物流量并不大，但零部件价值高、精密细巧，对温/湿度、灰尘、振动、静电等环境要求高，需要专门的包装、容器和监控措施来防止其在物流过程中被毁损。

时间变换要求产品制造及物流活动按计划执行，产品制造周期太长则造成产量不足，供货不及时，从而影响企业的声誉；产品流通周期太短则造成库存积压，降低了产品的价值。在产品种类和数量激烈变化的现代生产中，时间变换的重要性是不言而喻的。面对现代社会的需求，只将视线对准狭义生产范畴的制造过程，只在制造领域采取措施提高生产率是不够全面的。只有面对市场变化及时做出正确的地点变换、时间变换，将开发、制造、销售有效地结合起来，并在此基础上充分利用信息技术，才能全面满足现代社会的需求。

2. 生产系统与物流的关系

生产物流是指伴随企业生产过程的物流活动。即按照工厂布局、产品生产过程和工艺流程的要求，实现原材料、配件、半成品等物料在工厂内部供应库与车间、车间与车间、工序与工序、车间与成品库之间流转的物流活动。

制造企业的生产过程实质是将各个生产加工过程"串"起来的一连串物流活动，可以说"工艺是龙头，物流是支柱"，因此，一个合理的生产物流过程应具有连续、平行、按比例、均衡、准时和柔性等基本特征，这样才能保证生产过程始终处于最佳状态。

生产物流负担运输、储存、物料搬运等任务。物流系统与生产制造的关系，如同人体中血液循环系统与内脏器官的关系，物流系统既是生产制造各环节组成的有机整体的纽带，又是生产过程维持延续的基础。生产制造系统规模不断扩大，生产的柔性化水平和自动化水平日益提高，要求生产物流也要相应发展，使之与现代制造系统相适应。

据一些典型机械制造企业的调查资料显示，按其工艺过程，零件在机床上全部加工时间只占生产过程全部时间的 10%左右，在其余 90%左右的时间内，原材料、零部件、半成品或制成品处于等待、装卸、搬运、包装等物流过程，即工序间物流活动时间占去了产品生产过程总时间的约 90%。可见，如果从时间上考虑，工序间物流已成为生产物流的代名词。由于工序间物流实际上主要与两种物流状态（储存和移动）有关，所以对于储存与搬运这两个物流环节而言，首先要研究其合理性，然后才是具体形式的选择。合理性要求在生产系统设计过程中要综合考虑各方面的要求。生产系统的设计（通常也称为设施规划）

包括六方面的内容：厂房选址、车间设施布置、产品设计、工艺过程设计、生产流程设计、岗位和工作设计。每个方面在设计时都要考虑"物流路径"合理化问题，而与生产物流优化直接密切相关的内容主要体现在车间设施布置、生产流程设计、工艺过程设计等环节上。

由于生产系统的设施布置是影响生产物流合理性最为重要的因素之一，这就要求运用科学的技术手段，建立一个高效的、合理的、科学的生产系统设施布局，从而大大改善生产物流的运作效率，降低成本，提高企业的综合竞争能力。对于企业内部的物流而言，物流优化的途径主要通过合理的平面布置、优化物流路径及合理配置装卸运输机械、提高物流质量以及改善生产节奏、尽可能降低库存和加快物流速度来实现。

工业企业总体布置和各种生产设施、辅助设施的合理配置是企业物流合理化的前提。优良的平面布置可以使物料搬运费用减少 10%～30%。通过全系统的物流强度计算和物流系统定量分析，优化企业总体布置，合理配置各种生产设施、辅助设施，避免或减少物流迂回、交叉及无效的往复运输、倒运，避免物流输送过程混乱、线路过长等，达到物流短捷、顺畅。企业内部的物流成本无疑是企业挖潜增效的"第三利润源泉"，而有效的企业物流系统规划和工厂布置则是实现这一目标的关键。

▶▶ 2.1.3 企业物流系统

企业的生产系统只完成了产品的形质效用，要将产品送到消费者手中，实现产品的空间、时间和拥有效用，还要考虑销售和物流活动。就制造企业来说，从物料的采购进厂开始，经过一道道工序加工成半成品，再到产成品，经过若干存储与运输环节，最终到达用户手中，这一全过程离不开物料的流动，它们构成了企业的物流系统。在企业物流中，除了生产物流，还有采购供应物流和销售物流，以及逆向物流和废弃物流，如图 2-2 所示。图 2-3 则显示了机械产品生产物流系统的桑基图（Sankey Diagram），即物流结构分布图。

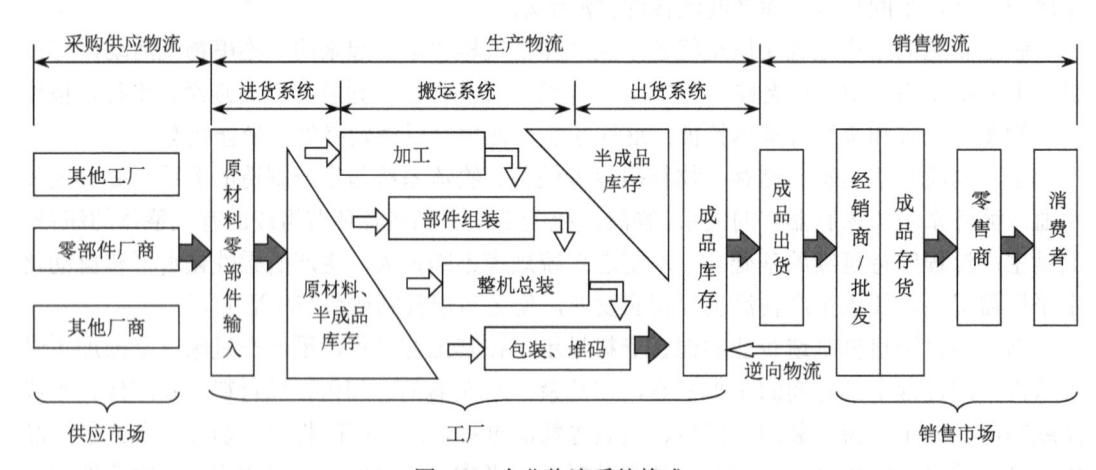

图 2-2 企业物流系统构成

我们将完成除生产以外的这些物流活动的系统统称为服务物流系统，它不仅存在于制造企业中，也存在于大多数服务性企业中。服务物流系统，涵盖企业物流系统中除生产物流系统外的活动，包括采购供应物流系统和销售物流系统。从规划设计角度来说，这两部分相同点和联系很多，不应割裂开来。服务物流系统内常见的形态有仓库、配送中心和零售店等，对它们的规划和分析与生产系统有相同也有不同之处，我们将在第 6 章和第 8 章详细介绍。对于服务系统中常见的办公室来说，人流、信息流在很多时候也可以当作"物"流来看，从而可以应用生产物流系统的设计方法。

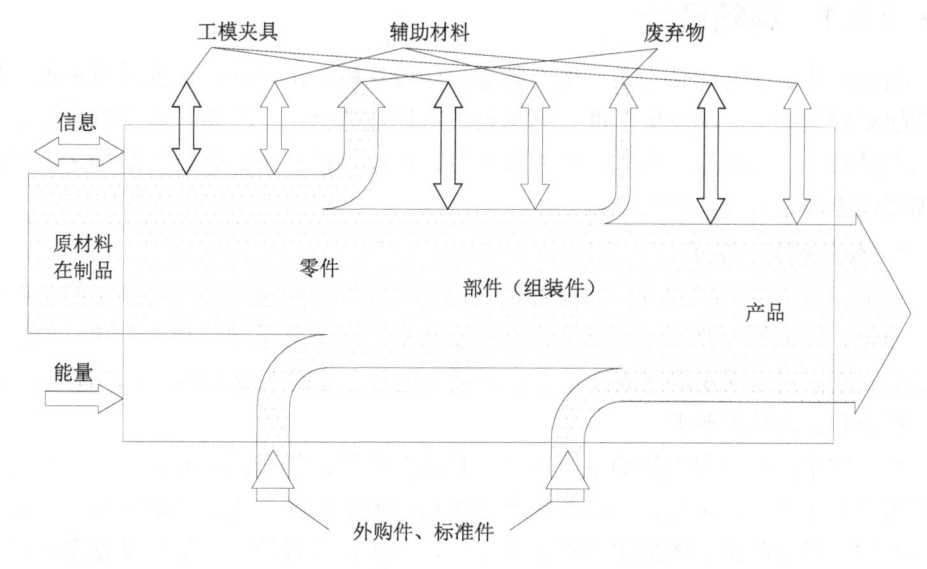

图 2-3　机械产品生产线物流结构分布图（桑基图，Sankey Diagram）

2.2　生产物流分析基础

不论是生产系统还是服务系统，对它们的规划和分析都必须有基本的信息和数据。规划设计人员、小组或团队要做大量的调查研究，要进行有效的物流分析，要了解企业分散在不同部门，如营销部门、产品开发设计部门、制造部门、工艺部门等之中的各种产品、产量、工艺、路线等信息。在系统的规划与设计过程中对上述信息的收集是必不可少的，比如了解企业的生产纲领文件、产品结构文件（Bill of Materials，BOM）、工艺路线图（Route Chart）、装配程序图（Assembly Chart）和工艺过程图（Operations Process Chart）、流程图（Precedence Diagrams）等。本节将通过一个小型工具箱的设计、工艺分析、物流分析直到投入生产的整个过程，介绍分析和获取物流基本信息的各种方法。

在形成一个新的生产系统之前，下面这 5 个问题是必须要考虑清楚的：

1）生产什么？

2）产品如何生产？

3）什么时候生产？

4）每种产品生产多少？

5）生产该产品的周期多长？

这 5 个问题分别由 PPP 即纲领设计（Program Design）、产品设计（Product Design）、工艺过程设计（Process Design）来回答，并提供有关资料。

本节我们重点研究与生产系统设计或设施规划有紧密关系的纲领设计、产品设计和工艺过程设计这三个设计过程。一个成功的制造企业需要一个有效的生产系统，制造企业的设施规划设计主要是生产系统（也包括服务系统）的规划和设计。纲领设计、产品设计和工艺过程设计这三个"P"的问题是一个企业生产和运转最根本的问题。

2.2.1 纲领设计

纲领设计要规定产品方案、生产数量、建设规模，由可行性研究人员根据市场预测和企业战略规划提出，决策层批准。纲领设计对场址选择、工厂布置等都有直接影响，设施规划人员必须积极参与。有时，纲领设计要在对原有设施条件分析的基础之上进行，这就更需要设施规划人员紧密配合。

1. 生产纲领的内容

对于工业项目，纲领设计的任务是确定企业的生产纲领。生产纲领指的是在规定时期内（如年）制造的主要产品的品种、规格及数量。对于交通运输项目和建筑项目，可以用路线的长度和建筑面积等来表示。生产纲领决定着企业的专业方向、生产性质、规模等级、工厂组成和工艺技术要求。

产品的生产纲领即产品的生产规模，也就是产品的年产量，对品种少、数量大的产品生产来说是很容易决定的。产品的年产量主要取决于市场的需求及其预测，也要考虑投资的可能性。对多品种、成批生产产品的工厂，为了简化设计，一般要从众多的产品中选定设计的代表产品。选定代表产品主要考虑三个因素：代表产品与被代表产品应是同类产品，基本结构应尽可能相似；选定的代表产品应是该工业设施建成后生产数量较多的产品，同类产品中如果年产量相差不多时，应选中等尺寸者为代表产品；选定代表产品后须将被代表产品的数量折合为代表产品的当量数，以作为设计的依据。总生产纲领即代表产品年产量加上被代表产品的折合年产量之和。

2. 生产能力分析

生产纲领是对设计生产能力做出的规定目标。在确定生产纲领时要对生产能力进行分析。生产系统的生产能力（产能）是指生产性的固定资产在一定时期内所能生产一定种类产品或服务的最大数量。设计生产能力是指一个新的生产系统，根据既定产品和工艺过程的特点和要求建设的厂房、建筑物、生产设备、运输装置等固定资产形成的综合生产能力。生产系统建成以后，经过一段时间的调试和试生产，进入稳定的运行期间，应该达到生产纲领规定的年产量。

纲领设计应该在确定产品选型、市场调查和需求预测的基础上，分析经济规模的界限，确定最合理的生产规模及产能。经济规模问题是研究生产规模与生产成本的演变关系。因为生产成本因产量不同而变化，在一定条件下可以从这种演变关系中找出经济规模界限或经济规模区域。在确定最适宜的生产规模的同时，还应研究这种生产规模的可行性。

3. 生产纲领与生产类型

正确划分企业的生产类型对选择合理的生产组织形式、生产方式、管理方式，都有重要意义。通常情况下，工业企业生产的产品品种越少，品种的相似性越大，产品的产量越大，则生产的专业化程度越高，生产过程的机械化、自动化水平也越高。因此，按生产的成批性划分生产类型，是制造业的工厂设计必须涉及的问题。而生产类型的划分既然取决于企业的产品品种、产量，也就取决于企业的生产纲领。

按生产的成批性划分，有三种基本生产类型：

1) **大量生产**。大量生产的特征是产量大而品种少，生产条件稳定，生产重复性程度高，每个工作站（地）完成一道或少数几道工序，工作站的设备按专业化生产的要求进行装备，广泛应用流水作业，采用高效率的专用设备和专用工艺装备，组成生产线、自动线或柔性生产线系统。汽车制造厂、轴承制造厂等属于这种类型。

2) **成批生产**。成批生产的特征是产量比大量生产的少，而品种较多；在计划期内要同时生产若干品种的产品，每种产品的制造周期性地分批进行；大多数工作站要担负较多的工序。这种生产类型不可能全部或大量采用自动化、半自动化设备和专用设备，而要根据产量的大小、加工的难易程度，分别采用部分自动化设备、半自动化设备、专用设备和部分通用设备。它可以由柔性制造系统或柔性制造单元构成，也可由通用设备和某些专用设备的成组技术布置方式构成。成批生产又可分为大批生产、中批生产、小批生产。机床制造厂、电机制造厂等属于这种类型。

3) **单件生产**。单件生产的特征是生产的产品品种繁多，而每种产品的产量都不大，甚至只制造一个或几个，在一年内不重复生产或不定期地重复生产；生产的稳定性和专业化程度很低；大多数工作站要担负很多道工序。因此，要求生产系统最具柔性，采用通用设备或单机数控，只有为了达到某种技术要求的零件和工序才采用专用设备和工装。重型机器制造厂、发电设备厂等属于这种类型。

▶▶ 2.2.2 产品设计

产品设计过程详细说明了产品的结构、尺寸、材料和包装等信息，产品设计是工艺过程设计的前提，而工艺过程设计对工厂设计起着龙头作用。

1．产品设计的任务

产品设计的内容包括：决定要生产什么产品，每种产品的详细设计。生产什么产品，由决策部门综合项目执行中的市场信息、生产能力、资金流转等基本企业信息而做出决策。与此同时，还要求确定要生产的产品的规格、功能要求等基本信息。而详细产品设计则是专门的产品设计人员的任务。

产品设计受产品功能、材料、美学的影响，也要考虑市场、销售、制造工艺、质量控制等因素。在设计过程中，常常要研究材料选择、制造方法、零件标准化。在最后完成之前，要进行价值分析研究，集中改进部件或零件的功能与成本之间的关系，将降低成本和实现既定的功能两者统一起来。

对于确定的产品，规划设计人员要从产品设计人员那儿获得产品设计的资料，作为规划设计的重要输入。确定了要生产产品的类型，就要考虑生产所需要的设备、外部的经济因素、现有的人力和物力资源、所面临的竞争、设备更新的快慢。这些都应该以假定的生产目标，在进行设施布置前确定下来。

2．产品设计信息

对于一个设施规划来说，详细的操作说明书、图示说明、产品原型的说明都是十分重要的信息。这些在爆炸装配图（Exploded Assembly Drawing）、零件图（Component Part Drawing）、零件明细表（Parts List）等一些产品的信息文件中进行说明。

（1）爆炸装配图（也称为分解装配系统图）

这种图一般按比例画出，用于表示零件之间的装配关系，但省去了说明和尺寸，如图 2-4 所示的是小型工具箱的爆炸装配图。这种装配图可以使设施规划人员清楚而且形象地了解产品的装配关系。在爆炸装配图中，需要标明各个零件的图号，并且要求能清晰地表达出相互的装配关系。

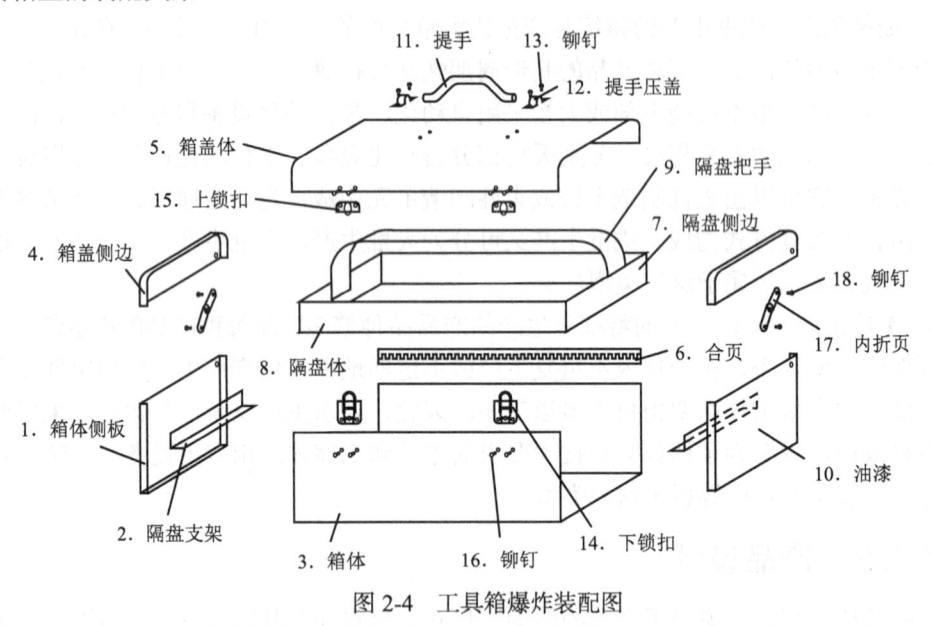

图 2-4 工具箱爆炸装配图

（2）零件图

爆炸装配图中的每个零件都有自己的零件图，零件图应该提供足够充分的说明信息和尺寸信息，让加工工人看到零件图就可以加工出相应的零件。图上注明详细的尺寸、加工符号、公差精度要求、材料和重量等信息。属于螺钉、螺母、垫圈等标准件的，则可以省略零件图。如果某一零部件是其他工厂制造的标准产品，这种图样也可以是简略的，只要列出技术规格即可。爆炸装配图和装配图中涉及的所有零件的零件图就是所有产品设计的文档。

（3）产品结构文件（或称零件明细表或物料清单，BOM）

为了能够更清楚地说明产品中各个零件的信息，需要绘制一个零件明细表是必要的，它就是在正式的装配图中的零件明细表，至少应包括零件号、零件名称、图号、数量、材料、尺寸、自制或外购等信息。随着计算机辅助设计软件和 PDM、MRP/ERP 软件在企业中的应用，BOM 越来越成为企业的重要信息。有时，BOM 还附加其他内容，如详细的技术说明、外购件的来源和零件价格等。

2.2.3 工艺过程设计

工艺过程设计决定产品将怎样生产，零件是自制还是外购，采用什么工艺和设备，需要多长时间，它是工厂物流系统设计和工厂布置的重要依据。

1. 自制或外购决策

一个制造企业的设施范围，可以包括从购进原材料并通过一系列加工、装配，到完成最终产品；也可以从购进零部件经过装配到完成最终产品。一个产品的设计，可以包括几个、几十个，甚至成千上万个零部件及元器件，不可能全部由企业自己完成，哪些自制，哪些外购，需要做出正确的决策。这种决策就是自制或外购（Make or Buy）决策，显然设施范围的大小与这种决策紧密相关。

自制或外购决策是企业典型的管理决策，它主要以成本作为衡量标准，但同时还要考虑供应链中工程技术、市场、工艺、采购，甚至包括人力资源等其他因素，并要根据具体的项目和工程实践灵活地选择和安排。同时，随着供应链管理思想的发展，企业需要不断增强自己的核心竞争力，可能逐渐放弃一些利润十分薄的环节，转而投资和开发自己占有优势的方面。总之，自制或外购决策要综合考虑经济、市场、工艺、采购、运输、人力资源等因素。

2. 工艺分析与选择

零部件的加工工艺和产品的装配，要求确定或选择自制零件的加工工艺方法，从而再确定加工装配所需要的机器、设备。工艺设计需要具有丰富生产实践经验的工艺工程师才能胜任，因为工艺工程师熟知企业的生产情况、各种工艺方法和加工设备、加工能力和水平、各种管理规章制度等。可以毫不夸张地说，设施的布置在很大程度上取决于零件制造工艺和产品的装配工艺过程。

现代工程技术的发展给工艺选择带来很大的空间，一般可用几种不同的设备并采取不同的加工工艺来完成同一系列的加工操作。工艺选择应该以质量和成本作为考虑的主要因素。如果工艺能够保证质量但是成本很高，或者一种工艺十分现代化但投资效益不高，那么这种工艺就不可取；相反，如果成本很低但不保证质量，当然也不行。

工艺选择还可以借助计算机辅助工艺设计（Computer Aided Process Planning，CAPP）来完成。CAPP 是通过向计算机输入被加工零件的几何信息（图形）和加工工艺信息（材料、热处理、批量等），由计算机自动输出零件的工艺路线和工序内容等工艺文件的过程。CAPP 能在现有技术的基础上，以高质量、高生产率、低成本和规定的标准化程度来拟定一个最佳的制造方案，从而把产品的设计信息转化为制造信息。

工艺选择的输出结果是对自制零件所需的原材料、设备、加工工艺过程等信息的综合。输出的结果一般可以用工艺路线卡（Route Card）来表示，在大批量生产时还有更为详细的工序卡。通常工艺路线卡中包含零件编号、名称、材料、加工批量、各工序编号、各工序加工内容、采用设备、工艺装备、工时定额以及技术工人等级等。表 2-1 所示的就是工具箱箱体的工艺路线卡实例。

表 2-1　工具箱箱体的工艺路线卡

零件代号：7440		零件名称：箱体	Matthew Stephens Inc.
原材料：1020 冷卷钢板尺寸 18 in×24 in			产品：小型工具箱
			编制人：Fred E. Meyers　　日期：01-07-2007

工序号	工艺设备	工序名称	工时定额
5	剪床	切料至宽度	1 400
10	剪床	剪切至长度	1 175
15	冲床	冲制铆接孔	650
20	冲床	两边压弯成型	475

注：1in=25.4mm

3．工艺流程分析

工艺流程分析主要是分析把原材料变成成品的加工装配流程。

首先要进行零件装配成部件和部件装配成成品的流程分析，确定流程中各工序之间的先后关系。装配程序图（Assembly Chart）就是一种好的分析方法，仍以图 2-4 所示的工具箱为例，结合零件明细表，建立的装配程序图如图 2-5 所示。装配顺序可能有几种选择，这时可以用作业时间标准来选择最优的顺序，这一过程称为装配线平衡或流水线平衡，详情请参见第 6 章。

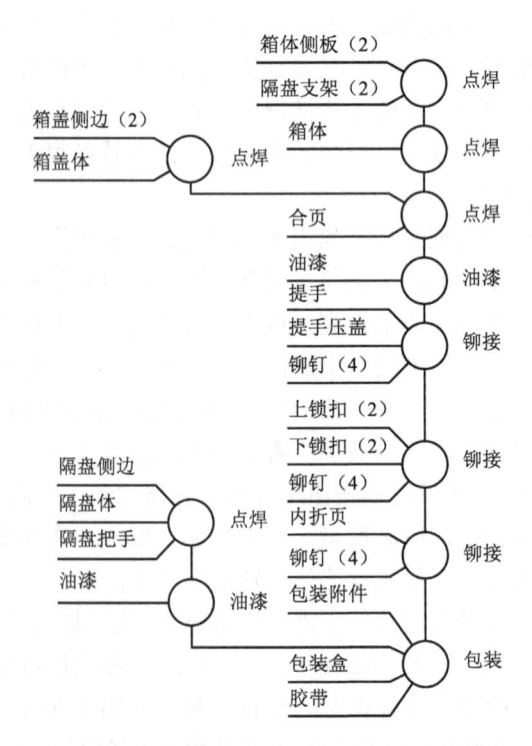

图 2-5　工具箱装配程序图（括号内数字为数量）

工艺路线卡提供了加工方法方面的信息，装配程序图说明了各个部件是怎样组装起来的，将这两张图表综合起来可以得到一个显示物料或工件在各个设备中流动的完整结果。

这就是加工工艺过程图（Operation Process Chart）。

工艺过程图采用一套流程图例符号来表示工艺过程，如加工操作（○）、搬运（⇨）、储存（▽）、停滞（D）、检验（数量□，质量◇）。工艺过程图可以用来详细描述产品生产过程中各工序之间的关系，也可以用来描述全厂各部门之间的工艺流程。工艺过程图为进一步进行深入的物流分析奠定了基础。

工艺过程分析中还要考虑设备分析。要了解主要设备的外形尺寸、重量、特性、操作方式、布置要求，确定设备所需布置空间，了解设备对环境的影响和要求，了解设备需要的基础和特殊建筑物，确定与其他设备之间的联系。我们可以查询有关设备、设计手册和向厂家询问有关数据，结合前面 PPP 设计，选好型，为后面确定空间需求和布置过程打好基础。

2.3 物流系统分析

物流系统分析，就是从物流系统的整体出发，根据系统的目标要求，运用科学的分析工具和计算方法，对系统目标、功能、环境、费用和效益等进行充分的调研，并收集、比较、分析、处理有关数据和资料，建立若干拟订方案，比较和评价结果。

物流系统分析是物流系统规划、设计、建立和评价的主要内容，贯穿本书多个章节，下面先从分析概览开始。

2.3.1 物流系统分析概览

根据系统理论，对要规划的系统，我们要明确系统边界、输入、输出和系统环境，并确定系统的要素和子系统，以及它们所形成的系统结构和相互关系。物流系统规划要考虑实物的流动、库存，相关的信息流动以及物流系统所服务的工作流，具体的工作包括物流功能的确定（所采用的物流技术、设备及相应的标准）、维度（物流设备数量、空间和人员要求）、结构分析（物流服务需求、物料流动分析计算、综合工艺流程和生产设施的物流资源布置方案）和设计（包括不同形式物料流动的整个生产设施布置）。

在物流系统规划设计中还应当注意：要考虑物流系统的边界条件，对物流系统需求和绩效进行分析，对物流技术有充分认识，考虑物流系统的整体柔性，以及充分考虑人作为物流主导者的因素。

明确了这些工作内容和考虑因素，就便于对具体的企业物流系统进行深入分析。企业物流系统规划要满足企业在战略时间段内物流"准快省"的需要，必须考虑企业的内外部需求，对系统所提供的服务和绩效进行比较，这就要进行物流系统分析，以有利于企业降低成本、改进服务、提高服务质量和竞争力。企业物流系统分析通常包括五大分析：需求分析、绩效分析、流程分析、结构分析和标杆分析。下面分别介绍。

1. 需求分析（Requirement Analysis）

需求分析是第一步，要核准顾客、市场、销售和企业其他部门对物流服务和绩效的要求。这些要求与公司总体目标是否一致，满足这些要求的投入产出是否合理，是否符合公司战略重点、营销的功能与范围等都是要专门考虑的。例如，企业销售部门从自己部门出

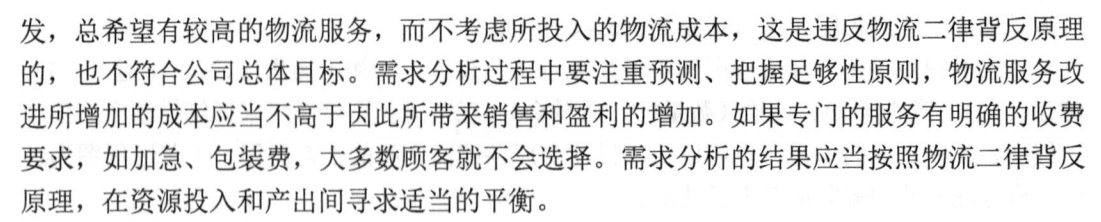

发,总希望有较高的物流服务,而不考虑所投入的物流成本,这是违反物流二律背反原理的,也不符合公司总体目标。需求分析过程中要注重预测、把握足够性原则,物流服务改进所增加的成本应当不高于因此所带来销售和盈利的增加。如果专门的服务有明确的收费要求,如加急、包装费,大多数顾客就不会选择。需求分析的结果应当按照物流二律背反原理,在资源投入和产出间寻求适当的平衡。

2．绩效分析（Performance Analysis）

企业物流系统构造的目的在于完成企业整体战略下确定的物流的任务和目标,并取得预期的成绩和效果。绩效分析的任务是检查衡量从采购、生产到销售的整个物流过程中各个单项工作站的运营和管理绩效,包括发生了哪些成本,达到了什么质量和效益。衡量的结果就是分析确定各工作站及其间的订单流、物料流和信息流的关键性能指标。通过绩效分析,订单执行时需要哪种资源投入,成本是多少就能清楚明白。绩效分析能够确定企业物流的弱项及对应解决方法。在将系统绩效与需求结果量化时,往往与由分析物流任务发出者的需求所得到的基本绩效需求是不同的,这就要求对物流系统运用定性和定量的方法进行科学评估,在后续章节中将陆续介绍。

3．流程分析（Process Analysis）

流程分析在上一节已经介绍了不少,这里再结合生产延伸到整个运营来总结一下。

流程分析的任务就是将顾客到顾客的订单处理商务流程与从供应商到货物接收者的物流流程进行综合分析,是流程建模的基础。所有的物流流程分析都应当从顾客开始,从订单接受、处理、采购、生产到最终的配送,分析各个环节的价值贡献和顾客导向,需要考虑物流单位、物流主数据、时间管理、成本、存储、服务质量、系统内外接口与连接、排程和过程控制、物流链,以及自制或外购决策。

流程分析的结果是进行流程优化的基础,以此做出是对自有物流资源的最有效利用还是物流业务外包的决策。此外,还需要考虑不同可能方案的经济效益,以及人员配备和流程改进所带来的变化。

4．结构分析（Structure Analysis）

在前述分析的基础之上,结构分析通过改变结构及配置来检验可以达到的服务、质量和成本改进,以确定给定系统结构是否能够满足现在和未来的需求。为此,需要建立企业物流网络及所有子系统的结构图,在这一直观过程中一些弱项就会暴露并找到改进方法,例如接受订单的同一工作站有多个物料来源时就可能有冲突,这时可以优化改进同一来源同种物料通过不同物流路线到达最终目的地。

结构分析解决的问题有工作站的分布位置、功能分配、资源的集中度、供应链的阶段等问题,如直接配送或转运的判定标准。它的结果不仅是改进结构的依据,也是重新设计物流网络或子系统的基础。结构分析还能有助于确定是采用集中存储还是分散存储策略,以及对成本、服务、绩效和竞争力方面改进的评估。

5．标杆分析（Benchmarking Analysis）

标杆分析是用来衡量组织的流程、活动是否达到了最佳实践水平的系统管理工具。它将企业经营的成本、绩效和其他关键因素、各方面状况和环节与竞争对手或行业内外一流的企业进行对照分析的过程,包括运作方法、组织和战略等不同层次的比较。实施标杆分析的公司必须不断对竞争对手或一流企业的产品、服务、经营业绩等进行评价来发现优势和不足。公司、工厂和工作站小的差异也会对关键绩效指标造成大的不同,例如,因为货物大小和价值不同,不同产业公司间的外部物流标杆分析结果可能令人大跌眼镜。

标杆分析有外部型(不同企业间)、内部型(同一企业不同业务单位之间)和解析型(已有绩效和计划最优之间),其中前两者做得较多,有助于企业制定自己的策略,但解析型则有助于企业通过内部调整选项来达到自身可以达到的"最佳实践"。

总之,没有目标便无成功,上述分析将有助于企业明确物流系统的功能目标,并借助本书后面介绍的方法制定出具体的策略和最终方案。

▶▶ 2.3.2 物流量的衡量

既然物流分析要确定物料移动的强度和数量,我们就先看一下物流量的衡量。

当比较不同性质的物料搬运状况时,各种物料的物流量大小应酌情考虑物料搬运的困难程度,采用当量物流量和玛格数等来计量。

1. 当量物流量

物流量是指一定时间内通过两个物流节点间的物料数量。在一个给定的物流系统中,物料从几何形状到物化状态都有很大差别,其可运性或搬运的难易程度相差很大,简单地用重量或体积作为物流量计算单位并不合理。因此,在系统分析、规划、设计过程中,必须找出一个标准,把系统中所有的物料通过修正、折算为一个统一量,即当量物流量,才能进行比较、分析和运算。

当量物流量是指物流运动过程中一定时间内按规定标准修正、折算的搬运和运输量。这种修正与折算充分考虑了物料在搬运或运输过程中实际消耗的搬运和运输能量等因素。例如,一台载重量为10t(1t=1000kg)的汽车,当其运输10t锻件时,10t锻件的当量重量为10t;而当其运输2t组合件时,2t组合件的当量重量还是10t。

在实际系统中,所提及的物流量均指当量物流量。目前,当量物流量尚无统一的计算标准,一般根据现场情况和实际经验确定。如某企业一个标准箱载重量为1t时,装载50个曲轴,则每个曲轴的当量物流量为20当量千克。如果采用集装单元化后,托盘单元数量就是较好的当量物流量。

2. 玛格数(Magnitude)

玛格数源于美国,是为度量各种不同物料可运性而设计的一种度量单位,用来衡量物料搬运难易程度,它是一种还不成熟的当量物流量计算方法。

玛格数比较适合一些特性相差不大的物料搬运。一个玛格数的物料是:① 可以方便地拿在一只手中;② 相当密实;③ 结构紧凑,具有可堆垛性;④ 不易受损坏;⑤ 相当清洁、坚固和稳定。一般以一块经过粗加工的 $10\ in^3$($1in^3 \approx 16.4cm^3$)大小的木块,约有两包香烟大小,定为1玛格。应用玛格数时,需将系统中所有的物料换算成玛格数。

物料的玛格数的计算步骤:

$$计算物料体积 \rightarrow 确定玛格数基本值 \rightarrow 确定修正参数 \rightarrow 确定玛格数$$

在计算物料体积时,采用外部轮廓尺寸,不要减去内部空穴或不规则的轮廓,然后查阅专用玛格曲线表，得出玛格数基本值 A。例如，低堆垛的托盘玛格数基本值为 38。玛格数基本值还要按松密程度或密度（B）、形状（C）、损伤危险性（D）、情况（E）和价值因素（F）5 个参数来修正，这些参数取值 0~4。最后玛格数的计算公式为：

$$M = A + A(B+C+D+E+F)/4 \tag{2-1}$$

上述公式中有 1 个变量 A，5 个参数 $B \sim F$，影响因素太多、太复杂，因而玛格数未能在实际中应用，但这种概念代表一种很好的思路，有待今后实践的突破。

随着物流机械化和自动化程度的提高，整体移动的单元越来越普遍和重要，这就是第 4 章要介绍的集装单元（Unit Load）。

▶▶ 2.3.3 搬运活性分析

除了上面的当量物流量和码格数，还可以用搬运活性系数来衡量物料搬运的难易程度，这也是物流分析的一个重要指标。

1. 活性系数 α

搬运处于静止状态的物料时，需要考虑搬运作业所必需的人工作业。物料搬运的难易程度称为活性，用活性系数来衡量。所费的人工越多，活性就越低；反之，所需的人工越少，则活性越高，但相应的投资费用也越高。图 2-6 直观地展示了物料搬运活性系数不同状态值。

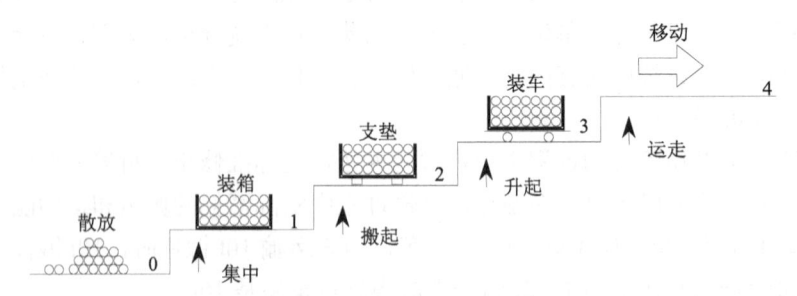

图 2-6 物料的搬运活性系数

从图 2-6 中可以看出，散放在地上的物料要运走，需要经过集中、搬起、升起和运走 4 次作业，所需的人工作业最多，即活性水平最低，则活性系数定为 0。活性系数确定的原则如表 2-2 所示。

表 2-2 活性的区分和活性系数

物料状态	作业说明	作业种类				还需要的作业数目	已不需要的作业数目	搬运活性系数
		集中	搬起	升起	运走			
散放在地上	集中、搬起、升起、运走	✓	✓	✓	✓	4	0	0
装箱集中	搬起、升起、运走（已集中）	✗	✓	✓	✓	3	1	1
托盘上	升起、运走（已搬起）	✗	✗	✓	✓	2	2	2
车中	运走（不用升起）	✗	✗	✗	✓	1	3	3
运动着的输送机	不要（保持运动）	✗	✗	✗	✗	0	4	4
运动着的物品	不要（保持运动）	✗	✗	✗	✗	0	4	4

在对物料的活性有所了解的情况下，可以利用活性理论改善搬运作业。

2．活性分析图表

对搬运作业进行活性分析可采用如图 2-7 所示的图表。通过分析，考虑提高某些作业的活性系数，如活性系数为 0 的散放，通过放入容器中（活性系数为 1）或码放在托盘上（活性系数为 2），来提升搬运活性，提高工作效率。

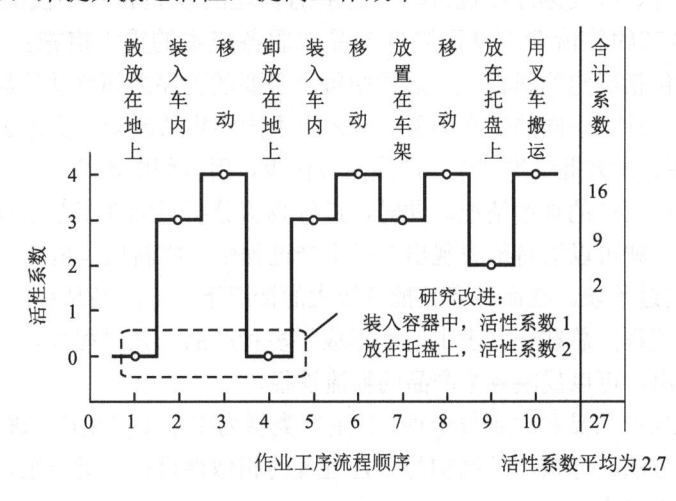

图 2-7　活性分析图表示例

还可以计算平均活性系数。图 2-7 中的平均值 2.7 由式（2-2）计算得出：

$$\text{平均活性系数} = \text{活性系数总和} / \text{作业工序数} \tag{2-2}$$

这样，根据平均活性系数的大小，可以采用以下不同的改进方法：
- 低于 0.5，有效利用集装器具、手推车（详见第 3 章设备）；
- 0.5～1.3，有效利用动力搬运车、叉车、卡车；
- 1.3～2.3，有效利用输送机、自动导引车；
- 2.3 以上，从设备、方法方面进一步减少搬运工序数。

总之，活性系数越高，所需人工越少，但设备投入越多。在进行物流系统分析设计时，活性系数是一个重要而简单的分析指标与工具，可以结合活性系数与物料搬运机械来综合考虑，尤其是物流系统的搬运子系统设计，详见第 9 章。

2.3.4　物料流动分析

物料流动分析（Material Flow Analysis，简称"物流分析"）是确定物料在生产过程中每个必要的工序之间移动的最有效顺序及其移动的强度和数量。根据系统类型的不同，流动的对象可以是物料，即生产与物流系统的原材料、零部件、在制品、成品和各种工装夹模具等，也可以是人员、信息等对象。

当物料移动是工艺过程的主要部分时，物流分析就是工厂布置设计的核心工作，也是物料搬运分析的开始。零部件物流是该部件在工厂内移动时所走过的路线。物流分析不仅要考虑每个零部件在工厂内的路线，还要遵循两个最小和两个避免原则。

两个最小原则：经过距离最小和物流成本最小。

两个避免原则：避免迂回和避免十字交叉。

物料流动分析有助于设计人员选择最有效的机器设备、设施、工作单元和部门的安排布局，同时还有助于改进生产过程。在物流分析时要验证工艺路线是否正确、合理，检查是否可以取消、合并、改变顺序或位置。因此正确合理的设施布置不仅能提高生产效率和工作效率，也是节约物流费用从而降低产品或服务成本的重大措施。

物料流动分析包括确定物料在生产过程中每个必要的工序之间移动的最有效顺序及其移动的强度和数量。针对不同的生产类型，应采用不同的物料流动分析方法。

1）**工艺流程图**。在大批量生产中，产品品种很少，用流程图例符号绘制的工艺过程图可以直观地反映工厂生产的详细情况。此时，进行物流分析只须在工艺过程图上注明各道工序之间的物流量，就可以清楚地表现出工厂生产过程中的物料搬运情况。

2）**多产品工艺过程表**。在品种多且批量较大的情况下，如产品品种为10种左右，将各产品的生产工艺流程汇总在一张表上，就形成了多种产品工艺过程表。在这张表上各产品工艺路线并列绘出，可以反映各个产品的物流途径。

3）**成组技术**。当产品品种达到数十种，且生产类型为中小批量生产，进行物流分析时，就有必要采用成组方法，即按产品结构与工艺过程的相似性进行归类分组，然后对每类产品采用工艺过程图进行物流分析。

4）**从至表**。当产品品种很多、产量很小且零件和物料的数量又很大时，可以用一个矩阵图表来表示各作业单位之间的物料移动方向和物流量，表中矩阵的行表示物料移动的源，称为从（From）；列表示物料移动的目的地，称为至（To）；行列交叉点表明由源到目的地的物流量。这样一张表就是从至表，从中可以看出各作业单位之间的物流状况。

综上所述，不同的分析方法应用于不同的生产类型，其目的是工作方便。在物流分析时，应根据具体情况选择恰当的分析方法。其中用得最多的是工艺流程图和从至表。具体内容我们将在第7章结合系统布置设计技术再介绍。

2.4 系统规划设计与可行性研究

系统规划设计需要经过系统分析、系统设计、方案评价和方案实施与维护等阶段。经过系统分析与设计，将企业意向变为具体要实施的工程项目。生产及物流系统所需的设施要通过工程项目来实现，新建或改扩建设施工作必须经过工程设计阶段。

2.4.1 工程设计概述

工程设计工作必须依据委托设计任务书进行，通常由有专业资质的建筑设计院和工程咨询公司来进行。设计任务书中阐明拟建工程项目的意义和目的，明确规定工程项目的建设规模、产品方案、车间组成、原材料及燃料供应、产品销售、主要协作关系、综合利用、环境保护、厂址范围、建设进度、建设投资及设计分工等内容。

工程设计一般分为初步设计（或扩大初步设计）和施工图设计两个设计阶段。

1）初步设计。内容有原始资料收集、总平面布置、竖向布置、厂内绿化布置、厂内外运输和概算编制。其中工厂总平面布置是对工厂范围内的建筑物、构筑物、露天堆场、运输线路、管线、绿化及美化设施等进行全面合理的相互配置，并综合利用环境条件，创造符合工厂生产特性的统一的建筑群体；初步确定厂内运输道路、管线布置情况，绿化环保和综合利用设施的布置情况，并做出必要的布置方案评价与比较。

2）施工图设计。只能由有专业资质的建筑设计院和工程咨询公司出具，目的是为建设施工设计有关技术图纸。主要内容包括总平面布置图、场地平整图及土方计算图、场地排雨水图和管线综合图等。其中总平面布置图简称总图，主要包括建筑物和除排水、挡土墙以外的构筑物及铁路、道路等的定位及标高；绘出施工坐标网及测量坐标网；绘出建筑（构）物柱、墙及风向频率图等。

2.4.2 项目建议书

项目建议书是我国基本建设项目生命周期的最初阶段。它由部门、地区或现有企业，根据国家经济发展的长远规划、经济建设的方针政策、企业的发展规划，在调查研究、收集资料、踏勘建设地点、初步分析投资效果的基础上进行编制。

项目建议书从总体上、宏观上对项目做出初步选择，主要是分析建设的必要性、条件是否具备，是否值得投入资金、人力和物力，这是初步的可行性研究。项目建议书的主要作用是作为国家选择建设项目的依据，项目批准后即立项。批准立项的项目，可以列入项目前期工作计划，开展可行性研究。涉及利用外资的项目，在批准立项后，可以对外开展工作。

项目建议书主要内容有：① 项目的必要性和依据；② 产品方案、拟建规模和建设地点的初步设想；③ 资源情况、建设条件、协作关系、工艺与设备的初步分析；④ 投资估算和资金筹措设想；⑤ 进度安排；⑥ 经济效果和社会效益的初步估计。

2.4.3 可行性研究

可行性研究（Feasibility Study）也称技术经济论证，它是指工程项目投资之前在深入细致的调查研究和科学预测的基础上，综合论证项目（方案）的技术先进性和适用性、经济合理性和有利性以及建设的可行性，为项目投资决策提供科学依据的一种论证方法。可行性研究是项目申报、审批、贷款和项目设计施工等的主要依据，能把项目执行中的主观性、盲目性减少到最低限度，使项目尽可能按设想的轨道运行，取得较好的预期效果。

可行性研究的应用范围包括新建、改建、扩建和固定资产更新改造项目、大型民用建筑项目、科研项目等，它的目的是保证拟建工程项目更好地满足社会需要，合理地利用资源以争取更多盈利、增加社会积累，全面提高经济效益和社会效益。

1. 可行性研究的阶段

可行性研究通常要经历机会研究、初步可行性研究、详细可行性研究等阶段。

1）**机会研究**。机会研究是项目可行性研究的第一个阶段。其任务是对项目投资方向提出设想。即在一定的地区和部门内，以自然资源和市场调查预测为基础，选择、寻求最佳的投资机会。机会研究比较粗略，主要依靠笼统的估计而不是详细的分析。机会研究的内容主要有地区和部门情况、产业政策和产业组织政策、资源条件、劳动力状况、社会地理条件及市场情况等。如果机会研究证明投资项目可行,则须进行下一步研究。

2)初步可行性研究。在机会研究的基础上,进一步进行项目建设的必要性、可能性和潜在效益的论证分析。这一阶段的估算,其精确程度可达到±20%。初步可行性研究与详细可行性研究的内容基本相同,只是详细程度不同。在初步可行性研究通过后,就要进入详细的可行性研究阶段。在我国,机会研究和初步可行性研究在提出项目建议书时进行。对大中型项目要比较详细、比较正规地进行。对于一般小型项目,可简单地确定投资机会,分析有关问题,并不一定要做机会研究和初步可行性研究。

3)详细可行性研究。批准的详细可行性研究报告是项目最终决策的依据,是工厂设计的依据,对设计阶段的工作有十分重要的影响,是最为关键的环节。因此,可行性研究必须做到深入、细致、准确,保证科学性、客观性、公正性。投资估算的精确度要达到±10%。如果研究的结果证明项目无利可图,就应该放弃这个项目。如果仅为了获得拨款或贷款,对不可行的项目做出可行的结论,可能引起错误的决策,导致项目失败。

2. 可行性研究的内容和要求

我国可行性研究的工作深度大部分介于初步可行性研究和详细可行性研究之间。项目可行性研究以项目建议书及其审批文件为依据,一般要回答以下问题:① 技术上是否可行;② 经济效益是否显著;③ 财务上是否盈利;④ 需要多少人力、物力及资源;⑤ 需要多长时间建设;⑥ 需要多少投资;⑦ 能否筹集到资金;⑧ 环境保护评估是否合格。

各个项目因性质、生产规模、复杂程度、投资数额不同,研究的重点也有所不同。但工业项目可行性研究报告一般要求具备以下内容:

1)**总论**。说明项目提出的背景、投资的必要性和经济意义、研究工作的依据和范围。

2)**需求预测和拟建规模**。从可能性与现实性角度对照阐述市场需求和生产规模。

3)**资源、原材料、燃料及公用设施情况**。说明内外部的支持条件。

4)**建厂条件和厂址方案**。

5)**设计方案**。说明拟实现的方案,包括工艺、生产流程、设备及各项设施等内容。可列出几个方案以供比较。

6)**环境保护**。调查环境现状,预测项目对环境的影响,提出环境保护和治理的初步方案。

7)**企业组织、劳动定员和人员培训**。

8)**实施进度与建议**。

9)**投资估算和资金筹措**。包括建设资金和周转资金的估算,以及按一定的资金、筹措方法和偿付方法来计算生产和销售的总成本,对同类产品的运营费用进行比较。

10)**社会及经济效果评价**。在评价中应考虑资金投入和建设进度,以及可能发生的市场变化因素等。最后对方案的优缺点和实施的可行性做出结论。

可行性研究报告完成以后,由决策部门组织或委托有资格的设计院、工程咨询公司、科研院所或有关专家进行评估。评估报告为项目最终审批决策提供科学依据。

2.5 物流系统评价

系统规划是一个科学的、民主的、动态的集体思维与决策过程,评价分析是系统规划过程中的一个关键内容。可以说,评价贯穿于规划决策过程的每一步。

物流系统评价主要是利用各种模型和资料,按照一定的价值标准,对各种物流方案进行比较分析,选择最优方案的过程。它是物流系统规划选优和决策的基础。

评价在物流系统规划过程中具有三方面的作用与目的:

1)确定每个备选方案价值及一个方案相对于其他方案的可取性,关键要解决两个问题:确定如何来衡量方案的价值;估计所建议措施的费用与效益的来源和时机。

2)为决策者提供政策建议的影响、权衡轻重和不确定性等方面的信息。不仅要确定影响的程度,而且要指出每个备选方案所受积极或消极影响的具体方面。

3)评价还要为规划人员提供一个对物流系统进一步研究改进的机会。因此,评价是规划人员与决策人员联系的桥梁,同时它也将物流规划中的每步研究工作联系了起来。

物流系统规划评价是根据物流调查资料分析评价物流系统的现状,找出其存在的主要问题。它要求从物流系统所涉及的工程技术、经济、环境及社会等因素出发,选择上述因素最优结合的方案。因此,在物流系统规划与开发过程中,应当在市场调查和分析的基础上,对提出的各种技术方案进行充分的分析论证,从技术先进性、生产可行性和经济合理性等方面进行综合评价比较,确定最优方案。这一过程需要确定评价的原则,熟悉并选择合适的评价方法,采用合理的程序和原则。

2.5.1 物流系统评价原则

系统评价工作复杂,需要借助现代科技发展成果,采用科学的方法来进行。但评价总是由人来进行的,评价方案及指标的选择中人的主观性有重要影响。因此,系统评价需要合理的原则,才具有指导性和有效性。对物流系统的评价要考虑物流系统的特殊性,应坚持以下原则。

1)**评价的客观性**。只有客观地评价才能把握物流系统的现状,确定改进方向。评价的目的是决策,必须提高评价质量来正确决策,为此要弄清评价资料是否全面、可靠、正确,防止评价人员的倾向性,应集中各方面专家的意见,并考虑评价人员组成的代表性。

2)**方案的可比性**。方案在保证实现系统的基本功能上要有可比性和一致性。评价各个备选方案时,要把握一致的前提条件和评价内容,对每项指标都要进行比较。个别方案功能突出、内容有新意只能说明它的某些方面,不能"一白遮百丑"代替其他方面。

3)**指标的系统性**。评价指标必须反映系统的目标,要包括系统目标所涉及的各个方面,且对定性问题要有恰当的评价指标,以保证评价不出现片面性。由于物流系统的目标往往是多元的、多层次的、多时序的,因此评价指标体系也可能是一个多元的、多层次的、多时序的有机整体。

4)**充分考虑物流系统中的"二律背反"现象**。物流系统中典型的"二律背反"现象是指物流系统不同主体和不同活动之间可能在目标、运作上存在冲突,如运输和仓储两项作业在成本降低目标上可能的冲突等。这就要求物流系统评价应明确系统评价的目标，选择适当的考核指标，来进行整体的评价。

2.5.2 常用评价方法

评价方法不断发展，从定性到定量再到综合，分别适用不同的方面、层次。定性因素评价法简单直接，它不需要复杂的计算，也是评价用得最多的方法。定量因素评价法就是搜集相关数据，以数学计算和模型分析来判断定性评价相差不大的方案之间的差别，通常需要由工程师等专业人员来承担，规划设计人员要密切合作。而综合性方法需要更全面的考虑。一些常用的评价方法列出如下。

1. 优缺点比较法

这是最简单的评价方法。具体做法是列出每个方案的优点和缺点，加以比较，如采用表格的方式，列出每个方案的布置图、物流动线、搬运距离、可扩充性等相关的优缺点进行比较。有的规划人员可能认为某个设施方案的优缺点是显而易见的或是很容易明白的，从而忽略了有说服力的分析。其实，对一个有经验的规划人员来说，列出一个优缺点评价表并不困难，但这对说服有关人员却是十分必要而有效的。问题是要选择好优缺点所涉及的因素，特别是有关人员所考虑和关心的主导因素，这一点对决策者特别重要。为了防止遗漏，可以编一个内容齐全的设施方案评价因素点检表，供规划人员结合设施的具体情况逐项点检并筛选需要比较的因素。当然，优缺点比较法难以获得准确而科学的评价，但毕竟简单省时，是最容易实行的方法。

2. 加权因素比较法

这种方法的特点是可以对提供的各项因素进行综合比较，是一种比较通用的方法。关键是要选择好比较的因素，合理地确定各个因素的权数和客观地对每个方案的各个因素打分。

加权因素评价的程序是：

1）**明确要评价的方案**。选择和确定要评价的方案，用 A，B，C 等字母代表各个方案，并对每个方案写出简短说明。

2）**选定考虑的因素并准备评分表**。确定需要比较的因素及其标准或目标，避免含混不清。使评分人员对各因素的含义有清楚的理解和认同。接着做好评分表。

3）**确定每个因素的相对重要性**。选出最重要的因素并给以权数值 10。以最重要的因素为基准，定出其他每个因素的相对重要性权数值（小于 10），然后把各权数值填在表格上。

4）**分析评分**。给每个方案评分，细化到每个因素。

5）**计算加权分**。求出每个方案的加权分之和，填入合计栏内。

评价的结果可能出现以下几种情况：

1）某个方案突出，总分明显高于其他方案，该方案就可以作为最佳方案。

2）两个方案的结果很接近，应当对这两个方案再进行评价。评价时增加一些因素，并对权数和等级做更细致的研究，或邀请更多的人员参加评价。

3）发现有的方案有可以改进之处，例如，注意到有两三个方案中的某些项目得分最低，就要集中精力对方案进行改进。

4）有可能同时将两个或更多的方案进行组合，形成新的方案，再进行评分。

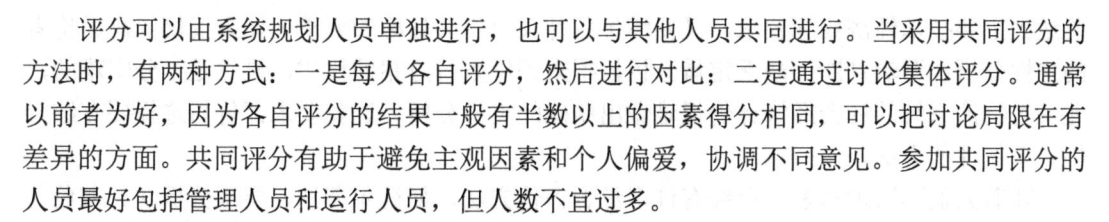

评分可以由系统规划人员单独进行，也可以与其他人员共同进行。当采用共同评分的方法时，有两种方式：一是每人各自评分，然后进行对比；二是通过讨论集体评分。通常以前者为好，因为各自评分的结果一般有半数以上的因素得分相同，可以把讨论局限在有差异的方面。共同评分有助于避免主观因素和个人偏爱，协调不同意见。参加共同评分的人员最好包括管理人员和运行人员，但人数不宜过多。

3．成本分析法

成本分析法是以投入成本比较或经济效益分析等量化数据进行分析评价的一种方法，是最实用和最具参考价值的方案评价方法。虽然成本结果未必是决策唯一的衡量依据，但大多数的决策评价者都会将它列为一项重要的评价内容。

成本分析比较的方法比较多，根据是否考虑资金的时间价值，分为以下两种评价方法。

1）**静态评价方法**。该法不考虑资金的时间价值，计算方法比较简单，所以较多应用于方案的初选阶段。静态评价主要有投资回收期法、投资收益率法、差额投资回收期法和计算费用法等。总之，各种静态评价方法都比较简单、直观。

2）**动态评价方法**。该法要考虑资金（投资）的时间价值，比较符合资金的运作规律，因此动态评价方法更加符合实际。动态评价方法主要有净现值法、净现值率法、差额投资内部收益率法、年值法、年费用比较法（AC法）和年费用现值比较法等。

例如，制造企业内的自动仓库和配送中心类设施投资金额大而利润较低，且常被视为非生产性的投资，从而常用年值法来分析。而提供专业物流服务的配送中心更重视回收年限的长短，故实际上经常以回收年限配合投资收益率法来评价各规划方案。

各种方法各具特色，但究竟采用哪些方法，须视评价对象的具体特性来确定。上述具体方法的内容请参见工程经济类书籍。

4．不确定性分析方法

评价时资料的有限性决定了评价的结果具有不确定性，从而给投资决策带来风险。例如，对产品需求、生产销售的预测，以及对投资费用、生产成本、各种价格、实施进度和项目使用寿命的估计，都不可能总是正确无误，因此有必要进行不确定性分析。不确定性分析的方法主要有以下几种。

1）**盈亏平衡分析**。盈亏平衡分析也称保本分析、量本利分析。项目的盈利与亏损有个转折点，称为盈亏平衡点。在这一点上，销售收入等于总成本费用，一般用产品产量（销售量）作为参数进行考察。产量低于盈亏平衡点，无利可得。盈亏平衡点越低，项目盈利的可能性越大，造成亏损的可能性越小。盈亏平衡分析就是要找到这个平衡点，结合市场调查预测市场能否达到这个销售量水平，也可以从中比较不同方案的优劣。

2）**敏感性分析**。由于项目方案所依据的数据多数来自预测和估计，当这些数据因条件变化而发生变化时，可能给项目带来风险。敏感性分析就是研究某些不确定性因素（如销售收入、成本、投资、生产能力、价格、寿命、建设期、生产期等）对经济效益评价值（如投资收益率、现值、年值等）的影响程度。

5．综合评价方法

涉及生产系统和物流系统设施规划的问题都是多因素、多目标的问题，不管选址还是布置都是如此。既要考虑系统本身所具有的各种因素，又要考虑各种与之相关的因素；既要达到主要技术经济指标要求，又要满足各种其他相关目标的要求。如果仅仅依靠评价者的定性分析和逻辑判断，缺乏定量分析依据来评价系统方案的优劣，显然是十分困难的，尤其对物流系统的社会经济评价很难做出精确的定量分析。这就要求评价与选择要有综合性、系统性的方法。

随着人们不断地探索，已经有许多综合评价方法，如德尔菲法、层次分析法、灰色关联法、模糊评价法和计算机仿真法等。例如，层次分析法（Analytical Hierarchy Process，AHP）由美国著名运筹学家萨蒂（T. L. Saaty）于1982年提出，它综合了人们的主观判断，是一种简明、实用的定性分析与定量分析相结合的系统分析与评价的方法。目前，该方法在国内已广泛应用于能源问题分析、科技成果评比、地区经济发展方案比较，尤其是投入产出分析、资源分配、方案选择及评比等方面。它的具体做法请参阅运筹学、系统工程类书籍。

计算机仿真法是伴随着计算机技术的发展而逐步形成的一门新兴学科。仿真（simulation）就是通过建立实际系统模型并利用所建模型对实际系统进行实验研究的过程。物流系统常受到多方面复杂因素的影响，最终的结果难以简单、直观地看出。而仿真可以在动态和随机环境中，考虑各参数的相互作用，给出清晰而明确的结果，且能利用计算机显示技术甚至虚拟现实技术在实时情况下进行观察和研究，便于管理层和顾客做出判断。仿真主要的缺点是开发某些比较复杂的模型既费时又费钱。

这些综合方法的采用提高了系统评价的质量，成为大型综合物流系统规划决策的必备。

设施规划与系统设计是分阶段的，设施规划者可以考虑过程评估，而不必等到最后方案完全产生再进行评估。换言之，物流系统设施的建立过程，在不同的阶段会有不同的情况发生，需要使用不同的评估方法，评定物流系统在不同建立阶段是否都符合使用者的需求，而越后面的阶段，物流系统越趋近完成，所需要的评估方法也会相对复杂。各阶段的方法选择如表2-3所示。

表2-3 物流系统设施规划各阶段的评价方法应用

分类	方法	应用情况
第一阶段	优缺点比较法	此阶段适用于以文字来描述设施方案的特色，如可用经济面、技术面、作业面及环境面等不同层面的优缺点来进行评估与比较，以选出一个最佳方案。但是因为评估时多以主观判断为主，所以较不准确，仅能初步筛选。如设置的地点选择，可列出各地点的优缺点，以评选出合适地点
第二阶段	因素分析法、权值分析法	此阶段适合一般设施的简单评估，其评估过程包含因数分析与指标考核，使分析过程较具客观性。当优缺点法不适用时，可使用较详细的因数分析法或权值分析法
第三阶段	层次分析法、计算机仿真法	此阶段较前面两部分需要投入更多人力进行资料的收集分析工作，可针对复杂因素，予以分级分类。通常在系统完成时，用来评估系统

本章习题与思考题

1. 物流系统的概念是什么？
2. 试比较物流系统和生产系统两者内涵和外延方面的异同点。
3. 为什么产品设计必须在工厂设计之前完成？否则会有什么后果？
4. 比较三种生产类型的机械工厂采用的设备各有什么特点？试比较它们对生产率、生产的柔性和物料搬运设施的影响。
5. 工艺线路卡包括哪些内容？
6. 装配程序图与工艺过程图之间有什么联系和区别？
7. 试画出你手中水笔或鼠标的BOM表、爆炸装配图、工艺流程图，并分析哪些零件可以外购，哪些可以自制。
8. 什么是物料搬运活性系数？物料在运动着的分拣机上活性系数为多少？
9. 简述物流系统分析中的五大分析。
10. 简述物流系统评价的原则。
11. 请说出几种综合评价的方法，并就其中一种查阅详细的资料。

案例讨论 — Case Discussing

某生产物流系统方案设计与评价

AB汽车零部件制造公司生产物流系统方案的设计、改造是企业"CD技改工程"的一项重要工作。本案例主要讲述其生产物流系统改造和方案的设计、评价和比选工作。

根据企业实际情况和生产需求，该公司的生产物流系统方案设计明确了以下十个方面的工作内容：建立物流信息系统和制定物流流程图；确定原材料和零配件的包装方式；确定原材料和零部件的仓储方式；确定原材料和零部件的搬运方式；选择相应的物流设备；划分原材料和零配件的消耗点；绘制工位定置管理图；设计物流标识系统，并制作物流卡片；确定最佳物流路线并确定物流人员组织方式；制定物流运作作业指导书。其中，某些工作可以沿用以往的成功方案，某些方面必须进行创新或改造设计。实际上，在"CD技改工程"中，生产物流系统改造方案主要涉及物流设备选择、生产物流方式（包括仓储和搬运方式）和物流标识系统的设计改造。

1．总体方案的评价与比选

总体方案有三种：

1）基本保持原厂生产物流系统，按实际需求进行零星技术改进；

2）对于生产物流系统的组织结构及方式不做大的改变，对关键物流设备进行技术创新，对厂内搬运设备、生产线供料系统设备等进行重新设计，而对于仓库管理系统改造则在资金相对充足情况下酌情考虑；

3）跟进国内外先进的生产物流模式，从系统的组织结构、方式、设备、人员上进行全面技术创新，特别是对生产流程进行再造，对生产线物流系统和仓库物流系统也需要重新设计、大幅度改造，但此预案不利之处是所需资金量巨大。

对于这三种方案,项目小组都做了较为详细的技术可行性分析和经济可行性分析,并形成报告。但在提交项目协调会时,在公司管理层中出现了较大分歧。支持方案一的人占多数,且多为中层经理人员和部分职能部门(如财务部)负责人;支持方案二或方案三的人占少数,但多为高层经理人员和部分相关部门(如供应部)负责人。在对各方案分析、评价和比选过程中,经理层在对国际国内市场竞争态势进行行业分析和对企业内外部环境进行 SWOT 分析的基础上,达成基本共识。

经过一系列艰苦的努力,公司经理层综合了各方面的因素,最终确定了对生产物流系统进行有选择的技术改造方案,即方案二。这样,就对从事具体分系统方案设计、评价、比选的部门和人员提出了特别的要求:每项大资金投入的分系统的选定,都必须立足于系统和经济的观点,进行必要性和经济性分析,构建投入产出的良好比例关系。

2．分系统方案的评价、选定及实施

项目小组根据改造总体方案中明确的主要工作内容,专门制定了分系统方案的选定原则和评价程序。

(1)基本选定原则

① 考虑系统化、集装化、单元化搬运;② 达到省力化、机械化和自动化;③ 要求适用、安全、标准和统一;④ 符合清洁环保要求;⑤ 方案的技术经济比指标要最优化。

(2)基本评价程序

① 部门各分系统小组提出书面的技术需求分析报告;② 各小组调研、考察系统供应方的方案技术指标,进行技术可行性评价,得出结论;③ 部门管理层召集各小组供需双方进行经济性评价,初步确定各技术系统方案,连同本部门经济评价报告一同上呈高级管理层报批;④ 由高级管理层对各系统的技术方案、经济评价报告和结论汇总,进行总体评价和决策,决定各方案实施与否。

在明确了原则和基本程序之后,相应确定了评价人员,分小组、分任务地进行了各分系统设备方案的调研和评价、选定工作。

(3)几个主要分系统方案的评价、选定实例

1)**物料搬运分系统装卸、搬运输送设备的选定**。在搬运设备选择中确定以最有效率的配置来提高物流效率,主要选定了非高位普通叉车和大功率电瓶车,作业中通用容器、专用容器装载量较大的重件用叉车运送,其余中小件用电瓶车运送。在生产线上工位用料输送设备则采用传输辊道、皮带输送机和悬链系统相结合的方案。这种方案比原厂物流系统中的人工输送具有很大的优势,既提高了效率,又节约了劳动力成本。公司真正需要的是工作效率高、运行成本低、可靠性高、开动率高和故障率低的设备,因而选择进口叉车,其性价比最好。

2)**单元化集装设备的选定**。与搬运机械化相适应的另一项技术就是集装单元化储运。单元化集装设备的选定,必须根据本企业原材料、零部件及产品的类型、性质、大小、重量和相关搬运动力机械的不同而选择不同的设备。根据单元化器具必须标准化、通用化、便利化和利于提高物料搬运活性指数的原则,并通过对不同原材料和零部件存货的储存移动敏感度进行分析,结合公司生产实际需要,选定了一些通用器具(如托盘、托板、滑板、集装箱等)和专用器具(如专用木质托盘、专用工具和零部件托架等),并相应制定了作业

流程。

3）物流标识分系统及物流标识的选定。物流标识主要包括看板卡、定时取货卡、料架标签以及仓库库存物料标识，它们是仓库、物流部门及生产线之间重要的信息传递工具，是物流可视化管理手段，在制造型企业物流中大量采用。初步确定了标识点约10 000个，标识方法可有两种选择：一是沿用原厂的金属标识；二是采用标准不干胶标识。通过比较可知：采用标准不干胶标识，将降低资金投入6万~7万元，不仅提高了工作效率和效益，而且使标识更新、容器清洁等后续工作都十分方便。

3．生产物流系统改造方案实施的效果

以上仅介绍了几个关键分系统方案，借以说明生产物流系统方案的设计、评价和选定思路和方法，其他每个分系统方案，从设计、评价到比选、确定和实施，都遵循同样的原则和程序，直至达到既定目标。"CD技改工程"已经完成主要技术改造方案，其中生产物流系统的大规模改造，给企业带来了前所未有的新的生产效率增长点。新系统启动后，充分展现了优势，大大提高了生产效率，减小了劳动强度，节约了劳动力成本，产生了现实的效益，每个职工都看到了生产物流系统真正成为企业内部挖潜的第三利润源泉。

4．总结

回顾"CD技改工程"中生产物流系统改造方案的设计、评价、比选和实施过程，总结了一些基本结论：

1）生产物流系统是企业核心竞争力形成的关键因素之一，生产物流系统的现代化设计和改造已经成为制造企业的一项重要工作，也是形成企业核心竞争力的关键因素之一。

2）生产物流系统总体设计应立足宏观，在设计具体方案时应从宏观、微观方面，尽可能多地提出有效方案，以供比选。

3）方案评价、比选的原则、方法和程序一定要规范，要符合企业实际情况。

4）不仅要考虑分系统方案的技术实施可行性，更要考虑其经济性。

5）定性的分析、决策方法和定量的评价、预测方法结合运用。在方案评价、比选过程中，既运用了定性的分析决策方法，也运用了定量的评价和预测方法。在总体方案评价的前期定量的方法运用较多，而在比选的中后期定性的决策方法则用得较多；在分系统方案比选时，则定量的评价和预测方法用得较多。关键是要根据方案的具体情况运用相应的方法。

6）专业人员的合理配置和正确使用。在生产物流系统的改造过程中，相关专业人员的合理配置和正确使用极为重要，甚至可以说是系统改造成功与否的关键所在。生产物流部门的管理人员和技术人员、合作方的设计人员、双方或多方的管理人员，都有具体分工、充分沟通和互相协作的关系，在总的目标下发挥各自的作用。只有了解了每个人员的能力，明确了他们的职责，发挥了他们的才智，才有可能完成既定的目标，达到预期的效果。

总体来说，AB汽车零部件制造公司生产物流系统的改造，不仅获得了显著的经济效益，而且也为众多中小制造型企业进行生产物流系统改造，提供了一个很好的案例，值得借鉴。

? 讨论及思考题

1．实地参观某企业或物流系统，运用本章中和上述案例中的方法，对其物流系统进行分析评价，并提出改进意见。

2．物流系统方案评价与选择要注意哪些事项？请就案例展开讨论。

3．在参观工厂时，能否在有限的时间内对工厂有一个基本了解并抓住要害是关键。请参阅美国密执安大学商学院教授 R. Eugene Goodson 发表在《哈佛商业评论》(*Harvard Business Review*) 2002（5）：105-113 上的 *Read a Plant Fast* 一文，再进行小组讨论。

案例2　美的空调物流系统改善

案例3　青岛啤酒：厂内物流的提升策略

第3章 物流工程设施设备

本章主要内容

- 收发设施设备
  收发站台设施设备、计重计量设备、工业门、安保设备
- 包装与集装设备
  物流包装设备、托盘、集装箱概述、物流周转箱、其他物流集装容器
- 存储设施设备
  货架的分类与功能、托盘单元货架、其他类型货架
- 物料搬运设备
  搬运车辆、起重机械、输送机械、散料搬运设备、自动物料搬运设备及系统
- 数据收集和通信设备
  自动标识技术及设备、通信技术及设备
- 典型物流设备的技术参数与选用
  托盘货架、叉车的主要技术参数与选用

引导案例　叉车的选择和配置

深圳某物流公司拟建一个立体仓库，总面积达 12 000m^2（120m×100m），有效净高度 10.5m，卸货平台 16 处。公司希望既能最大限度地利用仓库空间，又能满足货物最大周转量日处理 50 个 40ft（1ft=0.305m）集装箱的要求。公司原拟订林德三向高位堆垛叉车 8 台、电动平衡重式叉车 16 台。经过林德公司的分析，双方共同探讨仓库的空间利用率、作业效率及投资成本的规划意图和综合需求状况，再用专用软件得到的优化方案是配备三向高位堆垛叉车 4 台、电动平衡叉车 6 台、电动托盘搬运车 10 台。这个方案使得各款叉车分工明确、充分利用，不仅综合运作效率大为改善，同时公司在叉车上的投资减少约 70%。

对物流设施设备，我们可以有这样一个宽泛的定义：物流设施设备就是直接应用于物流活动，改进并提高其工作效率的各种设施与设备的简称。

物流设施设备按功能一般可分为：① 存储系统，包括容器设施、存储设备、货架、堆垛机等；② 搬运系统，包括起重输送机械、自动车、叉车等；③ 流通加工及周边设备系统，包括裹包集包设备、印刷条码标签设备、计重计量设备等。

物流设施设备的配备是否合理将直接影响企业物流及运作的效率和服务水平。在进行

系统规划过程中,对物流设施设备的规划布置,应根据不同功能的厂房布置和面积需求选择适当的物流设施布置。例如,当物品不直接堆放在地板上时,必须考虑相关的托盘、货架等承载容器的配置;当不是完全人工搬运物品时,则必须考虑使用输送机、叉车、手推车等输送及搬运设备。

随着物流用户需求的变化和科技的创新发展,未来物流设施设备的发展将出现以下趋势。

1)**信息化**。现代物流是商流、信息流的统一。实现物流与信息流的高度集成,或者实现物流的信息化,在目前和未来一段很长的时间内都是所有与物流相关的企业必须关注和要达到的主要方向和目标。因此,信息技术逐渐成为物流技术的核心,物流设施设备与信息技术紧密结合、实现高度自动化是必然趋势。

2)**标准化与个性化**。标准化包括硬件设备的标准化和软件接口的标准化。标准化可以实现不同物流系统的对接,使客户对系统同时有多种选择。在标准化的同时,物流设施设备供应商也将针对不同行业、不同地区、不同规模的客户提供个性化的物流系统产品和服务。

3)**环保与节能化**。环保与可持续发展越来越成为当今社会的趋势之一,企业在选择物流设施设备时将更加关注环保与节能方面的问题。很多物流设备供应商已主动顺应这一社会潮流,将环保与节能作为提高其产品和服务竞争力的手段。

3.1 收发设施设备

物流工程中的收发设施设备是指物流中转、存储过程中到货、出货所用的设施设备,包括收发站台设备和计重计量设备。

3.1.1 收发站台设施设备

收发站台设施设备主要是指用于货运车站、仓库、物流中心及港口码头各种箱包类货物装卸、转运、分拣等设施与设备,包括库房、库门、牵引车、箱包转运车、站台登车桥、地面登车桥、叉车、液压升降台等,如图3-1所示。

(a)站台登车桥　　　　　　　　　　(b)地面登车桥

图3-1　收发站台设施设备

第 3 章 物流工程设施设备

收发是物流系统的输入与输出,对它的效率和成本有重要影响。现代物流收发设施设备必须考虑与实体建筑物的密切联系才能满足物流的高要求。一些与建筑物相关的设施如图 3-2 所示。

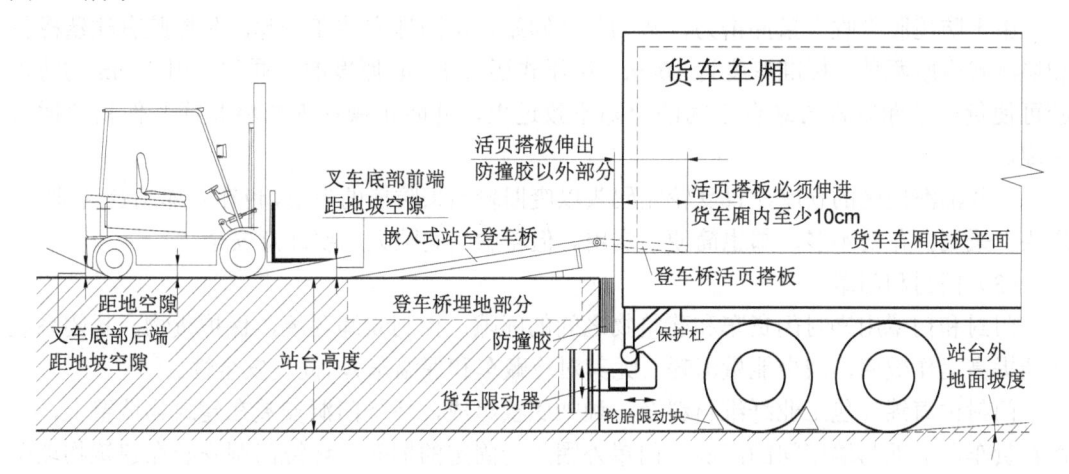

图 3-2 站台附属设施设备

(1) 站台登车桥 (Dock Lever)

站台登车桥[见图 3-1 (a)] 又称站台平台高度调节板,它分为嵌入式和台边式两种,其中嵌入式站台登车桥是最常用的一种,调节范围大,承重量高,使用寿命也长,斜板长度可以为 1.8~3.6m,站台登车桥最大承重量可达 40t。按嵌入式站台登车桥长度的不同,调节的范围可从站台水平面以上 45cm 到以下 30cm,若站台与货车厢底高度相差太大,可采用升降式的地面登车桥[见图 3-1 (b)]。

站台登车桥的运动装置有气动式、液压式和弹簧机械式。台边式登车桥成本低,但调节范围小,只能在水平面上下 12.5cm 之间,适用于货车底板与平台高度差距很小的情况,且要注意装卸工具(如叉车)底盘距地面空隙不可过小。

站台登车桥的长度直接影响着使用过程中升降板的坡度,这一坡度要小于装卸工具能达到的最大爬坡坡度。站台登车桥所需的长度由站台和货车底板之间的最大高度差决定。站台登车桥的宽度有 1.8m、1.95m 和 2.1m 三种,最常用的是 1.8m,它可适用于大多数托盘货物运输车辆的装卸货。

站台登车桥调节板前端还有一个活页搭板,货车靠泊时,它必须伸进货车内部足够长度,以保证牢固可靠的支撑。为安全起见,这一长度不能短于 10cm。多数情况下,标准搭板可伸出防撞胶外 30cm,可提供足够支撑力。

如果叉车要进入车厢内作业,则站台竖直边上还要设置货车限动器(或称卡车锁止 Dock Lock),如图 3-2 所示。它在货车靠泊站台后,与货车尾部的保护杠(在美国称为 ICC 杠)勾在一起,以保证在装卸货过程中,货车不会意外离开站台。尤其是叉车驶入货车厢内时,由于有冲击力,若货车意外前移、站台又高的话,会造成叉车车毁人亡的严重事故。故在站台设计时要考虑是否设置货车限动器或采用简单的轮胎限动块。

(2) 防撞胶

货车靠泊在站台平台前时,需要有防撞胶保护平台不受撞击损坏。防撞胶可减少货车冲击力达 90%~95%，防止货车在装卸过程中出现货车上下左右晃动对平台造成的可能损坏。同时防撞胶限制了货车与平台之间的距离，保障站台登车桥的活页搭板和门封、门罩的正常使用。

由于防撞胶吸收大量冲击力，故须与装卸站台牢固地安装在一起。防撞胶有注塑橡胶和层压式橡胶两种：标准厚度为 10cm，层压式还有 15cm 厚度的。通常选用 10cm 的防撞胶可使货车车厢底板与站台之间的空隙不致过大，并防止操作人员将脚或其他物件插入空隙。

一些沿海地区的仓库建设受轮船码头以废旧轮胎来防撞的启发，也在仓库站台这种"旱码头"采用，花费不多，却也简便、实用。但轮胎间间隙大，要注意安全。

（3）门封和门罩

门封和门罩用来封闭货车和建筑物之间的间隙，控制装卸环境，保护货物。封闭系统还能提高运作效率，减少能量消耗（尤其对冷藏车和保温车），提高安全性。

门封由海绵外包工业纤维材料及一边加底板组成，环绕门洞安装在建筑物墙壁上，以密封货车厢后部与墙壁间的间隙。门罩外圈是一固定的框架，环绕门洞安装在建筑物墙壁上，框架向内的软帘，在货车退靠站台前，软帘可以包住货车厢的外侧。因此门罩比门封更可应对不同的车辆，但价格较高。

常见门封和门罩有挤压式海绵门封和固定框架货车门罩。由于货车在装卸过程中会上下左右移动，因此门封和门罩与货车接触部位都使用了防擦损的工业纤维材料。

▶▶ 3.1.2 计重计量设备

计重计量设备主要是对起重、运输、装卸、包装、配送及生产过程中的物料进行计重计量的装置。计重计量设备要求有四个主要性能，即准确性、灵敏性、稳定性和不变性。计重计量设备按其工作方式分为台盘式、地磅式和吊拉式。按其计重自动化程度分为人工称量装置、自动称量设备。按其工作原理分为机械式、电子式及综合式，其中综合式计重计量设备是机械与电子结合的自动化称量设备，该设备为物料在装卸时能自动呈现出物料数量的一种装置，目前有静态计量和动态计量两种，其中动态计量可用于流水作业计量方式，图 3-3 所示的为汽车计重系统的电子汽车衡。

图 3-3 计重计量设备

电子秤是以传感器为感应元件，以电子电路为放大、运算并集显示于一体的计重装置，按工作方式可分为台式和吊秤式。电子吊秤是一种挂钩式称重装置（也称拉力计式），一般用于单元化集装货物的计重计量场合。计重范围较宽，大吨位计重一般与起重机配合使用，由于装置处于高空不便于读数，其计量数据可采用无线装置发送到显示终端。

电子汽车衡作为称量车装货物的设备，由于其称量快、准确度高、数字显示、数据可传输、操作与维护方便等特点已完全取代了旧式机械地磅了，广泛使用在港口、货场、仓库、码头、建筑工地等批量物料的称重计量场合。现在为了防止超载，我国的很多高速公路都采用电子汽车衡来对过路货车进行称重计费。

现在称重技术进步很快，还有不停车称量的动态电子汽车衡和物流分拣系统中的传送带式动态电子计重衡，均能在短时间内实现运动物体的准确称重。其他计量装置主要有企业生产过程中的定量包装装置，这部分装置一般设计安装在生产流水线或包装机械上，计量方式有计重和计量（计量液体体积，如加油站的加油机）两种。

▶▶ 3.1.3 工业门

现代的工业门（Industrial Doors）不再是传统的大铁门和卷帘门了，它的形式多种多样，可满足车间、仓库等环境中不同的需要，如坚固防盗、隔热保温等。工业门按开启方式分为滑动式（滑升式和侧滑式）、卷帘式和转轴式；按控制方式可分为按钮式、拉绳式、磁环式、光电感应式和雷达式等；按用途可分为常规式、保温式、防火式和防爆式等。例如，常用的滑升式适用于需要坚固围护、有良好隔热，并且空间节省的场所。而高速卷帘门的开合速度特别快，密封性强、不积尘、稳定性高、易清洗，适用于医药、食品、电子、卷烟、印刷、纺织、超市等轻工业厂房的区域隔离和频繁的开合。这两种门的示例如图 3-4 所示。

（a）滑升门　　（b）快速卷帘门

图 3-4　工业门

工业门的种类很多，我们按以下原则选用：
- 满足车间、仓库、商店等场所的设计要求，根据实际需要选用；
- 符合安全性要求，具有防火、防盗、隔绝等功能；
- 符合内部物品性能要求，满足保温、冷冻、密封等库存要求；
- 满足具体的物流作业或其他作业要求。

例如，对物流环节中进出比较频繁但无特别隔热要求的库房，可采用普通铝合金式卷帘门；存储物品对温度、湿度和密封要求性较高，可以采用密封及隔热性较好的侧滑式工业门，进出频繁的还可用电动式的；对于车间或库房之间需经常开合的隔断，可用半透明塑料的高速卷帘门，需要设置防火要求的，可用铝合金式门，并设置人员逃生门。

现在轻钢结构厂房应用很多，为防止叉车等作业机械撞坏钢板或门柱，门两侧应根据需要设置有醒目警告标志的防撞钢柱。为门配套的还有前面介绍的门封、门罩。

3.1.4 安保设备

如果说工业门为厂房、库房等设施提供了进出的保障，那么厂库房设施的正常使用还离不开安保设备，保证它们及所涉及的人财物的安全是非常重要的。仓库的安全主要包括防火、防盗、防抢、防货损、防潮、防腐蚀、防锈、防撞、防机械事故、防破坏及员工人身安全保护、保密等工作。

（1）安保系统

各种仓储设施为物流运作提供了基础条件，但是还需要安保系统的保驾护航。安保系统综合运用科学管理方法和现代信息技术手段，合理地组织、指挥、调度、监控物料进出、储存、装卸、搬运、计量、保管和财务等物流及相关活动，与其他物流系统内其他要素一起达到安全持续的高效运作。

安保系统通常由电视监控系统、安全防范系统、火警及自动消防系统、温湿度监控系统、通信系统和总控室组成。电视监控系统由在库房、货场和库区系统内关键部位安装的摄像头和配套的照明系统组成，通常设总控室多画面集中监控，并在必要处安装监控分机。为满足摄像需要和夜间作业的要求，可在主要位置安装高杆照明系统，其中部分照明设施由防盗报警系统自动控制。安全防范系统包括在主要控制点的红外、雷达移动目标报警传感器，也由设在总控室的计算机自动控制，并配置电子地图，显示报警区域，发现异常情况及时发出报警信号。仓库根据需要还可以配备火警及自动消防喷淋系统、温湿度监控系统等，这些都需要完善高效的通信系统来提供信息保障。

（2）仓库常用消防设备

灭火器和灭火剂是仓库必须配备的最基本的消防器材。灭火器及配套灭火剂是扑灭各种初起火灾的有效灭火器材，分为以下几种常见类型：① 干粉灭火器，装有碳酸氢钠粉等干燥、易流动、不燃、不结块的干粉，主要对火源起覆盖窒息的作用，还能阻止燃着液体流动；② 二氧化碳灭火器又称干冰灭火器，它利用液态的二氧化碳汽化大量吸热的原理来降温冷却，同时二氧化碳本身对燃烧有窒息作用；③ 泡沫灭火器利用轻的泡沫覆盖在可燃物的表面来隔绝空气而使燃烧停止，它主要用于油类火灾，也可兼顾普通火灾扑灭。

3.2 包装与集装设备

物流过程中要频繁进行装卸、搬运、运输和堆码等物理性活动，为了保护物料和提高效率，需要适当的包装和集装措施。按照国家标准 GB/T 4122.1—2008《包装术语》，包装是指"为在流通过程中保护产品、方便储运、促进销售，按一定技术和方法而采用的容器、材料及辅助物的总称。也指为达到上述目的而在采用容器、材料和辅助物的过程中施加一定方法等的操作活动"。包装是包装物和包装操作的总称，采用的操作技术有充填、灌装、装箱、裹包、封口和捆扎等，涉及箱、包、袋、盒、瓶、罐等包装容器和纸、塑料和木材及制品，金属、玻璃、陶瓷和复合材料等包装材料和辅助物。集装是将许多单件物品通过一定的技术措施组合成尺寸规格相同、重量相近的大型标准化单元组合体。包装和集装操作离不开各种包装和集装设备。

物流集装器具是本节的重点，它通常包括托盘、集装箱、滑板和周转箱等。

3.2.1 物流包装设备

物流包装设备是指完成全部或部分包装过程机器的总称。包装过程包括充填、裹包、封口等主要包装工序，以及与其相关的前后工序，如清洗、堆码和拆卸等。此外，还包括盖印、计量等附属设备。物流包装不同于产品的商业包装，它主要是为了达到方便搬运、强化运输、保护产品、便于计数等目的，以适宜的费用和方式达到物流的基本要求。采用物流包装设备可以提高劳动生产率，确保包装质量，降低劳动强度，改善劳动条件，降低包装成本和减少流通费用。

（1）包装机械的分类

包装机械通常按包装工序来进行分类，可以分为主要包装机械和辅助包装机械。完成裹包、灌装、充填等包装工序的包装机械称为主要包装机械，或称为包装主机；完成洗涤、烘干、检测、盖印、计量、输送和堆垛工作的包装机械称为辅助包装机械。包装机械类别有裹包包装机械、充填包装机械、灌装包装机械、封口机械、贴标机械、捆扎机械、热成型包装机械、真空包装机械、收缩包装机械和其他包装机械。

（2）常用的物流包装机械介绍

1）**制袋充填封口包装机**。其主要工序有包装袋成型、充填、封口、切断等。所采用的包装材料主要是薄膜制品，如塑料薄膜、纸、铝箔和复合薄膜等。

2）**成型包装机械**。成型包装机械根据包装容器成型工艺的不同分为泡罩包装机与贴体包装机。泡罩包装是目前应用最广泛的一种包装，它是将产品封合在预成型的泡罩与底板之间的一种包装方法。贴体包装与泡罩类同，两者的区别是贴体包装的产品当作成型模具，泡罩包装由专用模具来成型。贴体包装可使产品固定不动，使产品质量在流通过程中不因相互碰撞而受损。

3）**捆扎机械**。捆扎机械是最基本的传统包装集装手段之一，它利用带、绳类材料将一个或若干个物料捆扎在一起，如型材捆扎、塑料带打包等。捆扎机应用非常广泛，在工厂、仓库、运输、商业等中大量使用。捆扎材料以钢带和塑料带的应用最为普遍。捆扎机械分为多种类型：按捆扎材料分为塑料带、钢带、聚酯带、纸带和尼龙绳捆扎机；按自动化程度分为全自动、自动、半自动和手提式捆扎机；按接合形式分为人为热熔搭接式、高频振动式、超声波式、打节式和摩擦焊接式捆扎机；按接合位置分为底封式、侧封式、顶封式、轨道开闭式和水平轨道式捆扎机。

4）**托盘码包机械**。托盘码包机（palletizer）和托盘货物卸码机（depalletizer）适用于箱装、罐装及瓶装货物。托盘码包机收到货物后把它们以事先设计好的垛型码到托盘上，托盘货物卸码机则是在收到托盘货物后自动将货物从托盘上取走。这两种设备都有多种尺寸和形式。虽然托盘码包人工操作还很普遍，但也可以采用诸如液压剪式托盘支撑回转平台之类的辅助设备来降低工人的劳动强度。托盘码包机分为半自动、机器人式和全自动三种类型，码包速度依次增加，分别适合不同的情况。图 3-5 所示分别为全自动托盘码包机、机器人托盘码包机和人工码包的辅助机械。

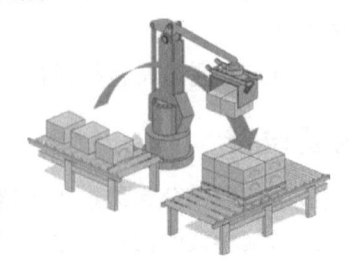

(a) 全自动式　　　(b) 机器人式　　　(c) 剪式托盘支撑回转平台

图 3-5　托盘码包机械

5) **裹膜包装机械**。裹膜包装机械就是利用塑料薄膜来对产品、货物或码垛进行内外包装，以保护产品、包装箱和防止倒垛。裹膜包装有热缩和拉伸两种。热缩裹膜包装机械用经过拉伸定向的热收缩 PE、PVC 薄膜包装产品（或内包装件），然后对薄膜进行适当的加热处理，使薄膜收缩而紧裹物品（或内包装件）的包装机械。拉伸缠绕裹膜包装机械（Stretch Wrapper）采用转盘式或旋臂式机构将略带自耦合性的塑料薄膜在托盘单元等货物上进行多层缠绕，形成稳固整体。拉伸裹膜方便简单，使用更广，有时为了加强纸包装箱强度，缠绕之前可以加上护角。裹膜包装机械如图 3-6 所示。

(a) 热缩型裹膜包装机　　　(b) 拉伸型及拉伸裹膜包装机

图 3-6　裹膜包装

▶▶ 3.2.2　托盘

托盘（pallet）是指在运输、搬运和储存过程中，将物品规整为货物单元时，作为承载面并包括承载面上辅助结构件的装置。通常作为承载面的是平托盘，在港台地区常称为"栈板"（因而有"带板运输"之说），是在物流领域中适用搬运机械化而发展起来的集装器具。托盘是 20 世纪两大物流关键创新之一，最初它是作为叉车的一种附属装卸搬运工具与叉车配套使用。为了提

资料 1　商务部：托举未来

高出入库效率和仓库利用率,实现储存作业机械化,工业发达国家纷纷采取货物带托盘储存的办法,使托盘成为一种储存工具。为了消除转载时码盘拆盘的繁重体力劳动,各发达国家逐渐开始实现托盘流通与联营。托盘从港内、站内、企业内使用发展到随车船运输,成为一种运输工具。一些国家还直接将托盘运至商店,陈列在柜台上直接售货,使托盘发展为售货工具,即"托盘装卸—托盘搬运—托盘储存—托盘运输(带板运输)—托盘售货",连贯发展为托盘物流。所以托盘不仅是仓储系统的辅助设备,也是整个物流系统的集装化工具,是物流合理化的重要条件。

托盘作为典型的集装容器,具有自身重量小、容积适中,便于机械装卸,返空容易,装盘容易和装载量较大等优点,因此现今托盘的使用非常普遍。据统计,在美国托盘数量约 20 亿片,人均 7~8 片;日本约有 10 亿片托盘,人均 4~5 片。截至 2017 年年底,中国托盘市场保有量达到 12.63 亿片,同比增长 8.0%。其中 1 200mm×1 000mm 标准托盘市场占比达到 28% 左右,较 2016 年年底提高 1 个百分点,重点商贸物流领域托盘标准化率达到 65%。2017 年,标准托盘租赁池规模达到 1 770 万片,较 2016 年底(1 700 万片)增长 4.1%。但是按人均数量,我国与美日的差别还较大,托盘的使用和发展还有很大潜力。

1. 托盘的类型与结构

随着托盘的使用范围和托盘数量的不断扩大和增长,托盘的种类和形式也在不断变化。托盘可按材料、使用场合、方式等来划分类型。例如,按使用寿命可分为一次性用(消耗性)和多次用(循环性)两种;按使用方式一般分为通用托盘和专用托盘两种。

通用托盘是指在企业内外一般货物流通时使用,可供互换的托盘。其尺寸和结构一般都符合国际、国家或行业标准的规定。通用托盘按其结构不同可分为平托盘、箱式托盘、柱式托盘和轮式托盘等。下面介绍主要类型及结构特征。

(1)平托盘

平托盘(Flat Pallet)是一种基本型托盘,在承载面和支撑面间夹以纵梁,可集装物料,并可使用叉车或搬运车等进行作业,其应用最为广泛。其他各种结构的托盘都是由平托盘发展而来的。按使用面分主要有:

- 单面托盘(Single Deck Pallet),只有一面铺板的平托盘,如单面木托盘、九脚托盘;
- 双面托盘(Double Deck Pallet),有上下两面铺板的平托盘,按使用情况进一步分为双面使用托盘(Reversible Pallet)和单面使用托盘(Non-reversible Pallet),前者上下两面有相同的铺板,两面有相同承载能力,如塑料托盘、金属托盘常采用上下两面对称方式,也便于制造;后者仅有一面用于承载货物,即单承载平面。

图 3-7 为各种平托盘的示意图,其中左下为有翼型,便于从边上捆扎上面的货物。

(2)箱式托盘

箱式托盘(Box Pallet)是在平托盘基础上发展起来的,可用于装载一些不易包装或形状不规则的货物,在运输中不易塌垛。金属箱式托盘还用于热加工车间集装热料。一般下部可叉取,上部可吊装,并可码垛 4 层之高。

箱式托盘分为固定式、可拆式或折叠式,固定式的箱壁可为板式或网式结构[见图 3-8(a)和(b)]。箱式结构可以有盖或无盖,有盖的板壁箱式托盘类似小型集装箱,适用于装载贵重物品;无盖的板壁箱式托盘适用于企业内装载各种零部件;网格壁箱式托盘适用于装载农副产品,也称为"集装笼"。近来还有称为"吨桶"或 IBC 集装桶(Intermediate Bulk Container)(见图 4-19 左)的箱式托盘,它的体积比传统圆柱桶大,比罐式集装箱小,故称为中型桶。它由钢框架箱式托盘和内部的大塑料桶共同组成,主要用于盛装液体,机械装卸方便,可重复使用,在工商业开始广泛使用。

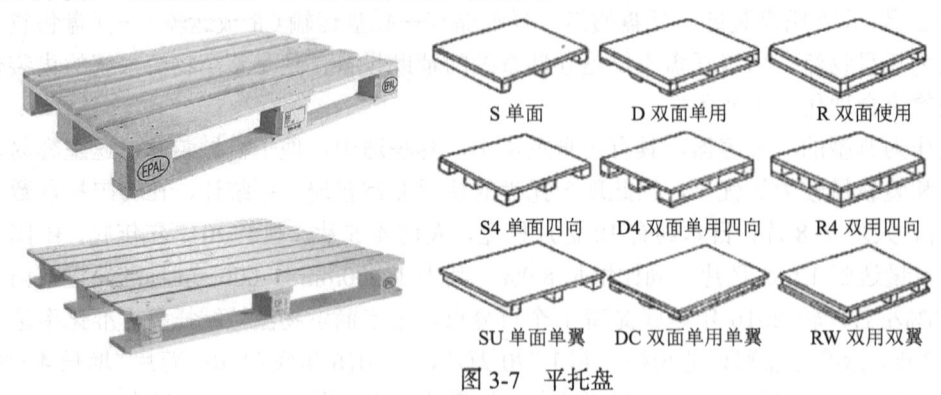

图 3-7 平托盘

对于折叠式箱式托盘,通常称为托盘围板箱(Coaming Box),有木质、塑料质和纸质。托盘围板箱是一套以托盘为基础的标准产品,如一套木质托盘围板箱包括木质托盘、围板和箱盖,其中围板使用钢质绞链将木材或人造板连接起来,通常高 20cm,可以按内装物的高度确定使用层数,操作安全便捷,可重复使用,如图 3-8(c)所示。

(3)柱式托盘

在平托盘的 4 角安有 4 根立柱的托盘称为柱式托盘(Post Pallet)。柱式托盘主要用于包装件、桶装货物、棒料和管材等的搬运和储存。该种托盘可以多层堆码,并使下层货物不受上层货物的压力。柱式托盘一般可分为固定柱式托盘、可套叠柱式托盘、拆装式柱式托盘和折叠式柱式托盘等,如图 3-8(d)所示。柱式托盘的主要优点在于可防止其内所置货物在运输及搬运过程中倒塌和被压,货物稳定安全。柱式托盘还可以作为可移动的货架、货位,不用时,可叠套存放,节约空间。近年来,柱式托盘的应用在国内外推广迅速。

(4)轮式托盘

在平托盘、箱式托盘或柱式托盘的下部安上可以移动的脚轮即构成各种轮式托盘(Roll Pallet)[见图 3-8(e)],也称为物流台车。这种托盘不但具有一般柱式、箱式托盘的优点,便于机械化搬运,也适合短距离人力移动,适用于企业工序间的物流搬运;也可在工厂或配送中心装上货物运到商店,直接作为商品货架的一部分。轮式托盘已广泛应用于行包、邮件的装卸搬运作业及物流配送中。

(a)箱式托盘(板式) (b)箱式托盘(网式) (c)托盘围板箱 (d)柱式托盘 (e)轮式托盘

图 3-8 非平托盘的多种形式

(5) 专用托盘

专用托盘是一种集装特定物料（或工件）的储运器具。它和通用托盘的区别在于具有适合特定物料（或工件）装载的支承结构，以避免在搬运作业过程中的磕、碰、划现象。由于物料（或工件）的形状和重量的差异，以及生产工艺要求和作业方式的不同，专用托盘的形式也多种多样，一般分为插孔式、插杆式、箱格式、悬挂式和架放式（见图3-15）。

2. 托盘按材料分类

按托盘制造材料不同可分为木托盘、塑料托盘、金属托盘、复合材料托盘和纸托盘等。

1) **木托盘**（木制平托盘）。这是最早、最普遍使用的托盘，因为木材轻巧、价格低廉、制造方便、成品适用性强，便于维修。按照实际使用情况，一般运输用托盘的寿命约为3年，场内保管用木托盘寿命可达6年。木托盘有通常木材的性质，怕水、怕火、表面及材质处理不易。欧美国家及我国对木托盘都有较严格的标准，用于国际贸易的木托盘需要熏蒸、高温消毒或者防腐处理。在一些要求严格的药品、食品行业，因为木材本身及其化学处理可能会散发一些气味，而不便使用。另外，在输送机频繁使用的场合，因为木托盘木材表面粗糙，会掉木渣而堵住轮轴，宜用塑料托盘代替木托盘。

资料2 欧式木托盘结构三维动画演示 制作：王浩伦

标准木托盘对尺寸及材料等有严格的要求，以保证较长的使用寿命。例如，欧洲EPAL标准托盘全球保有量达12 180万片，它的木托盘EPAL 1型的技术要求规定，由11块规定木板和9个垫块与78颗钉子按规定工艺装配而成，长800mm，宽1 200mm，高144mm，重量约25kg；安全工作载荷为1 500kg，堆码时最大承受载荷为4 000kg。而EPAL 2型的技术要求是由17块规定木板和9个垫块与133颗钉子按规定工艺装配而成，长1 000mm，宽1 200mm，高162mm，重量约35kg；安全工作载荷为1 250kg，堆码时最大承受载荷为4 250kg。按标准生产的EPAL木托盘须在不同木材面烙上共9处标志。

2) **塑料托盘**。采用塑料一次注塑成型的平托盘，通常双面使用、四向进叉（见图3-11），也有单面使用、空时可嵌套堆码的九脚塑料托盘。塑料托盘的特点是质量较轻（略重于木托盘），无毒无味，不助燃，易冲洗消毒，耐腐蚀性强，可回收，整体性好，承重性好，成本低。塑料托盘没有传统木托盘的木结、虫蛀、色差、湿度高等缺点，使用寿命是木托盘的5~7倍；而且塑料托盘不会掉木屑，特别适用于在辊式输送机等输送机械上使用。塑料托盘制造工艺及外形结构更加灵活，不但有压模、热成型、旋转压模、结构发泡、型材挤压等生产方法，还有经济型、工业用、重载型、货架型、实心面、空心面等多种形式，也可用不同颜色分类区分，是现代物流的重要载体，也是国际规定用于食品、水产品、医药、化学品、立体仓库等使用场合的必备器材。

3) **金属托盘**。金属托盘与其他托盘相比有着无与伦比的坚固耐用性，一般有钢托盘（见图3-11）和铝托盘，前者用钢材焊接制成平托盘，结构牢靠、强度高、结实耐用，可以回收再利用，便于制成箱式、轮式，但自身较重。铝托盘则更轻巧耐用，虽然价格昂贵，但在电子、航空等高端行业应用有优势。

4) **复合材料托盘**。常见有胶合板制和木塑复合材料托盘，前者用胶合板钉制平板型台面，质轻但承重力及耐久性较差；后者具有抗高压、承重性能好、成本低的优点，避免了木托盘的虫蛀、色差、湿度高等缺点，是木托盘最好的替代品。

5) **纸托盘**。通常用蜂窝纸板加纸护角制成，重量轻、可回收、不污染环境，符合现代环保要求。纸托盘无虫蛀、不用检疫、免熏蒸，医药、食品等要求较高的行业可直接使用。出口使用优势明显，但通常是一次性使用的，且承载力有限。

3. 托盘的规格尺寸

托盘的主要技术参数如图 3-9 所示，主要参数有 5 个，即宽度、长度、总高度、叉孔高和自由叉孔（插口）高。其中托盘高度 H=100～150mm，一般单面取 140mm，双面 150mm；叉孔高 89~100mm，叉孔宽度为 200～255mm；自由叉孔（插口）则专门为托盘搬运车插腿插入所用，高度为 100mm。托盘尺寸在 5 个尺寸的后三者基本统一。

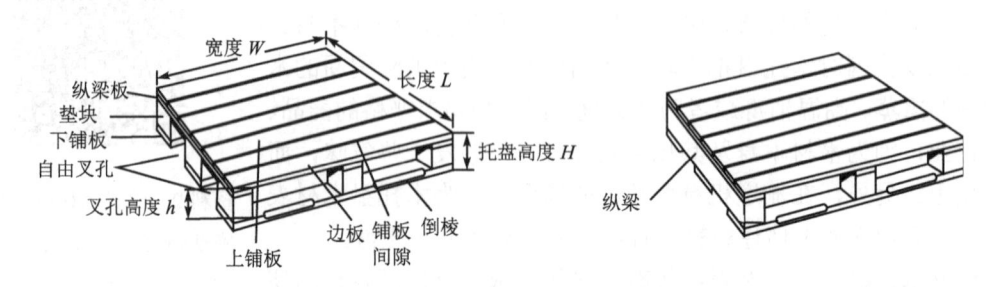

图 3-9 木制平托盘主要技术参数

关键是托盘的长度和宽度尺寸世界各国都不相同，而这两个关键尺寸与货架、搬运设备、运输工具等密切相关，对托盘平面尺寸进行标准化至关重要。目前主要规格尺寸如下：

- 1 200 mm×1 000 mm 为物流模数优选通用标准，也称为工业托盘（Industrial Pallet）规格，是我国标准优先推荐的托盘平面尺寸；
- 1 100 mm×1 100 mm 为日韩托盘规格尺寸（T11）和我国台湾地区采用的亚洲标准方托盘，为了更好地利用集装箱空间，也有扩大到 1 140 mm×1 140 mm；
- 1 200 mm×800 mm 为欧式托盘（Euro Pallet）标准尺寸；
- 1 219 mm×1 016 mm（48in×40in）为北美标准，也称为 GMA 托盘（Grocery Manufacturer's Association，GMA，食品生产商协会），因与工业托盘尺寸差别不大，通常可以互换使用。

国际标准 ISO 6780 在 2003 年的修订版中托盘规格达 6 种，还有 1 140 mm×1 140 mm 和 1 067 mm×1 067 mm（澳式）两种规格，这是 ISO 面对各地区已普遍使用不同规格的托盘不得已而为之。由于世界上还没有统一托盘规格，而国际贸易交往又很频繁，我国实际上存在上述各种规格的托盘，给托盘应用带来很大麻烦。据 2017 年我国的统计，托盘平面尺寸排在前五位的依次是：1 200 mm×1 000 mm 占 36.21%，1 200 mm×800 mm 占 10.89%，1 100 mm×1 100 mm 占 10.21%，1 219 mm×1 016 mm 占 6.18%，1 140 mm×1 140 mm 占 3.36%。由于托盘统一规格涉及各国的经济利益、社会习惯和传统，统一托盘规格只能逐步实现。

我国修改后的国家标准（GB 2934—2007）平托盘规格尺寸，在 ISO 国际标准的 6 个尺寸中重点推行其中的 1 200 mm×1 000 mm 和 1 100 mm×1 100 mm 这两种规格的托盘作为我国联运通用标准托盘，且 1 200 mm×1 000 mm 为优先推荐的托盘规格。为了实现物流高效化，确保削减物流成本、改善服务质量，许多国家和地区都合作致力于统一托盘规格。目前，亚洲托盘系统联盟的中韩日三方代表达成共识，确定亚洲联运通用平托盘标准的托盘尺寸为 1 200 mm×1 000 mm 和 1 100 mm×1 100 mm 两种。迄今，已有包括中国、日本、韩国、菲律宾、泰国、马来西亚、中国香港和中国台湾等 8 个国家和地区同意采用这两种规格的托盘作为亚洲的标准托盘。

4．半托盘

半托盘是一种用来集结、堆存货物以便于装卸和搬运的水平板，如图 3-10 所示。其平面尺寸为标准托盘平面尺寸的一半。半托盘的额定载荷（R）为 500 kg。

我国正在制定《联运通用半托盘尺寸及性能要求》，半托盘平面尺寸为 1 000 mm×600 mm 和 1 200 mm×500 mm，为 1 200 mm×1 000 mm 标准托盘分别沿长、宽方向对切而成。

作为标准平托盘的有力补充，半托盘由于尺寸小、机动灵活，对运输车辆及售货场地的适配性好，广泛用于城市配送以及商场超市产品陈列销售，特别受食品饮料行业及零售行业的欢迎。而欧式半托盘 EPAL 6 的长宽高尺寸分别是 800 mm、600 mm 和 144 mm，只有一种切割方向。这种木制半托盘重约 9.5kg，额定载荷为 500kg，堆码时最大承重为 2 000 kg。半托盘还可以采用钢制支架代替两侧垫块，如图 3-10 右图所示。

图 3-10　半托盘（右边两个均为单面使用的"川字底"）

5．托盘的进叉方向

托盘按进叉方向分为两向托盘（2-way Pallet）和四向托盘（4-way Pallet），其中后者四边都可以由叉车货叉插入，前者仅限宽度方向前后两边。在图 3-9 右图可看到，由于长直纵梁结构限制此方向不能进叉，因而只能是两向托盘；而左边的托盘以三个垫块代替整体纵梁，可以实现四向进叉。四向进叉托盘只比两向进叉托盘略贵，但使用灵活性提高很多。日式、澳式方托盘均为四向进叉，塑料托盘、金属托盘也常为四向进叉，如图 3-11 所示。

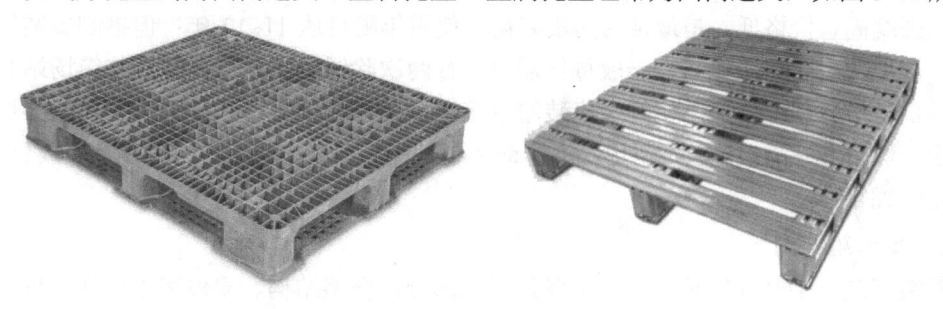

图 3-11　塑料托盘（左）和金属托盘（右）

6. 托盘的选择与使用

托盘的类型、规格与种类繁多，在选择时一般掌握以下原则：

- 尽量选择标准、通用托盘，如我国优先推荐的 1 200mm×1 000mm 平托盘；
- 要考虑货物性质、尺寸、强度、托盘的搬运方式、设备和作业场地条件；
- 对于生产企业要综合考虑工艺和物流要求，使托盘兼具装、储、运、收功能；
- 考虑物流模数，使托盘及包装容器尺寸配套，提高满载率；
- 考虑托盘构件标准化及尺寸模数化，支撑结构组装化，提高托盘使用范围。

在托盘使用过程中，货物集装在托盘上要形成一个整体的托盘单元（Palletized Unit Load），需要考虑装盘堆码、货物紧固方式，以便安全使用，对此我们将在下一章详细介绍。

▶▶ 3.2.3 集装箱概述

根据国际标准化组织（ISO）及我国标准的定义，凡具备下列条件的运输容器，可称为集装箱（Freight Container）。

- 具有足够的强度，能长期反复使用；
- 中途转运时，不用搬动箱内的货物，可整体转载；
- 备有便于装卸的装点，能进行快速装卸；
- 便于货物的装入和卸出；
- 具有 $1m^3$ 以上的内部容积。

资料 3　视频：集装箱改变世界

集装箱运输被称为 21 世纪的运输革命，它的出现改变了物流、世界贸易、港口装卸和航运。由于现代物流广泛使用集装箱，我们将在第 4 章再详细讲述，这里只介绍基本类型和主要结构。

1. 集装箱类型

现今集装箱用途广泛，相应地有许多类型，按国际标准 ISO 6346: 1995 及我国标准 GB/T 1836—2017《集装箱　代码、识别与标记》，主要分为普通货物集装箱、特种货物集装箱和航空集装箱，其中普通货物集装箱进一步分为通用集装箱（干货集装箱）、通风集装箱、开顶式集装箱和平台式集装箱；特种货物集装箱有保温集装箱、罐式集装箱、干散货集装箱和按货种命名的集装箱；航空集装箱有空运集装箱和空陆水联运集装箱。我们将在下一章详细讲述。

按制造材料，集装箱可分为钢、铝合金、玻璃钢和不锈钢制 4 类。钢制集装箱空箱质量大、强度高、价格低，是最常用的集装箱，使用年限可达 11~12 年；但钢制集装箱在高盐度海洋上使用防腐能力差，一般每年需要进行两次除锈涂漆，这也给集装箱场站和物流企业提供了维修保养业务。铝合金集装箱空箱质量轻、造价高；玻璃钢集装箱隔热性好，适用于干散货，易清扫，但不耐用；不锈钢集装箱空箱质量略轻、价格较高、抗腐蚀性强，主要用于罐箱体。

2. 集装箱结构

集装箱是一个坚固的长方体，主要包括三部分：框架结构、箱体和零部件。框架结构是承重部件，由高强度钢制成，正如长方体的 12 条边，框架构件是"八梁四柱"，即承重的底梁、端梁、侧梁和角柱，它们与 8 个角件（Corner Fitting）焊接成一个坚实的整体。

箱体就是外表 6 个面，由 2 个侧壁、1 个端壁、1 个箱顶板、1 个箱底和 1 对箱门组成，如图 3-12 所示。其中箱底、四柱是主承重结构，对 40 英尺（1 英尺≈0.3 米）集装箱，箱底还有鹅颈槽结构加强承重。零部件包括门锁装置、箱门搭扣件等。当然不同类型的集装箱部件也不同，如冷藏集装箱前端还有冷冻机组；罐式集装箱一般没有侧壁、端壁，但有阀门、仪表等部件。

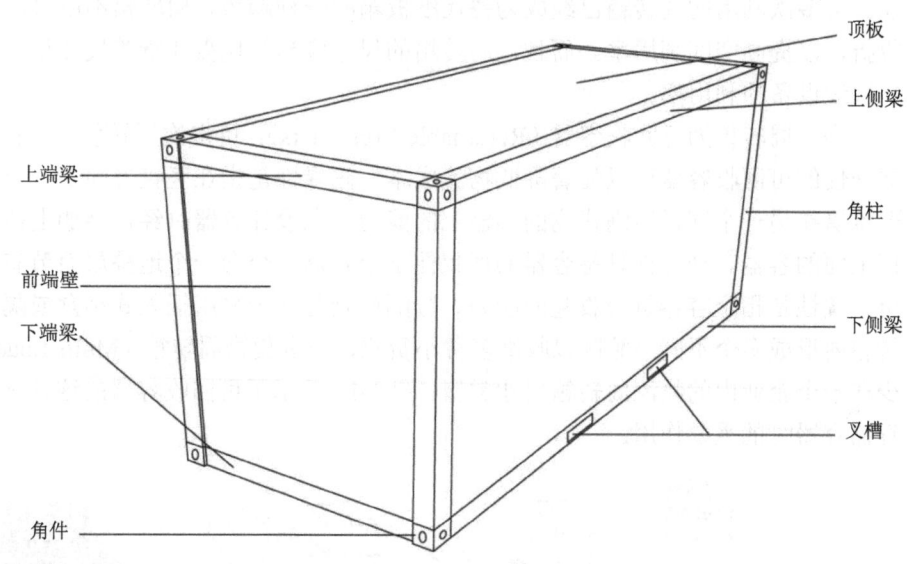

图 3-12 通用的集装箱基本结构及角件

角件是集装箱特有的巧妙实用的机械结构，共有 8 个，分别位于箱体 8 个角。角件的 3 个外露表面均有专门的通孔，分别是上下方向的顶孔/底孔、前后方向的端孔和左右方向的侧孔。角件的这种特殊设计与集装箱吊具（Spreader）配合在集装箱的快速起吊、搬运、固定、堆码和拴固等作业中，起着关键的作用。

集装箱箱门上有特殊的门锁装置，由箱门锁杆、门锁杆托架、锁杆凸轮、门锁把手、锁杆凸轮座、把手锁件、海关铅封件和海关铅封保护罩组成。尤其在国际贸易中，门锁封装的好坏是交接的重要依据。集装箱铅封（Container Seal）是带编号的一次性金属锁，一经锁上，除非暴力破坏（即剪开），否则无法打开，破坏后的集装箱铅封无法重新使用。每个集装箱铅封上都有唯一的编号标识，现在甚至可以采用二维码。只要集装箱外观完整，集装箱门正确关闭，集装箱铅封正常锁上，就可以证明该集装箱在运输途中未经私自开封。

集装箱按结构可分为内柱式与外柱式、折叠式与固定式、预制式与薄壳式。其中，内、外柱式主要用于铝合金集装箱，内柱式外表平滑、美观，受斜向外力不易损坏，外板与内衬板有间隔，防热、防湿效果好；外柱式则能承受更大外力、不易损坏，箱内壁平整，便于取放规则货物。

总之，集装箱具有明显的优点：强度高，保护能力强；使用方便，功能强；装卸、运输的劳动生产率高；减少了包装材料消耗和运输管理费用。随着经济全球化的推进和我国对外开放政策的实施，集装箱运输在我国越来越普及，集装箱的使用也将更加深入和广泛。我们将在第 4 章详细介绍集装箱及其系统。

3.2.4 物流周转箱

物流周转箱（Tote Pans，简称物流箱），因为主要是由低压高密度聚乙烯（HDPE）和聚丙烯（PP）塑料制成，也称为塑料周转箱；在工厂中因为用来放料，又称料箱。物流箱是与托盘配套不可缺少的小型集装容器，用来对散装物品进行单元化，并有保护货物的功能。可多次利用的周转箱已经成为替代纸板箱的一种趋势。周转箱不用时应当可以叠放或收折，以提高空间利用率。而且，周转箱的尺寸应当与托盘和货箱尺寸相配合，以提高物料搬运设备的利用率。

物流周转箱为可回收容器（Returnable Containers），可多次周转使用。有良好码垛性和嵌套性的可回收容器可以显著降低物流成本。码垛性是指在竖直方向上一个装满货物的容器堆垛在另一个同样装满货物的容器上的能力。在设计容器时经常会加上盖子或凸耳以支撑上面的容器。嵌套性是指容器的形状便于空容器一个套一个地叠放而节省空间的能力。可折叠性是指空容器折叠收起的能力。分隔性则是便于采用插入式小盒或隔板、隔架在周转箱内形成多个不同小舱区以收纳多种小货物，即多货物周转箱（Multi-Load Totes），以减少在一个企业内的物流周转箱尺寸类型。图 3-13 显示了可回收容器的这几种特性在移动和存储容器时的重要作用。

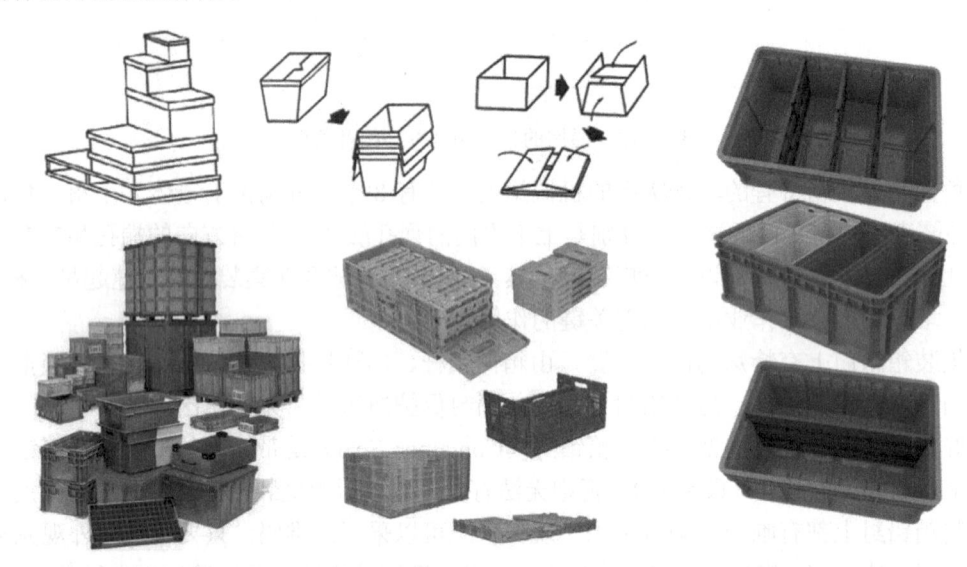

图 3-13 物流周转箱的码垛性、嵌套性、可折叠性和分隔性

周转箱的意义在于能在不同物流环节和企业间流转，这就需要标准化。规范周转箱的尺寸系列及料箱技术要求不仅可以减少物料的损耗，提升运输空间利用率，提高运输、仓储质量，缩短企业生产周期、降低物流成本，提高供应链的敏捷性和柔性化，增强企业竞争力；而且推进这种先进的物流包装方式，制定相关的标准，对于推广先进的物流运营模式、节省物流设备资源消耗，以及发展区域包装租赁、共享物流设备资源，都具有积极的意义。

不少国家制定了物流箱标准，例如，欧洲标准可堆塑料周转箱（European Stacking Containers），可加盖、可堆叠，非常适合不同领域的工厂内外货物周转运输。欧标系列有 5

种型号：EG4148、EG4280、EG3148、EG6148 和 EG6280，内尺寸（长×宽×高，单位为 mm）分别是 355×260×125、355×260×255、255×160×125、550×360×125 和 550×360×255。外底尺寸则为 400×300、300×200、600×400，完全符合 600×400 的物流基础模数。

我国也有 BB—T 0043—2007《塑料物流周转箱》等行业标准，2013 年审查通过的《汽车零部件物流塑料周转箱尺寸系列及技术要求》是依据 GB/T 2934—2007《联运通用平托盘 主要尺寸及公差》推荐的联运通用 1 200mm×1 000mm 和 1 100mm×1 100mm 平托盘为单元载体，规定了汽车零部件物流塑料周转箱尺寸系列，如表 3-1 所示。

表 3-1 我国汽车物流标准推荐周转箱外部尺寸　　　　　　　单位：mm

适用托盘系列	序号	外底尺寸	可堆箱		折叠箱		
			高度	嵌入高度	高度	嵌入高度	折叠后高度
1 200×1 000	1	300×200	144 或 148	8 或 16	无		
	2	400×300	144 或 148 280	8 或 16	165 242	10	82 79
	3	600×400	144 或 148 280	8 或 16	165 或 242 320	10	82／73 73
	4	800×600	280	8 或 16	无		
	5	1 000×400	280	8 或 16			
	6	1 200×500	280	8 或 16			
1 100×1 100	1	1 100×365	210	10	210	10	60
	2	730×365	210	10	210	10	60
	3	650×435	210	10	210	10	60
	4	550×365	210	10	210	10	60
	5	435×325	160	10	160	10	60
	6	365×275	160	10	160	10	85

表中针对两种托盘系列，各有 6 种外底尺寸，即以上汽大众等为代表的 1 200×1 000 序列 300×200、400×300、600×400、800×600、1 000×400、1 200×500 和以东风汽车集团等为代表的 1 100×1 100 序列 1 100×365、730×365、650×435、550×365、435×325、365×275 其中 1 200×1 000 序列优先推荐），以及技术参数要求等，适用于以注塑成型法生产的、用于汽车零部件物流的塑料周转箱的设计、生产等。

周转箱还分可堆箱和折叠箱两大类型，前者高度按周转箱的高度由运输单元的高度倒推而来。一般情况下针对国内的卡车现状，单个托盘的高度在 1 000mm 左右较为适宜，扣除托盘及托盘盖高度，剩余的周转箱堆垛后净高为 800mm 左右。然后以 3 层及 6 层的堆码层数进行高度分割，得出具体的每种料箱的高度。如果嵌入深度取 8mm，则得出的高度为 144mm（矮箱）和 280mm（高箱）；如果嵌入深度取 16mm，则得出的高度为 148mm（矮箱）和 280mm（高箱）。

相应地，两类物流箱在对应托盘上堆码时平面布局图（堆码图样）如图 3-14 所示。

▶▶ 3.2.5 其他物流集装容器

其他物流集装容器也是单元化应用的重要体现，除了前面章节介绍的集装方法，有时还采用集装袋、各种材料的绳索,将货物进行多种形式的捆扎,使若干件单件货物汇集成一个单元,以及根据物料的外形特征选择或特制各种形式的集装框架。生产物流集装设备是指为提高生产、运输效率,将一定数量的散装或零星成件物料组合在一起,采用托盘、周转箱、集装箱或集装袋等成组装载物品的设备,小到装螺钉的松鼠盒,大到如图 3-15 左所示的发动机专用托盘,可放 4 台小型发动机,每台发动机都有一个支撑台(图中叉孔上部)连接固定。

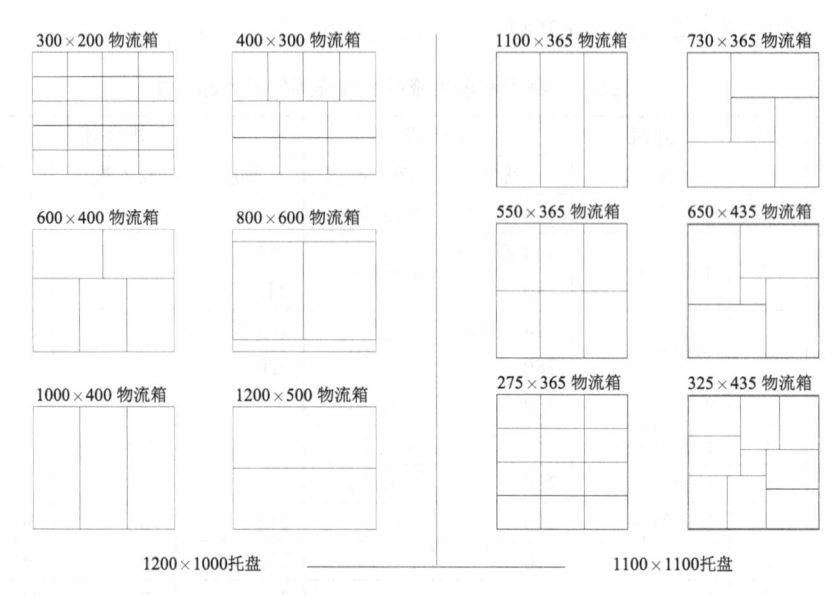

图 3-14 周转箱在托盘堆码中的平面布局(左:工业托盘,右:日式托盘)

图 3-15 生产物流集装专用托盘与集装袋

1)**集装袋**。集装袋是一种运输包装容器,通常可容纳 1t 以上的散装固体颗粒或粉末状物体,具有足够高的强度,适用于起吊和运输,常称为"吨袋"。它也是集装单元器具的一种,配以起重机或叉车,就可以实现集装单元化运输。它的特点是结构简单、自重轻、可以折叠、回空所占空间小、价格低廉。在结构上集装袋具有强度高、可集中装卸、操作方便等特点,适应机械化装卸,便于在集装箱内堆码。集装袋广泛用作矿产炉料、有色金属、化工建材及粮食产品的运输包装,在某些条件下比使用托盘更为经济实用,是我国鼓励发展的集装产品。我国国家标准 GB/T 10454—2000《集装袋》规定了它的分类结构、技术要求及检验要求等,适用于容积 0.5~2.3m^3、载重 500~3 000kg 的集装袋。GB/T 17448—1998《集装袋运输包装尺寸系列》优先推荐直径尺寸(mm)1 300、1 200、1 100、1 000、900 和 800 的,包装高度尺寸可根据内装物特性及运载工具的具体情况自行选定。

集装袋形状有圆筒形和方形两种，装满后可重叠稳定堆码两三层。集装袋的材质采用各种高强度的纺织材料，如天然纤维、聚丙烯等基布材料，并可以用涂胶、涂塑进一步加强密实性。由于集装袋体轻又可折曲，同箱式托盘等金属容器相比，在返空、清洗、存放等方面更具有优势。

2）**框架集装与货捆**。框架集装是物流集装化的一种重要手段，是一种根据物料的外形特征选择或特制各种形式的框架，以适用于物料的集装方法，在装卸、保管、运输等物流环节中可作为一个整件进行技术上和业务上的处理。为了方便使用这些设施，都设置了与之配套的固定系统。框架集装适用于管件及各种易碎建材，如运输平板玻璃的 A 字形框架集装。框架集装缺乏集装箱之类的四壁约束固定措施，通常还需要进一步捆扎固定。

货捆则是依靠捆扎方式将货物组合成大单元的集装方式，许多条形及柱形的、强度较高且须防护的货物，如钢材、木材、棒柱式建材、铝锭等可采用两端捆扎或四周捆扎的方式，组合成结实的捆装集合整体，便于搬运。

3）**滑板和滑板箱**（Skids and Skid Boxes）。通常它们是用金属制成的，质地坚硬，非常适合对多样化货物单元化，在制造工厂里频繁使用。滑板是指在一个或多个边上设有翼板的薄平板作为货物的支撑底板，以代替托盘。滑板只有几毫米的高度，远小于平托盘本身 140mm 左右的高度，但滑板单元装卸需要配用带推拉器属具（见 3.4.1 节）的叉车，货叉沿滑板滑动插入板底，利用推拉器夹住翼板，在不损伤货物的情况下，将滑板连同滑板上的货物整体推拉，一起进行装卸。滑板有金属板和塑料板之分，如黑色软性塑料板用推拉器夹住拉出，俗称"抽黑皮"。尽管滑板相比托盘减少了高度和重量，但推拉器较重，机动性差，对货物包装与规格化的要求很高，难以取代托盘。滑板箱带有可滑动的箱底，一般很重，难以用人工搬运。

4）**集装箱干货袋**（Dry Bulk Liner）。也称为集装箱内衬袋，相当于西服的衬里，它是给集装箱增加一个内壁整体大小的衬袋，可用于大豆、小麦等粮食和 PVC 颗粒及矿粉等颗粒粉状散货的装箱。它的优点是：本身成本低，可采用机械化装卸，比集装袋经济高效；而且完全密封，隔绝箱壁，可避免散料和箱壁之间相互污染，减少集装箱内部清洁和熏蒸消毒等工作。但是干货袋的使用要注意高度和重量的限制，不能给不够承压的集装箱侧壁带来过大的压力，更不能用来装液体，因为标准集装箱的容重都是低于水的密度的。

总之，随着技术的进步，集装设备与手段越来越丰富，大大促进了物流搬运的机械化与自动化水平的提升。典型的是，集装箱从装普通货物到液体、气体、固体小颗粒、大件货物、冷藏冷冻货物等不断增加的特种货物，相应的技术手段在增加与增强，我们将在下一章详细介绍。其他的集装设备还有半挂车。在美国，半挂车及其上的集装箱作为一个整体可以起吊装或推上专门的火车平车上，称为驼背运输（Piggyback Transportation），特别适合多式联运。

3.3 存储设施设备

存储设施设备除了货物及容器，主要就是各种货架。由于要储存货物的形状、重量、体积和包装形式等千差万别，因而货架和其他存储设施也有很多种类型。货架这个词本身就有多种含义，一般轻型货架（Shelf）与我们常见的书架和超市里的货架没有什么本质的区别；但重型货架（Rack），也称工业货架，主要是用冷弯型钢或热轧型钢制作的组装式钢结构货架，用于存放托盘等集装单元货物。总之，货架是由支架（立柱）、隔板或横梁、悬臂梁组成的立体储存货物的设施。

▶▶ 3.3.1 货架的分类与功能

1. 货架的分类

货架的种类有许多，以满足各种不同的物品、储存单位、承载容器及存取方式的需求。按存取作业方式的不同，货架可以分为托盘货架、驶入式货架、阁楼式货架、重力式货架、悬臂式货架、移动式货架、旋转式货架等。

货架的分类方法还有很多。例如，按货架是否移动分类，可分为固定式和驱动式货架；按货架高度分类，可分为高层货架（>12m）、中层货架（5～12m）、低层货架（<5m）；按货架本身的结构方式分类，又可分为焊接式货架和组装式货架等。以立柱和横梁为主构成的组装式货架设计，安装配置灵活，应用极为广泛。

2. 货架的基本功能

- 物品能分类储存，一目了然，防止遗忘；
- 能预定储存物品位置，方便管理；
- 物品能立体储存，有效利用空间；
- 可防止物品因多层叠放而压坏变形；
- 可快速取出所需物品，而不必移乱其他物品；
- 能配合搬运设备来存取货品，节省人工及时间。

资料4 托盘货架参考视频

▶▶ 3.3.2 托盘单元货架

托盘单元货架适用于托盘单元货物的存取，规格统一，组合方便，作业效率高，是现代物流存储的主要设备，它的主要类别如下。

1. 托盘货架（Pallet Rack）

托盘货架是最常用的选取式货架（Selective Rack），可以自由选取存放在货架任一位置的托盘货物，如图3-16所示。目前都采用高度可调的自锁组合方式，易于拆卸和移动，可按物品堆码的高度，任意调整横梁位置，又称为高度可调式托盘货架。

托盘货架分为单深和双深货架。单深货架是最常见的，可完全满足先进先出（First In First Out，FIFO）的要求；双深货架则能提高空间利用率，但需要采用前移式货叉才能叉取第二深的货物，存储重量受到限制，且不是完全的FIFO，还可能出现蜂窝损失（参见第8章）。

托盘货架是经典的货架，应用非常广泛。它可以进一步配置改装形成其他类型的货架。托盘货架的主要特点是：可任意调整组合；架设施工简易，费用经济；出入库存取不受物品先后顺序的限制，能满足FIFO的要求；适用于叉车存取；货架高度受限，一般在6m以下；货架撑脚须加装叉车防撞装置。此类货架在仓库中得到广泛的使用，甚至连一些仓储超市也都采用此类货架，下层展售，上层储货，储物形态为托盘。

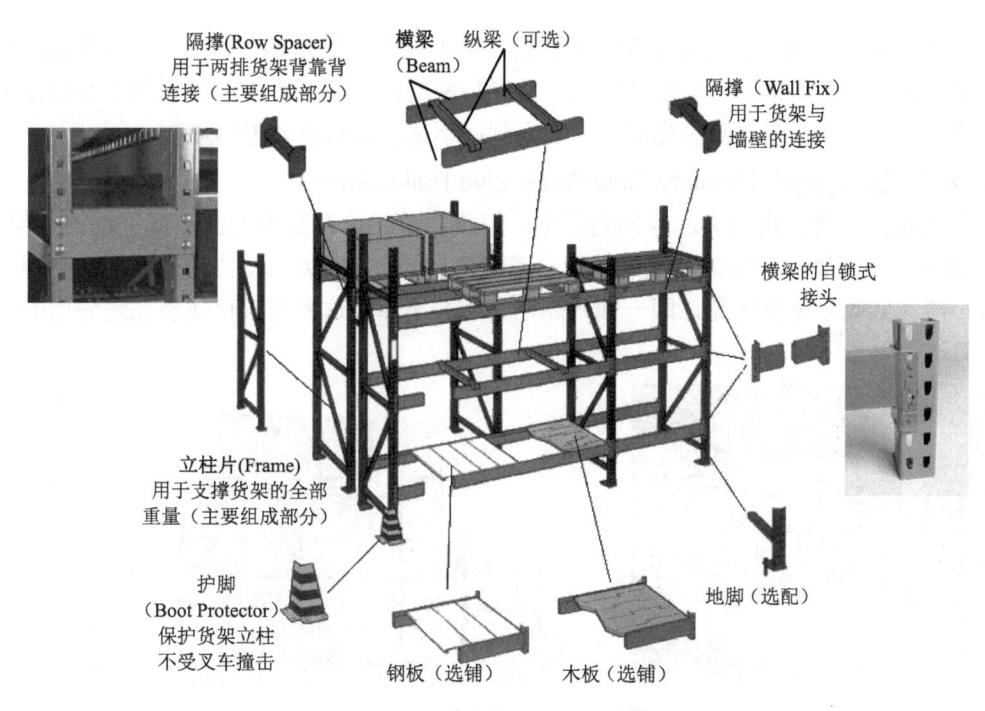

图 3-16 托盘货架结构

2. 驶入式和贯穿式货架（Drive-in or Drive-thru Rack）

驶入式货架取消了位于各排货架之间的通道，将货架合并在一起，使同一层、同一列的货物互相贯通，故又称贯通式货架，如图3-17所示。托盘或货箱搁置于由货架立柱伸出的托梁（牛腿）上，小型叉车或堆垛机可直接进入货架每个流道内，每个流道既能储存货物，又可作为叉车通道。因而这种货架能够提高仓库的空间利用率。当叉车只能在货架一端出入库作业时，货物的存取原则只能是后进先出，对于要求先进先出的货物，需要在货架的另一端，由叉车进行取货作业。这种货架比较适合同类大批量货物的储存。

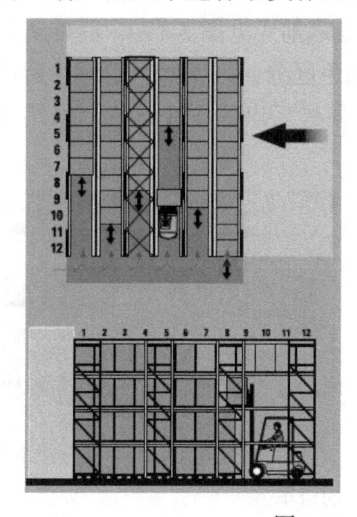

图 3-17 驶入式货架的示意图和实景图

贯穿式则是一端存货一端出货，比驶入式更方便，但出入空间要求更大。

驶入式/贯穿式货架结构与托盘货架最大的不同是用立柱两边的"牛腿"支撑托盘而不是用横梁。驶入式和贯穿式货架的特点是：储存高密度；高度可达 10m；适用于存储多量少样的货品；出入库存取物品受先后顺序的限制；不适合太长或太重的货物。

3. 重力式托盘货架（Gravity Flow Rack, Live Pallet Rack）

重力式托盘货架是指货架本身固定不动，但货物单元可在货架上流动或移动的货架。如图 3-18 所示，货物从货架的高端放入某一流道内，货物在重力或动力的驱动下滑动到流道的另一端（低端）等待出库，即一端入库，另一端出库。这种货架可实现先进先出的作业原则。

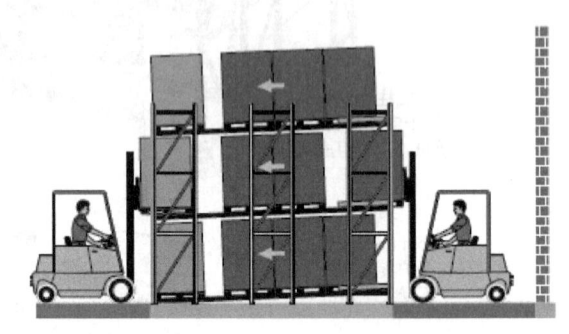

图 3-18 重力式托盘货架

重力式托盘货架的特点是：采用密集式流道储存货物，空间利用率可达 85%；适用于大量存放且需要短时间出货的货物；适用于一般叉车存取；高度受限，一般在 6m 以下；每一流道只能存放一种货物，适合品种少、批量大的货物存放；建造费用较高，施工较慢；货品可先进先出；储物形态为托盘或储存箱（非托盘单元）。

4. 后推式货架（Pushback Rack）

后推式货架又称压入式货架，是在前后梁间多层台车重叠相接，从外侧将单元货物置于台车上往里压推，利用台车的滑动性，该货物会将原存储的货物往后面推，故得名后推式。当取出前面货物时，后面货物由于重力作用会自动地靠前（见图 3-19）。后推式货架的台车为 3~5 层，即相当于 5 深货架，而且台车可以用颜色区分，方便储位管理。后推式货架适合叉车存取，对品种少、批量大的货物，可以采用先进后出的作业方式。虽然造价略高，但空间利用率高，存取速度快。

图 3-19 后推式货架，左为层叠的台车

5. 移动式货架（Mobile Rack, Sliding Rack）

移动式货架（滑动式货架）将货架本身放置在轨道上，在货架底部设有驱动装置，如

图 3-20 所示,右图为铁路客票纸的非托盘单元移动式货架,它靠电动或机械装置使货架沿轨道横向移动。当不需要出入库作业时,各货架之间没有通道相隔,紧密排列;当需要存取货物时,使货架移动,在相应的货架前开辟出作业通道。

图 3-20 移动式货架

移动式货架的最大优点就是提高仓库的空间利用率,存储集中并便于货物的保管。例如,某仓库有 6 排货架,按照一般的背靠背布置,需要 3 个作业通道,而采用移动式货架,只需 1 个通道。在这唯一的通道两侧,所有的货架都是紧密排列的。如果需要到其中的某一排货架去存取货物,可将货架向原来的通道方向移动,形成新的作业通道。移动式货架常用于存取频率不高的轻货或冷藏货物。

移动式货架的特点是:节省场地面积,地面利用率达 80%,比一般货架要高 2~3 倍;可直接存取每一项货物,不受先进先出的限制;使用高度可达 12m,单位面积的储存量比托盘货架可高 2 倍左右;机电装置多,维护困难;建造成本高,施工速度慢;储物形态为托盘单元或非托盘单元。

上述几种类型的货架都可以适用于托盘存储单元,它们的比较和选择可参考表 3-2。

表 3-2 几种托盘单元货架比较

指 标	单元堆码	单深式货架	双深式货架	驰入式货架	贯穿式货架	后推式货架	重力式货架	移动式货架
每储位成本*	—	1	1.1	1.4	1.4	3	5	7
存储深度(m)	2~10	1	2	5~10	5~10	2~5	2~5	1
每 SKU 库存水平	≥5	<3	≥5	≥20	≥20	3~10	3~10	<3
所有储位可直接存取	否	是	否	否	否	否	否	是
存取吞吐量	好	好	中等	中等	中等	好	最好	差
满足 FIFO	否	是	否	否	是	否	是	是
竖直方向蜂窝损失	有	无	无	有	有	无	无	无

* 相对于单深式货架的比值。表中数据来源于 Gross & Associates 公司。

6. 穿梭车式货架(Pallet Shuttle Rack)

这是一种近年新开发的、结合自动化技术的托盘单元组合式货架,它特别设有可在货架内前后自动移动的穿梭车,适合在冷库等需要密集存储、其他叉车不便进入的情况下使用,如图 3-21 所示。在驰入式货架的基础上,每个流道内铺设专用轨道,充电式自动导航穿梭台车取代叉车,自动来回取送每层内的托盘货物。穿梭车体积小,机动灵活,且具智能性,类似 AGV,还可被叉车叉起到货架其他流道储位,以提高设备利用率。现还有前后左右四向移动的穿梭车,进一步提高了穿梭车的灵活性。穿梭车式货架适合较多品种货物的高密度存储(High Density Storage),在烟草、冷冻食品等行业已有应用。

图 3-21　穿梭车式货架

资料 5　穿梭车式货架参考视频

3.3.3　其他类型货架

由于货物尺寸的多样化和集装单元尺寸的不同,对于非托盘单元货物会采用许多其他类型的货架,这些货架如同超市、图书馆内常见的轻型货架,也有悬臂式、阁楼式等多种类型。

1. 悬臂式货架(Cantilever Rack)

悬臂式货架是由在立柱上装设悬臂来构成的,悬臂可以是固定的,也可以是移动的。由于其形状像树枝,故又形象地称为树枝形货架,如图 3-22 所示。

悬臂式货架适合存放钢管、型钢等长形的物品。若要放置单独的圆柱形、圆管形物品时,应在其臂端装设挡块以防止其滑落。悬臂式货架的特点是:只适用于长条状或长卷状货物存放,存放物料长度比柱式托盘的更长;须配有叉距较宽的搬运设备,如需要侧面叉车配合使用;高度受限,一般在 6m 以下;空间利用率低,为 35%～50%。

2. 阁楼式货架(Mazzanine Rack)

阁楼式货架是为了充分利用仓库的空间,而将空间进行双层设计(见图 3-23)。简单来说,就是利用钢梁和金属板将原有储区作为楼层间隔,每个楼层可放置不同种类的货架,而货架结构具有支撑上层楼板的作用。这种货架可以减小承重梁的跨距,降低建筑费用,提高仓库的空间利用率。

图 3-22　悬臂式货架　　　　图 3-23　阁楼式货架

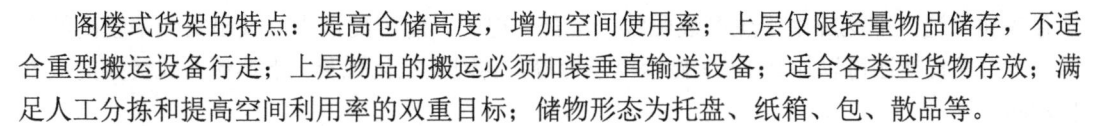

阁楼式货架的特点：提高仓储高度，增加空间使用率；上层仅限轻量物品储存，不适合重型搬运设备行走；上层物品的搬运必须加装垂直输送设备；适合各类型货物存放；满足人工分拣和提高空间利用率的双重目标；储物形态为托盘、纸箱、包、散品等。

3. 旋转式货架（Carousel Rack）

传统的仓库是由人或机械到货格前取货（人至货），而旋转式货架是将货格里的货物移动到人或拣选机旁，再由人或拣选机取出所需的货物（货至人）。操作者可按指令使旋转货架运动，达到存取货物的目的。自动旋转式货架实际上就是小件立体仓库（Mini-load AS/RS）。

旋转式货架适用于电子零件、精密机件等量少、品种多的小物品的储存及管理。其货架移动迅速，速度可达 30m/min，存取物品的效率很高，又能按需求自动存取物品，且受高度限制少，可采用多层，故能有效利用空间。旋转式货架按其旋转方式可分为垂直旋转货架和水平旋转货架，如图 3-24 所示。

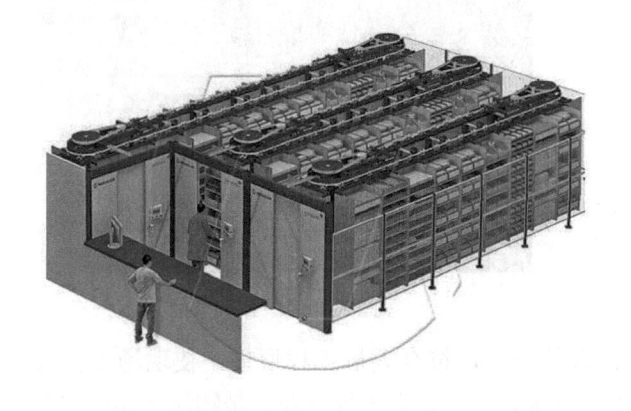

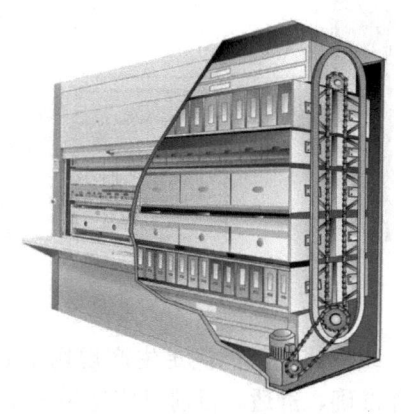

图 3-24　旋转式货架

垂直旋转式货架本身是一台垂直提升机，提升机的两个分支上悬挂有成排的货格。根据操作命令，提升机可以正反向回转，使需要提取的货物停到拣选位置，拣选机（或人）对此进行拣选作业。

水平旋转货架的原理与垂直旋转货架相似，只是在水平面内循环旋转。各层同时旋转的水平旋转货架称作整体水平旋转货架；各层可以独立地正反向旋转的水平旋转货架称作多层水平旋转货架。

旋转式货架的特点是：减少人力，并且可提高空间利用率；存取出入口固定，货物不易失窃；可利用计算机快速检索，找到指定的储位，适合拣货；需要使用电源，且维修费用高。

4. 流力式货架（Carton-flow Rack）

流力式货架又称辊轮式货架（见图 3-25），它的料架朝出货方向向下倾斜，利用重力作用下滑，故得名"流力"，相当于小型化的重力式托盘货架。货物从带有斜面具有定位、定向的流利条高端存入，存置于滚轮上，当在低端取货时，货物借助重力自动下滑，可从另一边通道方便地取货。

流力式货架每层承重能力为 100～500kg；可先进先出，并可实现一次补货、多次拣货，存储效率高。流力式货架的拣选面密度大，支持较高的拣选速度，适合大量小型货物的短期存放和拣选，广泛应用于生产装配线、医药、电子、超市配送中心及出货频率较高的仓库。流力式货架还可以加装 LED 显示电子标签，实现无纸化拣货。当然流力式货架的成本也较高。

5. 线棒式货架（Drawbridge Cart 或 Tubular Rack）

线棒式货架（见图 3-26）采用标准直径为 28mm、带有塑料树脂涂层的焊接钢管线棒（也称覆塑管）与标准连接件（Joint）组合而成，通常底部加有车轮，层间还可加装流力条等配件来扩展。线棒式货架具有轻便、结实、表面洁净、耐磨，装拆简便，可自由调节尺寸和造形等特点，是一种柔性的工位器具系统。线棒采用特殊材料，可以实现防静电功能，能适应电子工业的要求。

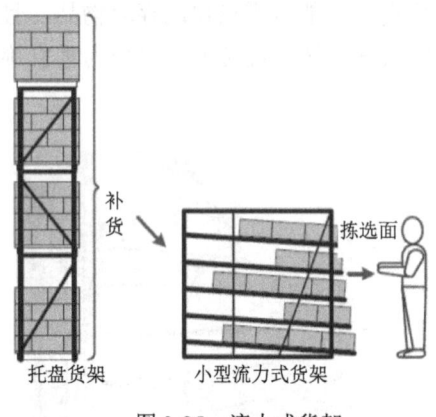

图 3-25　流力式货架

图 3-26　线棒式货架

线棒式货架能满足生产现场不断改善的需要，符合人机工程原理，使现场工作人员操作准确、舒适。目前已广泛用于家电、汽车、轻工、电子等行业，是物流一体化的必备工具。

3.4　物料搬运设备

搬运是对物料、产品、零件、介质或其他物品进行搬动、运送或改变其位置的操作。搬运设备是进行搬运作业的物质基础，它的技术水平是搬运作业现代化的重要标志之一。物料搬运输送设备是物流中心和生产物流系统的重要装备，在生产与作业场地，物料搬运设备起着人与工位、工位与工位、加工与存储、加工与装配之间的衔接作用，具有物料的暂存和缓冲功能。通过对输送设备的合理运用，各工序之间的衔接更加紧密，提高了生产效率。它是生产中必不可少的调节手段。

物料输送是装卸搬运的主要组成部分，在物流各阶段（环节、功能）的前后和同一阶段的不同活动之间，都必须进行输送作业。输送和装卸是物的不同运动（包括相对静止）阶段之间互相转换的桥梁。正是输送把物的运动的各个阶段连接为连续的"流"，使物流的概念名副其实。

3.4.1 搬运车辆

搬运车辆（Industrial Vehicles）是物料搬运中的多面手，一般用于间断式移动、物品在一定范围内的转载和短距离运输。搬运车辆是可变路径的设备，首要功能是机动和运输，区别于输送机的输送和起重机械的转移物料。搬运车辆主要分为三个类别：走行式、骑驾式和自动式，常见的有各种手推车、托盘搬运车、固定平台搬运车、叉车及货运汽车等。

1. 手推车（Hand Truck 或 Hand Cart）

手推车是一种以人力为主，在路面上水平输送物料的搬运车。其特点是轻巧、易操作、回转半径小，适用于短距离搬运轻型物料。因运输物料的种类、性质、重量、形状及行走线路条件不同，手推车的构造形式是多种多样的。常见的手推车类型包括杠杆式手推车、手推台车和登高手推台车（见图 3-27），还有托盘移动台车（Pallet Dolly），它是一个如同托盘的圆角铝合金台架，但四角设有可移动的轮子，整个托盘单元置于它的上面，操作者可方便推动，相当于一个单独的轮式托盘底。

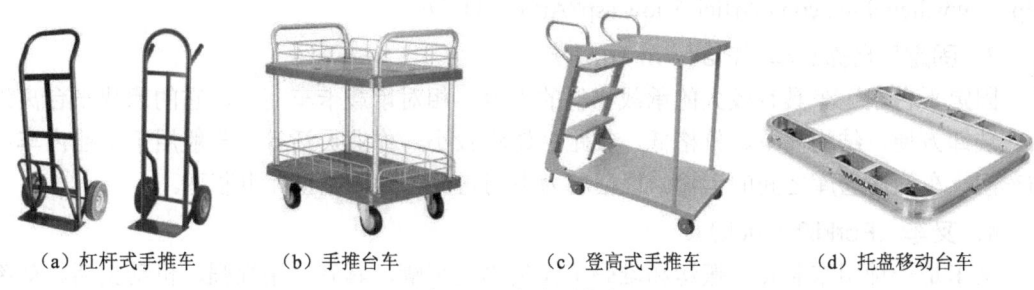

（a）杠杆式手推车　　（b）手推台车　　（c）登高式手推车　　（d）托盘移动台车

图 3-27　各类手推车

在选择和使用手推车时，首先应考虑物料的形状及性质。当搬运多品种货物时，应考虑采用通用型的手推车；当搬运单一品种货物时，则应尽量选用专用手推车，以提高作业效率。其次还要考虑输送量及运距，由于手推车是以人力为动力的搬运工具，当运距较远时，载重量不宜太大。此外，货物的体积、放置方式、通道条件及路面状况等，在选择手推车时也要加以考虑。

2. 托盘搬运车（Pallet Jack）

托盘搬运车是一种轻小型搬运设备，它有两个货叉似的插腿，可插入托盘叉孔内。插腿的前端有两个小直径的行走轮，用来支撑托盘货物的重量。货叉可以抬起，使托盘或货箱离开地面，然后用手推拉或电力驱动使之行走。这种托盘搬运车广泛应用于收发站台的装卸或车间内各工序间不需要堆垛的搬运作业。

（1）手动托盘搬运车（Hand Jack）

手动托盘搬运车（见图 3-28）在使用时将其承载的货叉插入托盘孔内，由人力驱动液压系统来实现托盘货物的起升和下降，并由人力拉动完成搬运作业。它是托盘运输中最简便、最有效、最常见的装卸和搬运工具。

（2）电动托盘搬运车（Walkie Rider）

电动托盘搬运车由外伸在车体前方的、带脚轮的支腿来保持车体的稳定，货叉位于支腿的正上方，并可以微升起，使托盘货物离地进行搬运作业。根据司机运行操作的不同可分步驾式电动托盘搬运车、站驾式电动托盘搬运车、坐驾式电动托盘搬运车（见图 3-29）。

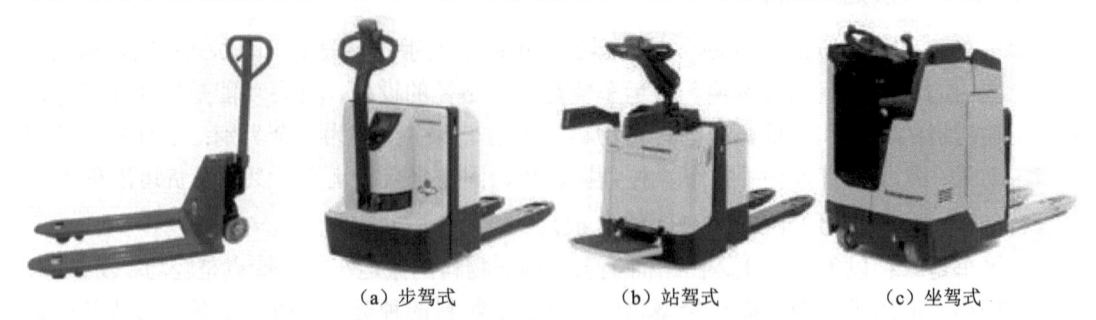

(a) 步驾式　　　　　(b) 站驾式　　　　　(c) 坐驾式

图 3-28　手动托盘搬运车　　　　　图 3-29　电动托盘搬运车

现在的电动托盘搬运车还向托盘叉车方向发展，增加了提升机构，具有上下提放的堆垛功能，通常称为托盘搬运堆垛车，但又比堆垛叉车（下面介绍）简单些。托盘搬运堆垛车对堆垛仓库和低层单深货架仓库作业十分方便、高效。具体产品介绍可见以下网址：http://www.helichina.com/ArticleShow.asp?ArticleID=76。

3．固定平台搬运车（Platform Truck）

固定平台搬运车具有较大的承载物料的平台。相对承载卡车而言，它的承载平台离地低，装卸方便，结构简单、价格低，轴距、轮距较小，作业灵活等，一般用于企业内车间与车间、车间与仓库之间的运输。根据动力不同它可分为内燃型和电瓶型。

4．叉车（Forklift Truck）

叉车是一种用来装卸、搬运和堆码单元货物的车辆，具有适用性强、机动灵活、效率高的优点。它不仅可以将货物叉起进行水平搬运，还可以将货物提升进行垂直堆码。如果在货叉叉架上安装各种专用附属工具（属具），如推出器、吊臂、旋转夹具、串杆、侧移叉、倾翻叉等，还可以进一步扩大其使用范围。

根据所用的动力，叉车可以分为内燃机式叉车和蓄电池式叉车。内燃机式叉车又可分为汽油、柴油和液化气（LPG）内燃机叉车；汽油机多用于 1～3t 的起重载荷，柴油机多用于 3t 以上的起重载荷，液化气、内燃机叉车既清洁又有较强功率，但在我国用得较少。蓄电池式叉车一般用于 2t 以下的起重载荷。

根据叉车的结构特点，叉车还可分为平衡重式叉车（见图 3-30）、前移式叉车、窄通道式叉车、插腿式叉车、堆垛叉车和侧面叉车等。

(a) 柴油内燃式叉车　　(b) LPG 燃气式叉车　　(c) 电瓶式叉车

图 3-30　平衡重式叉车

资料 6　叉车简介视频

(1) 平衡重式叉车（Counterbalance Forklift Truck）

平衡重式叉车是使用最为广泛的叉车。货叉在前轮中心线前面，为了克服货物产生的倾覆力矩，在叉车的尾部装有平衡重。这种叉车适用于室内外多场合作业，一般采用充气轮胎，运行速度比较快，而且有较好的爬坡能力。取货或卸货时，门架可以前倾，便于货叉低位插入；取货后，门架后倾，便于在运行中保持货物的稳定。

平衡重式叉车主要由发动机、底盘（包括传动系、转向系、车架等）、门架、叉架、液压系统、电气系统及平衡重等部分组成。叉车门架一般为两级门架，起升高度为 2～4m。当堆垛高度很高而叉车总高受到限制时，可加配三级或多级门架。货叉的升降及门架的倾斜，均采用液压系统驱动。一般提升油缸配合起重滑轮、链条可使货叉增速升降，即货叉的升降速度为内门架（或油缸活塞）升降速度的 2 倍。

(2) 前移式叉车（Reach Truck）与窄通道叉车（Narrow-aisle Lift Trucks）

前移式叉车是门架可以前后移动的叉车（见图 3-31），而配备有前移式货叉（Telescopic forks）的前移式叉车称为双前移叉车（Double-reach Truck）。它有两条前伸的支腿，前轮较大，支腿较高，作业时支腿不能插入货物的底部，而是通过门架前后移动取货。移动运行时门架后移，使货物重心位于前后轮之间，运行稳定；不需要平衡重，自重轻；直角通道宽度和直角堆垛宽度较窄；适用于在车间、仓库内工作。按操作方式可分站立式、座椅式。这种叉车采用蓄电池为动力，不会污染周围的空气。由于在库内作业，地面条件好，故一般采用实心轮胎。在取货或卸货时，货叉随着门架前移到前轮以外。但运行时，门架缩回到车体内，使叉车整体平衡。这种叉车的蓄电池起一定的平衡作用，不需要配备专门的平衡重。车体尺寸较小，转弯半径也不大。在巷道内作业时，要求的巷道宽度比平衡重式叉车小得多，从而可提高仓库面积利用率。对于双深式托盘货架，需要有前移货叉式的前移叉车才能存取第二深的托盘货物，但前移式货叉承重能力弱，大大限制了托盘货物单元的重量。当然前移式叉车的操纵比平衡重式的略复杂一点。

在仓库作业时，标准存储通道宽度为 3.66m（12ft），可以满足平衡重式叉车的作业，而窄通道叉车通常只需 2.44m（8ft），甚窄通道叉车只需要 1.67～1.82m（5.5～6ft）。窄通道叉车之所以得名，主要是因为其采用电池供电和无平衡重的紧凑设计，很容易转弯，而采用转叉或伸缩叉式结构根本不需要在通道内转弯。

物流业的迅速发展使得许多新型的叉车和堆垛机出现，除了前移式叉车、窄通道叉车还有高架叉车（Turret Truck）和拣货叉车。高架叉车也称为甚窄通道（VNA）叉车，是近年新发展的机型，适用于存储密度高的高架仓库。高架叉车按操作者的位置分为人上型和人下型，人上型驾驶室随负荷上升，可操作与控制的高度更高。拣货叉车则在前移叉车的基础上，在货叉上增加特殊的平台，供拣货人员在高处拣取单件或单箱货物。

(3) 插腿式叉车（Straddle Truck）和堆垛叉车（Pallet Stacker）

插腿式叉车的结构非常紧凑（见图 3-32）。它的货叉在支腿之间，因此无论在取货或卸货时，还是在运行过程中，都不会失去稳定性。由于尺寸小、转弯半径小，在库内作业比较方便。但是货架或货箱的底部必须留有一定高度的空间，使叉车的两个支腿插入。由于支腿的高度会影响仓库的空间利用率，必须使其尽量低，故前轮的直径也比较小，对地面平整度的要求就比较高。其起升机构包括手摇机械式、手动液压式和电动液压式三种，适用于工厂车间、仓库内效率要求不高,但需要有一定堆垛、装卸高度的场合。

图 3-31　前移式叉车及双前移式叉车　　　　图 3-32　插腿式叉车(堆垛叉车)

插腿式叉车主要用于平整室内货物的堆码与货架作业,常见的电动液压式叉车又称为堆垛叉车(Pallet Stacker, Stacking Truck),它的支腿分为宽腿和窄腿。宽腿型的像前移式叉车,货叉位于两腿中间,但支腿轮更小且整个门架不能前移;窄腿型的与电动托盘搬运车一样,是支腿与货叉的二合一设计,支腿内的前轮更小,实际上窄腿型堆垛叉车就是托盘搬运车加上门架系统。

(4)侧面叉车(Sideloader)

侧面叉车与一般平衡重式叉车的主要区别是工作装置安装在车身侧面,除可以升降、倾斜外,还可以沿车身侧向伸出和收进。适用于长型货物的装卸、堆垛和运输。这种叉车有一个放置货物的平台,门架与货叉在车体的中央,可以横向伸出取货,然后缩回车体内将货物放在平台上即可行走。运输时,货物纵向放置在平台上,对通道宽度的要求较小,能充分有效地利用场地面积。这种叉车司机的视野好,所需通道宽度也较小。图 3-33 左图为通用侧面式叉车,右图为适用于悬臂式货架的侧面叉车,它采用小巧的窄通道站驾式设计,配备专门的四货叉,尤其方便长料的存取作业。

资料 7　叉车属具油桶夹操作

图 3-33　侧面叉车

(5)叉车属具(Forklift Attachments)

叉车作为一种多能的搬运工具,并不仅是"叉"货物,加装不同属具后还可以方便灵活地搬运其他货物,如图 3-34 所示。叉车属具是针对叉车工作时作业对象和作业要求的不同所开发的专用器具。采用属具可以大大提高搬运作业效率和安全性,如同工具提高了人手的功能一样。但是叉车属具都比叉车货叉更重、更复杂,从而对提升重量有一定的限制,而且属具常采用液压装置,需要更频繁的维护保养。

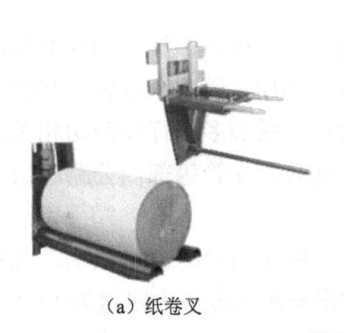

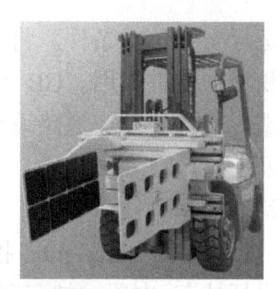

(a) 纸卷叉　　(b) 油桶夹持倾转器　　(c) 平抱夹

(d) 多种货叉　　(e) 配合滑板的推拉器

图 3-34　各种叉车属具

常见的叉车属具按安装方式分为整体式和挂装式，前者通常要更换门架的主要机械与控制部分，便于叉车作业时控制，可完成复杂的作业，如整体式侧移器（Side Shifter）；后者有与滑板配用的推拉器、起重臂、挂杆、侧移式平抱夹（Clamp）、旋转器（Forward Tilt Bin Dumper）等。

5. 货运汽车

货运汽车（Truck）常称为货车或卡车，是物流领域中最重要和使用最广的运输设备，主要有普通和特种两类货运汽车。普通货车是最常见的，分为轻、中、重型。轻型货车一般载重 2t 以下，主要用于市内集货和配送运输。中型货车载重 2~8t，主要用于市内或城市之间、城乡之间货物运输作业。重型货车载重 8t 以上，主要用于长途干线货物运输作业。2016 年 3 月 1 日实施的《道路运输车辆技术管理规定》针对我国新时期道路运输车辆技术管理的特点，参考借鉴了国外商用车管理的先进经验，明确了道路运输车辆技术管理应当坚持"分类管理，预防为主，安全高效，节能环保"的方针和"择优选配，正确使用，周期维护，视情修理，定期检测和适时更新"的原则。该规定细化明确了经营者、管理者的道路运输车辆技术管理职责。道路运输经营者是道路运输车辆技术管理的责任主体，对保持车辆良好技术状况，确保车辆运行安全、高效、节能、环保负第一责任。

下面列出几种在物流中应用日益普遍的货车类型及设备。

1）**特种货运汽车**。指满足特殊运输需要的汽车，主要有厢式运输车、油罐车、平板运输车等。随着市场需求的发展和服务质量的提高，厢式封闭运输将成为物流货运领域的新潮流。厢式运输车按专用功能分为常规厢车与特殊厢车，冷藏车、保温车、运钞车属于特殊厢式运输车。随着高品质物流运输需求的快速增长，以及国家关于加强运输厢式化政策的推动，我国对厢式运输车的年需求量将迅速增长。2017 年起实施的国家标准 GB 1589—2016《汽车、挂车及汽车列车外廓尺寸、轴荷及质量限值》和正在修订的 GB 7258《机动车运行安全技术条件》将对推动我国厢式车和集装箱运输的厢式半挂车、挂车的标准化起到积极的促进作用。GB 1589—2016 贯穿了车辆生产、销售、使用、管理全过程，与汽车制造、交通管理、道路设计、物流运输、工程机械、石油勘探开采等多个行业密切相关，涉及工信、公安、交通、质检等部门职责，同时也是多年来路政、交管等部门公路超载超限治理的基本技术依据。

2) **挂车**（Trailer）。指需要由汽车牵引才能正常使用的一种无动力的道路车辆，包括牵引杆挂车、中置轴挂车和半挂车。我国 GB 1589—2016 规定半挂车长度最大限值为 13.75m（运送 45ft 集装箱的半挂车长度最大限值为 13.95m），但半挂牵引销中心轴线到半挂车车辆长度最后端的水平距离不应大于 12m（运送 45ft 集装箱的半挂车除外），半挂车车宽不超过 2.55m（冷藏车最大宽度限值为 2.6m），车高不超过 4m。整体封闭式厢式半挂车、集装箱半挂车、罐式半挂车和挂车等组成汽车列车的车长最大限值为 20m，但中置轴车辆运输列车长度最大限值为 22m。挂车最大允许总质量限值为：一、二、三轴半挂车分别为 18t、35t 和 40t；中置轴挂车分别是 10t、18t 和 24t；牵引杆挂车为 12~18t。

挂车的前后两端均有轮轴支撑的称为全挂车，通常也简称为挂车。半挂车（Semi-trailer）与全挂车的区别在于它的前端没有轮轴，运输时需要架接在牵引车的后轴上，如图 3-35 所示。

集装箱骨架式	冷藏式
散装水泥罐式	低平板式

图 3-35 各种半挂车

随着集装箱运输的普及和长途公路运输向大型和重型的发展，由牵引车（拖头）和半挂车组成的汽车甩挂运输越来越普遍，半挂车有了单独牌照后已经成为道路运输的主要运输工具。半挂车有厢式、罐式、集装箱、低平板、栏板式和仓栅式等多种形式（可参见 GB/T 6420—2010《货运挂车系列型谱》）。专用半挂车在高速公路上运输的综合效率与单车相比可提高 30%~50%，油耗下降 20%~30%，成本降低 30%~40%。半挂车凭借其成本、效益优势和安全高效已经成为公路运输的主要装备。

资料 8　侧帘车参考视频

3)**飞翼车与侧帘车**（见图3-36）。飞翼车又称翼开启厢式车、翼展车，已经是现代物流企业十分青睐的运输工具。因为两侧翼通常由自动液压或动力弹簧控制向上展开，形如鸟翼，故得此名。它的三面均可进行装卸作业，速度快、效率高，而且是整体厢式，也具有防雨、防尘、防晒、防盗等优点。侧帘车（Curtain Sider）类似大篷车，是将封闭车厢两侧面改用带扣篷布做成可人工开合的窗帘状，以适应频繁的装卸货作业。它以操作灵活和低成本同样达到了飞翼车三面装卸作业的高效，但安全性稍有不足。由于不需要动力开合，侧帘车也可以做成半挂车式的。侧帘车在欧洲应用广泛，目前我国的一些物流公司也开始采用。

图3-36 飞翼车（左）和侧帘车（右，半挂车式）

4)**尾板**（Tailgate Lift）。货车除了封闭货厢、半挂车等附属设备，还有尾板。尾板是装于货车和各种密封车辆尾部的一种液压传动式装卸机构，既可专作为起重设备，又可作为厢式货车门的保护（见图3-37）。尾板以汽车自身电瓶为动力源，配合手动托盘搬运车，一人即可完成数吨货物的装卸作业。在一些没有装卸站台的场合尾板有较好的应用。

图3-37 厢式货车的尾板

3.4.2 起重机械

起重机械是一种以间歇作业方式对物品进行起升、下降和水平移动的搬运设备。起重机械以完成货物垂直升降作业为主要功能，兼有一定水平运输作业，工作对象主要为笨重大件物品。起重机械至少具有完成物品上下升降功能的起升机构。根据起升机构活动范围的不同，起重机械分为简单起重机械、通用起重机械和特种起重机械。

1. 简单起重机械

简单起重机械一般只做升降运动或一个直线方向的移动，只需要具备一个运动结构，包括千斤顶、手拉葫芦、手扳葫芦、电动环链葫芦和升降机等。它起升货物的重量不大，作业速度及效率较低，如图 3-38 所示。

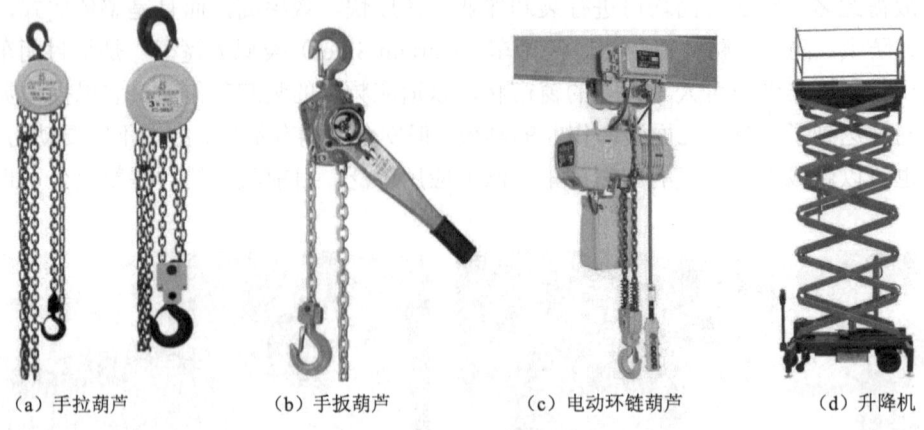

（a）手拉葫芦　　（b）手扳葫芦　　（c）电动环链葫芦　　（d）升降机

图 3-38　各种简单起重机械

2．通用起重机械

通用起重机械拥有使物品做水平方向的直线运动或回转运动的机构。通用不仅指搬运物品的多样性，而且也包括使用场合的广泛性。通用起重机主要有通用回转类起重机和桥架式起重机等。

（1）回转类起重机

这类起重机是利用臂架或整个起重机的回转来搬运物品的，臂架的吊钩幅度可以改变，起重机的工作范围是一个圆柱或扇形立体空间。回转类起重机分为两大类：固定回转起重机和移动回转起重机。前者装在固定地点工作，后者装在有轨或无轨的运行车体上，随着工作需要可以改变其工作地点，如图 3-39 所示。

（a）定柱式回转起重机　　（b）门座式起重机　　（c）汽车起重机

图 3-39　回转类起重机

转柱式回转起重机、定柱式回转起重机和转盘式回转起重机属于固定回转起重机。塔式、港口门座式和铁路起重机属于有轨运行回转起重机。汽车式、轮胎式和履带式起重机等属于无轨运行回转起重机。

（2）桥架式起重机

桥架式起重机是指以桥架为承载结构，由起升机构、小车运行机构和大车运行机构等几部分组成的起重机械。如集装箱港口所用到的集装箱岸边起重机（岸桥）和堆场用的轮胎式龙门起重机（场桥）均为桥架式起重机。按其结构不同可分为梁式起重机、通用桥式起重机、龙门式起重机、装卸桥等类型（见图3-40）。

（a）桥式起重机　　　　　　（b）龙门式起重机　　　　　　（c）装卸桥

图3-40　桥架式起重机

桥式起重机的基本参数有起重量、起升高度、跨度、各种机构的工作速度及各机构的工作级别。另外，机械的生产率、轨距、外形尺寸、最大轮压等也是重要参数。这些参数说明起重机的工作性能和技术经济指标，是设计起重机的技术依据，也是生产使用中选择起重机技术性能的依据。桥式起重机已有国标GB/T 14405，选用时可参考有关资料。

3. 起重机械选择的原则

在物料搬运中主要根据以下参数进行起重机的类型和型号选择：
- 需要起重物品的重量、形态、外形尺寸等；
- 工作场地的条件（长×宽×高，室内或室外等）；
- 工作级别（工作频繁程度，负荷情况）的要求；
- 每小时的生产率要求。

根据上述要求，首先选择起重机的类型，再决定选用这一类型起重机中的某个型号。

▶▶ 3.4.3　输送机械

输送机械是在一定的线路上连续不断地沿同一方向输送物料的物料搬运机械，装卸过程无须停车，因此生产率很高。输送机械以完成水平物品运输功能为主，兼有一定垂直运输作业，工作对象为小型件及散状物品居多。输送机械输送能力大，运距长，结构简单，可进行水平、倾斜和垂直输送，也可组成空间输送线路，输送线路一般是固定的。它的应用十分广泛，遍布工厂、仓库、港口、机场等有物料流动的场所，在输送过程中还可以同时完成分拣功能或若干工艺操作，形成分拣输送机和流水线设备。

根据有无动力源区分，输送机械可以分为无动力式和动力驱动式两类。无动力式是利用输送物品本身的重量或人力为动力的，因滚动转子的不同，可分为滚轮式、滚筒式及滚珠式三种。动力驱动式输送机械一般均以电动机等为动力装置，根据其输送介质的不同，可以分为皮带输送机、辊子输送机、链式输送机、轮式输送机、滑槽输送机和悬挂式输送机等。

1. 输送机械的特点

输送机械能沿固定路线不停地输送货物，同间歇运动的起重机械相比，优点明显，主要表现在：①输送能力大，生产率高；②结构比较简单，造价较低；③输送距离较长；④自动控制性好。但是输送机械不能输送笨重的大件物品，它们的搬运需要起重机械。

输送机械类型较多，每种类型一般只适合输送一定的物料。因为输送机械的输送线路一般固定不变，在经常需要改变装卸载路线的场合，必须按新的路线重新布置输送机（如无动力的伸缩式辊子输送机），或将输送机安装在专门的机架或臂架上，借助它们的移动来适应作业要求。

2．几种典型的输送机械

（1）皮带输送机

皮带输送机常称为传送带（Conveyor）、皮带机，是使用最广泛的输送机械，既可以输送单元货物，也可以输送散料。皮带输送机是用输送皮带作为承载和牵引构件的输送机械，利用物品与皮带之间的摩擦力来输送各种轻量或中量的规则或不规则形状的物品。皮带输送机由滚筒驱动，皮带、滚筒、骨架和驱动单元有多种规格和组合方式，以适应各种不同场合的需要。单元货物的输送通常采用水平输送，可以由多段皮带输送机接成更长的线路，只要被输送货物的尺寸大于两根皮带之间的间隙即可，如图 3-41 右边所示。现在还有用于装卸的伸缩皮带机，而且还能增加分拣功能，形成二维、三维的分拣矩阵，设备布局从线形到平面再到立体，节约了设备占用空间，适应了物流业的需要。

图 3-41　辊子输送机（左），皮带机（右）

与皮带输送机类似形成闭合回路的还有板链输送机，它的承载力更大，应用广泛，商场、地铁的各种倾斜角度的电动扶梯，以及机场的平面扶梯都是板链输送机。

（2）辊子输送机

辊子输送机是一种使用最为广泛的输送机械，如图 3-41 所示。它由一系列以一定的间隔排列的辊子组成，用于输送成件货物或托盘货物，辊柱在动力驱动下带动上置物料移动；也可在无动力情况下，由人力或依靠重力运送物料，通过伸缩设计方便卸货。

辊子输送机是成件物料运输中最常用的一种输送机械。可根据生产工艺要求，由直线段、圆弧弯段、水平段、倾斜段、分流段、合流段、升降段和回转段等形式组成开式或闭式生产流水线。物料在辊子输送机搬运系统上可同时完成焊接、装配、测试、称量、包装、储运和分检等各类工艺作业。物料也可在某些区段短暂停留放置，而不影响输送线中其他部分的正常工作。

辊子输送机结构简单、运行可靠、维修量少、布置灵活、营运经济、适应性强、成本低、承载能力大，因而搬运大而重的物件较为容易，常用于搬运托盘集装货物和包装货物。

（3）悬挂式输送机

悬挂式输送机是应用最广的空间输送机，它能节省占地面积，充分利用空间，缩短输送距离。悬挂式输送机的结构是一种由牵引链形成的空间封闭运输线路，如图 3-42 所示。

图 3-42　悬挂式输送机

悬挂式输送机在链条上相隔一定距离装有一个两轮（或四轮）的运行小车。小车下悬挂承载件，物品就装在承载件内。小车沿着输送机械线路上设置的工字钢轨道运行。在线路中可设置一组或几组驱动装置，并采用坠重式的张紧装置。装载和卸载地点可以任意选择。

悬挂式输送机是沿生产工艺线路架空布置循环运行的生产物流搬运设备。其架空轨道有直线段、圆弧弯段和许多转向站，可组成长而复杂的空间线路，最长可达数千米。悬挂装置下部装有作业平台、货盘、货盒或挂钩，在驱动装置驱动下可连续沿线路顺序运行。它可用于车间内部或车间之间运输各种成件物品和装在容器内的散状物料，也可用于各生产工序之间输送工件，同时还能组成对工件进行工艺处理的流水线，如冷却、干燥、喷漆和清洗等。

悬挂式输送机分普通、推式和自行式三种。设置道岔后能实现从一个轨道进入另一个轨道的水平交叉搬运，设置升降机构后能实现空间交叉搬运，设置存储线路后能实现搬运的存储和缓冲，运送物件灵活方便。悬挂式输送机系统动力消耗比较小，可实现自动、连续的物料搬运。但普通和推式悬挂式输送机系统柔性不高，输送机一旦出现故障将影响全线生产。

其他空间输送机还有空中移载台车、螺旋滑槽式垂直输送机、垂直升降输送机、托盘式垂直输送机等。

（4）分拣输送机

分拣输送机（Conveyor Sorting Devices）广泛用于大量物料需要快速拣选、处理的场合，如邮政信函处理、机场行李处理、快件分拣和配送中心等，它是工厂自动化立体仓库及物流配送中心对货物进行分类、整理的关键设备之一。随着商品品种及配送中心的增多，多品种、高频次、随机性的商品分类（分拣）作业在进入 20 世纪 90 年代后得到迅速发展。出错率高、费时费力的人力分拣作业，很快被自动分拣机及其系统所替代。随着物流自动化水平和速度要求的提高，自动分拣取代人工分拣的情况越来越多。分拣输送机可以汇集有相似特性（如目的地、顾客和商店）的物品（如纸箱、单品、塑料箱、服装），然后正确地鉴别、分离不同的货物，把它们传输到相应的位置。根据要分拣货物的特征、速度等可以用不同类型的分拣机，如图 3-43 所示。

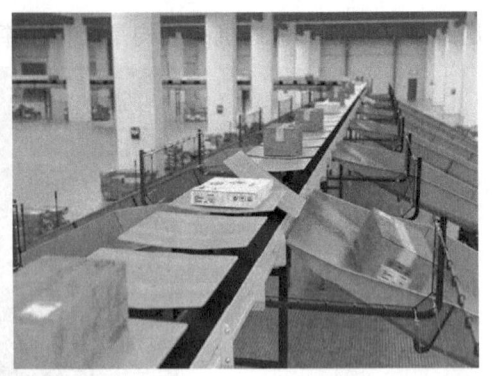

图 3-43　分拣输送机

常见的分拣机有转向式分拣机（Deflector）、推块式分拣机（Push Diverter）、推出式分拣机、叉式分拣机（Rake Puller）、滑块式分拣机（Sliding Shoe Conveyor）、弹出式斜轮分拣机（Pop-up Skewed Wheels）、弹出带和弹出链分拣机（Pop-up Belts and Chains）、弹出式辊子分拣机（Pop-up Rollers）、可调角度的分拣机（Adjustable Angle Conveyor Sorter）、翻盘式分拣机（Tilt Tray Sorter）、翻板式分拣机（Tilt Slat Sorter）、横移带式分拣机（Cross-belt Sorter）、投弹式分拣机（Bombardier Sorter）等。随着机械和自动化技术的不断进步和对物流的要求不断提高，还会有新型的分拣输送设备推出。

自动分拣系统是先进配送中心所必需的设施之一。它具有很高的分拣效率，通常每小时可分拣商品 6 000～12 000 箱，是提高物流配送效率的一项关键因素。自动分拣机是自动分拣系统的一个主要设备，它本身需要建设短则 40～50m，长则 150～200m 的机械传输线，还有配套的机电一体化控制系统、计算机网络及通信系统等。这一系统不仅占地面积大（动辄 20 000m^2 以上），而且还要建 3～4 层楼高的立体仓库和各种自动化的搬运设施（如叉车）与之相匹配，这项巨额的前期投入通常需要花 10～20 年时间才能收回。

3．流水线设备

流水线的基础是传送带，在传送带、板链式和滚筒式输送机的基础之上，增加一些工位结构与器具，可以组成成套的流水线设备（见图 3-44）。随着我国工业化的大力推进，流水线设备类型已经很多，按输送机类型可分为皮带式、板链式和滚筒式，按用途可分为单、双列皮带装配线，手、自动插件线，喷涂线和烘烤线等。

　　（a）皮带式　　　　　　（b）板链式　　　　　　（c）插件式

图 3-44　流水线设备及其中的输送机

（1）皮带式流水线是电子、轻工等行业最常见的流水线设备，可以进行装配、包装、加工等的流水批量生产。它承载的产品比较轻，形状限制少；和生产同步运行，可以实现产品的爬坡转向；以皮带作为输送载体，可无级调速，正反向输送，运行平稳，噪声小。该类流水线设备在每个工位配备高度可调工作台、物料台、工艺看板、照明、供电、供气设备等，适合劳动密集型作业生产。

（2）板链式装配流水线承载的产品（如摩托车）比较重，和生产同步运行，可以实现产品的爬坡；生产的节拍不是很快；以链板面作为承载体，可以实现产品的平稳输送。

（3）滚筒式流水线承载的产品类型广泛，所受限制少；与阻挡器配合使用，可以实现产品的连续、节拍运行及积放的功能；采用顶升平移装置，可以实现产品的离线返修或检测而不影响整个流水线的运行。

3.4.4 散料搬运设备

散料搬运设备主要有皮带输送机、斗式提升机、气压输送机和螺旋输送机等，该类设备主要应用于散状物料的连续、均衡输送作业，一般适用于工厂生产线、港口码头场所。

散料皮带输送机按安装方式分为移动式和固定式两种。移动式皮带输送机适用于散状物料或成件物品的短途运输和装卸工作，轻巧美观，机动性好。固定式带式输送机以其输送量大、结构简单、维护方便、成本低、通用性强等优点而广泛在冶金、煤炭、交通、水电等各行业中用来输送散状物料或成件物品。

斗式提升机是用于垂直或大倾角输送粉状、颗粒状及小块物料的连续输送机械，广泛应用于码头、矿井的卸船、卸车。我国古代的高转筒车和提水翻车是现代斗式提升机和刮板输送机的雏形。

气力输送机是由具有一定速度和压力的空气带动粉粒状物料或比重较小的物料在管道内流动，实现在水平或垂直方向上移动的设备。

3.4.5 自动物料搬运设备及系统

随着工业生产规模的扩大和自动化程度的提高，物料搬运费用在工业生产成本中所占比例越来越大。因此，在企业生产中选择合理的物料搬运方式，提高物料运输和存放过程的自动化程度，对改进物流管理、提高产品质量、降低生产成本、缩短生产周期、加速资金周转和提高整体效益有重要的意义。

自动物料搬运设备主要有自动导引搬运车（Automatic Guided Vehicle，AGV）、自动堆垛机和搬运机器人。自动搬运系统是以多台自动导引搬运车为主体，结合中央控制系统组成的物料搬运系统，主要应用于自动化程度较高的机械制造业、自动化仓库等场合。

1. 自动导引搬运车

自动导引搬运车是一种能自动导向、自动认址、自动完成程序动作的搬运车辆。自动导引搬运车系统（Automatic Guided Vehicle System，AGVS）由若干辆自动导引搬运车在计算机控制下按导引路线行驶，应用在物流系统、生产系统中，在柔性生产系统、柔性搬运系统和自动化仓库中广泛使用（见图 3-45）。

图 3-45　AGV 示例：汽车装配、货物拣选、集装箱运输

随着自动控制与智能化技术的进步，自动导引搬运车的功能与性能越来越强大，使用起来也越来越轻松、安全和经济高效，它的应用现在已经很广泛，如汽车装配等制造业，并在邮政业、仓储业、纺织业、电子行业等都有广泛应用。大型 AGV 在自动化集装箱码头可替代集装箱卡车，将三四十吨的重箱从岸桥下运到堆场或反向运输，整个过程全部自动智能化，无需司机。

自动导引搬运车的优点有：灵活性强、自动化程度高，适应特殊工作场地。由于其有以上一些独特的优点，故一般适用于有噪声、空气污染、有放射性元素等有害人体健康的地方及通道狭窄、光线较暗等不适合用人驾驶车辆的场合。

2．自动堆垛机

自动堆垛机也称巷道堆垛机，是自动化立体仓库快速存取货物的主要设备，其结构和形式有很多种，通常可分为单柱式和双柱式、有轨和无轨结构等。巷道堆垛机由起升机构、运行机构、货叉、伸缩机构、机架和电力与自动控制部分组成，运行方式有直线运动和回转运动，合起来可以有 4 个自由度。巷道堆垛机由于采用双向伸缩货叉，所需作业通道宽度比叉车更窄，存取货物也更高效和方便，如新型的高达 22m 的自动巷道堆垛机可在 90m 纵深的巷道里自由、准确地上下穿梭，快速完成存取货操作。自动堆垛机与立体货架及相关控制设备共同组成自动化立体仓库，详见第 8 章。

3．搬运机器人

搬运机器人是一种有若干自由度，动作程序灵活可变，能任意定位，具有独立控制系统，能搬运装卸物件或操纵工具的自动化机械装置。在生产物流搬运设备中主要用于为机床搬运装卸工件，为加工中心更换刀具，在物流的节点和输送线的端点用来装卸堆垛物料，在装配线上用于产品的装配与喷漆等。在生产物流搬运作业中应用搬运机器人不仅能提高劳动生产率、降低成本、保证产品质量，而且还能增加系统的柔性，为搬运提供一种强有力的工具和手段。搬运机器人已成为物料搬运自动化的重要设备之一，如图 3-46 所示。

近年来机器人技术在自动化仓库应用中有所突破，如亚马逊仓库的 15 000 台 Kiva 将总体工作效率提升 3~5 倍，准确率达 99.99%。我国也有这种如同大号扫地机器人的极智嘉科技（Geek+）在天猫、唯品会等多家知名电商仓库实现商用。海康威视移动机器人已形成系列产品，有潜伏、移载、重载、叉车、复合等系列。在仓储、搬运的自动化和智能化进程中，有效地提高了空间利用率和工作效率。此外还有天猫超市的"曹操"智能机器人。随着技术的不断进步，自动化甚至智能化的设备也将在物流行业及物流作业中广泛应用，如无人机技术、智能仓储等，以达到高效、准确和便捷等目的。

(a) 回转式　　　　　　(b) 直角坐标式　　　　　　(c) 分拣式

图 3-46　搬运机器人

在选择自动搬运设备时，首先要了解系统的基本参数和要求，如所搬运物料的形状、体积、重量和品种，搬运的途径、速度、频率和定位精度，搬运中的加工和装配要求，厂库房的空间位置约束，物料搬运路线的可扩充性等。在实际工程中，自动搬运设备的选择不但要从技术角度考虑，还须结合投资能力和环境条件考虑。

3.5　数据收集和通信设备

物流的自动化需要自动实时地了解物料的位置、数量、起点、目的地和时间安排。这个目标实际上就是自动标识与通信技术的功能，它要求实时地、无差错地进行数据收集和通信。自动识别系统使得机器能识别物料和获取关于物料状况的关键数据，而自动通信系统无须纸张便可传输已获取的信息。

3.5.1　自动标识技术及设备

自动标识技术正在不断发展，它包括条码、光学字符识别、无线射频标签、磁条和机器视觉（电子眼）技术。

1. 条码技术

生产与物流系统中信息化的关键是条码自动识别技术。条码具有读取快、精度高、使用方便、成本低和适应性好等优点。条码技术包括条码本身、条码扫描和条码打印机。

（1）条码

条码是由一组规则排列的、黑白相间的条纹组成的图形符号，它独特的黑条和空白结构代表着不同的信息（字母或数字）。例如，在超市和商店中的收银员在物品上扫描条码就自动记录了它的识别码（图 3-47 为某冰箱包装箱上的多种条码）。

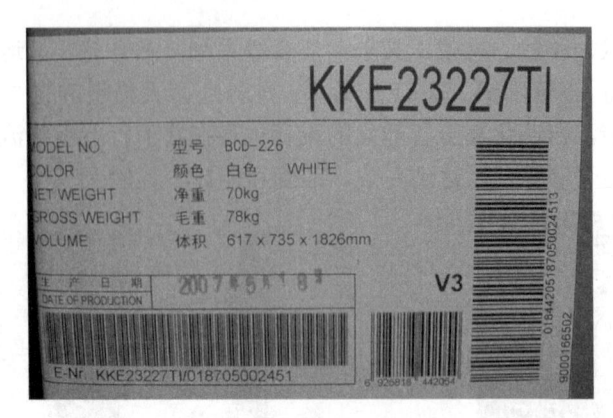

图 3-47 一维条码示例（从左到右分别是 93 码、EAN 码和 128 码）

相同的条码式样在不同的编码中可代表不同的字符信息。现在主要的条码标准有：

1) **39 码（Code 39）**。这是被许多行业和政府采用的由不同宽度的字符数字组成的编码，用于单个产品的识别和发货包装或容器识别。

2) **交叉 25 码（I2/5 码）**。这是一种仅有数字的紧凑编码，在很多领域还有应用，如识别仓库中的拣选位置。

3) **库德巴码（Codabar）**。这是一种早期开发的符号码，采用数字字符集，有 6 个特殊的控制符、4 个停止符和开始符，用来区别不同的物品类别。它主要应用于非食品零售终端、血库和图书馆。

4) **93 码**。它包括所有 128 个 ASCII 码及 43 个字母数字组合和 4 个控制符。93 码在 6 种条码标准中，数据密度最高。除了允许 ASCII 码和字母数字之间转换，93 码还使用两个校验字符来保证数据的完整性。

5) **128 码**。这是一种高密度编码的结构，包括全部 128 个 ASCII 码字符集、可变长度域以及精巧的字符排列方式和完整的字符校验功能。1989 年被美国统一代码委员会（Uniform Code Council，UCC）和 EAN 标准化组织采用，用于航运、包装和产品与集装箱的识别。

6) **UPC/EAN 码**。这是为超市销售终端开发的全数字条码，现在广泛用于各种零售场合，是一种适用于全世界厂商和商品识别的定长码。

7) **二维条码**。二维条码是条码技术的新发展，随着智能手机的迅速普及，二维条码使用广泛。二维条码极大地提高了数据密度，具有信息量大、编码范围广、保密及防伪性好、译码可靠性高、修正错误能力强和条码符号形状可变等优点，因而被广泛使用。二维条码使用最广的是日本 1994 年推出的开放标准 QR 码，其他还有 PDF47、Code 49 和 Data Matrix 等，我国现也有矽感码、汉信码、紫光码等二维条码。

（2）条码扫描器

条码扫描器按其接触方式分为接触式和非接触式。

1) **接触式扫描器**。它有光笔式和卡槽式，可便携或固定，以替代键盘或人工数据输入。这种扫描器能以 10m/min 的速度传输数字字符信息，其译码出错率为百万分之一。光笔式扫描器耗电量低，适用于电池驱动和手持终端，卡槽式主要用于考勤系统。

2) **非接触式扫描器**。它应用更广，如超市、图书馆等随处可见。非接触式扫描器包括激光与 CCD 扫描器，它们与被扫描的条码符号之间可保持一定距离（扫描景深）。通常激光扫描器扫描景深可达 20～76cm；CCD 扫描器的扫描景深一般为 2～5cm。

大部分条码扫描器用复杂的解码电路从两个方向来读出条码，这种解码电路能区分出每种条码独有的起止代码，并相应识读。此外，现在大多数扫描器的供应商都提供有自动鉴别特征的设备，能识别、读出和验证多种条码格式，而无须在设备内外做任何调整。甚至还有全向扫描器，能在整个大视场里高速地读出编码，而不受方向的限制。

（3）条码打印机

条码打印机也是条码系统的组成部分，在很大程度上打印机的设计和选择最终决定了条码系统是否成功，这是因为打印的条码图形质量是系统接收程度和能力的关键。条码打印机有五种类别，即激光、热转印、串行、压紧式和喷墨打印机。

2．光学字符识别

光学字符是人机皆可识读的，如打印在银行支票底部的账号。光学字符识别（Optical Character Recognition，OCR）系统可读译字母和数字数据，这样，人和计算机都能理解数据中的信息。

OCR 标签和条码相似，是由手持扫描器来读取的。光学字符识别系统操作起来比条码系统慢，但是价格差不多。当要求人、机可读的时候，OCR 系统就具有吸引力了。

直到最近，光学字符识别的商业应用仅限于文档的读取和零售点商品标签的读取。因为没有严格的字符打印控制和读取环境，OCR 系统的性能不符合已由其他自动标识技术制定的标准。它的印制质量要求高，比如一个墨点或空隙，会使得 OCR 字符模糊或移位，从而导致标签不可读取或误读。在编码空间宝贵和环境相对清洁时，OCR 还是可靠的选择。

3．无线射频标签

无线射频标签和声表面波标签是将数据编码后存储在芯片上，再将芯片嵌入标签而形成的。当标签在特殊天线的感应范围内，标签阅读器就能将芯片中数据译码读出。无线射频标签可以再编程，也可永久性编码，读取范围达 10m。声表面波标签是永久性编码，但只能在 1.5m 范围内读取。它常见的应用是贴在汽车挡风玻璃上的交费标签，该标签可以在高速运动时被识别出来，在高速公路收费站自动交费。

无线射频标签和表面波标签一般用于容器的永久性识别，它们的优点是标签具有耐久性，也适合恶劣环境中的作业、印刷码损坏或难以辨认的情况。

4．磁条

磁条主要用于以较小的空间储存大量信息的情况，如常见的银行卡和信用卡背面的磁条。即使磁条上有灰尘、油腻都可以读出信息，且储存在磁条上的数据可以改变。磁条必须接触识读，因而不能在高速条件下工作。磁条系统比条码系统价格要高。

5．机器视觉识别

机器视觉主要通过数码照相机采集物体和条码的图像，再将图片传给计算机进行处理和解读。机器视觉系统读码速度适中，在合适的环境下识读准确度很高。当然它们不需要接触识读，但精度取决于光学系统的质量。目前随着数码相机的普及，应用逐渐增加，如停车场车牌号自动识别。

3.5.2 通信技术及设备

用于与物料搬运人员自动通信的装置有无线射频数据终端、耳麦、灯光及计算机辅助和智能卡。

1. 无线射频数据终端（Radio Frequency Data Terminal, RFDT）

手持式、腕戴式或叉车上安装的 RFDT 是库存和车辆/驾驶员管理的一个可靠装置。RFDT 组合了多字符显示、全键盘和特殊功能键，通过天线和主计算机接口单元，以规定的频率传递和接收信息。这些装置的应用场合主要是需要严格库存控制和提高资源利用率的情况。此外，随着软件种类的增多，RFDT 可以连接现有的车间和仓库控制系统，实现过程大大简化。大多数安装在工厂里的 RFDT 都采用手持式扫描器输入数据、识别产品和校验位置。这种技术比单一技术能获得更高的速度、准确度和生产率。例如，将小型无线射频终端和非接触式条码扫描器集成为腕戴式设备，可缚在仓库管理员的手腕上，这样操作员的双手就解放出来了，但近年来智能手机已逐步取代 RFDT。

2. 耳麦（Voice Headset）

综合语音通信和人声识别系统由计算机系统控制，它将计算机文本数据转换成合成语音，也可将合成语音转换成计算机数据。耳麦带有耳机和麦克风，用于和计算机系统交互通信。无线射频用于将信息传送给移动的操作员。当操作员在工作中需要手眼并用时，这类系统由于不占用手、眼而很有用处。语音识别与合成系统的准确率已经很高，可在计算机、手机、汽车上实现，物流上已应用于收货检验、叉车存取操作和订单拣选。随着智能手机的普及，照相、语音、二维码扫描和 Wi-Fi 等技术大有取代上述传统终端之势，尤其是二维码手机扫描，更加方便快捷、成本低，也能提高服务水平。

3. 灯显拣选和计算机辅助（Pick-to-light and Computer Aids）

灯显拣选（Pick-to-light）和计算机辅助的目标是减少订单拣取过程中的搜索时间、拣取时间和文档记录时间，并提高订单拣选准确度。对灯显拣选系统，计算机根据订单要拣物品搜索数据库，自动在正确的存取位置亮灯显示，这样就减少了拣货员的搜索时间。拣取时间的减少是因为灯显拣选显示装置还能显示拣取数量。拣货完成后拣货员只须按下"完成"按钮，计算机就知道拣货完成，从而减少文档记录时间（见图 3-48 左）。采用这种方式，订单拣取速度可达每人每小时拣货 600 次。灯显拣选可用于轻型货架、重力流动式货架和旋转式货架系统。

在灯显拣选系统中，每个拣选站都设置一个显示器显示该拣选站上存储容器的配置图。要拣货物所在容器位置会有灯光显示，而要拣取的数量则显示在屏幕上。这种系统也可以用于垂直旋转式货架、小件自动存取系统和竖直储柜中。

灯显拣选和计算机辅助系统是跳出拣选作业之外来考虑拣选作业的方法，能大大提高效率，但也带来了一些人因问题。它使拣货工作变得过于容易，因而成为一项枯燥的工作，甚至影响人员心理。目前正在发展的虚拟现实/增强现实（VR/AR）技术可能是以后的一个应用方向。近年来灯显拣选还进化成无线液晶小屏显示方式，如图 3-48 右所示。

图 3-48 轻型货架上的灯显拣选

4. 智能卡（Smart Card）

智能卡（实质上是带磁条的信用卡）用于获取多种信息，这些信息包括职工标识、拖车上的物料内容和拣货作业的行程。例如，在一个大型化妆品配送中心里，拣货行程下载到智能卡里，然后智能卡依次插入每个订单拣货车里的读卡器。这样，在手推车前面显示的仓库电子地图上就会标出拣货路线。

在自动化的基础之上，现代物流还向智能化和智慧物流方向发展，诸如交通工具或货物的卫星定位与跟踪技术、GIS 与电子地图技术、移动互联网和物联网都开始了在现代物流中的应用，向着更快、更准的目标迈进。例如，现在流行的智能手机地图软件就能在物流配送线路选择方面进行很好的应用，甚至能结合实时交通状况进行线路选择和行车导航，当然对物流公司整个车队多货物、多路线的监测还需要开发专门的软件。

3.6 典型物流设备的技术参数与选用

下面将以常见的托盘货架、叉车和堆垛叉车的技术参数为例来说明它们的综合选用。

3.6.1 托盘货架

重型货位式托盘货架（工业货架的一种）主要由立柱片和横梁组合而成，其中立柱片由前后两根立柱和横斜撑组成一个钢结构框架整体。单深托盘货架可安排 4~7 层，具体层数由所选叉车及库房天花板高度决定。托盘货架在布置安装时，为提高存储面积利用率，常采用背靠背的形式，每个作业通道面对面布置两排货架（请参阅本章案例和 8.3 节），这要求叉车载着托盘能在作业通道内 180°转弯，这时最小的通道宽度称为直角堆垛最小通道宽度，即供叉车行驶的两排货架之间通道的最小宽度。由于叉车技术的进步，托盘货架所需的作业通道深度一直在减少，因而有宽窄通道之分。

在与叉车综合选配时，一般要求叉车最大提升高度至少比最上层货架横梁高 200mm，最上层货位加托盘货物的最高高度离天花板（或房屋有效净高）的距离不少于 300mm，以供叉车安全作业。因此货架上横梁离天花板至少有"托盘堆放高度+300mm"的距离。托盘货架放货时的尺寸要求将在第 8 章中介绍。

按照国家标准 GB/T 27924—2011《工业货架规格尺寸与额定荷载》，托盘货架设计和选型时，应按以下尺寸系列选取（单位均为 mm）：

- 立柱片高度规格有 5 250、6 000、6 750、7 500、8 250、9 000、9 750、10 500、13 000、15 500，其中立柱孔距有 50、75 和 100 三种规格；
- 立柱片深度规格有 800、900、1 000、1 100、1 200、1 300、1 400 等；
- 横梁截面宽度规格有 40、45、50、55、60，高度规格有 80、90、100、110、120、130、140、160，如 80 高×50 宽，或 100 高×55 宽等；
- 立柱片和横梁组合成货架后，因为立柱孔距有 50、75 和 100 这三种规格，货格高度规格应为 50、75 和 100 的整数倍，货格净长度有 1 200、1 300、1 500、1 700、1 900、2 100、2 300、2 500、2 700、2 900、3 100 等。

托盘货架这些组件均由钢板冷弯轧制而成，为了保证有足够的强度，要求立柱和横梁钢板的厚度为 1.5、1.8、2.0，立柱还可根据需要采用 2.5、3.0、3.5、4.0 的壁厚。

▶▶ 3.6.2　叉车的主要技术参数与选用

配套托盘等单元载荷叉车作业的货架仓库是目前最常采用的形式，各种形式叉车的作业高度和通道宽度要求如图 3-49 所示。

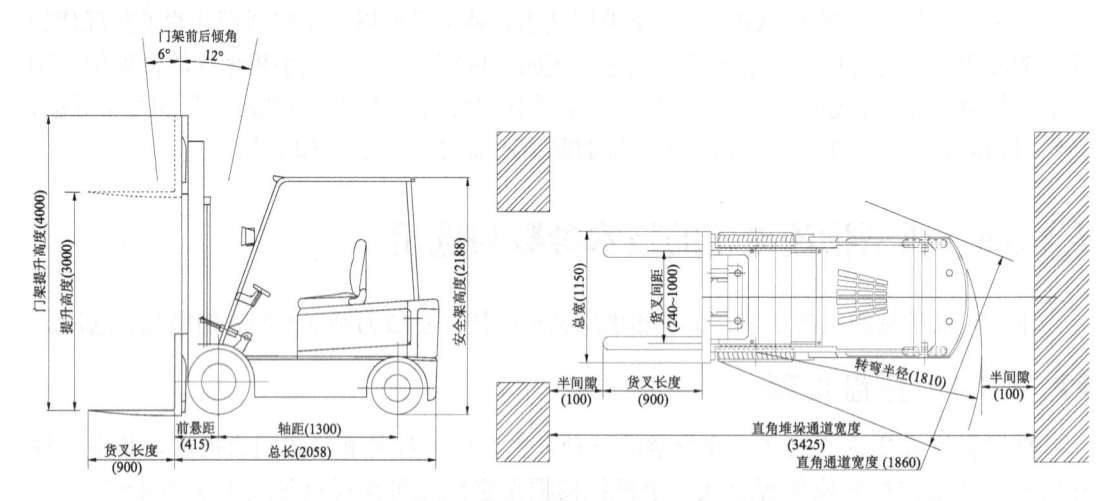

图 3-49　叉车技术参数（括号内数字为尺寸，单位 mm）

叉车与货架综合选择的关系如图 3-50 所示。普通平衡重式叉车的标准提升高度（一级门架）为 3~4m，托盘堆垛叉车采用二级门架可达 4~5m，但它们的最大提升高度在 7m 以下。为了提高空间利用率，可用前移式叉车配套三级门架，提升高度可达 7~9m，但影响作业视线，出入库的效率和安全性要降低。高架叉车是专门针对甚窄通道（Very Narrow Aisle，VNA）设计的，故也称 VNA 叉车。高架叉车作业时车身无须直角转弯，前部货叉可进行 180°回转和向两侧侧移，因此作业通道很窄，面积利用率高。VNA 叉车分为人上型和人下型两种。人下型提升高度可达 9m，它的优点有处理整托盘货物速度快；操作人员在下面更安全；价格较人上型便宜；安装有摄像头和监视器系统，可以解决视野差的缺点。人上型叉车提升高度可达到 12~15m，是 10m 以上超高立体库除自动堆垛机外的唯一选择。

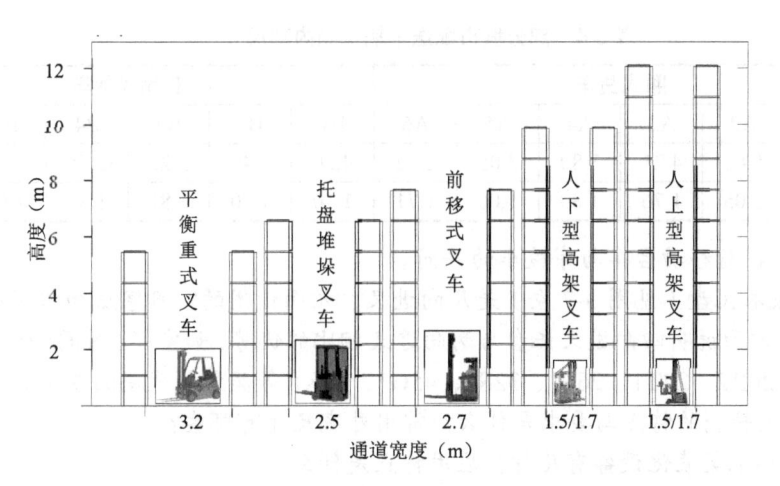

图 3-50 货架高度与叉车通道的选择关系

常见叉车的主要技术参数如表 3-3 所示。

表 3-3 常见叉车的主要技术数据 单位：mm

名称	内燃叉车		电动叉车			前移叉车		堆垛叉车		
型号	H18	CPC15X	CPD16S	LG13BE	A9	RR-1.6	R14	GX12/35	ML10	LG07
额定载荷（kg）	1 800	1 500	1 600	1 300	900	1 600	1 400	1 200	1 000	700
提升高度	3 650	3 955	3 000	3 000	3 220	5 025	5 760	3 500	3 524	3 000
缩回高度	2 330	2 145	2 050	1 995	1 944	2 260	2 485	2 230	2 190	2 060
直角堆垛通道宽度*	3 581	3 575	3 261	3 122	2 600	2 787	2 689	2 400	2 235	2 365
车体长度（不含叉）	2 240	2 285	2 035	1 795	1 375	1 838	1 201	1 060	920	1 009
车体宽度	1 087	1 075	1 050	1 060	800	1 067	1 110	900	800	808

* 直角堆垛最小通道宽度以 1 000mm×1 200 mm 托盘横向进叉计，纵向进叉增加 120~200 mm。

本章习题与思考题

1. 物流工程设施设备主要分哪几类？各类设施的特点是什么？
2. 实地参观一个配送中心或工厂，观察其收发站台设施设备，并结合叉车等设备的主要技术参数，实地量取货车技术参数，确定站台的高度和站台登车桥、门封、门罩选型。
3. 物流包装机械的主要类型有哪几种？各自的应用特点是什么？
4. 查阅我国最新的有关托盘及单元化方面的标准（openstd.samr.gov.cn），如 GB/T 2394—2007、GB/T 15233—2008，对比各类托盘尺寸及公差。
5. 查阅 EPAL 3 型新亚洲标准托盘（满足我国国标的要求）和 EPAL 7 半托盘的产品说明书（Product Sheet）和技术要求（Specification）。
6. 我国目前城市配送主要车型为 1.8~6t 的小型和轻型车辆，部分车辆货厢内部尺寸如表 3-4 所示，试分别计算全托盘 1 200 mm×1 000 mm 和半托盘（1 000 mm×600 mm 及 1 200 mm×500 mm）在各车厢内的平面利用率，并画出各托盘最大利用率的平面图。

表 3-4　部分城市配送车辆货厢内部尺寸　　　　　　　　　　　　　　　单位：m

名称	厢式货车						封闭式货车					
型号	A1	A2	A3	A4	A5	A6	B1	B2	B3	B4	B5	B6
长度	6.20	5.00	4.21	3.80	3.05	2.62	4.50	3.40	3.22	2.75	2.16	2.10
宽度	2.05	2.05	1.76	1.80	1.06	1.71	1.70	1.70	1.81	1.82	1.66	1.70

7. 试比较托盘移动台车与穿梭车的异同。
8. 川字底木托盘（见图3-7左）是几向进叉、几面使用的？日字底和田字底的呢？
9. 请从多方面说明四向进叉托盘与两向进叉相比的优势，如空间、时间和设备要求等。
10. 查明20R2、22T1、26S1、32S1、45G1、22K8等集装箱代码的意义。
11. 物流周转箱的特点与要求是什么？常用外底尺寸有哪些？
12. 物流单元集装化设备有几种？应用特点是什么？
13. 托盘单元型存储货架分哪几类？各类货架的应用有何特点？
14. 比较后推式货架、托盘选取式货架与托盘重力式货架的优缺点。
15. 考虑两种货物：一种尺寸小、出货慢，仓库储量小；另一种尺寸小、出货快，但有相当储量。对于书架式轻型货架和流力式货架，两者该如何选择？
16. 假设有多种纸箱式货物，出货慢且数量不足一托盘，以单箱发货，它们能用流力式货架存储吗？还有更好的轻型货架可选吗？
17. 物料搬运设备主要包括哪些？其应用特点是什么？
18. 比较两类叉车的优缺点：①电动平衡重式叉车和堆码叉车；②前移式叉车和高架叉车。
19. 对于有传送带的仓库，能传送的货物存储时要远离发货区，为什么？
20. 自动数据收集设备有哪些？选用时应考虑的技术指标是什么？
21. 叉车的主要技术参数有哪些？选用时应考虑的技术指标是什么？
22. 叉车与货架的综合选用要考虑哪些因素？
23. 观察表3-3中的直角堆垛通道宽度和车体宽度两行数据，对于给定叉车的直角堆垛通道宽度，能满足两辆叉车并行或相向而行的空驶、载托盘行驶吗？

案例讨论　　　　　　　　　　　　　　　　　　　　　　　Case Discussing

各种仓储货架方式的比较与分析

（根据陈磊发表于《物流技术与应用》2004年8月期文章改编，感谢作者同意引用此文。）

某仓库长和宽是48m×27m，该仓库托盘单元货物尺寸为1 000mm（宽）×1 200mm（深）×1 300mm（高），重量为1t。仓库若采用窄通道系统，可设置6层，仓库有效高度可达10m。而其他货架方式只能设置4层，有效高度为7m。

下面比较几种不同的货架和叉车系统方案及其货仓容量、叉车类型和最佳性价比。

1. VNA系统

该系统货物可先进先出，取货方便，适用于仓库屋架下弦较高的情况，如10m左右。因采用人下型VNA叉车（采购价58万元），地面需要加装侧向导轨。叉车通道宽1 760mm，总存货量2 088个货位。货架总造价41.76万元，仓库总造价129.6万元，工程总投资257.16万元，系统平均造价1 232元/货位。其布置图如图3-51所示。

2．驶入式（Drive-in）货架系统

该系统货物可先进后出，且单独取货困难；但存货密度高，用于面积小、高度适中的仓库。该系统适用于货品单一、成批量进出货的仓库。系统采用平衡重式电动叉车，采购价22.5万元，叉车直角堆垛通道宽度为3 200mm，总存货量为1 812个货位。货架总造价43.5万元，仓库建筑总造价123.12万元，工程总投资189.12万元，系统平均造价1 044元/货位。其布置图如图3-52所示。

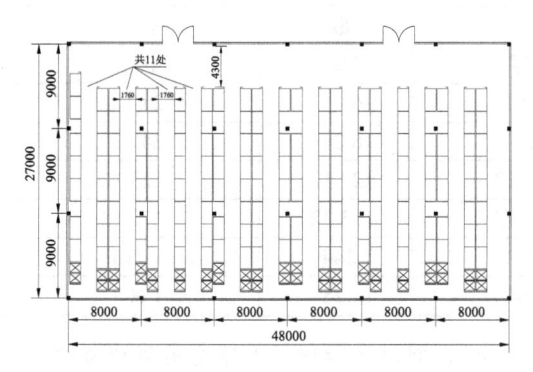

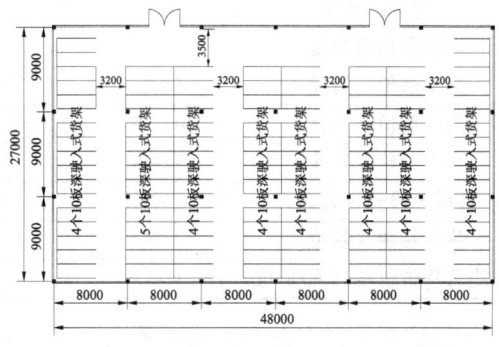

图3-51　VNA系统　　　　　　　　图3-52　驶入式货架系统

3．选取式货架系统

该系统货物可先进先出，取货方便，对货物无特殊要求，适用于各种类型货物，但属于传统型仓库系统，货仓容量较小。系统（见图3-53）采用电动前移式叉车，采购价26万元，叉车直角堆垛通道宽度为2 800mm，总存货量为1 244个货位。货架总造价16.2万元，仓库建筑总造价123.12万元，工程总投资165.32万元，系统平均造价1 328元/货位。

4．双深式货架系统

该系统货物可先进后出，取货难度适中，货仓容量较大，可与驶入式货架媲美，且对货物和货仓无特殊要求，适用面广。系统采用站驾式堆垛叉车和前移货叉，采购价25万元，叉车直角堆垛通道宽度为2 800mm，总存货量为1 716个货位（图3-54所示）。货架总造价24万元，仓库建筑总造价123.12万元，工程总投资172.12万元，系统平均造价1 003元/货位。

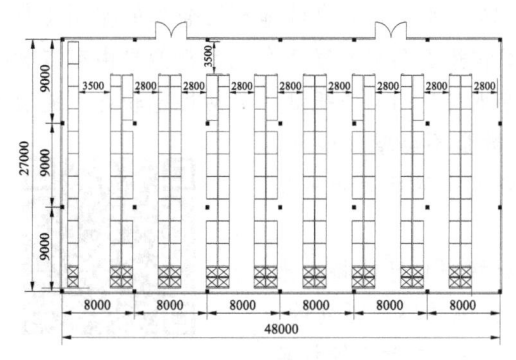

图3-53　选取式货架系统　　　　　　图3-54　双深式货架系统

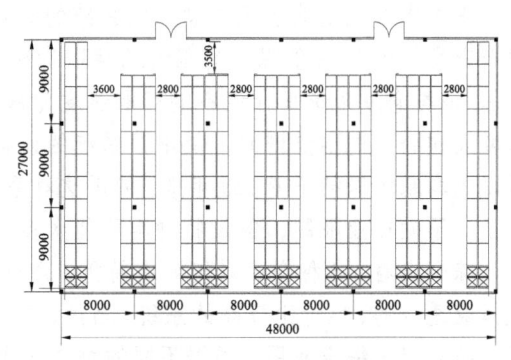

经比较可知，除了投资成本不同，四种货架仓储方式有各自的特点，如表3-5所示。

表3-5 四种叉车与货架系统比较

项目	VNA	驶入式系统	选取式系统	双深式系统
叉车类型	人下型	电动平衡重式	前移式叉车	站驾式堆垛车+前移叉
叉车通道（mm）	1 760	3 200	2 800	2 800
取货速度	快	慢	快	中等
存货数量	中等	高	一般	较高
空间利用率	较好	好	一般	较好
对地面要求	高	较高	一般	中等
适用货仓高度	高	中等	较高	中等
叉车造价（万元）	58	22.5	26	25
货架造价（万元）	41.76	43.5	16.2	24
仓库造价（万元）	129.6	123.12	123.12	123.12
工程总投资（万元）	257.16	189.12	165.32	172.12
总存货量（货位）	2 088	1 812	1 244	1 716
平均每货位价格（元/货位）	1 232	1 044	1 328	1 003

VNA系统能有效利用仓库的空间（通道最小），同时又能保证有很好的存取货速度和拣选条件（每个托盘都能自由存取和拣选）。该类仓库系统每台设备的存取货速度为30~35个托盘，适合各种行业，特别是货物种类比较多，或进出速度较快的行业。仓库越大，货物的进出量越大，使用该系统的设备数量不会增加很多，成本反而更低。近年来，采用这种系统的仓库已越来越多，特别是大型仓库。

驶入式系统可以有效利用仓库的空间（货架排布密度大），但不能满足拣选的要求。每个托盘不能自由存取，适合种类比较单一、需要大批量进出的作业。该系统的出货速度不快，每小时只有10~12个托盘，因而使用该系统的行业比较少。

选取式系统是使用最广泛的一种，不能非常有效地利用仓库的空间，但能保证有很好的存取速度和拣选条件（每个托盘都能自由存取和拣选）。该类仓库系统每台设备的存取速度为每小时15~18个托盘，适用于各种行业。随着仓库增大，仓库的进出量越大，使用该系统的设备数量会越多，所以成本会增加。但它的灵活性非常好，第三方物流的仓库大都采用这种系统。

双深式系统是选取式和驶入式系统的结合体，可以非常有效地利用仓库的空间（货架排布密度较大），并能保证有很好的存取货速度和拣选条件（每2个托盘都能自由存取和拣选）。该类仓库系统每台设备的存取速度为每小时12~15个托盘，灵活性也较好。随着仓库增大和仓库进出量增大，使用该系统的设备数量不会增加很多，所以成本基本保持不变。近年来，使用这种系统的仓库已逐步多起来了，不受行业限制，但货物种类不能太多。

综合来看，各种仓库系统各有特色，公司要按照自己的特点来选择最适合的、性价比最高的系统。当然，每个系统并不是孤立的，可以结合起来综合使用，根据不同的物流方式、进出速度、货物品

资料9 货架选择指导

种、进出量来进行选择。

? 讨论及思考题

1．分析总结选择仓储方式和设备的主要依据。
2．查阅上述货架系统有关的设备标准与技术要求，评估各系统的优劣和应用。
3．访问当地的物流和仓储设备供应商，询问有关的设备价格，估算各系统的造价。
4．访问国内外著名的货架公司，获取最新的产品资料，如音飞货架（www.informrack.com）和 Bito 公司（www.bito.com）。

第 4 章　集装单元及其系统

本章主要内容

- 包装与集装单元
  包装概述、集装单元化、集装单元设计
- 托盘单元化
  装箱问题、托盘单元设计、带板运输与托盘租赁
- 集装箱详述
  集装箱标准及术语、集装箱基本规格尺寸、集装箱类型、集装箱标志
- 集装箱单元系统
  集装箱装箱、特殊装载及要求、集装箱系统设备
- 集装单元系统与运输

4.1　包装与集装单元

本节从物流的基本环节包装开始,从包装概述、集装、集装单元化到集装单元设计。

4.1.1　包装概述

包装(Package)的含义有很多,按定义就是"为了在流通过程中保护产品、方便储运、促进销售,按照一定技术方法而采用的容器、材料及辅助材料等的总体名称,也指为了达到上述目的而采用容器、材料、辅助材料的过程中施加一定技术方法等的操作活动"。包装一词包含着两种含义:一种是指盛装商品的容器和辅助材料,通常叫包装材料或包装用品,如箱、袋、盒、桶、瓶、罐等容器和纸及纸制品、塑料及塑料制品、木材及木制品、金属、玻璃、陶瓷和复合材料等包装材料,以及绳、带、钉、胶带、泡沫等;另一种是指盛装商品时所采用的技术手段、装潢形式和操作过程,如充填、装箱、裹包、封口、捆扎等通用包装技术,防震、防破损、防锈、防霉腐、防虫、危险品和充气、真空、收缩、拉伸与脱氧特种包装等。

包装作为物流系统的构成要素之一,是生产的终点,同时又是物流的起点。它与运输、保管、搬运、流通加工均有十分密切的关系,而且在商品的生产、流通和消费的各个领域,均有重要的作用,这些作用归纳起来主要是保护商品,便于流通,促进销售和传递信息。

包装可分为销售包装和运输包装两大类。

1) **销售包装**主要以满足销售的需要为目的，一般要与商品接触，包装体与商品体是在生产中结合成一体的，起到直接保护、美化、宣传商品的作用。销售包装可以方便商品陈列展销和帮助顾客识别选购，对商品销售能起促进作用，对消费者也能起到便于携带、使用、保存和识别的作用。

2) **运输包装**主要以满足运输、装卸、储存需要为目的，通常不随商品卖给消费者，一般不与商品直接接触，是由许多小包装（销售包装）集结而成的，如烟、酒、化妆品等，先将商品先装于小包装，然后集装于纸箱或木箱。例如，运输包装常见的瓦楞纸箱（Corrugated Box）有单（3层瓦楞纸板）、双（5层瓦楞纸板）之分，内装物的最大质量和综合尺寸（内装物外轮廓长宽高之和）要求分别为：单瓦楞纸箱 5~40kg、700~2 000mm 和双瓦楞纸箱 15~55kg、1 000~2 500mm（参见国标 GB/T 6543—2008《运输包装用单瓦楞纸箱和双瓦楞纸箱》）。但也有一些运输包装，如家用电器的纸箱包装，则直接与商品接触，随商品一起出售给消费者。运输包装在运输、装卸和储存中，首先起到保护商品的作用；其次就是方便运输、装卸和储存，起到提高商品流通效率的作用；再次就是起到传达信息、方便管理的作用。

包装离不开标准化和合理化。包装标准化是指对包装类型、规格、包装材料、结构、造型等实行统一的规定，因为面向各类产品的包装容器、材料和方法有很多，有众多的产品包装标准、包装专业基础标准和包装综合基础标准。包装合理化表现在包装总体的合理化，用整体物流效益与微观包装效益进行统一衡量，包装材料、包装技术、包装方式合理组合与使用。

▶▶ 4.1.2　集装单元化

在物流过程中，货物生产与包装已经完成，包装标准化并不注重在货物包装中已经使用的具体包装材料、包装技术和包装方式的标准化，而是对接包装综合基础标准，关注批量货物有效、合理地进入物流运输系统时要采用的最能效标准化和合理化的实现方式——集合包装，即集装。

集装就是将一定数量的物品或包装件组合在一起，形成一个合适的运输单元，以便于装卸、储存和运输。面对运输工具的大型化和高速化，集装大有作为，已应用于物流运输全过程的各个环节，发展成集装箱化、托盘化、捆扎、网袋、框架、滑板等多种形式。集装通常是将许多单件物品通过集装器具或捆扎方法等技术措施组合成尺寸规格相同、重量相近的大型标准化单元组合体，即集装单元（Unit Load）或单元货物。

集装单元是采用各种不同的方法和器具，把具有包装或无包装的物品，整齐地汇集成一个扩大了的、便于装卸搬运的、在整个物流过程中保持一定形状的标准规格的作业单元。以集装单元来组织物品的装卸、搬运、存储、运输等物流活动的作业方式，称为集装单元化，简称单元化。

集装单元是物流中最重要的一个概念。集装单元可以是托盘、箱、袋、筒和集装箱等，其中以托盘、物流周转箱和集装箱应用最为广泛。散料、单品、包装货物和其他容器单元可以形成一个整体集装单元，由载运工具来搬运或运输。在短距离内，集装单元由叉车、传送带、起重机或分拣设备来搬运；在设施之间的长距离内，主要通过运输车辆、集装箱这样的大单元来完成收发货。而在设施内，集装单元则被转运、拆箱、整理、再包装或存储。为了优化运输和物流网络中的各项流程作业，必须解决集装单元化问题，并注重通用化、标准化和系统化。

高效物流要求小的物流单元必须通过选择、分配、装箱和贴标签来放进合适的集装单元中。搬运、运输和存储的总物流成本是由集装单元的尺寸、重量和数量来决定的。在计算给定装填数量所必需的集装单元数量时，必须考虑集装单元的容量和填充率（Filling Rate）。容量和集装单元数量的装箱问题计算结果对确定存储、搬运和运输系统的主尺寸十分关键。反过来一些实际装箱约束条件也影响最终填充率，例如，多种不同尺寸轻泡货物装集装箱的填充率通常在80%左右。

集装单元化的主要优点是：①能可靠地保护商品，减少物流过程的货损和货差；②为装卸搬运作业机械化、自动化创造条件，提高劳动生产率；③缩小包装件体积，降低运输成本，提高仓库、运输工具载重量和容积利用率；④节省包装费用，促进物流包装标准化和系统化；⑤易于清点货件，减少货物变换环节，便于交接和联运；⑥降低存储费用，集合包装容纳商品多，密封性能好，受环境气候影响小。

在看到单元化的优点时，也要知道它的一些制约因素：① 形成和拆除集装单元需要一定的时间和手段；② 集装单元使用过程中托盘、容器和其他辅助材料具有一定成本；③ 空托盘、容器存在回收问题等。这就要求正确管理与设计单元化。

▶▶ 4.1.3 集装单元设计

集装单元设计（Unit Load Design）是单元化管理的关键。集装单元不仅可用于厂内在制品的搬运，而且也可用于收发货和存储等内外交接环节。集装单元设计首先要明确物流模数，以便采用合理标准的集装箱单元尺寸设计。然后需要确定以下要素：

- 集装单元的类型、大小、重量和配置；
- 搬运集装单元所用的设备和方法；
- 集装单元形成和分拆的方法。

集装单元设计不仅是搬运系统的事情，它涉及的系统还包括包装、托盘化、存储和发货等作业，这些都是制造和装配工艺之后的作业，可能出现在多种行业中，涉及设备、设施的各种交互作用。这些交互作用中关键的要素是所用包装箱的技术参数和托盘规格，这两个要素直接影响物料搬运设备的选择和存储设施的实际配置，还影响仓库和货车车厢的空间利用。所以，包装箱的尺寸和托盘尺寸这两个要素就是集装单元设计的重点。

1. 物流模数

在物流过程中，货物的运输、堆码、储存等活动都对包装的标准化和合理化，尤其是包装与集装的外观规格提出了统一的要求，即物品包装与集装单元的尺寸（如托盘的尺寸、包装箱的尺寸等）要符合一定的标准模数，仓库货架、运输车辆、搬运机械也要根据标准模数决定其主要性能参数。这有利于物流系统中各个环节的协调配合，在易地中转等作业时不用换装，提高通用性，减少搬运作业时间，减轻物品的散失、损坏，从而节约费用。

1）**模数尺寸**。应用于包装和物流的模数尺寸是标准化的基础，目前我国GB/T 4892—2008《硬质直方体运输包装尺寸系列》根据修订后的托盘标准GB 2934—2007，规定了集装单元模数尺寸（运输包装件的包装模数尺寸，单位为 mm）有 600×400 和 550×366 两种，与 ISO 3396 并非等效。制定了模数尺寸，首先保证了货物的包装尺寸标准化、系列化，从而使进入物流过程的物品都能按照规定的模数尺寸进行包装，并能方便地将小件按照组合规律或分割规律集合成较大的包装件，便于后续的物流作业过程。

2）单元货物的平面尺寸。优先适用 1 200×1 000 托盘的单元货物平面尺寸序列可以按 600×400 的倍数或约数关系推导而来，标准规定了 5 个组合模数尺寸系列和 19 个分割模数尺寸系列，如图 4-1 所示。

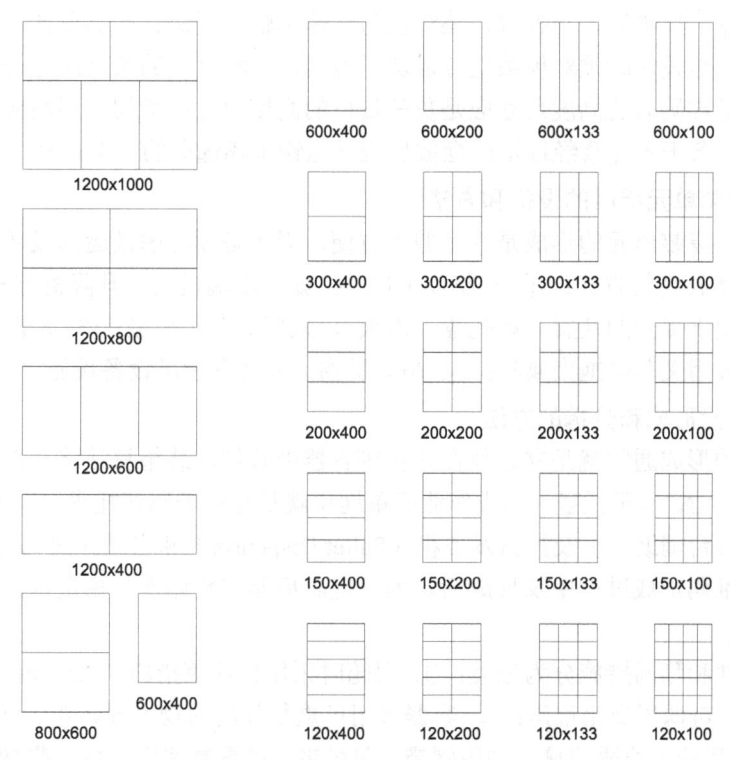

图 4-1　运输包装件的平面尺寸与模数尺寸的关系

对 GB/T 4892—2008 新规定的适用于 1 100×1 100 托盘规格的 550×366 模数尺寸，相应的倍数和约数平面尺寸有 1 100×366、550×183、366×275、366×137 和 275×122 等 18 种。

在满足 600×400 的基础模数的前提下，可依据单元化的物流包装尺寸要求，来满足物流货物尺寸与运输工具装载尺寸的协调，以保证运输工具有最大的容积利用率，提高物流效率。相应地，我国 GB/T 15233—2008《包装单元货物尺寸》规定了货物流通过程中包装单元货物的大底平面尺寸，以 1 200×1 000 为主，也允许 1 200×800 及 1 140×1 140（允许偏差 0~40），分别与 3 种主要托盘尺寸对应。

2. 集装单元的类型、大小、重量

集装单元大小规格对物品搬运系统的技术规格和运作有重大影响。大的集装单元需要大而重的设备、更宽的通道和更高的地面承载能力，而且也增加了在制品库存，因为物品要积累到装满整单元（托盘或容器）后才能移动，因而它的主要优点是移动次数少。小的集装单元增加了运转的次数，但有减少在制品库存的潜力，通常只需像手推车之类的搬运设备，但能支持准时制生产。

确定集装单元大小的两个要素是物品的体积和重量。例如，某货物用单瓦楞纸箱包装，长宽高尺寸为400mm×300mm×150mm，重量不超过20kg，它在1 200mm×1 000mm托盘上形成集装单元总高不超过1 000mm，重量不超过600kg。受重量限制（这往往决定搬运、输送设备的设计与选型），上述货物每单元只能装3层共30个，而不是按高度装5层50个。考虑大小尺寸时尤其要注意尺寸模数化和不同集装单元尺寸之间的相互关系。

就尺寸模数化来说，它主要体现在单元物品的关联性上。单元物品的关联性不仅涉及工位器具、托盘、周转箱、货架等，还涉及与运输车辆、厂房、产品设计等方面的关联。例如，塑料零件盒设计时须对模数尺寸链加以考虑，一种盒子的长度尺寸是另一种的宽度尺寸；几个盒子堆码后的高度尺寸应是货架货位的高度尺寸；货架总层高应是叉车提升高度的参考尺寸；若干零件盒经过堆码摆放后应是运输车辆选型的参考尺寸。

3．搬运集装单元所用的设备和方法

归根结底，集装单元的形成是为了搬运方便，因此必须考虑搬运的设备和方法。集装单元有4种基本移动的方式：① 从整体来提升，如采用输送机、升降机方式；② 在集装单元底部加入便于提升的装置（如托盘、滑板），采用叉车类机械；③ 沿两个提升表面将货物收紧，如采用叉车平抱夹属具；④ 吊装货物，需要有承吊设备设施。

4．集装单元形成和分拆的方法

集装单元的形成通常就是立方体在托盘等容器中装箱，装箱算法将在后面介绍，这里主要介绍形成作业。对于托盘，形成作业简单地说就是将箱子码在托盘上，可以采用人工、人工加剪式回转台辅助，以及托盘发放机（Pallet Dispenser）和自动托盘码包机（详见第3章）等方式。堆码形成过程中及形成后，为了提高单元的整体性与稳定性，需要采取一些约束稳固措施。

这些整体性和稳固措施分为三类：① 码箱时采用自约束措施（Self-restraining），如层间加板或粘带、奇偶层交错堆码；② 容器采用可重复使用的物流周转箱、纸箱和箱式、笼式托盘；③ 码后载荷稳固措施，如用网袋、包装带、可重复使用的捆扎带捆扎，热缩裹膜包装（Shrink-wrapping）或拉伸裹膜包装（Stretch-wrapping）。

集装单元的分拆是形成的逆过程，先要解开绳带或去除裹膜，然后才是码垛箱子的拆垛。除采用人工外，也有托盘货物拆垛机。

集装单元系统是物料搬运系统的一个不可分割的部分，它的设计也离不开搬运系统的设计，应当结合标准化，先确定容器和托盘等集装单元尺寸，再按容器、路线和设备这些要素来考虑物料搬运系统（详见第9章）。在对已有系统进行改进时，集装单元的尺寸可能受到已有建筑配置的影响，如门宽、柱网距离、通道宽度、物料搬运车辆的转弯半径、叉车的最高堆垛高度和建筑高度等都是影响集装单元系统设计的因素。

▶ 4.2 托盘单元化

托盘单元是物流最常见的集装单元，根据托盘标准设计托盘单元也是最频繁的工作。托盘单元或称托盘单元货载（Palletized Unit Load）是以托盘为单位，将包装件组合码放在

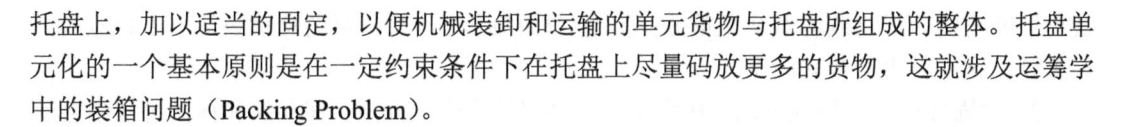

托盘上，加以适当的固定，以便机械装卸和运输的单元货物与托盘所组成的整体。托盘单元化的一个基本原则是在一定约束条件下在托盘上尽量码放更多的货物，这就涉及运筹学中的装箱问题（Packing Problem）。

4.2.1 装箱问题

装箱（或称装填）是一种常见工作，在货物发运，即将进入运输系统时就会出现。由于物品特征和运输方式的不同，物品可能需要通过不同的搬运手段放于托盘、集装箱等容器中，然后放入车厢、船舱或飞机货舱等更大的容器内。由于尺寸的差异，在这一过程中需要考虑如何装得多、装得好。装箱问题是指将相同或不同尺寸、形状的多件物品按某种规则装入一个或多个容器中，满足高生产率、安全、低运输成本和设备成本及保护物品等要求，以获得最佳的效益。

1. 装箱问题的分类

不是所有装箱问题都很复杂，例如，在货车中装载钢材等重货时，只须考虑重量而不必管体积。鉴于此，需要对装箱问题分类，可以按要求考虑的物品的特征参数的数量来划分，分为一维、二维和三维问题。

1）**一维问题**。通常出现在高密度物品装箱的情况下，它的约束条件只是重量，通常称为重量配载问题。这类问题类似于背包问题，可用整数规划或动态规划方便地求解。

2）**二维问题**。通常出现在装载只考虑长宽尺寸或装载高度相同的物品的时候，这时物品的取向和位置在容器内码放时特别重要。二维问题常见的是托盘装码问题（Pallet Loading Problem，PLP），将在下面详细介绍。

3）**三维问题**。通常出现在低密度物品装箱的情况，它的约束条件是体积。三维问题包括容器装载问题和多容器装载问题，它是将多种不同立方箱子装入容器中，以使得体积利用率最大，或需要的容器数量最少。

根据装箱物品的不同，装箱问题可以分为同种货物的装箱问题和异质货物（包括强异性和弱异性）的装箱问题，当然后者比前者困难多了，尤其是三维问题。还有非立方物品（如圆柱体、球体、多面体等）的装箱问题，研究得少，但也有很大的现实意义。

从更广的角度看，装箱问题实质上是切割与装箱类问题（Cutting and Packing Problems，C&P，或剪裁与装填）。切割问题就是通常所说的下料问题，目标是使材料利用率最高，如运筹学中著名的钢筋下料问题就是一维的切割问题。切割问题与装箱问题类似的原因在于它们都需要找到摆下零件（箱子）的最佳方式，而且两者互为对偶问题。按照 Harald Dyckhoff 的总结，C&P 问题理论上共有 96 类，广泛存在于不同的学科领域，如装箱问题、布置问题、嵌套问题、资金预算问题等。C&P 问题是一类具有复杂约束条件的组合优化问题，在理论上属 NP-hard 问题，求解困难，现在通常采用计算机启发式算法（Heuristics）。

2. 装箱问题约束条件

装箱问题的约束条件直接影响问题的求解和结果，它决定了解决问题的难易程度。这些约束条件可分为三类。

1）装箱通用的约束条件：① 尺寸限制原则，如对 PLP 托盘长宽 L, W 和箱子长宽 l, w，有 $L>W>l>w$；② 不可分割原则，即每个货物是不可分割的；③ 不可交叠原则，即任何一个货物不能与别的货物或容器交叉重叠；④ 重量限制原则，即货物的总重必须小于容器的允许重量，这主要由层数来确定。

2）稳固性和可夹持性要求。托盘货物由多层箱子叠码而成，在存储和移动过程中会受到多种力的作用，稳固性要求每个箱子都必须保持原来的堆码位置，并支持其上层货物。对稳固性要求我们采用以下标准：① 每个箱子底部至少要与其下层两个箱子相接触，接触面积少于 $X\%$ 不算有效接触，以保证不会形成不稳定的箱子柱；② 每个箱子的底部面积与其下层箱子总的接触比例不低于 $Y\%$，以消除箱子底部大部分面积悬空而被压塌的情况；③ 直线或锯齿状的贯穿割面不能超过堆码最大长度或宽度的 $Z\%$，以防码垛有竖直贯穿割面造成运输的不稳定。④ 至少有一对码垛相对面是平整的，且箱子所有平行于夹持面的边至少有 $J\%$ 的长度是与另一箱子的边接触的。

3）对于某些货物，还有一些特殊的约束条件：① 堆码高度约束。由于货物的承载能力限制或倒垛的可能，只允许填充一定的高度。② 摆放约束。为了方便阅读或扫描货物的标签内容，要求将货物的某一面朝外摆放。③ 可靠性约束。为避免倒垛、滑落和偏斜，在集装单元内部摆放货物时应采用有一定咬合能力的堆码方式。

为适应物流配送的需要，还有将装箱与路径问题综合考虑的带三维装箱约束的车辆路径问题（3L-CVRP），约束条件更加复杂。

3. 托盘装码问题

托盘装码问题寻求一批货物（矩形箱子）在托盘等容器中优化安排，即将货物装入托盘以使每托盘所装货物数量最多、堆码最好。按货物是否相同分为制造商和分销商托盘装码问题，前者最常见，通常就称为托盘装码问题；后者涉及不同货物的尺寸，更复杂，但在配送中心也不少见。

制造商托盘装码问题的货物均相同，因为货物通常只能朝上放置，可归结为二维问题，只要解决一层的货物最优安排称为平面布局图或装码图谱样式（Loading Patterns，见图 4-2，并参见第 3 章图 3-14）即可，其中的转轮式是一种优秀的样式，外轮廓方整、整体对称、重心稳定且每个端面可看到货物箱子上的信息。码放通常要求外围尽可能方整，形成对称或规则的单元，具有稳固性和可夹持性。制造商托盘装码问题的容器和货物均为平面矩形，且装码样式只能为正交的（边与边平行或垂直）。

对于制造商托盘装码问题（L, W, l, w）的求解，首先是上界，即 $UB = \text{int}(LW/lw)$，它给出了可能的最大装码数量，只有在极少数情况下是最优解，如图 4-1 所示的符合物流基础模数的满铺。

其次是"块"的概念。"块"是指包含若干个同一取向相同箱子的矩形。PLP 最简单的求解是单块法［参见图 4-2(a)、(b)］，即所有相同的箱子在托盘上都按同一取向呈规则队列边挨边码放。对（L, W, l, w）问题，单块法就是在边长整数比的乘积中取大值，即

$$\text{Max}\left[\text{int}\left(\frac{L}{l}\right)\text{int}\left(\frac{W}{w}\right), \text{int}\left(\frac{L}{w}\right)\text{int}\left(\frac{W}{l}\right)\right] \tag{4-1}$$

这一结果大约在 60%情况下为最优解。

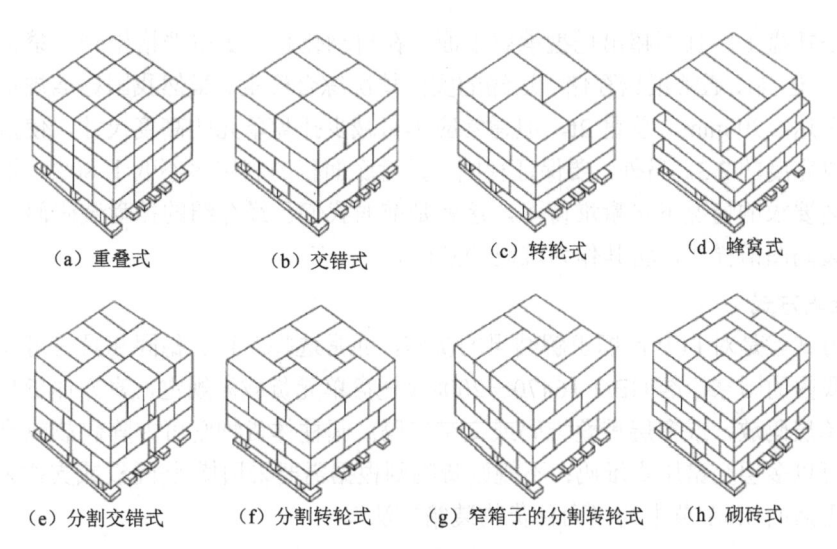

(a) 重叠式　　(b) 交错式　　(c) 转轮式　　(d) 蜂窝式

(e) 分割交错式　　(f) 分割转轮式　　(g) 窄箱子的分割转轮式　　(h) 砌砖式

图 4-2　不同托盘的装码样式

更多的算法要同时考虑箱子的横、竖取向，这就有启发式的块算法（块数可为 2, 3, 4, 5, …, 8 等）。对托盘装箱问题 (L, W, l, w)，如果在托盘的边 S（$S=L, W$）上可以找到一对非负整数 (p, q) 满足 $0 \leqslant S-pl-qw<b$，则称 (p, q) 为 S 的有效割，记为 $E(S, p, q)$。如对长边 L 的有效割 (p, q)，可以安排 $[W/w]$ 行 p 列的横箱块和 $[W/l]$ 行 q 列的竖箱块（其中 $[r]$ 为不大于 r 的最大整数）。接下来看竖箱块上是否可以再放一行横箱。同样对短边 W 进行类似计算，最后以最多的箱子数为最优解。如实例（1 200, 1 000, 273, 181）最优解为 23 个箱子，摆法为 3 块（读者可试画出图形）。

块算法中最著名的是 Smith 和 de Cani 于 1980 年提出的四块算法（Four-block Heuristic，详见旁边条码），后来许多研究者推出了更多的块算法和启发式算法。在物流系统中，托盘装码问题必须得到明确的解决，现在广泛采用启发式算法和亚启发式算法，利用计算机编程求解。

资料 10　托盘装码问题约束条件与算法

有关装箱问题的研究还在不断深入，有兴趣的同学可参阅国内外有关文献，如 Martins GHA, Dell RF. Solving the pallet loading problem. *European Journal of Operational Research*, 184（2008）429-440。

4.2.2　托盘单元设计

托盘单元设计（Pallet-building）就是考虑要托盘化的一系列货物，按货物种类、客户和装码约束条件等，形成高度合适、堆码紧密、载荷稳定的托盘单元。对同种货物，就是上述的制造商托盘装码问题，相对容易解决。但不同货物（可进一步分为弱异性货物和强异性货物）的混合托盘单元设计是相对复杂的三维装箱问题，通常采用建层法，形成高度大致相同的一整层货物，再将不同层堆叠在托盘上，但要考虑不同货物的形状、尺寸、重量和易脆性等条件，尽量快速形成密实的堆码方案。

对于托盘单元，尺寸、重量限制最常见的是：体积 $1m^3$，静载 1t，动载 3t。这主要取决于货物及堆码数量。只要托盘规格选定，托盘单元的长、宽就确定了（因为单元货物要正确码放在托盘上,且不超出托盘承载平面,在自动化仓库更得严格检查,禁止超出托盘平面尺寸),但高度通常根据存储、运输的实际情况综合确定。虽然我国标准规定托盘单元最大总高可达 2 200mm,总重 2t,但通常应尽量减少托盘单元的高度尺寸,使重心高度不得超过托盘宽度的 2/3。另外,要保证稳固,托盘底面积的利用率不低于 80%。堆码时如何在满足上述要求的情况下尽量堆得多,这就是前面我们已经介绍的托盘装码问题,对它求解即得到装码图谱样式,将其作为堆码的基础。

1. 堆码方式

堆码方式就是对 PLP 问题求解结果的实施,通常选择对称、稳固和具有可夹持性的堆码样式。我国的国家标准 GB/T 16470—2008《托盘单元货载》规定,直方体货物堆码在托盘上,可单层码放,或多层重叠堆码或交错堆码;圆柱体货物则可方阵码放或错位码放;袋类货物可以多层交错压实堆码;不规则货物则根据需要采用横/竖隔板或支撑来堆码。具体应用参见后面 4.4.1 节中的"同种货物装箱方法"。

2. 固定方法

托盘单元的固定方法主要有捆扎和裹包。捆扎要根据货物的特点和储运条件选择适用的捆扎带和捆扎结构,捆扎带有金属带和塑料打包带,金属带要求宽度不小于 16mm,厚度不低于 0.5mm,塑料打包带则要求宽度不小于 15mm,厚度不低于 0.8mm。捆扎的方法有水平捆扎和垂直捆扎,水平捆扎将堆码好的货物捆成一体,至少要在堆码最上层施加一道,以形成整体压住下方的货物,下方也可以适当水平捆扎;垂直捆扎则是将货物与托盘捆在一起,分别沿托盘长度和宽度方向穿过叉孔和纵梁。裹包则主要采用塑料薄膜,分拉伸和收缩两种,我们在前面已有介绍。

3. 保护加固

根据货物条件,固定单元时还需要采用防护加固附件,如护棱、货罩、货盖、框架、支撑、隔板、板条、围框或成型填充构件等,进一步将托盘单元形成一个能够抵抗一定的外部振动、冲击和跌落等的坚固整体,必要时还需要进行托盘单元载荷稳定性试验,具体参见 GB/T 4857.22。

例 4-1 三种货物采用瓦楞纸板箱包装,尺寸(单位:mm)分别为:①400×300×205、②500×280×180、③454×106×345 和④345×160×240,在 1 200×1 000×150 托盘上堆码,要求总高度不超过 900,试设计托盘单元方案。

解: 按托盘装码问题,首先是三种货物在托盘上单层的平面摆放问题:

①因为物流基础模数是 600×400,第一种箱子平面大小刚好是这一模数的一半,按图 4-1 最左上图案,1 200×1 000 托盘上刚好放 5 个 600×400,则 400×300 箱子可以放 10 个,如图 4-3 所示。这一装码样式外轮廓整齐,上下层采用交错堆码,重心也更居中。

②这一箱子尺寸较大,采用单块法可以方便得到(1 200, 1 000, 500, 280)装码样式,即 Max [int(1 200/500)int(1 000/280), int(1 200/280)int(1 000/500)]=8,单层 8 个。单块法的样式通常只能采用重叠式堆码(参见图 4-2)。

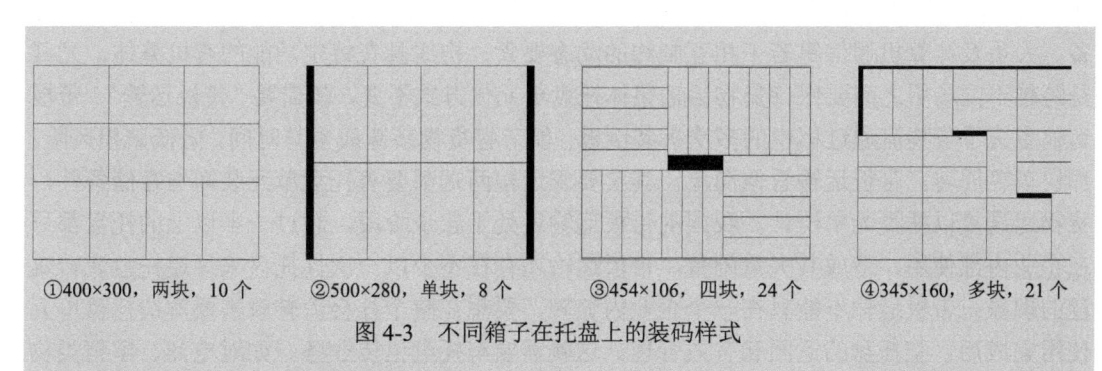

① 400×300，两块，10 个　　② 500×280，单块，8 个　　③ 454×106，四块，24 个　　④ 345×160，多块，21 个

图 4-3　不同箱子在托盘上的装码样式

③采用四块法可得单层 24 个，如图 4-3 所示。这是转轮样式，中间有小空洞，但外轮廓整齐且对称。数量比单块法多 2 个，还可以采用交错堆码，上下层箱子比重叠式更稳定。

④这是用多块算法求出的箱数最优的复杂样式，它的右边是嵌套式转轮样式，左边则是上下两块。总体外轮廓也比较接近整齐，可以采用交错式堆码。

因为要求托盘单元总高为 900，减去托盘本身高度 150，有效堆码高度 750，按三种货物箱子高度分别可以堆码 3 层、4 层、2 层和 3 层，托盘单元各箱子总数分别是 30 个、32 个、48 个和 63 个。

如果考虑货物重量、箱子堆码层数限制，则取最先达到限制的数据。例如，托盘单元总重量限制不超过 1t，托盘本身重 10kg，若④的单个箱子重 20kg，则只能堆码 2 层，即 42 个，总重含托盘 850kg，不超重，但高度利用率较低。

同种货物的托盘装码问题已经很成熟，如图 4-4 所示的程序。托盘单元设计考虑完堆码方式后，还需考虑重量重心、固定方法和保护加固措施，才能得到垛型稳定牢靠的托盘单元。

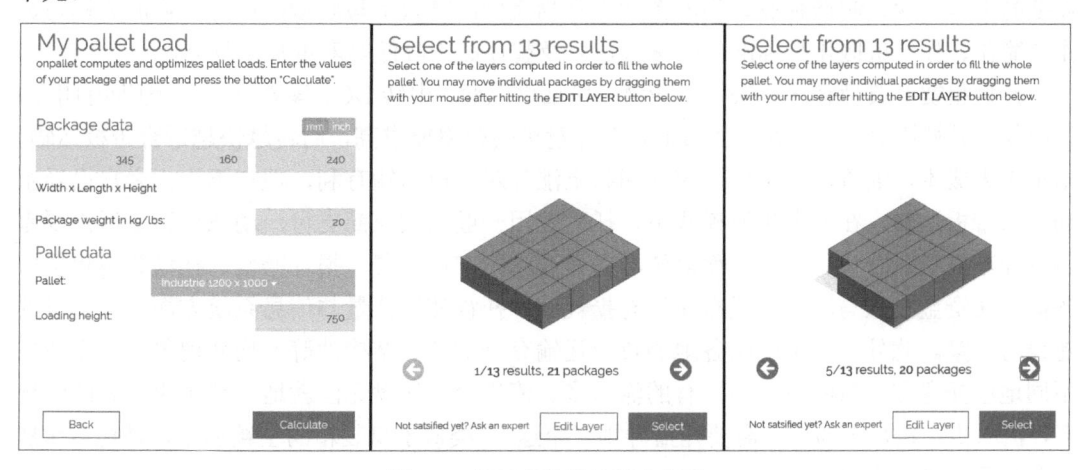

图 4-4　某托盘装码计算小程序

▶▶ 4.2.3　带板运输与托盘租赁

有了托盘单元，就可以考虑形成托盘单元化物流系统（Palletized Unit Load Based Logistics System）。它以托盘单元为对象贯穿单元化物流各环节，包括输送、装卸、仓储设

备、人员及计算机通信等若干相互制约的动态要素，构成具有特定功能的有机整体。尤其是跨越不同场所之间要保持货物运输整体托盘单元化方式不变，就需要"带板运输"。带板运输省去了货物流通过程中的多次拆装倒板，能节省货物装卸成本与时间，降低破损风险，加快车辆周转。带板运输看似简单，其实要求运输两端都要有托盘单元装卸与存储条件，货物运送量以托盘为单位计。我国的带板运输还处于起步阶段，超过一半以上的托盘都只在企业内部使用，造成其大量闲置，带板运输还存在不少以一次性托盘来规避托盘流转难题的现象。带板运输不能只在一个企业内流转，要想在整个社会流转就需要解决托盘单元使用完成后，空托盘的返回和有效管理。这就需要有托盘租赁业务。如对电商、零售类物流，波峰波谷较多，自购托盘会带来高闲置率，而托盘租赁具有很好的效率、成本优势；制造企业大批量货物进出时，托盘租赁比自购也具有优势。

托盘租赁分为静态租赁和动态租赁。

托盘静态租赁主要针对市场上存在的生产及仓储中仅用于内部转运的托盘需求。托盘静态租赁服务为客户设立托盘租赁专用账户，并提供专业客服与IT技术支持。客户可按照托盘使用的实际需求租用相应数量的托盘，并以日为计费单位支付租金。不需要使用时，客户可随时将托盘退还给托盘出租公司。

托盘动态租赁依赖托盘共用系统（Pallet Pooling System，PPS），即使用统一规定的具有互换性的托盘，为众多用户共同服务的组织系统。它是在物流标准化基础上的一项系统工程，按照规范化的操作流程，实现托盘在产业链上下游或不同行业之间进行托盘转户（Pallet Transfer）、接力使用、循环共用，如共享单车一样异地租还，是典型的B2B共享租赁场景。在PPS平台模式下，企业无须按照订单波峰储备大量托盘，通过带板运输可以减少装卸时间、提高作业效率。

在托盘租赁基础上，通过发展托盘共用系统，可有效实现社会资源综合利用，并给产业链的零售企业、制造企业、物流企业带来物流供应链效率与质量的提升、物流流程与运作的简化、作业机械化与标准化的深入，以及整体成本降低等多重长期收益。

托盘租赁的典型客户有快消供应链（包括供应商、中转DC、零售终端），因为有闭环、好回收，另外快消品周转快、货值低，对托盘运转效率要求高，周转越快越适合带板运输。由于人力成本、油价、路桥费、超载罚款上涨都对带板运输有利，现在不少大客户已经主动要求带板运输。在静态租赁模式下，托盘费用一般由供应商支付，动态运转之后需要零售商开车提货、分拣、存储，而最核心的是要承担归还运费、损耗赔偿。托盘共用租赁服务需要在资金投入与网点、托盘质量与损耗率、托盘使用计量与信息系统方面进行科学的建设与决策。此外，由于中国各地的货流运输有季节性、结构性等不均衡现象，也会造成不同地区托盘需求量的不均衡：有的流入多、流出少，托盘无法就地继续出租；有的流出多，流入少，托盘不够用，需要托盘异地"空返"，类似于集装箱的空箱调运，是托盘租赁服务公司必需的支出。

目前我国经营托盘租赁的企业有招商路凯、集保、PECO、摩方物联、链通天下、普拉托等。集保和路凯的租金较低（每天几角钱左右），而且主要是木托盘产品，容易损耗但方便维修，经营业务也从静态租赁向动态租赁发展。随着我国物流效率的提高和托盘单元化的深入，带板运输将越来越普及，托盘租赁业务也将有广阔的发展前景。

4.3 集装箱详述

集装箱是一种运输容器,在我国港台地区也称为"货柜",但从不同角度来看,集装箱可以是运输容器、运输设备、运输用具、运输装备、包装工具和载运工具等。可以说,集装箱兼有这些功能,但需要满足强度、效率、装载、联运、规格等方面的要求。

4.3.1 集装箱标准及术语

集装箱(Freight Container)在全世界范围内已经成为广泛使用的标准集装设备,国际、国内标准较多,其中中国标准可以通过"国家标准全文公开系统"(http://openstd.samr.gov.cn)查阅。我国现有近百个集装箱相关标准,因为集装箱运输的国际标准化,我国相应的集装箱标准通常等同或等效采用国际标准。

ISO/TC 104集装箱技术委员会于1964年推出了第一个ISO集装箱标准,随后经过不断的修订,现行的集装箱国际标准ISO 668:2020和1496—1:2020为第一系列规定了分类、尺寸、分级和测试等要求。当然还有更多的标准,规定诸如角件的技术条件,装卸和固定,代号、识别和标志,通用和专用箱技术条件和试验方法等。

在第3.2.3节我们已经介绍了集装箱的基本结构。集装箱粗看就是一个大的六面体铁箱子,但GB/T 1992—2006《集装箱名词术语》对集装箱的方位规定如下:前端无箱门,后端有箱门;横向是集装箱左右方向,对应左右两侧壁;纵向为前后方向;上下方向分别是底板和顶板。

集装箱标准规定了外部尺寸,即沿各边外部的最大长宽高尺寸;内部尺寸则是按集装箱内接最大矩形平行六面体确定的长宽高净空尺寸,不考虑顶角件凸入箱内部分。集装箱的容积是由内部尺寸来确定的。标准集装箱都规定有最大总质量(Max Gross Weight或总重),减去它的空箱质量(Tare Weight或自重)就得到该集装箱的最大净载荷。

> **说明**:最大净载荷和容积都是最大可能的上限,即使同型号,不同生产批次的也可能略有差异。一般对重货以最大净载荷来限定,对轻货则主要看容积。现代包装货物通常为轻货,容积利用率为80%左右,因为不同尺寸的货物堆码并不能充分利用空间。货物和叉车等搬运工具能否进入集装箱还取决于集装箱的最小门框开口尺寸。

4.3.2 集装箱基本规格尺寸

目前国际集装箱运输都使用现行的国际标准集装箱第一系列。第一系列的主要外部尺寸是:宽度全部相同,均为8ft(2 438mm);高度主要有四种,即8ft(2 438mm)、8.5ft(2 591mm,简记2.6m)、9.5ft(2 896mm,简记2.9m)和小于8ft,长度目前有A,B,C,D,E共5种,分别对应40ft、30ft、20ft、10ft(公制简记为12m、9m、6m、3m)、45ft标称长度,其长度组合配合关系如图4-5所示。

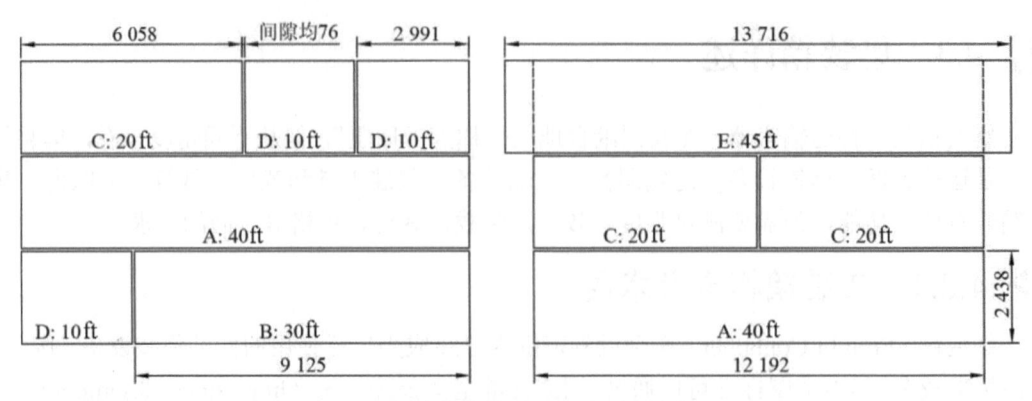

图 4-5 国际标准集装箱的长度关系（单位：mm）

注：20ft 标准集装箱标称长度是 6 058mm，并不是 20ft 实际折算的 6 096mm，就是因为图中两个 20ft 集装箱摆在一起为一个 40ft 集装箱长度，但 2 个 20ft 箱子间有 76mm 的间隔，即每个箱子长度少 38mm，也就是 6 096–38=6 058（mm）。

为统一计算集装箱的运量，采用集装箱 TEU（Twenty-feet Equivalent Units）为换算单位，即 20ft 集装箱为 1TEU，称为一个标箱，40ft 集装箱则为 2TEU。在北美还常采用 FEU（Forty-feet Equivalent Units）作为换算单位。但不管集装箱大小，每只集装箱都是一个整体单元，在集装箱装卸搬运中还常采用自然箱来作为计算单位。

未来集装箱尺寸总体的趋势是往大的方向发展，长 40ft、45ft 和高 9.5ft 的集装箱越来越多。我国 GB/T 1413—2008《集装箱外部尺寸和额定重量》规定的箱型尺寸见表 4-1。

表 4-1 集装箱箱型主要尺寸（ISO 668:2013，GB/T 1413—2008）

集装箱型号	通用英文名称	外部尺寸		最小内部尺寸		额定总质量 (kg)
		长度(m)	高度(m)	长度(m)	高度(m)	
1EEE	45 feet high cube	13.716	2.896	13.542	2.655	30 480
1EE	45 feet standard	13.716	2.591		2.350	
1AAA	40 feet high cube	12.192	2.896	11.998	2.655	30 480
1AA	40 feet standard	12.192	2.591		2.350	
1A	40 feet	12.192	2.438		2.197	
1AX		12.192	<2.438			
1BBB	30 feet high cube	9.125	2.896	8.931	2.655	30 480
1BB	30 feet standard	9.125	2.591		2.350	
1B	30 feet	9.125	2.438		2.197	
1BX		9.125	<2.438			—
1CC	20 feet standard	6.058	2.591	5.867	2.350	30 480
1C	20 feet	6.058	2.438		2.197	
1CX		6.058	<2.438			—
1D	10 feet	2.991	2.438	2.802	2.197	10 160
1DX		2.991	<2.438			—

ISO668 标准 2013 年进行了修订更新，并于 2016 年发布 2 个增补，2020 年又进行了修订，增加了 20 英尺长 9.5 英尺高的 1CCC 箱型。我国等效标准有待跟进。

在表 4-1 中，最小内部尺寸是针对通用干货箱的要求。第一系列所有标准集装箱外部宽度均为 2.438m，内部最小宽度为 2.330m。集装箱额定总质量除现在已经罕见的 D 型为 10 160kg/22 400lb 外，其他均为 30 480kg/67 200lb（市面上还有老式标准的集装箱，额定总质量为 24 000kg 或 20 320kg）。低于 8ft 集装箱的主要是半高（4.3ft，1.295m）的平台式集装箱或开顶集装箱。

2018 年 7 月 1 日，国家标准 GB/T 35201—2017《系列 2 集装箱 分类、尺寸和额定质量》正式实施。这是我国第一个内陆集装箱标准，它规定了宽度 2 550mm，最大额定质量 35t 的系列 2 集装箱的技术条件，是内陆集装箱运输的重要基础性标准。这一宽度超过现有国际标准第一系列的 2438mm，额定总质量也更大，但更符合我国内陆多式联运的状况，因为我国标准 GB1589—2016 规定的汽车总宽度是 2 550mm（冷藏车 2 600mm），可以满足并排装载两排 1 200mm×1 000mm 托盘的宽度要求。这一宽度规格的集装箱国外也称为双托盘宽度集装箱（Palletwide Container）。

▶▶ 4.3.3 集装箱类型

前面我们已经简介了集装箱的基本类型，按国际标准 ISO 1496（对应我国 GB/T 3219、GB/T 5338、GB/T 7392、GB/T 16563、GB/T 17274、GB/T 16564）的五个部分可分为四大类，即通用集装箱（ISO 1496—1:2013）、平台式集装箱（ISO 1496—5:2018）、保温集装箱（ISO 1496—2:2018）和罐式集装箱（ISO 1496—3:2019），其中无压干散货集装箱（ISO 1496—4:1991）的箱式和漏斗型现分属干散货集装箱和罐箱。

1．通用集装箱

通用集装箱（General Containers for general purpose）是使用最广泛的集装箱，又分为无通风的普通干货箱（类型代号 GP）、有通风的通风集装箱（VH）、开顶集装箱（UT）、无压、箱型干散货集装箱（BU）和以货物命名的集装箱（专货集装箱，SN）。

（1）普通干货箱（General Container 或 Dry Cargo Container，类型代号 G）

也称作干货集装箱，常简称 GP 和 HQ（高柜）。干货箱是风雨密性的全封闭式集装箱，具有刚性的箱顶、侧壁、端壁和箱底，至少在一面端壁上有门，可供在运输中装运尽可能多的货种。多数通用集装箱的箱壁上带有透气孔，以装运文化用品、日用百货、医药、纺织品、工艺品、化工制品、电子机械、仪器、机械零件等杂货为主，其使用数量占全部集装箱的 70%~80%。

通用集装箱箱内设有一定的货物固定装置，地板通常为木质（包括实木、复合木，也有竹的），必要时可钉钉子固定（见图 4-6）。通用集装箱在使用时要求清洁、水密性好（图 4-6 左的湿度检测袋子，箱内顶部有凝结水，所挂干袋已吸潮变色），通常对装入货物要有适当包装，不直接装散货。

长度 20ft 和 10ft 的普通干货箱可以在侧面设置叉车叉孔，适合大型叉车作业。20ft 和 10ft 箱的叉孔中心间距分别为 2 050mm、900mm，孔宽 355mm、305mm，净孔高 115mm、102mm，但叉孔离底角柱底板至少 20mm。对于 20ft 箱，为方便空箱叉起，还可设置间距 900mm 的第二套侧面叉孔。

图 4-6 干货集装箱内部：系环（左）和地板固定装置（右）

（2）通风集装箱（Ventilated Container，类型代号 V）

通风集装箱用于装载需要通风和防止潮湿的货物，如蔬菜、水果和食品等。一般在集装箱的侧壁或端壁设有 4~6 个通风窗口，从而保证新鲜货物在运输途中不会腐烂损坏。通风集装箱较少，因为在船舶和堆场内密集堆码，无动力的通风效果与仅有通风孔的通用集装箱相比可能提升也不明显，而且可以通过旧的密封性不高的干货集装箱改造而来。更高要求的通风保温需要有机械制冷、通风和保温功能的保温集装箱。

（3）开顶集装箱（Open Top Container，类型代号 U）

开顶集装箱用于装运较重、较大、不易在箱门掏装的货物，采用吊车从顶部吊装货物。其上部、侧壁及端壁为可开启式，按顶的结构分为硬顶和软顶。硬顶由薄钢板制成，软顶则由帆布或塑料布制成，如图 4-7 所示。开顶集装箱常为 20ft 长度，利用起重机械从顶部吊入货物来装箱，并在箱内固定。

图 4-7 开顶集装箱：硬顶（左）和软顶（右）

（4）干散货集装箱（Dry Bulk Container，类型代号 B）

干散货集装箱是指主要用于装运无包装的固体颗粒状和粉状货物的集装箱。干散货集装箱适用于装运各种谷物类货物、饲料类货物和原料类货物，包括大米、大豆、麦芽、干草块、元麦片、树脂、硼砂等。干散货集装箱要承受在运输无包装固体干散货物过程中由于装卸货物和运输活动所产生的压力，需要加强侧壁。干散货集装箱有封闭式（BA）和气密式（BB），以及后端、前端和侧边卸货等细类。干散货集装箱须设置可开合的装卸料口

（见图 4-8 左的顶部）和相关配件。为了防止干散货受潮，箱的内壁用整张的防水胶合板作为内衬并涂上玻璃钢。近年来我国有用通用集装箱加塑料衬袋的简易方式来装干散货的，这时须注意货物密度和装载高度，以防止过重压鼓、压坏集装箱侧壁。

图 4-8　干散货集装箱：封闭式（左）和气密式（右）

封闭式和气密式的干散货集装箱，如图 4-8 所示。请注意右图中装水泥的 25B4 型干散货集装箱与罐式集装箱有较大的相似性，区别是这个罐子是无压型的。

（5）以货物命名的集装箱

以货物命名的集装箱（类型代号 S），如汽车集装箱（S1），专门装运小型轿车，可装载两层小轿车。但装载双层汽车的集装箱通常高度超过 2.9m，一般不是国际标准集装箱。还有专门用来运装活牲畜的动物集装箱（Live Stock Container，S0）和活鱼集装箱（S2）等。动物集装箱一般置于甲板上空气流通处，便于清扫和照顾，但载重较小，不允许堆装。

服装集装箱就是在普通干货箱的基础上增加配件，如在箱内增加横杆及挂钩等结构更方便装纳特定货物，以利于高档服装运输，防止服装被压皱。

2．平台式集装箱

平台式集装箱（Platform and Platform-Based Container，类型代号 P）用于装载长大件、超重件，如重型机械、钢材、钢管、裸装机床和设备等。它没有箱顶和侧壁，箱端壁也可以拆卸或折叠，只靠加强的箱底和 4 个角柱来承受载荷，故又分为平台式（PL）、固定式（PF）、折叠式（PC）、上部结构完整式（PS）和按货物命名式（PT）等细类，如图 4-9 所示。平台式集装箱可以从前后、左右及上方进行装卸作业；承重的箱底厚，强度高；没有水密性，怕水湿的货物不能装运，或需用帆布遮盖装运。

其中按货物命名的平台式集装箱更具有针对性，如 P7 是运载小汽车的，P9 是运载卷状货物的。如卷钢专用折叠平台式集装箱（图 4-9 下所示为我国某物流公司专门的卷钢箱），底板上三个凹槽专门按卷钢尺寸设计，装载稳定可靠，并有专门的篷布保护卷钢。

以上干散货集装箱、按货物命名的集装箱和平台式集装箱也算特种货物集装箱。现今集装箱用途广泛，类型多样，以满足集装箱化装载普通货物之外越来越多的特种货物。特种货物的集装箱通常保持集装箱外形尺寸标准不变，通过改造内部细节设计来满足不同货物运输的要求。下面介绍现在使用越来越广泛的保温集装箱和罐式集装箱。

图4-9 平台式集装箱：固定式（左上）、折叠后的平台箱（右上）、带篷布的卷钢箱（下）

3. 保温集装箱

保温集装箱（Thermal Container）分为冷藏（RE）、冷藏及加热（RT）、自备动力（RS）、冷藏和（或）加热设备可拆卸（HR）和隔热集装箱（HI）五种。其中隔热集装箱相对简单，只是在普通干货箱的基础上填充隔热材料增加壁厚，其他四种都需要制冷和（或）加热设备。

（1）冷藏集装箱及其设备

保温集装箱中以冷藏集装箱最为常见，也称"冻柜""冷箱"，用于运输那些需要低温保存的新鲜水果、鱼、肉、水产品、饮料及药品。目前国际上保温集装箱采用的冷藏设备有内置式和外置式两种，较常用内置式（见图4-10），即集装箱前端装有冷冻机组，通过接电制冷保持箱内需要的温度。

同普通冰箱类似，冷藏集装箱外观一般都是白色的，因为白色最不容易吸收外界热量，更有利于保温冷藏。但相对于家用冰箱不到 $0.3m^3$ 的容积，冷藏集装箱至少有 $30m^3$ 的容积。冷藏集装箱要求所有冷藏货物必须预冷到所需的温度才能装入，因为没有那么高的制冷效果和成本效率能将室温货物迅速降低到所需低温。

冷藏集装箱的用电插头为专门的三相电四柱插头，电压 380~460V，电流 32A，供电需要专门的插座，但电源线长达 18m，完全可以跨一个集装箱的长度。制冷机组温度可控可调，制冷功率可达 5~6kW，有冷藏（Chill）、冷冻（Frozen）和除霜（Defrost）模式，最低制冷设定温度可达−30℃。机组有进风（SS）和回风（RS）、控制传感器（Control Sensor）和环境温度（AMBS）监测点，还可配 3 处美国农业部（USDA）果肉温度监测和外界湿度（SHu %）和箱内湿度（Hu %）监测。装在集装箱前端的制冷机组体积紧凑，可以拆卸下来修理或更换。

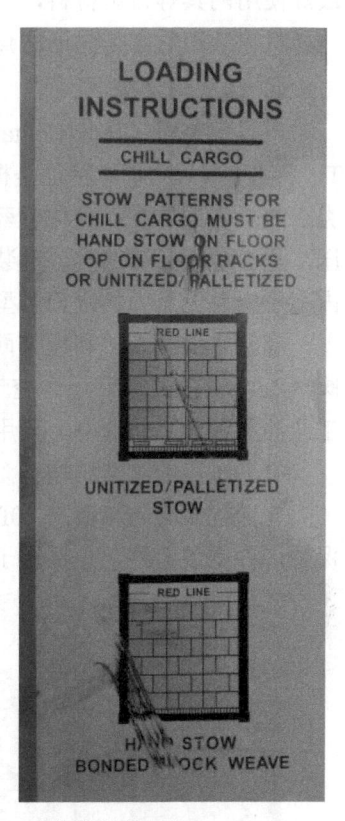

图 4-10　冷藏集装箱：全图（左上），箱内装货红线（左下）和装货指导（右）

（2）冷藏集装箱的特性、使用与装箱

冷藏集装箱是价格最昂贵的集装箱之一，这是因为：①有冷冻及加热机组；②箱壁需要设置保温隔热材料；③内壁需要设置多个温度检测装置，保证箱内温度达标及均衡；④内壁材料基本为铝合金和不锈钢材料；⑤地板横截面为 T 形的专门铝合金地板。它的制造成本高达 15 万~20 万元，是通用干货箱的 6~10 倍，而且冷藏箱的维修与配件成本也很高。

冷藏集装箱的使用要求也高，在装货运输途中及带货存储时都需要通电制冷，因此集装箱船舶、港口、车辆都须配备专门的供电设施。冷藏集装箱还需要专门的行前检查（Pre-trip Inspection，PTI），以保证设备在整个行程中能完好工作。冷冻货物在装箱时应停止冷冻机运转，以免凝水过多，影响蒸发器工作。垫木和其他衬垫材料也要适当预冷，选用清洁卫生的衬垫物，以免其污染货物。不应使用纸、板等衬垫材料作为衬垫物，以免堵塞通风管和通风口。

货物装入冷藏集装箱时，首先要预冷到指定的温度。要根据货物的性质与包装形状来选择正确的装载方法。装货时必须注意货物不能堵住通风口，装箱堆码高度不能超过冷藏集装箱内的红线（至少离顶 120mm，见图 4-10 左下）。为了使冷气循环通风，货物堆码时还要考虑留出通风道，当然冷藏集装箱地板为 T 形铝合金槽铺就，本身有利于通风。必须注意冷藏货比普通杂货更容易滑动，也更容易损坏，因此要对货物进行固定，固定货物时最好使用网具等衬垫材料,这样不会影响冷气的循环和流通。

货物装箱后必须保证冷藏箱持续通电、工作正常,以保证箱温符合设定温度。

4. 罐式集装箱

罐式集装箱(Tank Container, Tanktainer, 中文简称罐箱, 英文简称 TK, 类型代号:老 T,新 K、N)的基本特征是框架围着的圆柱形主罐体,最早是装运液体物料的,如各种酒类、油类、液体食品、化学药品等,现也可装气体和颗粒状物料。按适装货物分有压和无压、是否危险品等细类。现装载液体和气体的压力罐箱类型代号为 K;装颗粒粉状干货的罐内有压力及无压力的罐箱类型代号为 N。

罐箱主要由液罐和框架两部分组成,液罐顶上一般设有圆形的装载口,罐底设有卸载阀(Bottom Outlet),还有空气阀、安全阀、压力仪表等诸多附件。对于非危液体化工品、工业油脂和食品类油剂,可用罐袋衬于罐箱,以减除清洗之烦。

(1) 罐箱的特殊结构

普通罐式集装箱都是 20ft 长,但在厚实金属罐体之外还有坚实的钢框架结构加以支撑保护,并安装角柱、角件用于堆码装卸(见图 4-11)。

图 4-11 罐式集装箱

根据 ISO 1496—3: 2019 的要求,罐箱不设置叉槽(Forklift Pockets),因为叉车搬运罐箱很危险,故不允许用叉车(铲车)叉举搬运,罐箱两侧张贴"禁铲标"(见图 4-12 左)。而对于无底梁的罐箱不能叠放。

图 4-12 高压气体集装箱(左)和 40ft 的 LPG 罐箱(右)

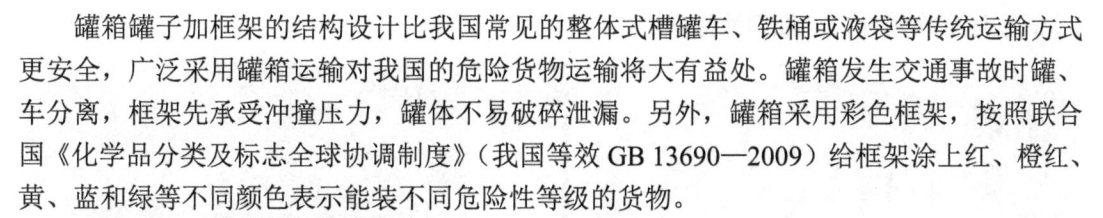

罐箱罐子加框架的结构设计比我国常见的整体式槽罐车、铁桶或液袋等传统运输方式更安全，广泛采用罐箱运输对我国的危险货物运输将大有益处。罐箱发生交通事故时罐、车分离，框架先承受冲撞压力，罐体不易破碎泄漏。另外，罐箱采用彩色框架，按照联合国《化学品分类及标志全球协调制度》（我国等效 GB 13690—2009）给框架涂上红、橙红、黄、蓝和绿等不同颜色表示能装不同危险性等级的货物。

（2）罐箱的技术参数与标准

罐式集装箱的最大总质量可达 36t，超过通用集装箱，但因为罐体厚实，空箱质量也很大（3.7t）。罐体容量则取决于设计，因为有些液体为重货，容积也受总重（Maximum Gross Mass, MGM）限制，常见标准的罐箱容积为 24 000~26 000L，如 25m^3。除了 2.6m 高的罐箱，还有 2.9m 高的罐箱主要用于运输植物油、润滑油等普通液体，容积可达 29.5m^3；如装乙醇、白酒等，可达 32.5m^3（尺寸类型代码 25K2）。为了避免液体在运输过程中震荡，IMDG 规定填充率不低于 80%（即俗话"满罐子不响，半罐子响叮当"的原理），但也按不同液体的扩展性规定了最大填充率。

罐箱最新标准 ISO 1496—3: 2019 将原来的 T 改为 K（适用液体或气体的有压罐式集装箱）和 N（适用干货的有压或无压罐箱），细分规格型号更多，以适应越来越多货物的需要。罐式集装箱还有多种标准规则，如联合国移动罐（UN Portable Tank）分类，有 T 码的多种型号（液体罐箱 T1~T23、常温液化气体 T50、低温液化气体 T75），如最常见的 T11 可以装运上千种有害化学品散货。T11、T22 等外形尺寸不变，但罐体为适应不同压力壁厚分别达 6mm 和 10mm，并有对应箱型（代码 22K2、22K3）（见图 4-12 左）。T 码罐箱罐体的成本很高，常用不锈钢制成并内部涂覆一层聚亚安酯或铝质绝热保护层，为了控制温度还可以加冷冻机组。此外还有公路运输危险货物的欧洲协议和国际铁路运输危险货物规则。有些罐箱通过多种规则认证，认证标志都贴在罐的外壁。

（3）罐箱的扩展

现代罐箱的功能进一步扩展，可以装运液体、气体、粉状及颗粒散货。其中液体分为非危险品和危险品，前者包括牛奶、啤酒、葡萄酒、果汁等（威士忌等可燃烈度酒除外）。后者有乙醇、二甲苯、丙酮等。还有罐式的干散货集装箱，如 25B4 散装水泥罐装集装箱（见图 4-8 右）。它们虽然外形与罐箱类似，但专用于装运粉状及颗粒散货，如水泥、石灰粉等无气相压力的干散货，罐体不承受气相压力。

虽然大多数罐箱的长度都是 20ft，但长度也有 10ft、40ft 和特殊长度的。例如，现在有专门的 LNG（液化天然气）/LPG（液化石油气）罐箱，长度达到 40ft（见图 4-12 右），能满足液化天然气低温（Cryogenic）的要求。这些气体是以高压液态存装在罐内的，对压力、温度、震动更加敏感，除了有高的设计制造要求，还需要专门的检测与控制措施，以保证安全生产与运输。相比油气船和岸上储气设施，LNG 罐箱更便捷，目前国内外 LNG 罐箱都有小批量投入运营，未来将会更多采用 LNG 罐箱。

特殊长度的罐箱主要是为了适应欧洲公铁运输的可交换箱（Swap Body 或交换车体）罐箱，长度有 7 820mm 和 7 450mm 两种，容积达 35m^3，如图 4-13 左所示。另外，还有多个小长罐并列组成的多单元气体集装箱（Multiple Element Gas Container, MEGC），主要用于运送工业气体，长度有 40ft 和 20ft，如图 4-13 右所示。我国也推出了 JT/T 1195—2018

《多式联运交换箱标识》推荐性标准。

图 4-13 欧洲可交换箱罐箱（左）与多单元气体集装箱（右）

总之，罐式集装箱具有优异的安全性、多式联运的便捷性、可循环使用的经济性，是国际化学品的主要物流运输方式，在欧美国家已有几十年的应用历史。近年来罐式集装箱的数量增长很快，我国罐箱使用率也逐年提高。拥有明显优势的罐箱在化工、能源和食品原料运输领域越来越受欢迎，其发展前景非常广阔。

▶▶ 4.3.4 集装箱标志

统一的集装箱标记与施封便于集装箱在全球运输与使用中作为一个整体加以识别与管理，这也是保证集装箱运输优点的措施之一。

为了便于集装箱在国际运输中的识别、管理、交接和信息传输，国际标准（ISO 6346:1995，我国等效 GB/T 6346—2017）详细规定了集装箱标记的内容、标记的字体尺寸和位置等要求。集装箱标记分为必备标记（Mandatory Marks）和自选标记（Optional Marks）两类，每类标记中又细分为识别标记与作业标记（Operational Marks）。必备标记首先是识别标志，即箱号、尺寸和箱型代码，其次是作业标记，包括最大总质量和空箱质量、空/陆/水联运集装箱标记、箱顶防电击警示标记、高度警示标记。自选标记中的识别标记有国家或地区代号、最大总载荷、容积。作业标记有国际铁路联盟标记和超高标记。此外，国际集装箱运输还需要通行标记，如 CSC 安全合格牌照、CCC 海关牌照和检验合格徽。

从现行集装箱标记实践来看，主要标记在箱门上，如图 4-14 所示。另外，最重要的是箱号（含箱主代码、设备识别码、系列号及校验码）、尺寸和箱型代码，它在集装箱前、后、左、右和顶面五个面都要清楚标记，以便于作业机械上的司机识读。下面介绍主要标记。

1. 集装箱号

箱号也称为识别系统（Identification System, Reporting Mark），它唯一标记每个集装箱，由箱主代码（Owner Code）、设备识别码（Equipment Category Identifier）、箱号数字（Serial Number, 6 位数字）和校验码（Check Digit, 1 位方框数字，或称为核对数字）组成，如图 4-14 箱门上部的"CHNU123456⑧"。

ISO 标准规定，箱主代码（Ownership Code）由 3 个大写的拉丁字母表示，主要说明箱主、经营人；设备识别码说明集装箱的类型，其中：

- U——集装箱；

- J——带有可拆卸设备的集装箱；
- Z——挂车和底盘车架。

例如，以 CBHU、CCLU 和 OCLU 开头的标准集装箱表明箱主和经营人分别为原中远集运、中海和东方海外集团。箱主代号由驻在法国的国际集装箱局（Bureau of International Containers，BIC）统一管理颁发，也称为 BIC 码。

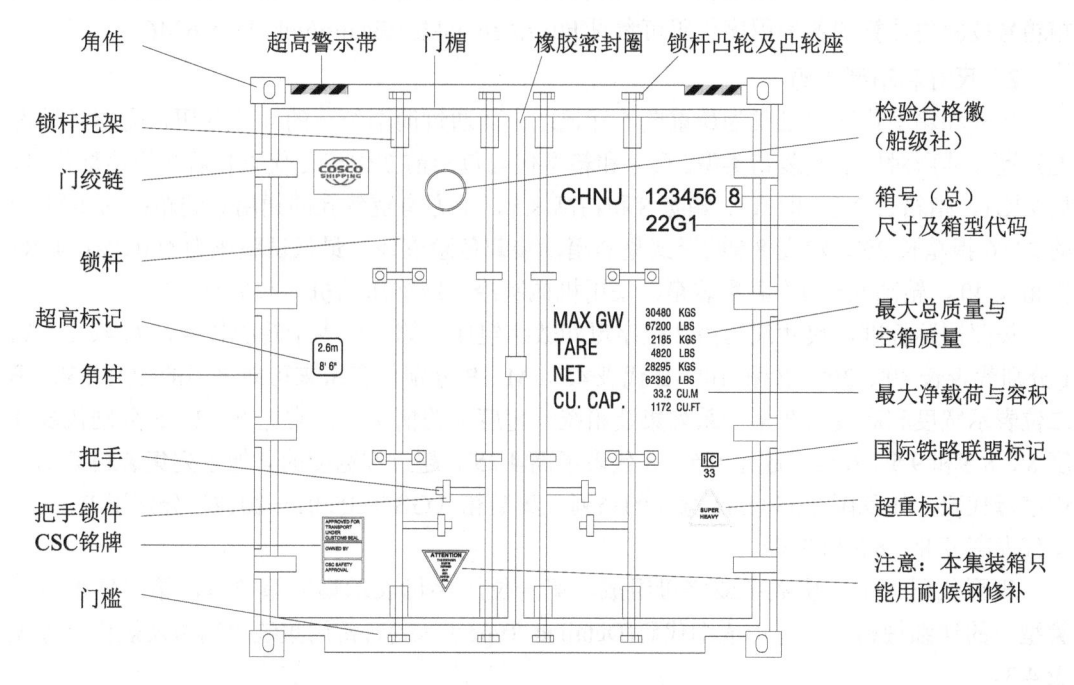

图 4-14 集装箱箱门及各类标志

箱号数字用以区别同一箱主的不同集装箱，由 6 位阿拉伯数字组成，不足 6 位前面以 0 补足。校验码是为了防止记录和传输出错，计算方法如下。

①将箱主代号按表 4-2 转换成相应数字，注意没有 11 及其倍数。

②因箱主代码、设备识别码和箱号数字共计 10 位，设箱主代码对应等效数字与顺序号数依次为 $X_0, X_1, \cdots, X_9$，按式(4-2)计算 N

$$N = \sum_{i=0}^{9} X_i \cdot 2^i \tag{4-2}$$

③校验码就是将上式整数 N 除以 11 所得的余数，余数为 10 时可记为 0 或不要该箱号数字。

表 4-2 箱主代号及设备识别码等效数字表

代码字母	A	B	C	D	E	F	G	H	I	J	K	L	M
等效数字	10	12	13	14	15	16	17	18	19	20	21	23	24
代码字母	N	O	P	Q	R	S	T	U	V	W	X	Y	Z
等效数字	25	26	27	28	29	30	31	32	34	35	36	37	38

例 4-2 求集装箱 COSU 600123 的校验码。

解：COSU 的等效数字分别是 13、26、30、32，则

$N=13\times20+26\times21+30\times22+32\times23+6\times24+0\times25+0\times26+1\times27+2\times28+3\times29=2\ 713$

除以 11 的余数为 7，即校验码为 7。记为 COSU 600123[7]，英文及数字共 11 位。

在集装箱操作中，若遇到箱号字母或数字不清或有差异时，可按上述方法校核。集装箱箱号校验码计算的各种程序代码可参见 https://en.wikipedia.org/wiki/ISO_6346。

2. 尺寸和箱型代码

尺寸和箱型代码现已成为最重要的标记之一，通过简洁统一的 4 位代码，全球各地都能知道具体所对应的集装箱类型。尺寸和箱型代码包括前 2 位尺寸代码和后 2 位箱型代号，如 22G1，指箱长 20'（'即 ft）、箱宽 8'和箱高 8.5'，上方有透气孔的通用集装箱；图 4-11 中的 22T6 指箱长 20'、箱高 8.5'的罐式集装箱，装载危险液体，最低试验压力 600kPa；45R1 指箱长 40'、箱高 9.5'的冷藏集装箱，采用机械制冷（冷冻压缩机）和加热。

按照国际标准，尺寸代码由 2 位字母和数字组成，第一位表示箱的长度，如 4、3、2、1 分别代表长 40'、30'、20'和 10'，L 代表 45'，M、P 分别代表未来可能采用的 48'、53'；第二位表示宽度和高度，在第一系列集装箱统一宽度 8'的情况下，常见 0、2、5 分别代表高度 8'、8.5'和 9.5'。6 代表超过 9.5'，8 代表半高 4.25'。超过 8'宽度的其他系列集装箱第二位用字母代表，如我国 2 550 mm 宽度的系列 2 集装箱（GB/T 35201—2017）分别用 R、L、N 代表高度 8'、8.5'和 9.5'。

箱型代码也由两位数字或字母组成，第一位用字母表示集装箱类型，第二位表示该类型下的详细规格，二者形成细代码(Detailed Type Code)。常用集装箱箱型及规格尺寸见表 4-3。

表 4-3 常用集装箱箱型与规格尺寸（外部宽度均为 8'，即 2 438mm）

箱型代码	类型	外部尺寸				内部尺寸（典型值）			总重	自重	载重	容积
		长度	mm	高度	mm	长度	宽度	高度	kg	kg	kg	m³
22G1	通用	20'	6 058	8.5'	2 591	5.89	2.35	2.39	30 480	2 260	28 220	33
42G1	通用	40'	12 192	8.5'	2 591	12.03	2.35	2.39	30 480	3 780	26 700	67
45G1	通用	40'	12 192	9.5'	2 896	12.02	2.35	2.70	30 480	4 000	26 480	76
L5G1	通用	45'	13 176	9.5'	2 896	13.55	2.35	2.70	30 480	4 820	25 660	86
22R1	冷藏	20'	6 058	8.5'	2 591	5.45	2.29	2.27	30 480	3 060	27 420	28
45R1	冷藏	40'	12 192	9.5'	2 896	11.55	2.29	2.24	34 000	4 060	29 940	66
22T6	罐式	20'	6 058	8.5'	2 591	—	—	—	36 000	3 700	32 300	25
22U1	开顶软	20'	6 058	8.5'	2 591	5.89	2.35	2.37	30 480	2 350	28 130	32
42U6	开顶硬	40'	12 192	8.5'	2 591	12.02	2.34	2.38	30 480	4 700	25 780	67
22P3	平台式	20'	6 058	8.5'	2 591	5.63	2.22	2.23	40 000	2 940	37 060	—
45P8	平台式	40'	12 192	9.5'	2 896	11.65	2.32	2.26	55 000	5 900	49 100	—

注：内部尺寸、自重、载重及容积为典型值，因制造公司及材料不同而略有差异，容积值在此取整数。

3. 最大总质量和空箱质量

最大总质量和空箱质量，俗称为总重及自重，设计数值要求见表 4-1。集装箱空箱质量依集装箱类型、尺寸和制造材料等不同而不同，通常为 2~4t。这两项标记均要以千克和磅同时标示。上述两项的差值即为最大净载荷，另外，集装箱容积都是公制与英制单位并列。

最大净载荷和集装箱容积为可选作业标记，但一般集装箱均列出（平台式除外）。

4. 超高警示标记

凡箱高超过 2.6 m（8.6ft）的集装箱均应有黄底黑字加黑框的超高标志（Height Mark），尺寸不小于 155mm 高 115mm 宽，参见图 4-10 左上。每个集装箱上就要标打 2 个超高标记，位于 2 个侧板的右手边。另外，在集装箱每端和每侧角件间的顶梁（门楣）和上侧梁上还要标打黄黑相间的警告带。在集装箱前端面或角柱还可贴超高标志的镜像。

5. 箱顶防电击警示标记

凡装有梯子的集装箱（一般为罐式集装箱，便于人员进入箱顶开关装载口）在梯子附近应标注箱顶防电击警示标记，以警告登箱顶者有触电的危险。该标记为黄底黑色三角形标，闪电箭头的高度至少 175mm，三角边长不小于 230mm。

6. 通行标记与 CSC 铭牌

通行标记通常显示在 CSC 铭牌（CSC Safety Approval，或称 CSC 安全合格牌照）上，每只参与国际集装箱运输的集装箱都必须有 CSC 铭牌，《集装箱安全公约（CSC）》要求检验机构（在我国是中国船级社）对符合 CSC 标准并经检验合格的集装箱在箱门处加贴 CSC 铭牌（图 4-15 右）和检验合格徽，无箱门的特种箱铭牌钉在后角柱或下底梁上。

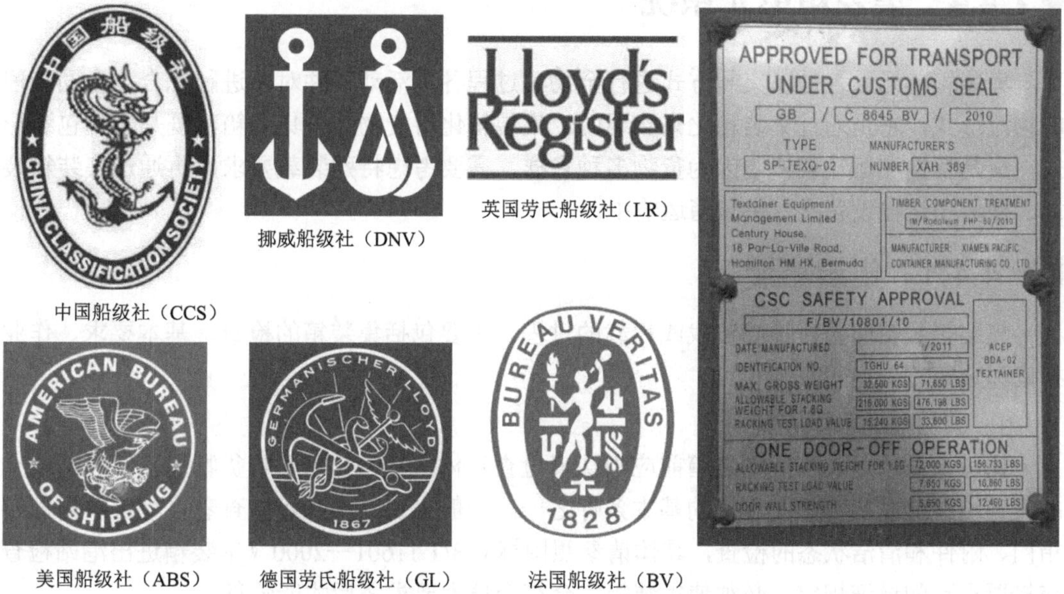

中国船级社（CCS）

挪威船级社（DNV）

英国劳氏船级社（LR）

美国船级社（ABS）

德国劳氏船级社（GL）

法国船级社（BV）

图 4-15　主要的船级社及集装箱 CSC 铭牌

CSC 安全合格牌照、海关加封运输批准（Approved for Transport under Customs Seal）牌照应相对集中设置或与免疫牌以及箱主和制造厂铭牌等组合为一块标牌，如同集装箱的身份证，采用永久、耐腐蚀、防火的金属材料压制，信息丰富，经久耐用，但要时常检查，保证不被外力毁损或撬失。

右边的 CSC 铭牌显示箱主 Taxtainer 为集装箱租箱公司，箱号为 TGHU645112[2]，箱号、尺寸、重量信息均与集装箱门上的字相同。该集装箱由厦门太平货柜制造有限公司生产，获法国船级社 BV 认证。

7. 其他标记

空/陆/水运联运（Air/Surface）集装箱标记针对需要空运的集装箱，虽然是必备标记，但实际使用极少。其他标记还有国际铁路联盟标记，它是上下组合标记，上部为分别框起来的 iC 字母，下部数字为各铁路公司代号，如我国中铁总公司为 33（见图 4-14 右）。

集装箱地板所用的裸露木材（或竹子）按照有关规定须经过免疫处理，并应设置免疫牌，如图 4-15 中右小框所示：

TIMBER COMPONENT TREATMENT　　（木材防腐处理）

IM/Radoleum FHP-60/2010　　（免疫/瑞达乐姆 FHP-60 防腐杀虫剂/2010 年）

这些标记很多是通过带自粘胶的 PVC 薄膜印制粘贴的，例如，本次装危货的通用箱，下次不装危货，危标可以揭除。详见 GB/T 26936—2011《集装箱自粘标贴》的详细规定。

冷藏箱、罐式箱等根据设备和货物的要求还需要贴制冷剂、超重、危化品等标签。比标记更直观的是颜色区分，通常箱主会给集装箱刷上专有颜色（但冷藏箱主体均为白色），并印上自己公司的标识和其他认证等标识。未来的集装箱将向智能化迈进，通过二维码、RFID、AEI 等自动化识别技术，大大提高集装箱在运输各转换环节的交接效率。

4.4 集装箱单元系统

集装箱单元系统是以集装方式进行全物流过程各项活动，并对此进行综合、全面管理的物流形式，它是通过集装箱化来实现的。集装箱化将货物装入集装箱，既是一种包装形式，又是存储和运输载体。因为货物多种多样，需要考虑特殊装载要求，再通过集装箱装卸、搬运和运输设备投入集装箱运输中。

4.4.1 集装箱装箱

集装箱装箱即箱内货物装载或积载的过程，主要包括集装箱的检查、基本要求、作业指南和装箱方法。

1. 装箱前的箱体检查

托运人或承运人在货物装箱前应当认真检查箱体，不得使用影响货物运输、装卸安全的集装箱，这是货物安全运输的基本条件之一。一般来说，集装箱检查着重外部、内部、箱门、附件和清洁状态的检查，具体请参照国标 GB/T 11601—2000《集装箱进出港站检查交接要求》的详细规定，必须使集装箱完全符合技术要求之后才能装货。

2. 装箱的基本要求

集装箱作为一种大型的集装器具，可以容纳多种类型的货物，但最多的还是件杂货及有包装的货物。对于这类货物如能托盘单元化最好，不仅货物规整便于计数，而且也便于机械化作业，提高集装箱装箱的质量和效率。

例 4-3　托盘货物装集装箱及空隙处理

国际上托盘有多种标准类型，我国优先推荐 1 200mm×1 000 mm（工业托盘）和 1 100mm×1 100mm（日式托盘）两种标准规格尺寸。其中方形的日式托盘在集装箱内最能充分利用空间，在20ft和40ft通用集装箱内单层分别放10个和20个。常见的托盘还有欧式1 200mm×800 mm和美式48in×40 in的。图4-16 右上下分别是工业托盘和欧式托盘在40ft集装箱内单层装载的平面图，它们的最多数量分别是21个和24个。图中黑色是空隙，如何处理呢？对于大空隙需要采取固定的方式，小空隙则采用图4-16 左边的充气袋方式，这种袋子外层为牛皮纸，内中有充气塑料薄膜，吹起后有很好的缓冲作用，也算一种"吹牛皮"吧。

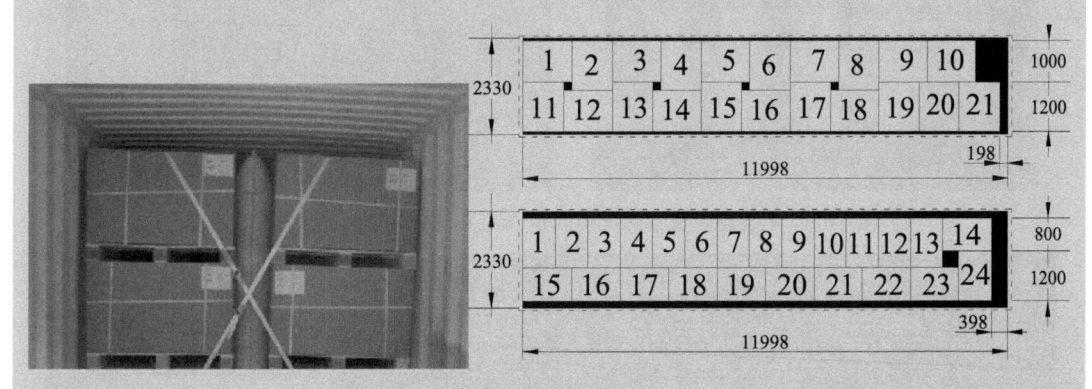

图4-16　40ft集装箱内装托盘货物及充气袋塞紧捆绑

如果托盘上堆码的是袋装货物，还要注意有些袋装货物装得比较松散，会将下层袋子压扁，而集装箱壁通常是波纹状的，这些袋子被压扁后也成波纹状，卸货就比较困难，这时可考虑用薄木板或硬纸板隔离。对于托盘单元大小的集装袋也同样处理。

集装箱货物千差万别，装载的情况也各不相同，但一般的装箱要求为：①货物合理积载；②重量合理分配；③货物有必要的衬垫；④货物合理固定。对于积载，同类货物装箱要按轻、重货不同来考虑，尽量降低集装箱的使用数量。当各类货物拼装同一箱时（混装），应根据货物的性质、包装形态、单件重量及强度、卸箱顺序等分区、分层堆放。并根据货物的体积、重量、包装的强度及货物的性质进行分类，把外包装坚固和重量较重的货物装在下面，外包装较为脆弱的货物装在上面。装箱时要使货物的重量在箱底上均匀分布，不得偏离重心，负荷不能偏在一端或一侧，在半个箱长范围内积载不超过60%货重，否则将影响整个集装箱单元系统从装卸到运输的安全性。

衬垫和固定通常一起考虑，要根据包装的强度来决定对其进行必要衬垫，如对于外包装脆弱的货物，易碎货物应夹衬缓冲材料，防止货物相互碰撞挤压，并填补货物之间和货物与集装箱侧壁之间的空隙（见图4-16 左），还要对货物下端进行必要衬垫，如装载机械设备、石材、卷钢（见图4-17）等重货时，货物底部应加木板或底座、卷钢衬垫专用草垫或其他类似的废轮胎、橡胶垫等符合收、发货地法规要求的衬垫材料（如防疫处理或改用非植物对象材料），尽量使负荷分散。固定的方法主要有支撑、塞紧和系紧。

3．装箱作业要领

通用集装箱的装箱主要是人工和机械的搬运作业，一些规则货物也可以采用机器手等自动化的作业方式。装箱搬运操作时要注意货物包装上的有关搬运的图示标识，如图4-18所示的包装储运图示标志，其含义参见GB191/T—2008及ISO 780: 2015。

图 4-17　集装箱内货物的支架固定（左）及衬垫捆绑固定（右）

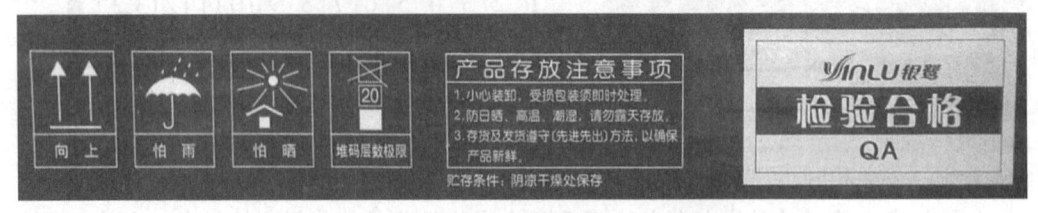

图 4-18　货物包装箱上的包装储运图示标志

人工或叉车装货时要避免拖拽，正确使用装货工具。用进箱型叉车（提升重量限定为 2.5t）装卸将受到叉车的自由提升高度、门架高度等条件的限制。在条件许可的情况下，可一次装两层，但上、下面应留有 100mm 左右的间隙。如条件不允许一次装两层，则在箱内装载第二层时，要考虑到叉车的自由提升高度和叉车门架的可能提升高度，避免损伤箱顶。

4．同种货物装箱方法

同种货物是指外形包装尺寸相同的货物，如常见的瓦楞纸板箱、托盘单元、桶包类、集装袋类等，按其形状或外包装，可分别采取不同的装箱堆放方法。对于轻货，同种货物的装箱考虑充分利用集装箱的容积空间，尽量达到或超过 80% 的空间利用率。

（1）长方体货物

对于最常见的长方体货物，如纸箱、木箱、托盘单元等，层放是指分层装载、装箱，将包装好的货物层层堆叠，保证从上到下整齐一致。要求侧面紧密贴合，并确保整体固定，如图 4-19 所示。为了防止多层叠放之间的局部压力过大，可以在适当的层间加衬垫，如图 4-19 右每三层中间用薄木板衬垫。

捆包货和袋装货虽然不一定是规则的长方体，但基本上可按长方体货物来对待，可横向或竖向装载，但多层装载一般都要用木板等进行衬垫。常见的捆包货有纸浆、板纸、羊毛、棉花、棉织品、纺织品、纤维制品及废旧物料等。袋包装的种类有麻袋、布袋、塑料袋等，主要装载的货物有粮食、咖啡、可可、废料、水泥、粉状化学药品等。

若长方体尺寸不能以整数倍或近似整数倍放于集装箱内时，可以采用纵横交错的烟囱式堆放（Chimney-style Stow）或转轮式堆放（Pinwheel Stow）（见图 4-2）。它们上下层 180° 交错式堆码，外廓整齐规则，更具有稳定性。在集装箱内堆码可参见图 4-16，左上托盘 1、2、12、11 等，右下托盘 13、14、24 和 23 等，组成中空的旋转对称转轮式堆放，规则整齐。

图 4-19 集装箱内装托盘货物及充气袋塞紧捆绑

（2）圆柱体货物

圆柱体货物有桶装货和滚筒货，桶装货一般包括各种油类、液体和粉末类的化学制品、酒精、葡萄酒、糖浆等，其包装形式有铁桶、木桶、塑料桶、胶合板桶和纸板桶等 5 种。除桶口在腰部的传统鼓形木桶和小型结实的钢桶采用卧装外，桶装货在集装箱内均以桶口向上的竖立方式堆装。滚筒货包括卷纸、卷钢、钢丝绳、电缆、盘元等卷盘货，塑料薄膜、柏油纸、钢瓶等筒货，以及轮胎、瓦管等滚动类货物。滚筒货装箱时大多采用卧式，但一定要注意消除其滚动的特性，做到有效、合理地装载。

圆柱体货物应尽可能在箱内竖立堆装，主要有列兵式（Soldier Stow）和偏移式（Offset Stow）两种，如图 4-20 所示。列兵式就是如同士兵队列一样前后左右对齐，装箱操作简单方便；若尺寸不是整数倍，可采取偏移式，有规则式或不规则式，其中规则式为六角形图案，如图 4-20 右所示，如同蜂窝状，为最密集方式。

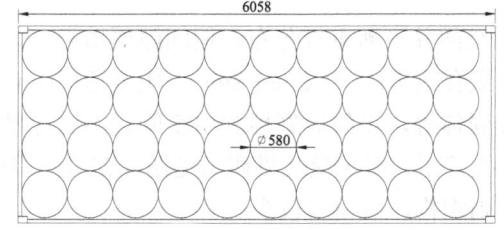

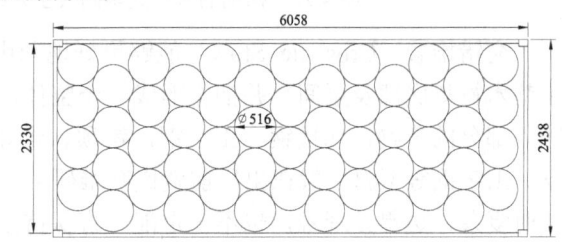

图 4-20 圆柱体装集装箱示例：列兵式（左）和偏移式（右）

（3）异形货物堆码

异形货物通常是裸装货物，如各种型材、管件、铸件、锻件、空腔件、壳体、工件毛坯、座体、轮胎等。它们的外形复杂且不规则，堆放要根据具体情况采用不同的形式。对于尺寸不大的异形货物，常用形式有交错堆叠（见图 4-21）、编织交叉堆码、嵌套式堆码（见图 4-22）。这类堆放总的原则是利用空间，合理交错、嵌套组合，形成相对稳固的织构，但不能损坏货物本身。

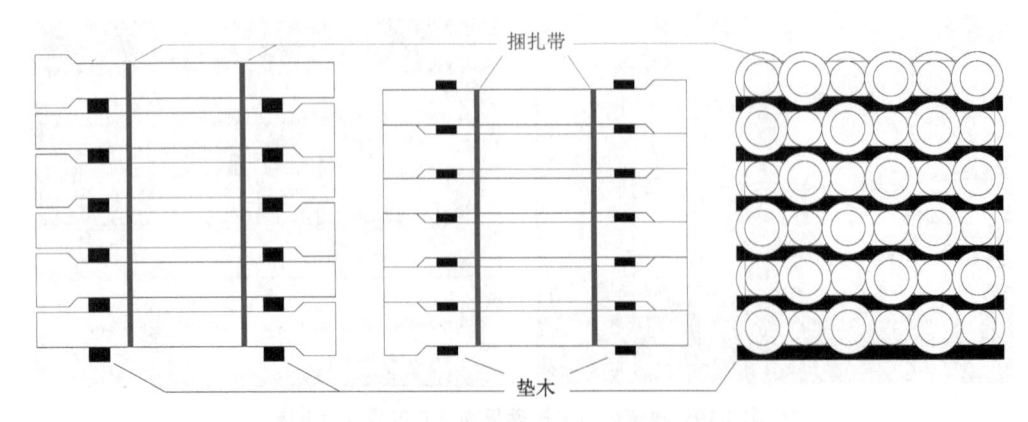

图 4-21 管状货物交错堆叠（正视、俯视和侧视）

图 4-22 槽钢的嵌套式堆码（左）和轮胎的编织交叉堆码（右）

交错堆叠（Cross-tie Stow）能够更好地利用空间并平衡重量分布，但间隙要填充，如用垫木衬垫底部及层间，并捆扎形成一个整体。嵌套式堆码（Nested Stow）主要适用于有凹入部分的货物，如槽钢、工字钢、穹顶、半球壳体等，以便更好地利用空间。不过像槽钢、工字钢等型材一般在出厂前就嵌套堆码并捆扎好了，编织交叉堆码（见图 4-22 右）因费时复杂，边界处理难，也不一定能一直保持规则织构，故使用较少。

▶▶ 4.4.2 特殊装载及要求

集装箱装箱是复杂的工艺，随着集装箱化程度的提高，除了装箱基本要求、同质货物装箱等，还需要考虑混装、特殊装载等。

1. 混装

混装（Mixed Loading）就是至少两种不同的货物装在一个集装箱内，或称异质装箱（Heterogeneous Packing）。集装箱货物的混装很常见，各类拼箱货都需要混装；同一货主的整箱货也因为有不同货物、不同规格尺码等而需要混装；还有整套设备的不同部件也需要混装。通常混装的货物之间要具有兼容性。不同货主的货物拼箱混装时，货物的流向要一致。

不同种类的货物在混装时要注意下列事项：

- 应做到重货在下，轻货在上，液体货物在下，固体货物在上。
- 包装强度较弱的货物要置于较强的货物之上。
- 不同形状、不同包装的货物尽可能不放在一起。
- 会从包装中渗漏出灰尘、液体、潮气、异味等的货物尽量不要与其他货物装在一起，如不得不混装时，就要用帆布、塑料薄膜或其他衬垫材料完全隔开，地板也要用衬垫材料铺好，避免对地板造成无法清洗的损坏（更换集装箱地板费用将达数百千元）。
- 带有尖角或其他凸出物的货物，要把尖角或突出物保护起来，防止其损坏其他货物和箱体。
- 禁止混装的货物还有食品与有毒物品、重件货物与易脆货物、会发生化学反应的货物。

2．特殊装载

1）大型货物。超大尺寸、超重、超高的货物现在也可以采用集装箱运输，主要采用平台式集装箱，如图 4-23 所示。这类货物可能需要多个平台箱并联使用，并采取紧固措施。同时在船舶上只能放在舱底、舱面等特殊位置，并需要并联吊具或其他吊机进行特别作业。

图 4-23　平台式式集装箱装载：变压器（左）和螺旋桨（右）

2）危险货物。凡装有在国际海事组织《国际海运危险货物规则（IMDG）》、GB 6944 和 GB 12268 中所列的危险货物的集装箱，包括危险货物残留物和危害性未被消除，仍标有危险货物标志的集装箱被认定为危险货物集装箱（Dangerous Cargo Container）。我国标准 GB/T 36029—2018《港口危险货物集装箱堆场安全作业规程》于 2019 年实施，对危险货物集装箱的运作有严格且详细的规定。

3．集装箱装载质量与责任

集装箱装载质量对运输安全有较大影响，由于马士基浩南轮危险品事故造成的重大影响，承运商越来越重视装箱货物的检查，通过理货、海关和船东抽查等多种方式保证装箱货物与订舱品名一致。另外，还有集装箱总重量验证（Verified Gross Mass，VGM），要求所有托运人货物装船前必须在指定的截关日期 /时间内向船公司或者当地港口码头申报集装箱的实际总重量。

资料 11　集装箱自动化掏箱视频

4．拆箱作业

拆箱作业发生在最后，是装箱的逆作业。拆箱也称为掏箱，主要程序为：① 集装箱运抵拆箱区域，集装箱保持固定状态；② 检查施封完好后打开施封；③ 打开箱门前做好安全防护，箱门完全打开并固定后方可进行拆箱作业；④ 货物卸载，解开捆扎系固时，要注意安全，防止货物滚落，机械卸货时不撞砸箱体和货物；⑤ 清理集装箱，做到清洁、干燥、无味、无尘；⑥ 锁闭箱门，确认密封良好；⑦ 集装箱运离拆箱区域。

与装箱作业一样，拆箱主要采取人工和叉车等机械方式。对于一些规则货物，如果数量多，也可以采用机器手等自动化作业。

▶▶ 4.4.3 集装箱系统设备

集装箱必须使用机械设备才能实现在船舶与港口、场站及其他运输工具之间的搬运移动，这些系统设备就是专门的起重与运输机械设备。

集装箱能够快速装卸就是因为角件与吊具的巧妙设计与配合。集装箱吊具（Container Spreader）是装卸集装箱的专用属具，它通过其端梁四角的转锁与集装箱角件的连接来实现起吊集装箱；吊具设计、制造及使用安全、高效、可靠，通过伸缩装置和导板装置快速起吊集装箱，四角转锁有机械装置保证安全联锁，开锁时间少于 1.5s，是集装箱高效机械作业的关键。集装箱吊具分为固定式、伸缩式和组合式。其中伸缩式使用最广，常用于岸桥和场桥，可以起吊不同尺寸的集装箱，但吊具本身质量较大，可达 9~10t，吊具额定起重量不低于 30 500kg（GB/T 3220—2011）。

1．集装箱岸边起重机

集装箱岸边起重机（Quayside Container Crane）又称岸桥或桥吊，是高大的码头前沿机械，承担集装箱在陆地和船舶之间的搬运作业，如图 4-24 左所示。岸桥是集装箱专用码头的高效装卸机械，一般效率可达 20~35TEU/h，起重量 35~45t，外伸距为 35~45m，内伸距为 8~16m，轨距一般为 16m。随着集装箱船舶的增大，岸桥也相应要增大，并以电力为动力。例如，上海振华重工 3E 级超大型岸桥专门针对 18 000TEU 集装箱大船，起升高度 48~52.5m，外伸距大于 70m，能用于装卸甲板上 10 层超高箱的极端情况。

资料 12　集装箱岸边起重机操作视频

图 4-24　集装箱岸边起重机（左）和跨运车（右）

2．跨运车

跨运车（Straddle Carrier）如图 4-24 右所示，是一种专门用于集装箱码头短途运输和堆码的双龙门式起重机械。跨运车在作业时，以门型车架跨在集装箱上，并由装有集装箱吊具的升降系统吊起集装箱进行搬运和堆码，通常可堆 3 层。跨运车的机动性好，既可在码头前沿至堆场运输,又可在堆场堆码运输。但价格昂贵,驾驶员视野有待改善。为了适应港口绿色化需要,现已有油电混合型的了。

3. 集装箱叉车

集装箱叉车(Container Forklift)是集装箱码头常用的大型叉车,一般以柴油为动力,机动灵活,可用于装卸、搬运及堆码作业。集装箱叉车在门架上装有吊具,但作业效率和高度通常不如跨运车,如图 4-25 左所示。另外,因为 20ft 集装箱侧面有叉槽(罐箱除外),可用大型平衡重式叉车来进行叉取作业(见图 4-25 右),但操作层数为 3 层以下。

图 4-25　带吊具的集装箱叉车(左)和大型叉车叉取 20ft 集装箱(右)

4. 集装箱正面吊

集装箱正面吊(Reach Stacker)是用于中小型码头及场站的专门的集装箱搬运机械,能较迅速完成集装箱装卸、堆码和水平运输作业。正面吊有粗长的起重臂,作业范围比集装箱叉车更广,堆码更高、更深,可以操作堆码 4 列深度的集装箱(见图 4-26 左)。

图 4-26　集装箱正面吊(左)和空箱堆高机(右)

5. 空箱堆高机

空箱堆高机(Skystacker 或 Empty Container Handler)是集装箱堆场、集装箱运输的关键设备,广泛用于港口、码头、铁路公路中转站及堆场内的集装箱空箱的堆垛和转运,具有堆码层数高、堆垛和搬运速度快、作业效率高、机动灵活、节约场地等特点。

空箱堆高机与集装箱叉车较相似,但以专门的门架和吊具从侧面抓取空集装箱侧面的两个角件,甚至可以一次抓取两只集装箱(见图 4-26 右)。空箱堆高机机动灵活,性能可靠，可一机多用，既可水平运输，又可进行堆场堆码和装卸搬运作业，使用维修方便。目前市场上有起升高度最高达到20m、堆码9层、门架高度13m的空箱堆高机。

6．集装箱龙门式起重机

集装箱龙门式起重机（Container Gantry Crane）简称场桥，主要用于集装箱堆场或货运站场，分为轮胎式（轮胎吊）和轨道式（轨道吊）两种。轮胎吊机动性好，更为常见。

集装箱龙门式起重机主要由两个U形门框与底梁组成的门架、大车行走机构、小车行走机构和起升机构组成。轮胎吊依据型号不同，可堆垛高3~6层，跨度根据需要跨越的集装箱排数来决定，最宽为60m左右。例如，跨6排集装箱和一个车道，跨度超过23m，如图4-27所示。集装箱龙门起重机与集装箱跨运车相比，它的跨度和门架两侧的高度都大得多，提箱和起升速度也更快。

图4-27　轮胎式（左）、轨道式（右）集装箱龙门起重机

7．集装箱卡车

集装箱卡车（简称集卡）是运输集装箱的主要车辆，现在主要采用甩挂式，即由拖头和骨架式半挂车（底盘挂车，见图3-35）组成。集装箱半挂车前部无轮轴，支架可在与拖头脱离后起前端支撑作用。

我国GB 1589—2016规定，半挂车长度最大限值为13.75m（运送45ft集装箱的半挂车长度最大限值为13.95m），半挂车通过连接器与拖头连接成一体，国标允许总长最大限值为20m。半挂车骨架四角设有扭锁插头，能与集装箱角件相互锁紧。有些半挂车还有鹅颈设置，与箱底带鹅颈槽（Gooseneck Tunnel）的集装箱（40ft及以上）配合。半挂车高度超过1m，加上最高集装箱2.9m，通常总高会超过4m。拖头有2~3轴，加上半挂车，整列车有5~6轴，最大总重限值分别是43t和49t。

港口接驳短途专用集装箱半挂车不设扭锁插头，而是采用围角结构，以适应快速装卸。现代集装箱港口还向全自动化码头发展，通过计算机控制、以锂电池为动力的自动导航运载车（AGV）在码头进行无人化自动运输（图4-28），目前我国已经先后在厦门港、青岛港和上海洋山港实现，具有安全高效、经济环保等特点。未来集装箱的装卸运输将向更自动化和智能化的方向发展。

集装箱还有水路与铁路运输工具，如船舶（全集装箱船、混装船、驳船等）、铁路车辆（平车、集装箱专用平车等），请参阅有关书籍。

图 4-28　集装箱自动导航运载车

4.5　集装单元系统与运输

集装运输最终是将上述装载完成的集装单元投入运输系统。货物经过合理包装后实现集装单元化，货物的包装与容器、托盘、集装箱等相互之间通过尺寸合理搭配和装载固定，借助火车、汽车、轮船等运输工具实现高效的物流运输。各类容器、托盘、集装箱相互之间的尺寸配合是密切关联的，通过前面介绍的基础模数关系，就可以大大提高容器、托盘、集装箱和运输工具的满载率（填充率），从而提高物流与运输效率。

集装运输就是使用集装器具或利用捆扎等方法，把裸装物品、散粒物品、体积小的成件物品，组合成一定规格的集装单元进行的运输。集装运输是以集装包装为基础的，如集装箱运输、带板运输。集装运输是集零为整的先进运输方式，将货物包装方式和运输方式融为一体，适用于"门到门"运输和多式联运，它是物流运输业高度发展的必然结果。

集装单元化要求装卸搬运机械化、自动化甚至智能化，集装运输要求货物包装的集装单元化。目前我国的集装箱运输伴随着改革开放进程，已进入成熟阶段，在国际货物贸易与物流方面，集装箱化率高、集装箱船舶与航线丰富、集装箱码头与作业设施先进、内陆集疏运系统较发达、集装箱运输管理系统和辅助系统也很发达，在港口、集装箱吞吐量、航线与互联互通等多方面已经进入全球先进行列。但更小的集装单元运输，即托盘单元的带板运输受我国汽车货运门槛低、标准化程度低的影响，还处于初步的发展阶段，需要通过夯实集装单元标准化的实施应用，做好单元设备的配套，合理组织运输，并加强专业化和信息化管理，从而实现集装单元系统与运输的连贯与融合发展。

本章习题与思考题

1. 试按图 4-1 的形式，画出基于 1 100mm×1 100mm 单元货物平面尺寸下的 550mm×366mm 模数尺寸的倍数关系和约数关系。倍数关系依据有横切一刀（两等分）、横切两刀（三等分）和横切一刀纵切两刀三种，约数关系依据有横切 0~4 刀，纵切 1~3 刀共 20 种组合。

2. 对例 4-1，你还有什么装码样式（不一定需要最优），试画出图形，并分别计算例中结果及你设计的托盘平面利用率。

3. 欧式托盘尺寸为 1 200mm×800mm，美式托盘为 48in×40in，日韩托盘为 1 140mm×1 140mm，在这些托盘上如何摆放物流基础模数尺寸？以图示之。

4. 对上题 3 种托盘和 1 200mm×1 000mm 及 1 067mm×1 067mm 的托盘单元分别在 20ft 集装箱（净长 5.867m）、40ft 集装箱（净长 11.998m）和 45ft 高柜（净长 13.560m）中装载（集装箱内宽均取 2.330m），分别可以装下多少单元（不考虑高度）？平面利用率各为多少？试画出平面装箱图。

5. 请分别计算尺寸为 500mm×280mm、450mm×270mm 和 380mm×240mm 的箱子在 1 200mm×1 000mm 托盘上的装码数量（可参考第 4.2.1 节二维码资料中的四块算法），画出示意图并算出面积利用率。

6. 软饮料常用一种称为利乐无菌砖的复合纸包装。例如，利乐包 250ml 的牛奶包两种常见尺寸分别是 105mm×62mm×41mm 和 130mm×53mm×38mm（高×长×宽，堆码时高度方向朝上）。包装上还要粘上吸管，因为纸包有一定的变形性，增加的宽度为 2mm。这两种纸包以每箱 12 包、16 包、18 包、24 包装入纸箱中。请设计这些纸箱的尺寸（纸箱厚度以 5mm 计）和它们在托盘上的装码图样。若要求托盘总高不超过 1 500mm、总重不超过 1 000kg（每包以 250g 计重，包装材料重量忽略）且纸箱堆码层数不超过 12 层，请计算每种托盘方式的牛奶包最多数量。

7. 软饮料还常采用易拉罐包装。如 345ml 易拉罐尺寸为 ϕ65mm×122mm，以每箱 12 个、16 个、18 个、20 个、24 个的数量装入纸箱中。请设计这些纸箱的尺寸（纸箱厚度以 5mm 计）和易拉罐在纸箱内及纸箱在托盘上的装码图样，画出图形。

8. 某空调公司几种产品的包装尺寸（长×宽×高，单位均为 mm）分别是：柜机内机 570×500×1 800，柜机外机 1 000×500×800，柜机配管 580×580×120，柜机内机 900×400×300 和柜机外机 900×400×600。请为它们设计合适的托盘单元化方案。

9. 某笔记本电脑包装盒尺寸（长×宽×高，单位均为 mm）为 443×67×257，最多堆码 6 层，请设计托盘单元化方案。若尺寸为 443×257×67，内有较好的衬材可横着叠放 5 层，请再考虑托盘单元化方案（优先考虑国标 1 200×1 000 托盘）。

10. 有 5 种消费电子设备的包装盒尺寸（长×宽×高，单位均为 mm）分别为 175×35×245、202×116×42、160×100×70、176×140×204 和 290×275×400，堆码层数均不能超过 5 层且不能倒置，请设计它们各自的托盘单元化方案。

11. 有 3 种打印机的包装瓦楞纸箱，尺寸（长×宽×高，单位均为 mm）分别为 355×335×155、430×250×300 和 615×510×485，重量分别是 5kg、6kg、15.5kg，堆码层数分别是 13 层、8 层和 5 层且不能倒置，请设计它们各自的托盘单元化方案。

12. 假设通用集装箱和罐式集装箱都满载但不超载货物，密封良好，突然掉入海中，请按表 4-3 的有关数据及集装箱各自特性分析它们在海中的沉浮状况。

13. 读出图 4-15 右边 CSC 铭牌的主要内容并翻译成中文。

14. 计算下列集装箱的校验码：① MAEU574547[ ]；② MSCU705451[ ]；③ CBHU891986[ ]；④ DNVU200237[ ]；⑤ HPGU389021[ ]；⑥ TBJU103125[ ]。

15. 有一批钢管共 324 捆，体积 540m³，重量 322 643kg，装在 18 个同样的 45G1 普通集装箱内。假设平均装载，试回答：①计算装好后的单个集装箱内的捆数、体积和总重（箱自重参见表 4-3，不计包装衬垫材料重量）；②判断是轻货还是重货；③假设钢管为 9m 的定尺长度，在集装箱内如何装箱与固定？

16. 汽油桶自第二次世界大战时德国就开始使用了，它的外尺寸为 $\phi 580mm \times 930mm$，容积为 220L，在 22G1 集装箱单层摆放如图 4-20 左所示。已知油桶自重 15kg，汽油密度为 0.75kg/L，油桶满装。试求：①按 22G1 集装箱尺寸，确定油桶堆码层数，以及在集装箱内最多能放多少油桶，总重为多少，是否超重。②此时的容积利用率是多少？（不计油桶自身体积）③常见 22T6 罐箱的容积为 25 000L，自重 3 750kg，最大总重 36 000kg，上述油桶装箱方式与装干货箱的方式相比，它满载能够多放或少放多少（以百分比计），是否超重？

17. 220L 盛装番茄酱的直径 555mm、高 990mm 的圆形开口桶，总重约 240kg，在 22G1 集装箱可满载 80 桶，①请做出装箱及固定方案。②若每 4 桶放在合适的托盘上，上部捆扎固定（见图 4-29），用什么托盘合适（包括托盘类型与尺寸重量）？用 20ft 干货箱装载情况如何？③若装在 45G1 集装箱中而不超重，求带托盘和不带托盘的合适的方案。

图 4-29　大桶装番茄酱

18. 对于 200L 和 100L 的桶装货物，集装箱冷链运输需要置于 45R1 或 22R1 的冷藏集装箱中，请分别做出装箱方案。已知 200L 和 100L 的包装桶尺寸分别为 $\phi 560mm \times 850\ mm$ 和 $\phi 430mm \times 720\ mm$，单桶货物质量分别为 170kg 和 90kg。

19. 查阅 GB/T 191—2008，熟悉 17 种包装储运图示标志，并对照身边货物包装箱上的标志，分析对作业人员搬运是否显眼合理。

20. 某单出口双肩背包共 7 种型号，详细数据如表 4-4 所示。试问：①这票货的总件数、总体积和总重量各是多少？②适合用什么箱型的集装箱？③容积利用率是多少？

表 4-4　出口双肩背包装箱数据

货　号	包装箱数（箱）	单箱重（kg）	每箱件数（个）	长（cm）	宽（cm）	高（cm）
1-105	105	12.52	24	60	41	38
1-81	86	12.64	24	60	42	40
1-98	100	12.25	28	60	40	40
1-70	69	8.32	24	68	38	32
1-95	100	12.52	28	52	39	38
1-106	100	12.52	28	62	39	34
1-92	86	12.76	24	65	43	39

21. 同种货物的装箱方式分为哪几类？到超市观察并分析各类货物的装箱方式。

22. 查阅卷钢的规格尺寸和重量，并就图 4-9 下的专门卷钢箱装载和图 4-17 右的干货箱装载两种方式，从多方面进行对比分析。

23. 日式托盘有 1 100mm×1 100 mm 和 1 140mm×1 140 mm 两种规格，它们在 20ft、40ft、45ft 通用集装箱内分别能放多少个，请参照表 4-3 内部尺寸来计算，并画出图形。

24. 我国最推荐的托盘规格为 1 200mm×1 000 mm，在 22R1 和 45R1 冷藏集装箱内单层分别能放多少个托盘，请参照表 4-3 内部尺寸来计算，并画出图形（注意，为保证托盘单元能方便进出集装箱，托盘与托盘、托盘与箱壁间至少要有 20~30mm 的间隙）。

25. 一艘 23 756 标箱的超大型全集装箱船，船头到船尾共有 24 贝，每贝长可容纳 2TEU，宽有 24 排，船舱分为舱底和舱面两部分，各可堆码 12 层集装箱。试按集装箱尺寸估算此船的最小长度与宽度，舱面上堆满集装箱的高度，以及载重量。

26. 铁路双层集装箱运输时，同时有 20ft 和 40ft 的集装箱时，下层装载 2 个 20ft 集装箱，上层装载一个 40ft 集装箱，为什么是大压小而不是小压大？

案例 4 解开托盘化迷团（英文）

第 5 章　设施选址与物流网络

本章主要内容

- **设施选址概述**
  设施选址的基本概念、选址意义及原则、设施选址内容
- **选址决策**
  选址决策的影响因素、选址决策阶段与流程、选址分析与评价方法
- **服务设施选址**
  服务设施选址的特点、服务设施选址的因素和方法、物流建筑选址
- **选址问题基础及应用**
  选址问题分类的基础、选址问题模型应用、单设施选址问题与模型
- **多设施选址问题与物流网络**
  运输模型法、多设施选址问题基本模型及物流网络、覆盖模型

设施选址是企业和其他非营利性组织都必须考虑的战略性问题，对企业运营和发展有重大的影响。本章主要介绍选址决策、服务设施选址、选址问题、选址模型及物流网络。

5.1　设施选址概述

设施选址（Facility Location）是新企业与现有企业要共同面对的问题，无论是对于制造业还是服务业，设施选址对于企业的竞争优势都将产生重要影响。选址在整个物流系统中占有非常重要的地位，选址决策是一个长期战略决策问题，它直接影响企业的运作成本、税收及后续投资，不合理的选址将会导致成本过高、劳动力缺乏、原材料供应不足至丧失竞争优势。因此，企业应该运用科学的方法决定设施的地理位置，使之与企业的整体经营运作系统有机结合，以便有效、经济地达到企业的经营目标。

5.1.1　设施选址的基本概念

设施选址是指组织为开拓新市场、提高生产能力或提供更优质的客户服务等目的而决定建造、扩展或兼并一个物理实体的一种管理活动。根据组织性质的不同，该物理实体的具体形态也不同。对于制造型企业，可能是工厂、办公楼、车间、设备、原材料仓库等；对于服务型企业，可能是配送中心、物流中心、零售商店、银行、超市等。

从物流系统和供应链的角度看，设施选址就是确定所要分配的设施的数量、位置以及分配方案。这些设施主要指物流系统中的节点，如制造商、供应商、仓库、配送中心、零

售商网点等。就单个企业而言，选址决定了整个物流系统及其他层次的结构，物流设施的规模和数量对选址工作有很大的影响。从供应链系统来看，核心企业的选址决策会影响供应商物流设施系统的选址决策，核心企业新厂选址落户时甚至要求供应商跟随配套选址。

选址决策不是每个企业的经常性工作，而是企业战略规划中一个不可分割的部分。企业需要进行选址决策的原因各不相同，但根本原因都是应对企业内外部经营环境的剧烈变化，如市场需求的增长、市场区域的扩大、生产原材料的枯竭、地区与城市的经济发展和环境要求等。

▶▶ 5.1.2 选址的意义及原则

设施选址是建立和管理企业的第一步，选址的意义体现在以下几个方面。

1）**影响企业的运营成本，从而影响企业的竞争优势**。根据迈克尔·波特的观点，企业的竞争优势主要来自成本的全面领先和产品的差异化。其中，成本领先常常是企业竞争的起点和焦点。设施选址从多方面影响企业的成本，如原材料价格、运输费用、所在国的汇率水平、当地工资水平、税率等，因此，不合理的选址会使企业加剧负担。如果一家新的企业位于能源成本高昂的地区，即使企业有良好的管理水平及经营战略，它在运营的开始就已经处于竞争劣势地位。

2）**影响企业制定后续经营策略**。不同地区有不同的社会环境、人口状况、交通条件等，它们制约着所在地区的顾客来源及特点，也制约着企业对所经营商品、价格、促销活动的选择。所以，经营者在确定目标和制定经营策略时，必须考虑店址所在地区的特点，以达到策略的可实施性和目标的可实现性。

3）**影响设施布置以及投产后的产品和服务质量**。设施选址对设施布置产生直接影响，并对企业生产力布局、企业投资、建设速度有重要意义。一旦选择不当，将影响投产后的产品和服务质量。

场址选择是企业筹划、建设的核心。选址的优劣将决定企业建设能否按计划完成并对后续生产经营和长远发展有重要影响。为做好选址工作，一般需要坚持产业布局原则、经济效益原则、整体优化原则、以人为本原则、环境适应原则和用户至上原则。

▶▶ 5.1.3 设施选址的内容

设施选址主要包括两个层次和两个方面的内容。

1. 两个层次

一个是小型单一设施的选址，主要根据已有的产品、新产品和生产模式来确定，较简单。另一个是设施网络的选址，即要为一个企业所属的多个工厂、仓库、分销服务中心选择合适的地址，使这些设施的数量、位置和规模最优化。服务业的快餐店、零售店大都连锁经营，选址和网络的优化也是十分复杂的问题。

在物流系统中，节点设施的选址还要考虑其所服务对象的分配问题，即物流设施网络问题，这是供应链中的核心问题之一。设施选址及对应的顾客分配决定了配送的结构及相关的时间、成本和效率特征。确定一个或多个设施的优选地址并分配相应的顾客是最可行的方式，不仅改进了货物的流动状况和设施提供给顾客的服务质量，也能最大限度地利用了设施。

2. 两个方面

1）**选位**。即选择在什么地区（区域）设置设施，沿海还是内地，南方还是北方。随着经济全球化和企业运营的国际化，跨国经营的企业先要决定在哪个国家建立设施。

2）**定址**。选定地区以后，企业要选择在该地区的某一具体位置开展运营，即在已选定的地区内选定一片土地作为设施的具体位置。

决策者在选址规划时通常会考虑以下三种方案：

1）**扩张企业当前的设施**。如果有足够的空间可供扩展，特别是这个地点有着其他地点所不具有的优势时，这种选择是有吸引力的，因为扩张费用较省。

2）**保留当前设施，同时在其他地方增建新设施**。服务性设施经常这么做，它的目的可能是维持市场份额或防止竞争对手进入市场，或者为了更好地服务顾客。

3）**放弃现有地点，将设施关闭并迁移至其他地方**。企业设施选址是一项具有战略意义的经营管理活动，具有很大风险，关系到一个项目的成败。企业要做系统全面的考虑，要采用科学方法进行决策。

5.2 选址决策

选址决策作为企业的一项重要战略决策，要分析相关的内外部影响因素，找到可选的不同方案，采用合理的程序，选择合适的方法，对决策方案进行认真的评价和选择。

5.2.1 选址决策的影响因素

进行选址时需要考虑许多因素，如自然条件、人力资本、财务因素、与市场和供应商的接近程度、能源和原材料的可靠性等，其中不少因素还可进一步细分。总体来说，这些因素可从企业内外两个方面来分类。内部因素指的是与企业本身密切相关的因素，而外部因素指的是社会环境及自然条件对企业选址所施加的影响因素。通常认为，内部因素与外部因素的区别在于前者是可控的，企业可以发挥主观能动性加以改变；后者是不可控的，企业只能被动适应。

1. 影响选址决策的内部因素

1）**企业的性质**。企业是属于制造业还是服务业，这本身就构成选址决策依据的差异。对于制造企业设施选址，其战略要点通常是成本的最小化。对于那些零售业及专业的服务组织，其战略要点是收入的最大化。仓储设施的选址战略，可能受一系列因素的驱动，包括各种成本以及产品配送速度，但总体上，设施选址的根本目标不会变，即寻找一个能让企业利益最大化的合适场所以开展运营。

2）**企业的战略目标**。企业可能出于战略考虑，对所投资项目有着明确的目标和期望。企业进行投资的目的可能是扩大生产规模、降低成本，也可能是进入新的市场。不同的战略考虑也决定了企业应该特别重视那些影响选址的因素。例如，选择连锁便利店还是超市，会有完全不同的选址，前者必须在人口密集区域且成本较高，后者则可在次密度区域且有大量面积可用。

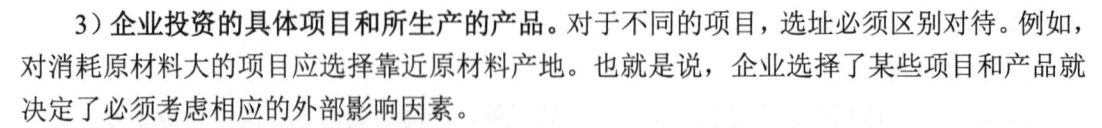

3）**企业投资的具体项目和所生产的产品**。对于不同的项目，选址必须区别对待。例如，对消耗原材料大的项目应选择靠近原材料产地。也就是说，企业选择了某些项目和产品就决定了必须考虑相应的外部影响因素。

2. 影响选址决策的外部因素

选址的外部因素有很多，主要包括政治、经济、社会和自然条件等方面。

1）**宏观政治、经济因素**。没有稳定就没有发展，一个国家或地区的政治经济状况是企业选址时先要考虑的外部因素，具体包括：

- 地方政府的政策法规。如产业政策、环保政策、土地政策等，这些政府法规都会对企业产生重大影响。例如，我国各地政府的招商引资政策还是有差别的，企业总是寻求最宽松的经济环境。
- 政府和公众的态度。企业在当地是否受到公众的欢迎，对企业的经营活动存在影响，严重时会使企业无法进行正常的生产活动。如排污严重的企业、生产的产品与当地的宗教信仰相冲突的企业，都将受到公众的谴责和抵制，有时甚至会引发居民的阻挠行动。另外，政府对私有产权、污染的态度是变化的，对企业经营决策的态度同样会发生变化。
- 运营税收。即企业在某个地方投资需要交多少税，这是影响现金流的一个非常重要的因素。税收水平越高，资本成本也就会增加；资本成本越高，投资地点的风险就越大，那意味着将会损害企业股票持有人的利益。各个国家都对在其领土上经营的企业征税，但不同国家的所得税率存在着差异。例如，一个以欧洲为销售地的制造厂家，有必要在欧盟某个成员国里设立自己的产销机构，从而避开关税壁垒的影响。
- 人力资源条件。劳动力是最重要的生产资源，除了数量上的要求，更重要的是质量方面的要求，如文化水平、技术技能、职业道德、生活质量等。人力资源的直接工资是厂址选择时最重要的评价标准之一，因为人工成本直接进入制成品成本或提供服务的成本。人工成本越高，产品或服务的成本也就越高。但是工资水平也要与员工的劳动生产率一起加以综合考察。

2）**自然条件及基础设施**。对于大型工厂和物流配送中心，占地面积大、进出频繁，对自然条件和交通、水电等设施要求就高。具体包括：

- 土地资源。建厂需要土地，土地的地理位置、面积、地质条件、地价等都是十分重要的因素。在土地稀少的地方其成本往往很昂贵。另外，土地资源还决定了新址的可扩展性，如果新址不具备继续发展的能力，将为企业未来的经营带来不确定因素。
- 地质与气候条件。地形和面积应能满足工艺过程并容纳全部建筑物和露天作业的面积需要。各类设施对场地的地质要求，不仅因设施的性质和类别而不同，也与工艺流程、机械化程度、运输方式、建筑形式和建筑密度有关。一般情况下，自然地形坡度不大于5%，丘陵不大于4%，山区不超过6%。有些对气候有特殊要求的企业，气候条件是非常重要的选址因素，主要考虑温度、湿度、风向、风力、灾害性天气的种类、严重程度和发生概率等。
- 基础设施条件。设厂地区的基础设施对企业的经营成本有很大影响。主要是煤、电、水的供应是否充足，通信设施是否通畅，交通运输是否方便。这些基础设施在企业

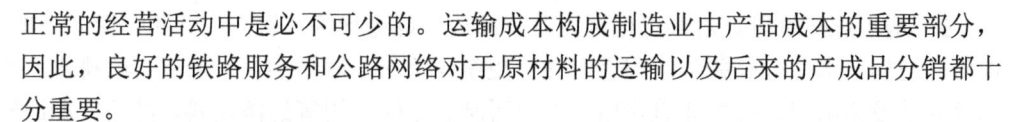

正常的经营活动中是必不可少的。运输成本构成制造业中产品成本的重要部分，因此，良好的铁路服务和公路网络对于原材料的运输以及后来的产成品分销都十分重要。

3）市场与供应等经济环境。
- 市场的可接近性。对许多企业来说，选址靠近消费者十分重要。对于那些服务组织更是如此，如药店、餐馆、邮局、理发店等都将靠近市场作为主要的选址要素。对于制造企业，如果产品体积过于庞大、超重或易碎等而使得运送困难或运输成本过高，可以考虑选择在市场附近设厂。另外，随着准时制生产方式的盛行，供应商也希望将设施布置在顾客附近以提高配送效率。值得注意的是，信息技术的发展将会提高制造企业收集、传递、散发信息的能力，这些信息与买卖、市场、设计、工程技术和制造等密切相关，这样就降低了这些功能组织集中的必要性，使生产设施邻近市场的策略得以实施。
- 供应商的靠近程度。某些情况下，如企业的原材料或产品具有易腐性、运输成本高昂、运输不便等，企业倾向于将设施布置在靠近供应商的地点。例如，面包店、牛奶厂、冷冻海产品厂之类使用易腐原材料的企业，常常将厂址选择在邻近供应商的地点。此外，有些企业生产过程中需要的原材料体积庞大而且笨重，如钢铁企业所使用的煤和铁矿石，存在着高昂的原材料运输成本，此时运输成本成为考虑的主要因素，企业必须考虑新厂址是否靠近原材料供应商。
- 竞争对手与群聚效应。所谓"知己知彼，百战不殆"，市场竞争也要求企业在选址决策时要考虑竞争对手的情况，像麦当劳和肯德基就喜欢选址在与竞争对手靠近的地方，这种倾向称为群聚效应，中国人将这种现象称为"扎堆"。它通常发生在某地区有大量主要的生产资源的情况下，包括自然资源、信息资源、风险资本资源及人力资源等。群集效应在为企业带来滚滚客流的同时，还有分工合作的便利，其影响力也往往可以辐射到周边地区。

▶▶ 5.2.2　选址决策阶段与流程

选址是涉及企业经营战略的重要决策，关系重大，考虑因素多，所需时间长。要做好选址决策，需要遵守一些程序、原则和方法。

1．设施选址决策阶段

在我国，设施的场址选择通常分为四个阶段，即准备阶段、地区选择阶段、地点选择阶段和编制报告阶段。

1）**准备阶段**。此阶段的主要工作是对选址目标提出要求，并提出选址所需要的技术经济指标。通常要包括产品、生产规模、运输条件、需要的物料和人力资源等，这些资料在第 2 章中介绍的 PPP（纲领、产品、工艺过程）设计过程中已经进行了收集和分析，以及相应的技术经济指标，如年耗电量、用水量、运输量、土地与建筑物面积、职工人数等。

2）**地区选择阶段**。主要是调查收集企业选址所需要的各项外部资料，如走访经济主管部门和地区规划部门征询对选址的意见，在可供选择的地区内调查社会、经济、资源、气象、运输、环境等条件，对候选地区进行比较，提出对地区选择的初步意见。

3) **地点选择阶段**。对候选地区内若干候选地址进行深入调查和勘测，深入当地气象、地质、地震、水文等有关部门调查研究历史统计资料，联系供电、通信、给排水、交通运输等基础设施部门，收集建筑费用、地方税制、运输费用等经济资料，经研究和比较后提出数个候选场址。

4) **编制报告阶段**。前述各阶段都要提出相应报告，但在此阶段要对资料进行专门整理，做出技术经济比较和汇总统计分析成果，绘制所选的设施位置图和初步总平面布置图。最后编写出场址选择报告，对所选场址进行评价和论证，供决策部门审批。在我国，投资新建项目需要做出可行性论证报告，场址选择报告是其中的基本内容。

当前我国各地经济发展迅猛，招商投资工作开展得如火如荼。很多地方都设有"五通一平"的开发区、工业园区，甚至建有标准工业厂房。如果是新建和迁移小型的工业设施，上述选址工作可大大简化。

2．选址决策的流程

选址方案论证和评价是指企业通过对与方案有关的市场、资源、工程技术、经济和社会等方面的问题进行全面分析、论证和评价，以确定方案是否可行或者选择最佳实施方案。

设施选址决策的基本流程如图 5-1 所示，其中主要的流程介绍如下。

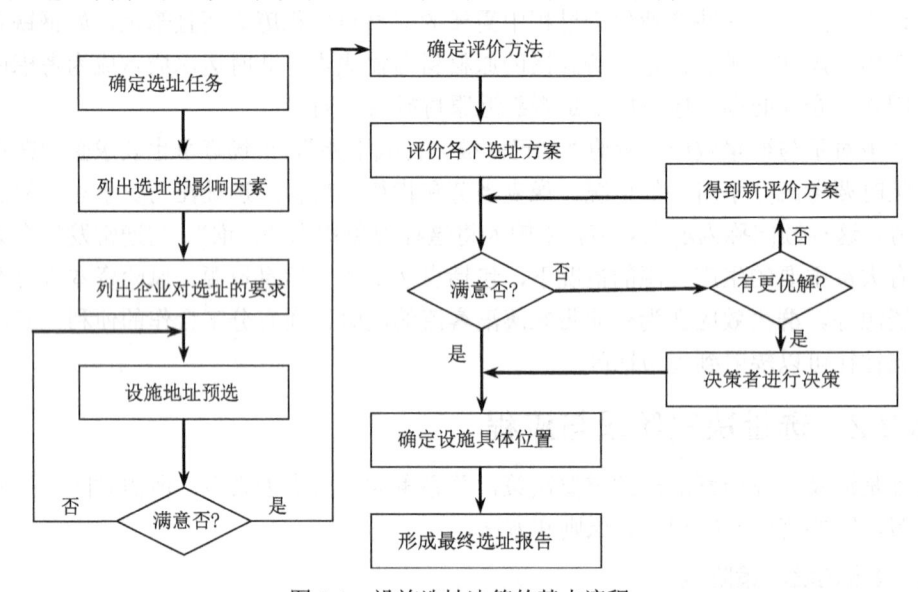

图 5-1 设施选址决策的基本流程

1) 确定选址任务，即明确目标。首先要明确，在一个新地点设置一个新设施应该符合企业发展目标和生产运作战略，能为企业带来收益。只有在此前提下，才能开始进行选址工作。

2) 列出选址影响因素，并着手收集数据。影响选址的因素众多，企业必须对多因素进行主次排列，权衡取舍。

3) 列出企业对选址的要求，即将选址目标明确化。

4) 根据选址目标和要求，以及收集的数据进行设施地址预选，并确定多个备选地址以供选择。

5）确定选址评价方法以对初步拟订的候选方案进行分析，所采用的分析方法取决于各种要考虑的因素是定性的还是定量的，有时要综合多种评价方法以确定最佳评价方案。

6）根据评价方法进行评价，得出各个方案的结论，并形成最终报告，以提交企业最高决策层批准。

3. 选址方案论证和评价的原则

在对不同选址方案进行论证和评价时要掌握以下原则：

1）经济性原则：以最小的投入取得最好的效果。
2）发展原则：发展的前景及适应发展的能力。
3）兼容性原则：与原有经济、技术、环境、社会的兼容性。
4）相关效益原则：考察相关的经济、技术、环境、社会效益。

▶▶ 5.2.3 选址分析与评价方法

选址的影响因素众多，因而有许多不同的分析评价方法，如优缺点比较法、德尔菲法、量本利分析、加权因素比较法和重心法等，主要用于单设施的选址。这些方法可以分为定性和定量两大类：定性方法对影响因素的考虑较全面，定量方法侧重于一些关键因素，利用数学模型来精确描述。两者各有所长，但在实际选址决策中，应采取以定性方法为主、定量方法为辅的方式。

1. 优缺点比较法

优缺点比较法在第 2 章已经介绍过，当几个备选方案在费用和效益方面相近时，非经济因素就可能成为考虑的关键因素。此时可用优缺点比较法来比较。常见的比较因素有：区域位置，面积及地形，地势与坡度，风向、日照，土壤、地下水、耐压力等地质条件，土石方工程量，场址现在所有者、拆迁、赔偿情况，铁路、公路交通情况，与城市的距离，供电、供水、排水，地震、防洪措施，经营条件，协作条件，建设速度等。

我国传统的选址方法就是优缺点比较法。以定性因素比较，辅以经济概算的实用方法，曾在我国使用过较长一段时期，也积累了较丰富的经验，至今还在使用。但是这一方法基本上是就事论事，缺乏量化的比较，科学性也不够，对非成本因素考虑较少，难以满足市场经济条件下的运作。但是传统方法中对各种选址因素的罗列分析，特别是调查研究的经验，对初学者在选址中产生各种候选方案时仍大有借鉴之处。

2. 德尔菲法

德尔菲法又称专家调查法，起源于 20 世纪 40 年代末期，最初由美国兰德公司首先使用，很快就在世界上盛行起来。德尔菲法常用于预测工作，也可用于对设施选址进行定性分析，其具体实施步骤如下：

1）组成专家小组。按照设施选址所需要的知识范围确定专家，人数一般不超过 20 人。
2）向所有专家提出设施选址的相关问题及要求，并附上各选址方案的所有背景材料，同时让专家提交所需材料清单。
3）各个专家根据他们所收到的材料，提出自己的意见。
4）将专家的意见汇总，进行对比。并将材料反馈给各专家，专家根据反馈材料修改自己的意见和判断。这一过程可能要进行三四次，直到每一个专家不再改变自己的意见为止。

5）对专家的意见进行综合处理以确定选址方案。

3. 产量—成本—利润（简称量本利）定址分析

产量—成本—利润定址分析也称量本利分析，是一种简单的成本分析法。在选址中它有利于对备选地点在经济上进行对比，一般常用图表法求解，分析过程包括以下步骤。

1）确定每一备选地址的固定成本和可变成本。

2）在同一张图表上绘出各地点的总成本线。

3）确定在某一预定的产量水平上，哪一地点的成本最少或者哪一地点的利润最高。这种方法需要以下几个假设：

- 产出在一定范围时，固定成本不变；
- 可变成本与一定范围内的产出成正比；
- 所需的产出水平能近似估计；
- 只包括一种产品。

在成本分析中，要计算每一地点的总成本 C_T

$$C_T = C_F + C_V \times Q \tag{5-1}$$

式中，C_F 为固定成本；C_V 为单位的可变成本；Q 为产出产品的数量或体积。

只要有了数据，这种方法的计算很简单。该法主要用于企业购并已有设施时进行，因为只有已建成的设施才能较容易地确定固定成本和可变成本。

4. 加权因素比较法

影响企业选址的因素多种多样，包括定性和定量因素都要考虑。其中，某些因素要比其他因素更重要一些，管理层可以使用不同的权重来使决策过程更加客观。加权因素比较法使用非常广泛，它能够考察多种不同因素的综合作用，从教育水平、娱乐到劳动技能都能被客观地考察。

加权因素比较法的介绍参见第 2 章，在选址中的应用见例 5-1。

例 5-1 一家摄影公司打算新开一家分店，表 5-1 中列出了两个可供选择的地点的相关信息。求解过程如表 5-1 后两列，结果表明：地点 2 综合得分较高，是公司较好的选择。

表 5-1 因素评分法实例

因　　素	权　重	得分（1~100 分）		分　　值	
		地点 1	地点 2	地点 1	地点 2
邻近已有商店	0.10	100	60	0.10×100=10.0	0.10×60=6.0
交通状况	0.05	80	80	0.05×80=4.0	0.05×80=4.0
租金	0.40	70	90	0.40×70=28.0	0.40×90=36.0
面积	0.10	86	92	0.10×86=8.6	0.10×92=9.2
布局	0.20	40	70	0.20×40=8.0	0.20×70=14.0
运营成本	0.15	80	90	0.15×80=12.0	0.15×90=13.5
合计	1.00			70.6	82.7

5. 重心法

重心法适用于单个配送中心或工厂的选址，它是一种用于寻找将运送费用最小化的理论最佳位置的数学模拟方法。该方法将市场位置、要运送到各市场的货物量、运输成本都加以考虑。

选址问题的解决方法是根据距离、重量或两者的结合，以确定理想的坐标位置。通常，运输成本是时间、重量和距离的函数，然而有时并不总是能将所有的因素一起加以考虑。因此，根据考虑各种因素的不同，有只考虑重量的重心法、只考虑距离的负荷距离法，还有一些将重量、距离及时间作为成本决定因素的方法。在此我们介绍重心法。

重心法是基于物理学中的力矩原理，以重心代表最低成本位置，成本是重量和距离的函数。它按照下面的公式寻找重心位置：

$$C_x = \sum_i D_{ix} Q_i \bigg/ \sum_i Q_i \tag{5-2}$$

$$C_y = \sum_i D_{iy} Q_i \bigg/ \sum_i Q_i \tag{5-3}$$

式中，C_x 为重心的 x 坐标，C_y 为重心的 y 坐标，D_{ix} 为第 i 个地点的 x 坐标，D_{iy} 为第 i 个地点的 y 坐标，Q_i 为运到第 i 个地点或从第 i 个地点运出的货物量。

最后，选择求出的重心点坐标值对应的地点作为要布置设施的首选地点。

例 5-2 在图 5-2 中，假设运往 4 个地址的货物量分别为 S_1（2 000 单位），S_2（2 000 单位），S_3（1 000 单位），S_4（1 000 单位），则可用式（5-2）和式（5-3）算得重心的坐标为（66.7, 93.3）。

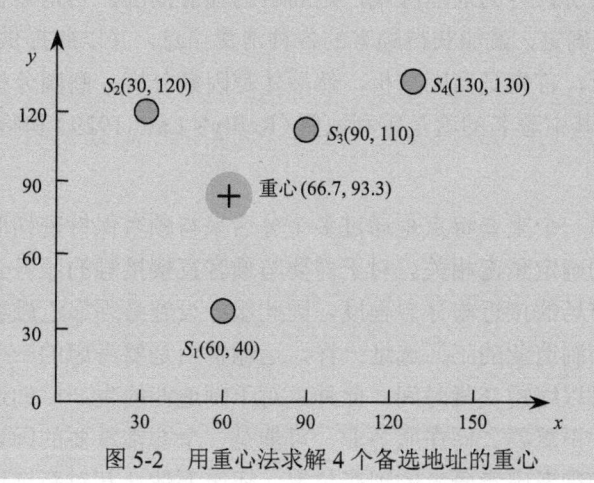

图 5-2 用重心法求解 4 个备选地址的重心

在前面的基础上，若考虑原材料从原地运至工厂所在地的运输费用，重心法的公式更复杂，还需要多次迭代才能找到重心。重心法所得到的位置是否适合，还要根据实际情况进行其他方面的分析。

重心法的缺点也是很明显的：重量本身并不是唯一的标准，因为运输工具的数量也会影响成本；计算出来的重心可能为山丘、湖泊、公园、已有建筑等不可用地址；计算得出的距离为直线距离，不符合实际情况；还要考虑运输费率，很烦琐。

5.3 服务设施选址

由于服务业与制造业在很多方面不同（见表5-2），两者的选址原则也存在着巨大的差异。对于制造业而言，不同的选址常引起成本的显著差异，因此工业企业设施选址的立足点在于成本的最小化，而服务企业设施地址对收入的影响超过成本，因此，服务设施选址常常考虑的是营业收入的最大化。

表5-2 制造业与服务业的对比

比较项目	制造业	服务业
产品特征	有形性	无形性
产品的可存储性	高	低
产品的标准化程度	高	低
客户的参与程度	低	高
产业性质	资本密集型	劳动力密集型
规模经济实现途径	增加生产批量	多店作业

5.3.1 服务设施选址的特点

服务业对位置的考虑更为重要，特别是零售业有"位置、位置，还是位置"的说法，零售业必须了解要服务的顾客的空间要求，并与选址和运作决策相匹配。三种位置考虑是有层次的：宏观的是国家或地区，中观就是商圈，微观是具体的地址。零售业特别重视商圈。商圈是指商店吸引顾客的地理区域，是商店的辐射范围。它是零售业、服务业成功的必要条件，一旦商圈确定，就能获得顾客的各种消费信息，并以此提供相应的产品与服务。因此零售业选址分析，首先是商圈分析，然后才是因素分析。商圈分析还可以结合重心法和其他模型来进行，其中著名的就是雷利法则（Reilly's Law, 1929）和哈夫法则（Huff's Law, 1964）。

现代服务业的另一个重要特点是通过多个分店来与顾客保持密切联系，所以服务设施的选择与目标市场的确定紧密相关。对于需要与顾客直接接触的服务企业，其服务质量的提高有赖于与最终市场的接近与分散程度，因此服务设施必须靠近顾客群。对于一个仓储或配送中心来说，与制造业的工厂选址一样，运输费用是要考虑的一个因素，但快速接近市场可能更重要，可以缩短交货时间。此外，对于制造业的生产厂的选址来说，与竞争对手的相对位置有时并不重要。而在服务业，可能是一个非常重要的因素。服务业企业在进行设施选址时不仅必须考虑竞争者的现有位置，还需要估计其对新选地址的反应。在有些情况下，选址时应该避开竞争对手。但对于商店、快餐店等服务企业来说，在竞争者附近的商圈设址有更多的好处，在这种情况下，会形成群聚效应。

5.3.2 服务设施选址的因素和方法

服务设施选址过程主要考虑业务和收入的决定因素，而影响服务部门业务量和收入大小的主要有以下8个因素：

1) 所选地区的客户购买能力；

2）服务部门在所规划地区的服务和形象的兼容性；

3）该地区的竞争强度；

4）该地区的竞争质量；

5）企业的独特性及竞争对手的选址；

6）该地区及其邻近地区商业和设施的质量；

7）企业经营策略；

8）管理水平。

对上述 8 个因素的客观分析大致能够勾画出企业未来收入的远景。

服务设施选址的主要方法有相关性分析、流量统计、人口统计分析、购买力分析、因次分析法、重心法和地理信息系统法等。表 5-3 列出了服务设施和生产设施选址的因素对比。

表 5-3 服务设施和生产设施选址因素对比

比较项	服务/零售设施选址	生产设施选址
着重点	收入	成本
主要影响因素	• 规模/收入：服务区域、购买力、竞争、广告、定价 • 物理质量：停车场、交通条件、安全性和照明、外观及形象 • 成本决定因素：租金、管理水平、运营策略、营业时间、工资水平	• 有形成本：原材料、产成品运输成本、能源和公用设施成本 • 无形及未来成本：工会的态度、生活质量、教育支出、国家和地方政策

5.3.3 物流建筑选址

物流建筑是进行物品收发、储存、搬运、装卸、分拣、物流加工等物流活动的建筑。根据国家标准 GB 51157—2016《物流建筑设计规范》，物流建筑的选址应满足城市总体规划及土地使用性质的要求，要符合以下规定：①不宜选择在居住地集中的地区；②应根据物料的来源、流向、建设条件、经济、社会人文、环境保护等因素综合确定；③配套设施、交通运输道路、防洪设施、环境保护工程等用地，应与物流建筑用地同时确定；④应具有适合工程建设的工程地质条件和水文地质条件；⑤应兼顾远期的发展需要，具备满足近期及远期发展规划所需的电源和水源条件；⑥拥有高架存储设备的物流建筑，宜选择在地质条件良好的地段。

大型、超大型物流建筑群及运输服务类物流建筑宜布置在城市边缘地带，选址还应符合下列规定：①应便于组织和开展多式联运；②以铁路运输服务为主的物流建筑，应具备铁路专用线和装卸站场等设施用地，铁路专用线应具备接入附近铁路车站的条件，并应联通国家铁路网，铁路专用线接入铁路繁忙干线车站时应具备立交疏解条件；③以水路运输服务为主的物流建筑，应具备水路运输所必需的水域条件和码头、场坪等港口设施用地；④以公路运输服务为主的物流建筑，应靠近城市公路干线，并应与城市综合运输网合理衔接；⑤以航空运输服务为主的物流建筑，应符合机场总体规划安排，在处理国际货物时应具备口岸监管和快速通关的条件。

特殊物流建筑用地应避开有害规定：①有洁净要求的物流建筑应避开有害气体、灰沙烟雾、粉尘及其他有污染源的地区；②食品医药物流建筑与污染源的距离符合国家有关污染源安全防护距离的规定；③冷链物流建筑应选址在交通运输方便、就近具备可靠的水源和电源的地区。

物流建筑用地选址要考虑安全等级，一级、二级的不应选址在以下地方：①地震断裂带和抗震设防烈度为9度及高于9度的地区；②有泥石流、滑坡、流沙、溶洞等直接危害的地段；③具有开采价值的矿藏区以及采矿沉陷（错动）区界内；④易受洪水淹没或防洪工程量很大的地段。

物流建筑不应选址在国家和地方确定的风景名胜区、自然保护区及历史文物古迹保护区。储存危险品、化学品的物流建筑选址应避免对周边居民、建筑、水源地等造成影响。

5.4 选址问题基础及应用

选址基本的问题是决定如何从已有的几个位置或从一个区域中无限的位置进行选择。在工厂、仓库等的选址中，选取最佳位置后可能还需要确定设施的服务范围，并分配顾客。选址的其他应用包括确定医院、消防队和学校等公共设施的位置，以及车间中机器的位置，甚至电路板中元器件的位置（这种二维选址，实际上就是布置问题）。

在分析选址问题、建立模型之前，需要弄清楚这几个基本问题：①选址的对象是什么？②选址的目标区域是怎样的？③选址的目标和成本函数是什么？④有什么样的约束？根据这些问题的不同，选址问题可以分为相应的类型，不同的类型可以建立相应的模型，再用合适的算法求解，进而可以得到该选址问题的方案。

5.4.1 选址问题分类的基础

根据上述几个基本问题，可以确定选址问题分类的基础。

1. 按选址对象的特征和数量分类

按设施的维数，通常考虑的是点选址、线选址和面选址。点选址是零维的，需求点和候选点的体积可以忽略不计。大多数选址问题和算法都是这种情况，如重心法。线选址是一维的，如沿通道布置设备。面选址是二维的，实际上就是布置问题，将在后面章节讲述。

按设施选址的数量，可将选址问题分为单设施选址和多设施选址。

2. 按选址的目标和成本函数分类

此时可以划分为多类问题，例如，是寻求可行成本方案还是最优成本方案？是寻求总成本最小化还是成本最大值的最小化？是固定权重还是可变权重？是确定性的还是随机性的？定位有无相互联系？选址是静态的还是动态的？下面介绍几种常见的类型。

1) **Minisum 目标函数**。这种方法寻求新设施和其他现有设施之间的加权距离总和最小，也称为权距和最小选址法，常在企业选址中采用，也称 p-中值问题，中值是指左边和右边有同样多的点。

2) **Minimax 目标函数**。这种方法的目标是考虑新设施和其他现有设施之间最大距离的下限，目标是优化最坏的情况，常在军队、紧急情况和公共部门中采用，也叫作 p-中心问题。中心是指选址位置到最左边和最右边的距离是相等的,是由那些极端位置决定的,其他内部点的位置对它没有影响。

3) **Maximin 目标函数**。这种方法的目标由已有设施中成本最小的个体组成,使最坏的情况最优化,适用于污水处理、危险品仓库等有害设施的选址,常称为反中心问题。

4) **固定权重**。如果新设施和已存在的设施间的关系与新设施和位置无关,权重是固定的,这种问题也叫作单纯选址问题。

5) **可变权重**。如果新设施和已存在的设施间的关系与新设施和位置有关,那么权重就成为变量,这种问题也叫作选址-分配问题(Location-Allocation Problem, LAP)。例如,仓库与所服务的顾客之间的选址与分配问题,去掉一个仓库不仅增加了顾客的距离,还要将这些顾客分配到其他仓库。

这些分类与不同的距离结合起来,就得到不同的选址模型,将在下面介绍。

5.4.2 选址问题模型应用

设施选址问题的应用并不局限在设施位置的确定,还可用于诸如机器容量的选择、紧急设施的选址等。以下是设施选址分析的一些应用:

- 为紧急服务设施选址,如医院、消防站;
- 确定工厂内工具室、机器、维修室、饮水处、盥洗室、急救站的最佳位置;
- 为仓库和配送中心选址;
- 选择合同商并分配工作;
- 选择供应商并确定采购项目;
- 最不期望位置的确定。

因为有许多因素影响选址决策,要做出正确决策就需要进行仔细分析,而且需要定性与定量方法相结合。

5.4.3 单设施选址问题与模型

最早探讨的选址问题是韦伯于 1909 年提出的如何使单一仓库到达多个顾客的总距离最短,这种问题后来被归类为 p-中值问题(韦伯问题)。自 20 世纪 60 年代以来,选址问题的研究迅猛发展,其他经常探讨的选址问题还有覆盖问题、p-中心问题、选址-分配问题、有容量限制的设施选址问题、选址路径问题、网络选址问题和二次分配问题等。

例如,在物流网络中,配送中心居于重要的枢纽地位,它的选址十分重要,常用定量的分析模型,如重心法、鲍姆尔-沃尔夫法、覆盖模型、混合整数规划法等,以充分考虑物流网络中各个环节的费用,在一定的物流服务水平下,根据不同的模型和算法求出物流总成本最低的最优解或满意解,以获得选址方案。由于配送中心服务于供应和销售双方,多配送中心选址还要考虑服务范围问题,这就是更复杂的选址-分配问题。

下面我们先介绍直角距离单设施选址。

直角距离单设施选址是指选址成本与直角距离成正比。常可分为一维和二维问题。下面我们介绍二维问题。

下列公式中各字母的含义如下:

$X(x, y)$ ——新设施的位置;
$P_i(a_i, b_i)$ ——现有设施 i 的位置, $i=1, 2, \cdots, m$;
w_i ——在新设施和现有设施 i 之间物料运输的权值（单位成本）;
$d(X, P_i)$ ——新设施和现有设施 i 之间的距离。

假设新设施和现有设施 i 之间的年运输成本与点 X 和 P_i 之间的距离成正比，w_i 为比例常数。则目标函数为

$$\min \quad f(X) = \sum_{i=1}^{m} w_i d(X, P_i) \tag{5-4}$$

在直角模式中，距离的计算值为

$$d(X, P_i) = |x - a_i| + |y - b_i| \tag{5-5}$$

这里我们考虑的是权距和最小，x 和 y 坐标是相互独立的，则式（5-4）可化为

$$\min \quad f(X) = \sum_{i=1}^{m} w_i |x - a_i| + \sum_{i=1}^{m} w_i |y - b_i| \tag{5-6}$$

注意式（5-6）中，包含 x 的表达式和包含 y 的表达式是分开的，因此 x 和 y 的最优解可以分别计算得到。

在计算 x 的最优解的过程中要用到下面的最大化定理，新设施的 x 坐标一定与某个现有设施的 x 坐标相同，而且 x 坐标的最优值具备以下特性：该点左边的权值和小于总权值的 1/2，该点右边的权值和大于总权值的 1/2。后一条件也称为中值条件（Median Condition）。上述两个结论同样适用于 y 的求解。

资料13　权距和最小选址问题求解　　　　　资料14　单设施间隔最小选址模型

5.5　多设施选址问题与物流网络

随着企业运营网络的扩大，在多地设置工厂和其他物流与运营设施时，不但要考虑自己的产供销物流，还要考虑供应链系统，这时就出现多设施选址问题或物流网络设计，乃至供应链设计问题。物流网络是由厂商、客户、物流节点、运输路线和信息系统等组成的。多设施选址和物流网络问题成为大中型制造企业、销售企业、物流企业需要考虑的问题，包括多工厂、多仓库、多配送中心等设施网络的选址。除前面介绍的 p-中值模型外，还有运输问题规划法、覆盖问题、有容量限制的选址问题和 Baumol-Wolfe 法等。

5.5.1　运输模型法

运输模型法是一种常见的、简单而特殊的线性规划方法。如果几个备选方案的各种影

响因素的作用程度差不多、可以不予考虑的话,此时费用就成为唯一的决策因素,线性规划方法成为处理这类选址决策的理想工具。

线性规划方法是一种广泛使用的最优化技巧,它在考虑特定的约束条件下,从许多可用的选择中挑选出最佳方案。对于多设施选址问题,即一家公司设有多个工厂供应多个销售点,当产量不足时,需要增建工厂,一般已知数个待选厂址方案,要求确定一个厂址,使已有设施的生产运输费用最小。运输模型法的分析目标是在给定有限原料位置点的供给和特定的需求要求后,寻找出在最低可能运输成本下满足所有需要的最佳地点。

运输模型法已有成熟的解法,如表上作业法或用 Lindo、Excel 等软件求解。

例 5-3 某公司已有 F_1 和 F_2 两家工厂,生产产品供应 P_1、P_2、P_3、P_4 四个销售区。由于需求量不断增加,必须另设一家工厂,可供选择的地点有 F_3 和 F_4 两处。据资料分析,各厂单位产品的生产费用及各厂至各销售区的运输费用如表 5-4 所示,请从 F_3 和 F_4 中选出最佳厂址。

表 5-4 生产费用与运输费用

销售区 工 厂	运输费用(万元)				年产量(台)	生产成本(万元)
	P_1	P_2	P_3	P_4		
F_1	0.5	0.3	0.2	0.3	7 000	7.5
F_2	0.65	0.5	0.35	0.15	5 500	7.0
F_3	0.15	0.05	0.18	0.65	12 500	7.0
F_4	0.38	0.5	0.8	0.75	12 500	6.7
年需求量(台)	4 000	8 000	7 000	6 000		

解:这里关键是比较 F_3 和 F_4 的总费用。把它化为两个运输问题,即:
1)产地 F_1、F_2、F_3 和销地 $P_1 \sim P_4$;
2)产地 F_1、F_2、F_4 和销地 $P_1 \sim P_4$。

它们都是平衡的运输问题,可以直接求解,用 Excel 的"规划求解"加载宏来求解最简单,如图 5-3 所示。当然也可以用 WinQSB、MATLAB 等软件求解。

从结果可以看出,选 F_3 时总成本为 181 865 万元,选 F_4 时总成本为 182 870 万元,前者更小,故选择 F_3 为最佳厂址。

图 5-3 化为运输问题的 Excel 规划求解

5.5.2 多设施选址问题基本模型及物流网络

对于离散点选址，新设施的可选点是有限集合，这时最简单的问题是要选择 p 个设施，使得满足全部顾客需求的物流总成本最小（p-中值问题），并假设所有备选点的设置成本相同，否则目标函数中就要考虑各点的设置成本。另一假设是备选点容量无限，称为 UFLP (Uncapacitated Facility Location Problem)。对 p-中值和 UFLP 问题，每个现有设施都可能与备选设施间有物料运输，使得总的运输成本最小，目标函数一般形式为

$$\min f(x) = \sum_{j=1}^{n}\sum_{k=1}^{n} v_{jk} d(X_j, X_k) + \sum_{j=1}^{n}\sum_{i=1}^{m} w_{ji} d(X_j, P_i) \tag{5-7}$$

式中，$X_j = (x_j, y_j)$ 为新设施 j 的位置，$j=1,2,\cdots,n$；$P_i = (a_i, b_i)$ 为现有设施 i 的位置，$i=1,2,\cdots,m$；v_{jk} 为在 j 点和 k 点之间物料运输单位成本；w_{ji} 为在 j 点和 i 点之间物料运输单位成本；$d(X_j, X_k)$ 为 j 点和 k 点之间的距离；$d(X_j, P_i)$ 为 j 点和现有设施 i 点之间的距离。这实际上是运输问题的扩展，但是对距离的考虑有不同情形。

（1）直角距离（Rectilinear Distance）计算方法

直角距离指沿着相互成直角的路径进行测量得到的距离，即：

$$d(X_j, X_k) = |x_j - x_k| + |y_j - y_k| \tag{5-8}$$

$$d(X_j, P_i) = |x_j - a_i| + |y_j - b_i| \tag{5-9}$$

（2）直线距离（Euclidian Distance）计算方法

$$d(X_j, X_k) = \sqrt{(x_j - x_k)^2 + (y_j - y_k)^2} \tag{5-10}$$

$$d(X_j, P_i) = \sqrt{(x_j - a_i)^2 + (y_j - b_i)^2} \tag{5-11}$$

如果使用绝对值对上述表达式进行转换，则多设施直线距离选址问题可以用线性规划方法求解。如果考虑直线距离，由于求最小值的目标函数是沿 x 轴和 y 轴连续不可微函数，所以求解过程困难得多。

多设施选址问题的主要应用之一是物流网络规划，或称为供应链设施选址。物流网络规划不只是一个设施选址的问题，它的主要任务是确定产品从原材料起点到市场终点的整个流通渠道的结构，包括物流设施的类型、数量与位置，设施所服务的顾客群体与产品类型，以及产品在设施之间的运输方式。

物流网络规划主要解决的问题是：仓库数量、选址、面积及规模；顾客需求在多个供应点（仓库或工厂）之间的分配；各地的库存量、使用的运输服务类型和顾客服务水平等。由于供应商及顾客数量较大，仓库和工厂可选地址太多、运输方式选择多等，设计最优的物流网络结构是一个相当复杂的任务。如果有足够的信息，可以借助一些数学与计算机模型，如图表模型、仿真模型、优化模型、启发式模型和专家系统模型来确定满意的设计方案。对于多设施选址的问题，如果还要确定每个新设施要为哪些客户（现有设施）服务，这个问题就是选址-分配问题（LAP）。选址-分配问题还包括新设施的最优数量决策。相关问题在此不做介绍，请参阅有关书籍。

物流网络的进一步发展就是供应链决策，除了选址-分配决策，还包括容量、库存、采

购、生产、运输方式和路径规划等决策问题，以及逆向物流、金融、风险管理等。

5.5.3 覆盖模型

覆盖模型属于离散点选址模型。离散点选址是指在有限的候选位置里选择最合适的一个或一组位置为最优方案，相应的模型就称为离散点选址模型。它和连续点选址模型的区别如同整数规划和线性规划。离散点选址问题主要有 p-中值模型和覆盖模型。前者前面已经介绍过，这里着重介绍后者。

覆盖模型是对一组需求已知的点，确定一组服务设施来满足这些需求点的需求，要求确定服务设施最小数量和合适的位置。该模型适用于商业物流系统，如零售点、加油站、配送中心；公用事业系统，如消防站、急救中心等；IT 与通信系统，如无线通信网络基站、计算机网络中的集线器等选址问题。

覆盖模型分为集合覆盖模型（Set Covering Location Problem）和最大覆盖模型（Maximum Covering Location Problem），前者用最小数量的设施去覆盖所有的需求点，后者在给定数量的设施下覆盖尽可能多的需求点。两种模型的区别如图 5-4 所示，它们的应用取决于服务设施的资源充足与否。

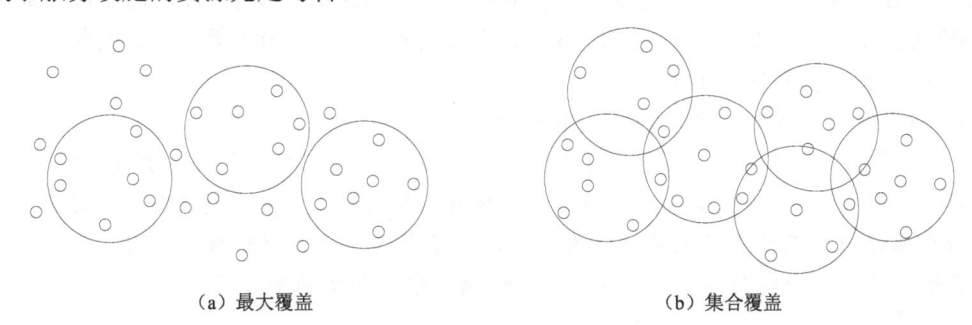

（a）最大覆盖　　　　　　　　（b）集合覆盖

图 5-4　覆盖模型的区别

集合覆盖模型的目标是用尽可能少的设施（z）去覆盖所有的需求点，该模型的数学表达式为

$$\min z = \sum_j c_j x_j \tag{5-12}$$

约束条件：

$$\sum_{j \in N_i} x_j \geq 1, \forall i \quad x_j \in \{0,1\} \quad \forall j \tag{5-13}$$

式中，x_j 为需求点，c_j 为在节点设置一个设施时的固定成本。设 N_i 为在节点可接受的最大服务距离（时间）S 范围内设施节点 j 的集合，$N_i=\{j \mid d_{ij} \leq S\}$。

目标函数式（5-12）使设施总成本最小，在很多情况下，假设 c_j 均相等，则目标函数为设施数量最少。约束条件式（5-13）保证对每个需求点至少有一个设施位于可接受的距离之内。

覆盖问题模型实为整数规划问题，对于小规模的集合覆盖问题，可以用分支定界找到最优解，但大型问题只能用启发式算法求解。对中等规模的整数规划问题，有 Excel 等软件方便求解。

资料 15　覆盖问题示例

集合覆盖模型并不考虑每个需求点的需求大小，而是确定保证每个顾客达到某一覆盖水平下最少需要多少设施。但在很多情况下，分配的资源并不足以建造满足覆盖水平的设施，即距离 S 不可行。这时，我们需要调整选址目标，使得在可用资源的条件下尽量使更多的顾客在覆盖范围之内，这就是最大覆盖问题。最大覆盖模型的目标是找到成本最低的一组设施位置，使得每个顾客都能在规定距离 S（或时间）内到达最近的设施。

选址模型还有很多，这里只能做引入式的介绍。有兴趣的读者可以参阅有关文献，如 Owen SH, Daskin MS, 1998. Strategic facility location: a review. *European Journal of Operational Research* 111, 423-447 和 Mark S. Daskin. What you should know about location modeling. *Naval Research Logistics*, 55(4): 283-294 (June 2008)。

本章习题与思考题

1. 产品制造企业与服务企业的设施选址战略有哪些差异？
2. 影响企业选择厂址的主要因素有哪些？
3. 一台机器工具小制造商意欲迁址，确定了两个地区以供选择。A 地的年固定成本为 800 000 元，可变成本为 14 000 元/台；B 地的年固定成本为 920 000 元，可变成本为 13 000 元/台。产品最后售价为 17 000 元/台。
   a. 当产量为多少时，两地的总成本相等？
   b. 产量在什么范围时，A 地优于 B 地？产量在什么范围时，B 地优于 A 地？
4. 一个玩具制造商在全国 5 个地区生产玩具，原材料（主要是塑料粉桶）将从一个新的中心仓库运出，而此仓库的地点还有待确定。运至各地的原材料数量相同，已建立一个坐标系统，各地的坐标位置如表 5-5 所示。请确定中心仓库的坐标位置。

表 5-5 各地坐标位置

地点	A	B	C	D	E
(x, y)	(3, 7)	(8, 2)	(4, 6)	(4, 1)	(6, 4)

5. 一家处理危险垃圾的公司打算降低其将垃圾从 5 个接收站运至处理中心所耗的运输费用，已知接收站的地点和日装运量如表 5-6 所示，求处理中心的坐标位置。

表 5-6 接收站的地点和日装运量数据表

接收站	A	B	C	D	E
地点 (x, y)	(10, 5)	(4, 1)	(4, 7)	(2, 6)	(8, 7)
日运输量 (t)	26	9	25	30	40

6. 某厂的钢材在锯床 1 或 2 上切割，再搬到刨床或车床上加工。已知锯床位置和每小时各机器间的搬运次数（见表 5-7），试按总最小搬运距离确定刨床和车床的位置。

7. 依据表 5-8 所列各目的地的每月到货数量，从图 5-5 所列目的地中找出重心位置。

8. 一家制造游艇的公司决定扩大其生产线，但目前的设备不够，不能满足荷载量的增加。公司正在考虑 3 种方案以解决这个问题：A（增加新地点），B（转包），C（扩大现有

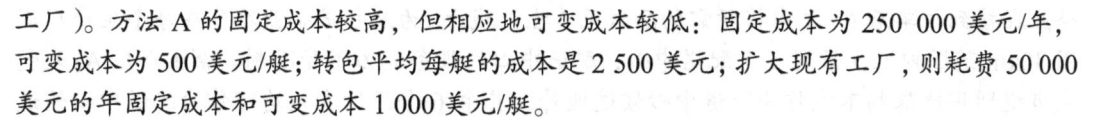

工厂)。方法 A 的固定成本较高，但相应地可变成本较低：固定成本为 250 000 美元/年，可变成本为 500 美元/艇；转包平均每艇的成本是 2 500 美元；扩大现有工厂，则耗费 50 000 美元的年固定成本和可变成本 1 000 美元/艇。

    a. 当产量处于什么范围时，各实施方案的总成本最低？

    b. 年预期量为 150 艇时，实施哪种方案总成本最低？

    c. 在承包和扩大生产设备之间做出选择时，还应考虑哪些因素？

    d. 加上以下附加条件重新求解本题：如果扩大工厂将导致每年增加运输成本 70 000 美元，转包则使运输成本增加 25 000 美元/年，增加一个新地点则使运输成本增加 40 00 美元/年。

表 5-7   接收站的地点和日装运量数据表

机器	坐标 (x,y)	次数（次/h）	
		刨床	车床
锯床 1	(3, 5)	5	2
锯床 2	(10, 8)	4	3
刨床		—	0
车床		3	—

表 5-8   各地每月到货数量

目的地	数量（件）
D_1	900
D_2	300
D_3	700
D_4	600
D_5	800

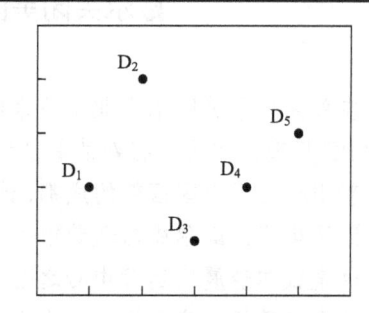

图 5-5   各目的地坐标图

9. 某制造厂准备在厂区内添置 1 台新的发电机为 6 台精密机床备用供电。发电机到每台机床的电缆线路都独立设置。6 台机床的位置分别为 $P_1=(0,0)$，$P_2=(30,90)$，$P_3=(60,20)$，$P_4=(20,80)$，$P_5=(70,70)$，$P_6=(90,40)$。假设以直线距离计算，求使得电缆线总长最小的发电机的选址点。

10. 某公司在某市有 6 家零售店，公司计划新建 1 座仓库为这些零售店提供配套服务。各零售店的地址以及预期从仓库向每个分店的配送业务量如表 5-9 所示：

表 5-9   各零售店位置及业务量

零售店	1	2	3	4	5	6
位置（km）	(1, 0)	(2, 5)	(3, 8)	(1, 6)	(−5, −1)	(−3, −3)
预期配送业务量（t）	4	7	5	3	8	3

假设在市内的运输路线为直线距离，且每次配送完成后货车必须回到仓库。如果对仓库选址不加限制，试求新仓库的最佳位置。

11. 有一家第三方物流企业，拟为 7 个生产厂 $A_1 \sim A_7$ 提供即时配送，生产厂要求物流企业在接到订单后 6h 之内将所需物品送至其生产线上。为此物流企业准备在每个生产厂周围 30km 范围内至少设置 1 个配送中心，配送中心的服务能力不受限制。除生产厂 A_6 处受城市规划用地限制不能作为配送中心候选地外，其余 6 个厂所在地均可作为配送中心候选地。试对该配送企业至少建设几个配送中心和相应的位置进行决策。7 个生产厂所在地分布情况如图 5-6 所示。

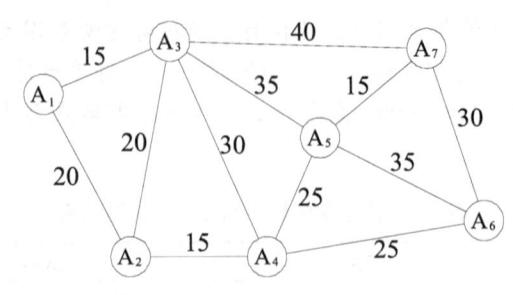

图 5-6　各生产厂所在地分布

案例讨论　　　　　　　　　　　　　　　　　　　Case Discussing

戴尔关闭美国工厂，新运营中心选址成都

（改编自《第一财经周刊》2010 年 9 月 27 日报道）

在关闭位于美国本土北卡罗来纳州的温斯顿·塞勒姆的工厂差不多一年之后，全球知名的 PC 厂商戴尔公司将新的制造和运营中心选址中国。

新中心位于中国西部的成都，计划于 2011 年起开始运营，员工总数将逐步增加到 3 000 人。除了生产，戴尔成都运营中心同时还将负责销售和客服，主要面向中国西南市场。

这是戴尔继厦门运营中心之后，在中国设立的第二家运营中心。戴尔的厦门运营中心包括两个计算机生产基地、一个企业服务指挥中心、一个戴尔国际服务中心。此外，戴尔还在上海设立了全球产品设计中心，这是戴尔在美国之外的全球最大的设计中心。

原来戴尔并不会像传说中的那样将大部分生产外包，毕竟自家的工厂才更放心。2009 年 10 月，当戴尔公司宣布关闭北卡罗来纳州工厂并将部分产能外包给墨西哥等国家之后，有关戴尔将关闭更多工厂的传闻一度甚嚣尘上。

关闭北卡罗来纳工厂曾在当地引发了劳工诉讼事件，因为有超过 400 人为此丢掉了饭碗。但戴尔公司推行得很坚决，这是它削减年度运营费用 40 亿美元的一部分。同时进入戴尔关闭工厂名单的还有位于得州中部以及田纳西州那什维尔的另两家组装工厂。

现在看起来，戴尔会将更多的生产职能转移到中国。对于一家急需降低生产和运营成本、但又不至于丢掉市场份额的制造企业而言，这里是设厂的最好选择。

"与厦门相比，成都在劳力成本等方面有着自己的优势。"戴尔大中华区总裁闵毅达说。在成都运营中心投入使用之后，戴尔位于厦门的生产基地可以更好地为中国其他区域市场以及国际市场提供服务。

这些还不是戴尔将新工厂设立在成都的全部原因。咨询机构 IDC 预计，至 2014 年，中国西部对计算机产品需求的年增长率将达到 21%，是在经济发达地区、沿海城市之后，中国 PC 市场的另一个消费中心。

而在戴尔之前,西南地区已经有人捷足先登。

2008 年 12 月底,惠普公司宣布在重庆建立一个新的计算机生产基地,用于台式机和笔记本产品的生产。这个位于重庆西永微电园的工厂将是惠普在中国西部地区投资的第一家工厂,也成了当年重庆市最大的一笔招商项目。该项目 2010 年年底已投入运营,规划年产量为 400 万台,不仅供应中国西部市场,还通过渝新欧国际铁路多式联运出口欧洲。

两家 PC 巨头免不了将在中国的西南市场开始新一轮的贴身肉搏,它们都已经把中国视为最重要的海外市场。

? 讨论及思考题

1. 对于戴尔这样的跨国公司,全球生产与物流网络包括哪些设施?各服务什么市场?
2. 戴尔成都选址决策主要考虑哪些因素?在中国选址有无特别的考虑因素?
3. 戴尔成都选址决策有无考虑竞争对手的情况?请就选址的考虑因素及群聚效应做出具体的分析。
4. 企业选址是决定企业战略成败的因素之一。对戴尔这样的制造型企业,厂址的选择将会给企业的竞争力带来什么样的影响?

第6章 设施布置与设计

本章主要内容

- **设施布置概述**
  设施布置的内容、设施布置的原则、流动模式与空间需求
- **基本布置类型**
  定位式布置、产品原则布置、工艺原则布置、成组单元布置
- **流水线平衡与设计**
  流水线相关概念、流水线平衡、流水线设计
- **单元式布置**
  精益生产与单元式布置、单元的形成、单元生产线的类型、单元生产线布置与设计

引导案例

某工厂生产床垫、工业用缝纫机、气体加温泵及冷气机。通常我们对床垫生产区域的印象是一个宽阔空间内有许多作业员从事床垫的装配工作,四周围堆置着各种床框、弹簧和床垫木。然而,该工厂实际上并非如此。床垫生产空间紧凑,不比一所中学的篮球馆大,却有7条单元生产线,每天生产750张不同颜色、样式和尺寸的床垫。

除了床褥机器,每条生产线所使用的机器都依照工艺流程顺序排列,主要的机器设备有弹簧圈成形机、装配机、多针头床褥机、切割机、凸缘缝纫机、床垫机、边缘缝纫机、贴边缘机和包装机。每部机器都与下一流程的机器衔接起来,不容许有多余的空间放置半成品。

每条生产线都采用"一个流"生产,工作时允许一件产品在流动。床褥机每次仅制作一个床垫的布料。每个工件在工作站间移动时,顺便就完成加工动作。在编织机开始编织床罩20分钟后,床垫就已做好,准备出货至其2 000家家具仓库。

对于大众化的床垫,则在每条生产线的终端,有一小间储藏室保存3~40件标准床垫成品(其标准库存数量依据每日销售量而定)。每个床垫都放置在某一指定位置,并贴上看板标签。收到一件订单就出货一件,并将附在其上的看板取下,送回生产线的起点,当作生产指示单。这样的系统可以确保这些大众化的床垫仅保存最少必要的存量。对于非标准的床垫,则不设立库存,而是依据家具仓库所下的订单,直接由生产线生产,直接出货至家具商。这就是该工厂的JIT生产方式和单元生产线。

6.1 设施布置概述

设施布置的设计是决定企业长期运营效率的重要决策，它是将系统各个部门、工作中心和设备按照系统中工作（顾客或物料）移动的情况来进行配置的。设施布置的设计对生产系统极为重要，据测算，工厂生产总运营成本的 20%~50%是与物料搬运和布置有关的成本。采用有效的布置方法，可以使这些成本降低 30%，甚至更多。生产系统设施布置要解决的主要问题是：根据企业的经营目标和生产纲领，在已确定的空间场所内，按照从原材料的接收、零件和产品的制造，到成品的包装、发运的全过程，将人员、设备、物料所需要的空间做最适当的分配和最有效的组合，以便获得最大的生产经济效益。不仅有形的生产和服务设施会碰到布置和重新布置的问题，即使非物质生产的服务系统，如商店、医院、餐馆也同样面临布置和再布置的问题。

6.1.1 设施布置的内容

设施布置最早起源于工厂设计。一个工厂的设施布置包括工厂总体布置和车间布置。工厂总体布置设计应解决工厂各个组成部分，包括生产车间、辅助生产车间、仓库、动力站、办公室、露天作业场地等各种作业单位和运输线路、管线、绿化和美化设施的相互位置，同时应解决物料的流向和流程、厂内外运输的连接及运输方式。

其中，车间布置设计应解决各生产工段（工作站）、辅助服务部门、储存设施等作业单位及工作地、设备、通道、管线之间和相互位置，同时，应解决物料搬运的流程及运输方式。

进行设施布置决策要考虑的内容主要有以下几个方面：

1）**物流和物料搬运设备**。根据物流的重要性和形式，确定采用何种设备，是传送带、起重机、自动仓库还是自动小车来发送和存储物料，并考虑物料在不同工作单元间移动的成本。

2）**容量和空间要求**。只有先确定了人员、机器和设备的要求后，才能进行布置。应为每个作业单位分配合理的空间，并要考虑通道、洗手间、餐厅、楼梯等附属设施的要求。

3）**环境和美学**。布置决策也要求确定窗户、分隔高度、室内植物等环境因素，以降低噪声、改善空气流通和提供隐秘性等。

4）**信息流**。通信交流对公司也是很重要的，必须方便交流。在办公室布置中这一点尤其重要。

要注意的是，作业单位（Activity）是指布置图中各个不同的工作区或存在物，是设施的基本区划。该术语可以是某个厂区的一个建筑物、一个车间、一个重要出入口，也可以是一个车间的一台机器、一个部门的一间办公室。

作业单位的最高层次是要设计的设施，它包括一系列部门，部门可以是车间或其他机构，而部门由工作中心（Work Center）组成，若是工厂，则这些工作中心可以是工段或班组，如车床工段，也可以是柔性制造单元。通常部门级的布置指的是块状布置图（Block Layout），工作中心级的布置是详细布置图（Detailed Layout）。工作中心由工作站组成。工作站也称工作地，是最小的作业单位，一般由一台机器和/或一个作业人员组成，是工人运用机器设备和工具对物料进行加工制作的场所。工作地布置是整个布置的基础，工作地面积大小和形状对上面几个层次的布置影响很大，一般通过人机工程、工作测量和机器本身的尺寸、输入和输出要求来确定工作地的面积和其他要求。

由此可见，作业单位可大可小，可分可合，究竟怎么划分，要看规划设计工作所处的阶段或层次。对于现有设施，可以使用原有组成部分的名称划分作业单位或进行新的分合。对于新的项目，规划设计人员要分层次逐个确定所有的作业单位，这对于布置设计的顺利进行十分必要。

6.1.2 设施布置的原则

设施布置的好坏直接影响整个系统的物流、信息流、生产经营能力、工艺过程、灵活性、效率、成本和安全等方面，并反映一个组织的工作质量、顾客印象和企业形象等。优劣不同的设施布置，在施工费用上相差无几，但对生产运营的影响有很大的不同。

不但对新设施需要进行设施布置，对原有设施也要进行改造。企业经营总会面临内部条件和外部市场的各种变化，从而会出现当初布置设计时考虑不到的问题，例如，作业能力不够，安全要求，产品或服务设计的改变，新产品、新技术和新工艺的采用，环境和法律的要求等，都可能要求重新布置生产或服务系统。总体来说，设施布置设计要遵循以下一些基本原则：

1) **整体综合原则**。设计时应将对设施布置有影响的所有因素都考虑进去，以获得优化的方案。

2) **移动距离最短原则**。产品搬运距离的长短，不仅反映搬运费用的高低，也反映物料流动的通畅程度，因此，应按搬运距离最短原则选择最佳方案。

3) **流动性原则**。良好的设施布置应使在制品在生产过程中流动顺畅，消除无谓的停滞，力求生产流程连续化。

4) **空间利用原则**。无论是生产区域还是储存区域的空间安排，都应力求充分有效地利用空间。

5) **柔性原则**。在进行厂房设施布置规划前，应考虑各种因素变化可能带来的布置变更，以便以后扩展和调整。

6) **安全原则**。应考虑使作业人员有安全感，并感到方便、舒适。

有时这些原则相互矛盾，这就需要折中取舍。尽管布置方法越来越科学，但尚不存在解决一切问题的"灵丹妙药"，布置设计仍然需要科学加艺术，积累实际的处理经验。

6.1.3 流动模式与空间需求

在生产与物流系统设计中，流动模式和空间需求是两项重要的前提。生产系统设施规划要考虑产品、工艺和计划，这些内容基本确定后，机器设备、物料与人员就大致确定下来了，这时候就可以确定相应的空间需求。但空间需求是一个动态的概念，它与系统内主要物料的流动密切相关。在介绍生产与服务各种系统的布置之前，需要明确物料在系统内的总体流动方向与形式，这就是流动模式。它不仅决定了布置的总体结构，也与设施内通道和进出门的设置紧密相关。

1. 流动模式

对物流系统及其子系统总体流动状况的分析就是要明确货物或物料移动总体的路线与环境，这中间关键的考虑因素是流动模式（Patterns of Flow），或称为物流动线更形象。流动模式可以分为水平的和竖直的，多层设施布置时要考虑竖直模式，这在总平面布置中称为竖向布置。但总体来说，水平模式是最基本的。不论布置对象的大小是工厂级、车间级，还是工作单元级，也不论采用何种原则布置，都要考虑物料的流动模式/动线。

基本的流动模式有五种，如图 6-1 所示。直线形是最简单的流动模式，它将入口和出口分开，需要额外的人手来管收发。L 形适用于设施或建筑物不允许直线流动的情形。U 形最大的好处是收发口在同一位置，有利于物料搬运，人员、搬运设备和站台都可以只建一个，形成既不占很大空间又具有高速度的生产线。环形流动模式常见于由物料搬运机器人服务的制造单元中，S 形则常用于工艺流程长、运送方便的流水装配线布置，如小型发动机装配等。

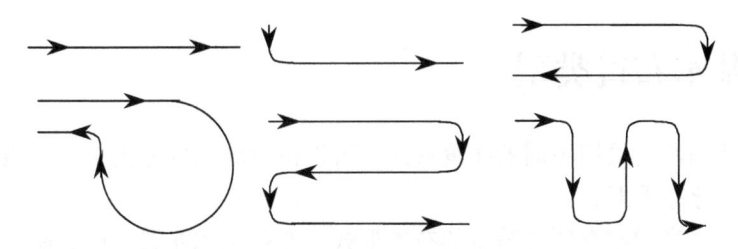

图 6-1　基本流动模式（直线形、L 形、U 形、O 形和 S 形）

在选择流动模式时主要考虑收发口、场地和建筑物的限制、生产流程和生产线的特点、通道和运输方式等。实际设施布置的流动规划常常是上述几种模式的组合。如组合成分支和脊柱式，最适用于离散制造中部件和产品的装配，分支为部件装配，主干为总装，两边对称的分支就是脊柱式。好的设施布置要认真进行流动规划，使之合理有效。

2. 空间需求

设施规划作业单元层级多，部门、工作中心、工作地都涉及人员、机器、物料这些看得到的部分，以及看不到的工艺（方法）与环境，也许最难确定的是这些要素在设施内的空间需求。设施规划的时间跨度一般是未来的 5~10 年，但是未来有很多不确定因素，如技术进步、产品品种类型的改变、需求水平和组织设计的变化等。因为存在多种不确定因素，各部门人员为求稳妥，给出的空间需求数据都偏大，于是设施规划人员面对未来的不确定因素，要预测真正的空间需求就很困难。

前面已经讲过，现代制造技术使得生产、存储和办公的空间需求发生了显著的变化。空间需求的减少主要原因是：① 产品以更小的批量和集装单元大小来配送到使用点；② 在使用点设置分散化的存储区；③ 库存保有量更少（产品采用看板从前一道工序"拉"下来的方式，消除了内部的低效）；④ 采用更高效的布置安排方式（如制造单元）；⑤ 公司规模减小（专业化工厂、精益组织结构、职能分散、多技能雇员、高绩效团队环境等）；⑥ 采用共享式办公室和电信技术。

确定空间需求要采用"从下到上"的系统方法。对制造和办公设施，空间需求的确定要先从单个工作地开始，然后才是工作地集合而成的部门需求。对于服务业的空间可能有专门的要求，如在确定仓储作业的空间需求时，要考虑库存水平、存储单位、存储方法和策略、设备需求、建筑物条件和人员需求（详见第 8 章）。

一旦确定了每个工作地的空间需求，部门的空间需求确定就容易了。部门面积需求应当包括其内各工作站的面积需求，涵盖设备、物料、人员和通道。但部门的面积需求并不是其内各个工作站面积的简单相加。因为像模具、设备维护、大修、保洁用品、存储区、操作者、零配件、看板、信息交流识别板等的空间很可能是共享的，这样能节省空间和资源。但是，这样的共享要小心处理，以保证各项操作不会互相干扰。每个部门内需要有内部物料搬运的通道空间。在布置还没有确定时，可以根据经验估算通道的空间需求，如为托盘物料，通道面积加 20%~30%；如为人工搬运的小型物流箱，通道面积加 5%~10%。至于具体通道的设计将在第 9 章介绍。

空间规划还要考虑员工的需求，如停车场、更衣室、厕所、餐饮设施、医疗服务设施、无障碍标准及办公室设施等。确定了空间需求，就为下一步布置打好了基础。

6.2 基本布置类型

不同的企业当然会采用不同的布置形式，可以按设施类别分为生产设施和服务设施两大类，然后再细分布置形式。

一般来说，生产设施有四种基本的布置形式，即定位式布置、产品原则布置、工艺原则布置和结合产品原则和工艺原则的成组单元布置。

6.2.1 定位式布置

定位式布置（Fixed-Position Layout）也称项目布置，主要被工程项目和大型产品生产采用。它的加工对象位置、生产工人和设备都随加工产品所在的某一位置而转移。之所以要固定，是因为加工对象大而重，不易移动，如工程建设、飞机厂、造船厂、重型机器厂等。

定位式布置在实际执行中存在着局限性，主要有三个方面：① 场地空间有限；② 不同的工作时期，物料和人员需求不一样，这给生产组织和管理带来较大困难；③ 物料需求量是动态的。因此生产设施一般不采用定位式布置，即使采用，也尽量将大的加工对象先期分割，零部件标准化，尽可能分散在其他位置和车间批量生产，以降低生产组织和管理的难度。如工程建设的预制件生产和大型机器设备的部件生产都属于这种情况。

定位式布置可以说是人类最早的生产布置形式，用于农业种植、房屋建造、道路建设和采掘开矿等方面。随着技术的进步和工业化生产，便有了产品原则布置和工艺原则布置。

6.2.2 产品原则布置

产品原则布置（Product Layout），又称流水线布置（Assembly Line Layout）或对象原则布置。当生产的产品品种少、批量大时，应当按照产品的加工工艺过程顺序来配置设备，形成流水生产线或装配线布置，如图 6-2 所示。

图 6-2 电子产品流水线的产品原则布置

产品原则布置的基础是标准化及作业分工。整个产品被分解成一系列标准化的作业，由专门的人力及加工设备完成。以汽车装配线为例，对于一条装配线而言，其车型基本不变或变化不大，整个装配顺序固定不变。这样，通过作业分工将汽车装配分解为若干标准化的装配作业，各个工作站配备有专用的装配设备来完成固定的装配作业，不同工作站间的运输采用专用的、路径固定的运送设备。

在服务系统中，服务对象的个性千差万别，流水线布置的应用相对较少，但可以分解为一系列标准作业的服务也可以采用这种布置方式，如自助餐厅服务线及汽车的自动清洗服务等。

1）产品原则布置的优点：① 产品产出率高，单位产品成本低，专用设备投资也因产量大而摊薄；② 每件产品都按自己的工艺流程布置设备，因此加工件经过的路程最直接、最短，无用的停滞时间也最少；③ 操作人员只做一种产品的一个工序，效率高且所需培训少；④ 生产管理和采购、库存控制等工作也因变化少而相对简单。这也正是福特 T 型车创造高效率神话的原因所在。

2）产品原则布置的缺点：① 它要求较多的设备，设备的投入高；② 对产品种类及产量变化、设备故障等情况的响应较差；③ 线上工作重复、单调、乏味，缺乏提升机会，可能会导致工人的心理问题或职业伤害；④ 为了避免停产，设备备用件的库存可能比较大。

▶▶ 6.2.3 工艺原则布置

工艺原则布置（Process Layout）又称功能布置（Functional Layout）、机群式布置。顾名思义，就是将功能相同或相似的一组设施排布在一起（见图 6-3）。工艺原则布置常见于品种多、产量不高的场合，例如，在机械加工车间中，数台车床被排列在一起组成车床组，钻床排列在一起组成钻床组……因此，工艺原则布置在机加工车间中还被称作机群式布置。加工工艺需要这些设备的工件按工艺路线成批进入这些班组，不同的产品需要不同的工艺路线。于是，为了适应多种加工对象及工艺路线，需要采用可变运输路线的物料搬运设备，如叉车、手推车等。

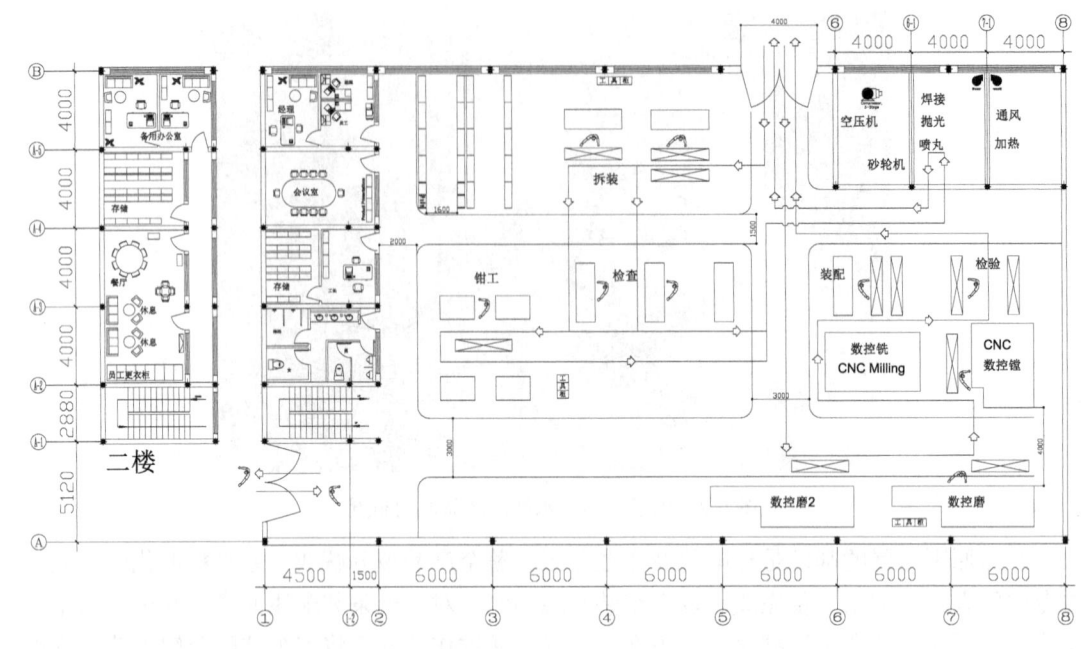

图 6-3 某复杂注塑模具修理小公司的工艺原则布置

可以看出，由于设备是按类型而不是按加工顺序摆放的，工艺原则布置方式具有较高的柔性，无论是对产品品种、数量的变化，还是对加工设备的故障响应，由于批量加工及闲置设备的存在，设备稼动率低，个别设备发生故障或人员缺勤不会对生产系统造成大的影响。但是，相应地，这种布置方式存在机器及工人的利用率较低、在制品的数量较高的缺点。同时，由于采用通用的搬运设备，运输效率低下，单位运输费用较高，单位产品的成本较高，整个生产时间较长，且整个车间的物流容易混乱。另外，这种生产模式对操作人员的技术水平要求较高，组织和管理也较困难。

工艺原则布置在服务业中很常见，此时称为过程（功能）原则布置。例如，综合医院的布置一般是将功能相似的检查设备，如牙齿的 X 线检查仪、内脏的 X 线检查仪等及相应的医护人员组成放射科，或将服务功能相似的医生，如外科医生、精神科医生等分别组成外科、精神科。此外，汽车修理间、航空公司和公共图书馆都属于这一类。

▶▶ 6.2.4 成组单元布置

上述三种基本布置形式是理想的模型，在实际布置设计时很难有理想的条件，因此常常有几种形式的组合。工艺原则布置和产品原则布置代表了小批量生产和连续大规模生产的两个极端，而成组单元布置则是一种折中。成组单元布置（Group Layout）在制造业中又称单元制造（Cellular Manufacturing），是一种较为先进的布置方法。由于顾客需求的多样化，多品种、少批量生产模式已成为当前生产的主流，如果应用通用的加工设备进行生产，不但速度慢，而且成本高，成组技术正是适应这种情形而发展起来的。简单地说，成组技术就是识别和利用产品零部件的相似性，将零件分类。一系列工艺要求相似的零件组成零件族，针对一个零件族的设备要求所形成的一系列机器，称作机器组，这些机器组即制造单元。

第 6 章 设施布置与设计

成组单元布置综合了工艺原则布置和产品原则布置的优点。与工艺原则布置相比，由于经过分组，其加工时间较短、物流效率较高、在制品数量较低、准备时间较短，同时，既具有产品原则布置的高生产率，又具有工艺原则布置的柔性特点，因而是一种灵活和具有发展潜力的布置方式，能适应产品设计和产量的不断变化。

成组单元布置的主要形式是生产单元（Work Cell）或单元生产线（Cell Line）。生产单元是为一个或几个工艺过程相似的零件族组织成组生产而建立的生产单位。单元生产线则是在成组生产单元里配备了成套的生产设备、工艺装备和工人，能在 U 形单元里封闭地完成这些零件的全部工艺过程。图 6-4 显示了惠普公司 Greely 分部的一个装配单元布置，U 形安排显著提高了可视性和工人之间的互动与帮助。注意其中的任务安排板使得所有的工人都知道该单元每天的生产需求。从工作站到工作站间的物料流动是通过看板来指挥的，只要一个工作站出现问题，就可以用红黄灯来停止生产或警告。出现的问题会列表出现在"问题"显示屏上，以帮助工人查找问题的根源。

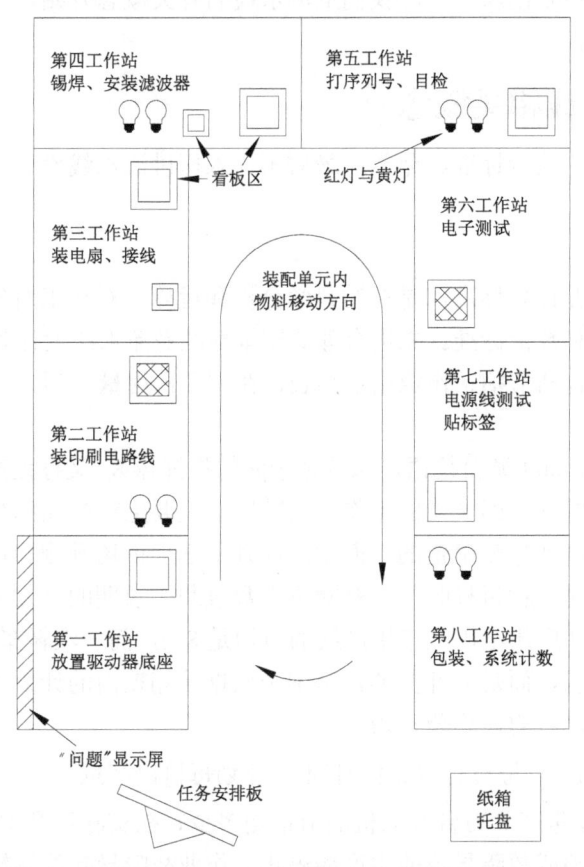

图 6-4 惠普公司 Greely 分部的磁盘驱动器装配单元生产线

现代技术的发展，更产生了自动制造单元和柔性制造系统单元。还有，采用成组单元布置的企业，其生产管理方式也要转变为单元生产方式。

表 6-1 是各种布置形式的特点比较，一般根据产品变化情况和产量两个主要指标来综合确定采用何种布置方式。

表 6-1 不同布置类型的特征比较

布置类型	生产时间	在制品	技术水平	产品灵活性	需求灵活性	机器利用率	工人利用率	单位产品成本	加工对象路径	维护性	设备投资规模
定位式布置	中	中	混合	高	中	中	中	高	无路径	—	—
产品原则布置	短	低	低	低	中	高	高	低	固定	难	大
工艺原则布置	长	高	高	高	高	中—低	高	高	不固定	易	小
成组单元布置	短	低	中—高	中—高	中	中—高	高	低	固定	中	中

6.3 流水线平衡与设计

产品原则布置的典型代表是流水线,自福特公司首创以来,已在世界各国广泛应用,并且在内容和形式上不断创新。下面我们从流水线的有关概念开始,对流水线的平衡与设计问题进行深入讲述。

6.3.1 流水线相关概念

下面介绍流水线的期量标准、分类,最后再深入探讨流水线设计中最重要的概念"节拍"。

1. 期量标准

期量标准也称作业计划标准,是经过科学分析和运算,对加工对象在生产过程中的运动所规定的一组时间和数量标准。先进合理的期量标准是流水线设计和运行的基本保障。

流水线期量标准包括节拍、作业指示图表、在制品占用量定额。

(1) 节拍

节拍(Takt Time, takt 源自德语,原意是乐队的指挥棒),又称为产距时间,是指流水生产一件产品所需的时间,即一天的工作时间除以一天要生产产品的数量。这里一天所需生产的数量是根据生产计划来确定的,而生产计划是基于市场预测和订单情况制订的。因此,生产节拍实际上是一种目标时间,是随需求数量和需求期的有效工作时间变化而变化的,是人为制定的。如广州丰田汽车生产线的节拍是 87s,而一汽轿车为 160s。

节拍是不能测量的,而是要计算的。节拍是根据计划期内的计划出产量和计划期内的有效工作时间确定的,它的计算公式为

$$节拍 = 每日有效工作时间 / 计划每日出产量 \qquad (6-1)$$

读者可以算一下,年产 6 万台发动机的节拍是多少?在实际生产中常会发生不合格品、组装不良、设备的调整或故障导致的生产线停止、作业故障导致的运输混乱等现象,去除这些无效时间之后的时间为生产线的稼动时间,它所占生产线工作时间的比率为稼动率(Performance Rate)。因此,为了达到计划产量,节拍计算公式为

$$节拍 =(每日有效工作时间×生产线稼动率)/(计划每日出产量÷合格品率) \qquad (6-2)$$

利用节拍,我们能够平衡不同资源的负荷并识别瓶颈。通常把流水线中生产节拍最慢的环节叫作"瓶颈",瓶颈限制了流水线的产出速度。

节拍与周期时间和节距时间不同。周期时间(Cycle Time)反映流水线的生产速度,以

生产一件产品所需要的时间（秒数）来表示。周期时间是可以测量的，它可以小于、大于或等于节拍时间。如果生产周期大于生产节拍，就需要安排加班，或提前安排生产，储备一定库存，以满足生产节拍的需要。无论是加班还是增加库存都需要增加成本。因此，在组织同步化生产过程中，一定要追求生产周期与生产节拍的基本一致，否则会产生浪费。周期时间是生产效率的指标，比较稳定，它受一定时期的设备加工能力、劳动力配置情况、工艺方法等因素影响，只能通过管理和技术改进才能缩短。节距时间（Pitch Time）是流水线传送带流过两相邻工作站的时间，一般取节距时间等于周期时间，但只要不是固定节拍流水线，传送带速度可调，可根据人的生理周期来设定。如刚上班还未进入状态，可设定节距时间稍大于周期时间，然后慢慢调整到周期时间。

节拍甚至可以在服务业中应用。如一个杂货店每小时平均有 25 个顾客光顾，则商店的节拍为 60/25=2.4（min），即平均每 2.4min 要服务一个顾客。假设一个店员服务一个顾客的平均时间为 4min，这与节拍没有关系，但可以用来确定商店需要的最少店员数量，即服务时间除以节拍，4/2.4=1.7（人），最少需要 2 个店员。

（2）作业指示图表

大量流水生产中每个工作地都按一定的节拍反复地完成要求的工序，为确保流水线按规定的节拍工作，必须对每个工作地详细规定它的工作制度，编制作业指示图表。作业指示图表对提高生产效率、设备利用率，减少在制品起着重要作用。作业指示图表根据节拍和工序时间定额来确定。

流水线上每个工作地都按一定的节拍重复生产，所以可制定出流水线的标准计划指示图表，显示流水线生产的期量标准、工作制度和工作程序等，为生产作业计划的编制提供依据。流水线作业指示图表中最常见的一种是 SOP（Standard Operation Procedure），即标准作业程序或作业指导书，就是将经过不断实践总结出来的作业标准操作步骤和要求以统一的格式描述出来，用来指导和规范日常的作业。这里的标准是指尽可能地将相关操作步骤尤其是关键控制点进行细化、量化和优化。SOP 应根据流程图、具体工艺和质量控制等来制定，是企业工程师的一项经常性工作，图 6-5 是 SOP 示例。

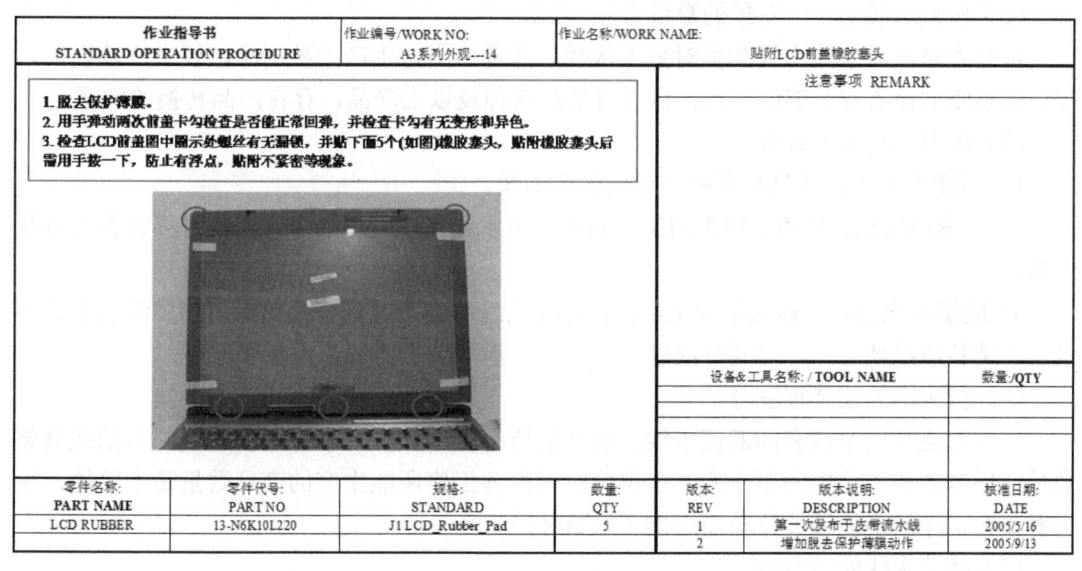

图 6-5　SOP 示例

(3) 在制品占用量定额

在制品（Work-In-Process，WIP）是指从原材料投入生产到成品入库为止，处于生产过程各工艺阶段尚未完成的各种制品的总称，形式有零件、部件、总成、产品等。在制品占用量定额是在一定时间、地点、生产技术组织条件下，为保证生产的连续性而制定的必要的在制品数量标准。在制品占用量可分流水线内和流水线间，以及工艺占用量、运输占用量、周转占用量和保险占用量。现代生产的趋势是在制品的数量越来越少，例如，节拍为 2min 的流水线，15 个工作站，生产时 WIP 最少为 15 个，需半小时后达到。

2．流水线分类

流水线发明百年来给生产效率带来了巨大的提高，世界各国广泛采用，也产生了各种各样的流水线。流水线可按多种形式分类，如按移动方式、生产对象、轮换方式和节奏等分类。

(1) 按生产对象的移动方式分

1) **固定流水线**。生产对象固定，工人携带工具沿着顺序排列的生产对象移动，经过一个顺序完成一批产品的加工或装配，如机床等重型机器、船舶的装配，大型部件的焊接加工。

2) **移动流水线**。生产对象移动，工人和设备、工具位置固定，生产对象经过各道工序的加工或装配后，变成成品或半成品，如电视机、汽车等生产线。移动式流水线较常见，它还可以再分为：

- 工作式流水线。工人直接在流水线上连续移动的传送带上工作，制品不从传送带上取下，如发动机、汽车装配流水线。
- 分配式流水线。工作地配置在传送带两旁，形成单列或双列，工作时先取下制品，完成后再放到传送带上。
- 自动机床流水线。自动数控机床和自动化输送装置组成的自动线。

(2) 按流水线上生产对象的数量来分

可分为单一对象流水线和多对象流水线。前者只固定生产一种制品，要求产量很大，保证流水线的设备有足够的负荷；后者可生产两种及以上产品，存在产品转换的问题。

(3) 按对象轮换方式分

1) **不变流水线**，就是只有单一对象的流水线。

2) **可变流水线**，轮流、成批地生产固定在流水线上的几个对象，变换时要调整设备和工装。

3) **成组流水线**，也称为单元生产线，是按成组加工工艺规程使用专门的成组加工设备及工艺装备成组地生产，可同时或顺序地生产，基本上不需调整设备和工装。

(4) 按生产的连续程度分

可分为连续流水线和间断流水线。前者的所有工序加工时间等于流水线的节拍或其整数倍；后者的各工序能力不平衡，在单位时间内各工序所能生产的产品数量是不等的，生产对象在工序间不能连续移动而产生了间断时间。

(5) 按流水线的节奏分

1) **强制节拍流水线**。要求准确地按照既定节拍出产产品，对设备、工艺和工人的操作有严格要求，要采用机械化、自动化的输送装置（传送带），严格按时传递生产对象，以保证节拍的实现。

2) **自由节拍流水线**。靠工人的熟练操作来保证生产节拍，适用于大量生产或成批生产和装配的车间及机加工车间。

3) **粗略节拍流水线**。各个工序的加工时间与流水线节拍相差很大，强制节拍会使机床和工人工作时断时续，因此只能确定一个合理的时间间隔来组织各工作地连续生产。

因为流水线有多种类别，所以在设计流水线时要仔细分析与选择。

6.3.2 流水线平衡

流水线设计的核心是流水线平衡。所谓流水线平衡就是把作业要素进行适当合并并分配给每个工作地，使各工作地的作业时间等于周期时间或周期时间的整倍数。

1. 问题描述

通常在装配线中，沿着传送带等物料搬运设备布置有 $k\,(k=1,\cdots,m)$ 个工作站，工件一个接一个地进入流水线，从一个工作站流到下一个工作站，直到流出装配线完成装配为止。在这个过程中，需要对进入工作站的每个工件进行一套重复的作业（装配工艺）。流水线平衡问题也称为装配线平衡（Assembly Line Balancing，ALB），就是要根据装配工艺来确定工作站数量，再将各项作业分配到不同工作站，并对各工作站的作业分配进行平衡优化，以使得每个工作站上完成指定作业的时间都相同，称为周期时间 C。

按照 ALB，装配一个工件所需要的所有工艺分为 n 项作业，它们形成集合 $V=\{1,\cdots,n\}$。作业是最小的独立工作单元，对一项作业 j，就有一个作业时间 t_j。

由于装配工艺的要求，作业顺序并不是任意的，而是有一定的先后次序的，我们可以用先后次序图（Precedence Graph，也称前列图）来表示。先后次序图与网络计划技术相似，也有两种。一种是单代号，每项作业用节点表示，弧反映作业间的先后关系；另一种是双代号，节点反映时刻，弧表示作业，弧的弦为作业时间。

可行的平衡方案要满足先后次序约束。集合 S_k 表示分配给工作站 k 的所有作业，这些作业的合计时间 $t(S_k)=\sum_{j\in S_k}t_j$ 为该工作站时间。

流水线 100%平衡时，所有工作站的周期时间都等于流水线周期时间 C。如果不是 100%平衡，工作站的周期时间只能小于流水线周期时间，这时会有非生产性的空闲时间（Idle Time）。对于工作站 k，它的空闲时间为 $C-t(S_k)$。显然要想提高平衡率，必须尽量降低全部工作站的空闲时间。

流水线平衡实质上是一种组合优化问题。一些标准的组合优化方法，如动态规划法、分支定界法，在理论上可以求得问题的最优解，但是这类算法随问题规模呈指数增长。如不考虑先后顺序，n 项作业任意组合，共有 $n!$ 个不同的作业顺序，如 $n=15$，$n!=1\,307\,674\,368\,000$。这是一个灾难性的数字，即使通过先后次序将组合减少 90%，还有 1300 亿个！因此，ALB 问题求解很难，更多的解法是放弃最优性的保证，采用启发式算法。启发式算法并不能保证对所有问题求解顺利或取得较好结果，下面介绍两种方法。

2. 基本平衡方法

不管采用什么方法，首先需要确定生产周期时间和最少工作站（或工作地点）数，接下来才能按不同方法确定工作站的作业分配。

第一步：确定工作周期时间（或节拍，单位为 min 或 s）C

$$C = H / Q \qquad (6\text{-}3)$$

式中　H——每天生产时间；
　　　Q——每天在 H 时间内要求的产量；
　　　C——周期时间。

第二步：确定最少工作站（工作地点）数

$$K_0 = \lceil t_{\text{sum}} / C \rceil \qquad (6\text{-}4)$$

式中　K_0——最少工作站数（注意实际分配工作站数 $K \geqslant K_0$）；
　　　t_{sum}——完成一件产品全部作业的时间总和；
　　　$\lceil\ \rceil$——不小于结果值的最小整数，即向上取整。

第三步：工作站具体分配。工作站分配，说简单一点，就是要在满足时序要求的情况下，将各项作业组合分配，尽可能达到理论上最少的工作站数；达不到则增加，是次优解或满意解。工作站分配的这种多多组合理论上可能的方案数巨大，尤其是作业数量多的情况，但对简单情况或许能直观地分配，在图上圈画一下，即可完成。这种找窍门的方法扩大到复杂问题就是所谓的启发式算法（将在后面介绍）。

完成工作站分配后，要计算流水线效率（也称为平衡率）。流水线效率（E）为全部作业的时间总和与实际工作站总数 K 与周期时间乘积的百分比，即

$$E = \frac{t_{\text{sum}}}{KC} \times 100\% \qquad (6\text{-}5)$$

例 6-1　某手推车要在一个传送带流水线上组装，每天需生产 500 辆，每天的生产时间为 420min。图 6-6 是该手推车的装配网络图（双代号）。请根据周期时间和作业次序限制，设计出使工作地数最小的平衡方式。

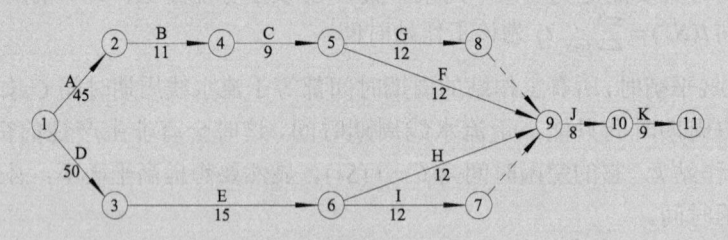

图 6-6　手推车装配网络（单位：s）

解：确定工作站节拍 = 420×60÷500 = 50.4（s），则周期时间 C 也要达到 50.4s。
计算满足节拍要求的最少工作站理论值（取不少于计算值的最小整数）

$$K_0 = \lceil t_{\text{sum}} / C \rceil = \lceil (45+11+9+50+15+12+12+12+12+8+9) \div 50.4 \rceil \approx 4$$

下面先按直观方法进行工作站作业分配。因为周期时间 C 是 50.4s，从图 6-6 可以看出，A, D 作业分别与其后续作业组合时间均超过 C，因此它们各需要一个工作站。B, C, G, F 则可组合为一个工作站，同理 E, I, H, J 也可组合为一个工作站，最后剩下 K

单独一个,共需 5 个工作站,流水线的效率 $E_1=195\div(5\times50.4)=77\%$。这是满意解,平衡率不高,需要考虑其他更好的平衡方法。

此时可以确定一些作业分配规则,减少随机分配性,增强对不同问题的适应性。这样的规则有很多,例如,①优先分配操作时间最长的作业(Most Followers),或②优先分配后续作业较多的作业(Longest Task Time)。本例按规则①得到的结果是:

工作站 1:D(50s)

工作站 2:A(45s)

工作站 3:E(15s)、H(12s)、I(12s)、B(11s)

工作站 4:C(9s)、F(12s)、G(12s)、J(8s)、K(9s)

当然并列的作业或路线可不管先后,但串列的则要满足先后时序要求。

此时流水线的效率 $E_2=195\div(4\times50.4)=97\%$,平衡更好,工作站该方案就是我们的选择。

这些直观方法或简单规则的进一步总结就是通常的启发式算法(Heuristic)。简单启发式算法分配作业后的结果可能都难以令人满意,尤其是对规模大的问题,这就需要选用其他平衡方法或考虑多重决策规则来重新对流水线进行平衡。

3. 韩格逊-伯尼法

这是韩格逊(Helgeson)和伯尼(Birnie)于 1971 年提出的一种方法,也称为位置加权法或矩阵法。首先根据先后次序图求出每个作业单元的位置权值(Ranked Positional Weight),该值等于作业时间与其后续所有作业时间的总和;然后根据位置权值的高低进行作业安排,优先安排权值高的作业,从而尽量减少工作站数(见例 6-2)。

例 6-2 现拟在传送带上组装某部件。该部件每天需组装 369 台,每天的生产时间 480min。表 6-2 列出其装配顺序及作业时间等。根据周期时间和作业顺序限制,求工作站数最少情况下的平衡流动及流水线效率。

表 6-2 某部件装配顺序

作 业	1	2	3	4	5	6	7	8	9
作业时间(s)	50	25	20	30	25	25	12	14	20
紧前工序	—	1	2	2	3,4	5	6	6	7,8
说明	吊运箱体、定位	装入齿轮	放入前浮动膜片	放入后膜片	安装后盖	安装前盖	拧紧螺栓、螺母	拧紧螺栓、螺母	安装连接盘

解:1)确定周期时间和最少工作站数,这两步方法都是一样的,代入已知数据可得周期时间 $C=H/Q=480\times60\div369=78(s)$;最少工作站数 $K_0=(t_{sum}\div C)=[(50+25+20+30+25+25+12+14+20)\div78]\approx3$,故最少需 3 个工作站。

2)画出其先后次序图和先后次序矩阵表。依照装配程序表的要求可以画出先后次序图,如图 6-7 所示。图中圆圈为作业,箭头为操作顺序。从图中可以直观地看出作业 3、4 不能在作业 2 完成之前进行,但作业 3、4 之间的次序没有规定。其他也都可类同分析。

将上述装配先后次序图用先后次序矩阵表示在表 6-3 中。

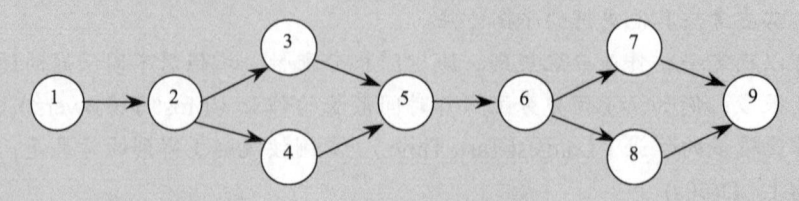

图 6-7 装配先后次序

在表 6-3 中纵横都是作业单元。当第 i 项作业相对于第 j 项作业有必须领先的关系时，在这个矩阵中用"+1"表示，比如作业 1 必须领先于作业 2，作业 2 必须领先于作业 3 和 4；作业 3 和 4 之间无先后关系，在矩阵中用"0"表示，对角线也应为"0"；当第 i 项作业相对于第 j 项作业有必须延后的关系，在矩阵中用"-1"表示。

表 6-3 先后次序矩阵表

作业	1	2	3	4	5	6	7	8	9
1	0	+1	+1	+1	+1	+1	+1	+1	+1
2	-1	0	+1	+1	+1	+1	+1	+1	+1
3	-1	-1	0	0	+1	+1	+1	+1	+1
4	-1	-1	0	0	+1	+1	+1	+1	+1
5	-1	-1	-1	-1	0	+1	+1	+1	+1
6	-1	-1	-1	-1	-1	0	+1	+1	+1
7	-1	-1	-1	-1	-1	-1	0	0	+1
8	-1	-1	-1	-1	-1	-1	0	0	+1
9	-1	-1	-1	-1	-1	-1	-1	-1	0

3) 完成位置权值矩阵计算并填入表格。在先后次序矩阵表 6-3 的基础上增加两列：第二列时间，最后一列代表单元的位置权值（pw^a），如表 6-4 所示。

表 6-4 位置权值矩阵表

作业	t_i	1	2	3	4	5	6	7	8	9	pw^a
1	50	0	1	1	1	1	1	1	1	1	221
2	25	0	0	1	1	1	1	1	1	1	171
3	20	0	0	0	0	1	1	1	1	1	116
4	30	0	0	0	0	1	1	1	1	1	126
5	25	0	0	0	0	0	1	1	1	1	96
6	25	0	0	0	0	0	0	1	1	1	71
7	12	0	0	0	0	0	0	0	0	1	32
8	14	0	0	0	0	0	0	0	0	1	34
9	20	0	0	0	0	0	0	0	0	0	20

位置权值为该单元以及所有带有+1 关系的作业单元时间之和，计算如下：

作业 1 的位置权值：50+25+20+30+25+25+12+14+20=221
作业 2 的位置权值：25+20+30+25+25+12+14+20=171
作业 3 的位置权值：20+25+25+12+14+20=116
作业 4 的位置权值：30+25+25+12+14+20=126
作业 5 的位置权值：25+25+12+14+20=96
作业 6 的位置权值：25+12+14+20=71
作业 7 的位置权值：12+20=32
作业 8 的位置权值：14+20=34
作业 9 的位置权值：20

将结果填入表 6-4 的最后一列中。由于"+1"表示 i 项对 j 项的领先关系，就可不必用"-1"表示延后关系。"-1"处取为"0"，那么"+1"处可用"1"表示。

4）分配各工作站的作业，进行流水线平衡。流水线平衡的排列位置加权法的基本原则是：通过按位置权值递减的次序，在满足先后次序限制的条件下，尽可能将更多的作业分配到一个工作站，直至接近该站的周期时间，但不能超过该站的周期时间。本题分配及平衡结果如表 6-5 所示。

表 6-5 使用位置加权法的流水线平衡表   单位：s

工作站数（个）	单元（j）	位置权值	紧前单元	单元时间 t_j	工作站时间 Σt_j	平衡延迟（工作站时间）
1	1	221	—	50	50	28
1	2	171	1	25	75	3
2	4	126	2	30	30	48
2	3	116	2	20	50	28
2	5	96	3, 4	25	75	3
3	6	71	5	25	25	53
3	8	34	6	14	39	39
3	7	32	6	12	51	27
3	9	20	7, 8	20	71	7

流水线效率 $E=221/(3\times78)=94.4\%$

上例也可以采用 WinQSB 软件来计算。在 Problem Specification 中选择 Line Balancing（流水线平衡）后，输入问题名称 Ex6-2、作业数 9 和时间单位 second，单击"OK"。然后在出现的 Task Information 中（见图 6-8 右上）输入各作业的时间及紧后作业，完成即可单击"Run and Solve the Problem"按钮，从出现的"Line Balancing Solution"对话框（见图 6-8 左）的"Solution Method"中选择"Heuristic Procedure"，从"Primary Heuristic"中选择"Ranked Positional Weight Method"（位置权值法）。在该对话框的右上输入生产时间 28 800（s）和计划产量 369，单击"OK"即可得图 6-8 右下所示的结果。

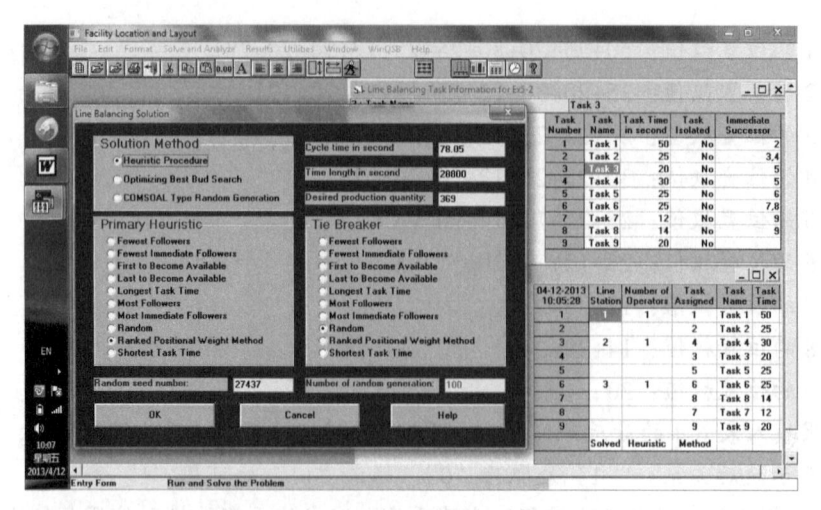

图 6-8 用 WinQSB 求解流水线平衡问题

4．流水线平衡的应用

我国企业的普通流水线平衡率一般在 80%左右，还低于国外先进水平，需要我们不断地努力。这一差距不仅反映在流水线设计与平衡上，更反映其背后的生产工艺、技术水平、组织管理和生产计划等多方面的不足。另外，流水线平衡问题还在不断发展中，典型的有再平衡问题，如在我国很多劳动密集型流水线上，员工流动很频繁，如何在新员工不断加入的情况下，按照流水线平衡和学习曲线的原理，随时对流水线进行再平衡，是工厂实际中经常碰到的问题，当然这一问题首先要对时间进行研究。

解决流水线平衡问题，尤其是改善时可使用山积表。所谓山积表就是用柱状图表示顺序排列的各项作业所用的时间，从中查找动作和时间的浪费，重新对作业的顺序进行有效组合，以提高作业效率，减少或调整劳动负荷和减少人工成本的一种管理工具。山积表分为负荷山积表和要素山积表。例如，无锡柴油机厂利用山积表和标准作业，削峰填谷，改善生产节拍，6DL 发动机装配线单工序节拍从 139s 减少到 128s，单台装配减少走动、转身、搬运等辅助时间共计 102.45s。加工车间通过对瓶颈工序进行持续改善，单台套生产节拍累计减少 212s。

资料 16 流水线平衡问题的进一步探讨

▶▶ 6.3.3 流水线设计

流水线平衡问题只是流水线设计中的一个重要方面，但流水线设计仅仅考虑这一方面还远远不够。流水线设计最基本的目标是达到流水线平衡的目标，即生产按同一节拍进行、所需工作站数量最少、平衡率最高等。但实际的资金、人员、运行、维护等条件限制要求增加其他目标，甚至还要降低或改变 ALB 的目标。流水线设计中要考虑的问题有很多，如装配顺序，时间，生产线平衡，主、副生产线的衔接。要结合布置要求与具体条件的限制，确定流水线的布置设计和设备、人员的安排等。设计过程也称为工程分析或编成分析，所谓的编成分析就是依照工程顺序，为了达成生产效果，把设备和人员配置在连续生产线的作业区域内所进行的设计。

流水线的设计内容包括技术设计和组织设计两个方面。技术设计是指工艺路线、工艺规程、专用设备、设备改装、专用工具、运输传送装置及信号装置的设计等，通常称为流水线的"硬件"设计。流水线的组织设计是指流水线的节拍和生产速度的确定，设备需要量和负荷的计算，工序同期化、工人配备、生产对象运输传送方式和流水线的平面布置设计，流水线工作制度、服务组织和标准计划图表的制定等，也称为流水线的"软件"设计。组织设计的目的在于通过合理安排流水线上的各种资源，达到缩短完工时间、提高经济效益的目的。

这里主要关心的是流水线的组织设计，它是进行技术设计的前提和依据，技术设计应当保证组织设计每个项目的实现。当然，在进行组织设计时也要考虑技术设计的可能性，但都要符合技术上先进、经济上合理的原则。

1. 流水线的平面布置设计

（1）设计原则

进行流水线平面布置设计时应遵循以下原则：

- 有利于工人操作方便；
- 在制品运动路线最短；
- 有利于流水线之间自然衔接；
- 有利于生产面积充分利用。

这些原则同流水线的形状、流水线内工作站的排列方法、流水线的位置及它们之间的衔接形式有密切的关系。

（2）流水线形状及工作站布置

流水线的形状直接反映加工对象的流动模式。每种形状的流水线在工作站的布置上又有单列和双列之分，如图 6-9 所示。

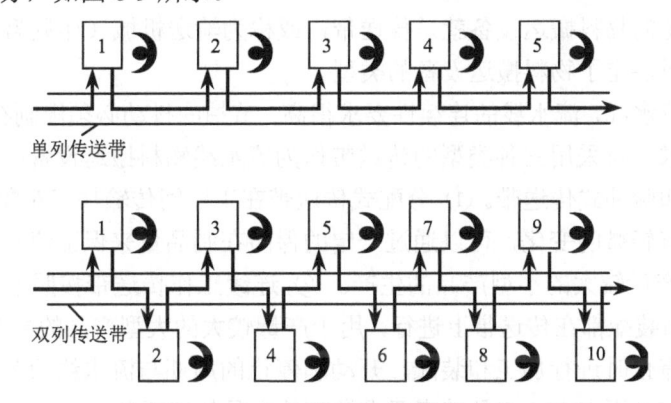

图 6-9 流水线单列和双列直线布置示意图

单列直线形流水线，多在工序数少、每道工序的工作站也少的条件下应用。这种平面布置的主要优点是安装和拆卸设备方便，容易供应毛坯、取下成品和清除残料切屑，工作站同流水线的配合比较简单。当工序与工作站的数量较多而空间的长度不够时，可采用双列直线排列，常见的有汽车生产总装流水线。

当工序或工作站更多时，可采用 L 形、U 形和 S 形等布置。山字形常用于零件加工与部件装配相结合的情况，环形布置多用于工序循环的情况。

流水线内工作站的排列，首先应符合工艺路线；其次，当每道工序的工作站为两个或两个以上时，就应当考虑同类工作站的排列方法。如果有两个、四个同类工作站，一般将它们分别列在在制品运输路线的两侧；如果有三个同类工作站，可考虑采用三角形排列。当几台设备由一名工人看管时，应考虑如何使工人作业的方便和巡回路线最短。

（3）流水线布置

流水线的位置涉及各条流水线间的相对位置，以及流水线之间的衔接。要根据加工部件装配所要求的顺序排列，整体布置要认真考虑物料流向问题，从而缩短路线，减少运输工作量。应根据加工、部装和总装及系统图所要求的顺序安排，尽可能使零件加工的完结处恰好是部件装配的开始处，而部件装配的完结处正是该部件进入总装的开始处，从而使所有流水线的布置符合产品生产过程的总流向。总之，要注意合理地、科学地进行流水线生产过程的空间组织。

上述流水线布置均为在单层厂房内，若在多层厂房内，流水线的布置形状又可分为上升型流水线、下降型流水线、升降机集中型流水线、升降机分散型流水线等，以及这几种形式的组合型流水线。这样的立体流水线通常适用于小型且加工精度较高的产品，如精密机械、电子和仪器仪表等。在厂房的每层中，流水线的形状又可以如单层的情况，分别考虑不同的平面形状。

流水线的布置除遵循上述一般原则之外，还必须考虑具体条件，如车间的生产面积、车间长度、设备种类、尺寸与数量、运输方式的种类与毛坯运入、成品运出的条件、通信设备与动力系统的位置等。除了作业分配和效率，还要考虑工作站设计和物流中的人因工程、安全性等。

2．流水线物料搬运设备

流水线最典型的物料搬运设备就是传送带，或称为输送机械（详见第 3.5.3 节）。通常流水线节拍的性质决定了物料搬运设备的类型。

对强制节拍流水线，流水线的连续性要求很高，节拍的抖动必须限制在很小的范围内。为了实现上述要求，可采用三种类型的传送带作为流水线物料搬运设备：分配式传送带、连续工作传送带和脉冲式传送带。① 分配式传送带在工序间传输加工对象时，单件制品的加工时间只允许有轻微的变化，可以通过一定的保险在制品量来保证流水线的流畅性。分配式传送带适合产量较大的小型产品的生产。② 连续工作传送带按照节拍要求的速度运行，产品的加工和装配都在传送带上进行，用于产量较大的大型产品的生产。③ 脉冲式传送带时停时开，停止时进行加工和装配，开动和停止的周期与流水线的节拍相符，适用于工序时间较长、产量不太大、产品精度要求较高的产品加工或装配。

自由节拍流水线的同期化程度较低，流水线的连续性不强，节拍的长短由工人的熟练程度决定，并允许工序间储存一定量的在制品，以调节节拍的抖动。该类型流水线除了可以采用传送带，还可以用滑道、滚道、手推车、运输箱等装置。

粗略节拍流水线与自由节拍流水线相比，同期化程度更低，流水线的连续性更弱，一般不采用自动化的物料搬运设备。设备的选择可根据产品的特点（如形状、大小、重量等）选择滚道、滑道、手推车、叉车、运输箱等。为了减轻工序间能力差异带来的影响，可以在搬运运输路线上设置一定的缓冲区来存储在制品。

3. 传送带与工作站的布置类型

对于有多项作业的非固定节拍流水线，为了生产流的平稳，通常需要工作站本地暂存，这就使得流水线设计更加复杂和困难。传送带要同时满足周期时间长短不同的工作站的需要。系统平衡和物料传输系统组成要素是提高整条流水线和各个工作站的利用率的关键。

如果物料流动灵活性高，工人或机器人就能按自己的步伐来自由地完成工作。这就要求工作站模块设有集纳产品的容器和离线工作的缓冲空间，工人或机器人就不必赶上主流动节拍。如果工作的缓冲空间满了，机器人就不能工作，或者工人停工，自动传输系统就将产品容器往下传，试图找到另一个合适的工作站，或者送到起始点开始新的尝试。这样的传输系统就称为"活动缓冲"（Active Buffer），物流可以安排多种形式，传送带系统的设计也可以有很多种设计方案。图 6-10 显示了工作站与主传送带连接的几种方式。从物料的角度看，工作站可以是手工的或自动的。如果是自动工作站，设计人员必须记住给工作站留出方便的维护口。图 6-11 所示为双层传送带，传送带的每边都不能安排自动工作站。

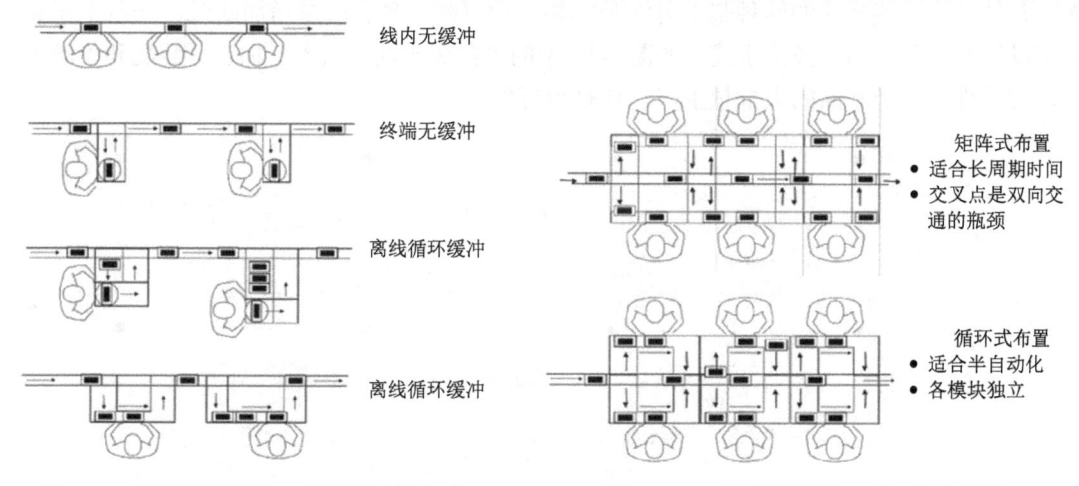

图 6-10　物料传送带与工作站的连接方式

图 6-11　双层传送带的双列工作站布置

对于要生产多种不同的产品的同一条流水线，如果改变传送路线参数，可得到不同产品的加工路线。这个方法虽好，但也使得系统较为复杂，工作站需要复杂的工具供应系统，或者设置专门的工作站，流水线系统需要对系统中的物料和信息两种流动都进行高效的控制。

4. 传送带速度的计算

传送带速度也是流水线设计中一个重要参数，它的计算公式如下：

$$S_c = L_s / C \tag{6-6}$$

式中，S_c 为传送带速度；L_s 为工作站沿传送带方向的长度；C 为周期时间。

例如，某产品装配每个工作站需要 1 200mm 的长度，该产品的周期时间为 1.5min，则传送带速度为 0.8m/min，而且此时每件产品在传送带上的间隔（称为节距线）应为 1.2m。

流水线传送带的长度计算公式为

$$L = m L_s + X \tag{6-7}$$

式中，L 为传送带长度；m 为工作站数量；X 为传送带两端的富余量。

例 6-3 某流水线设计日产量为 800 件，工作时间为 8h，其中午餐休息 45min，上下午另外各休息 10min。已知传送带上共有 16 个工作站，各工作站的平均间距为 1.44m。生产线的稼动率为 95%，产品的装配合格率为 97%。试确定：①该流水线的节拍；②传送带速度。

解：①按式（6-2），节拍 =（8×60 - 45 - 10 - 10）× 0.95 ÷（800÷0.97）≈ 0.5（min），则周期时间也取 0.5min。

②按式（6-6），传送带速度 = 1.44 ÷ 0.5 = 2.88（m/min）

5．流水线设计示例

下面以现今流水线应用最广泛的电子行业为例来简单介绍流水线的设计。电子企业常见的生产是电路板加工和产品装配。现代的电路板生产更精密、技术要求更高，但装配生产仍然主要采用流水线形式。因为一些精密加工和装配的机器速度是固定的，如何提高产能呢？提高流水线产能的两种基本方法是模块化和复制。复制就是增加新线，一些电子企业可以做到一种产品一条流水线。如图 6-12 中的多条流水线，以人工加工、装配和检验为主，对于许多电子产品的大批量生产，这是可行的。

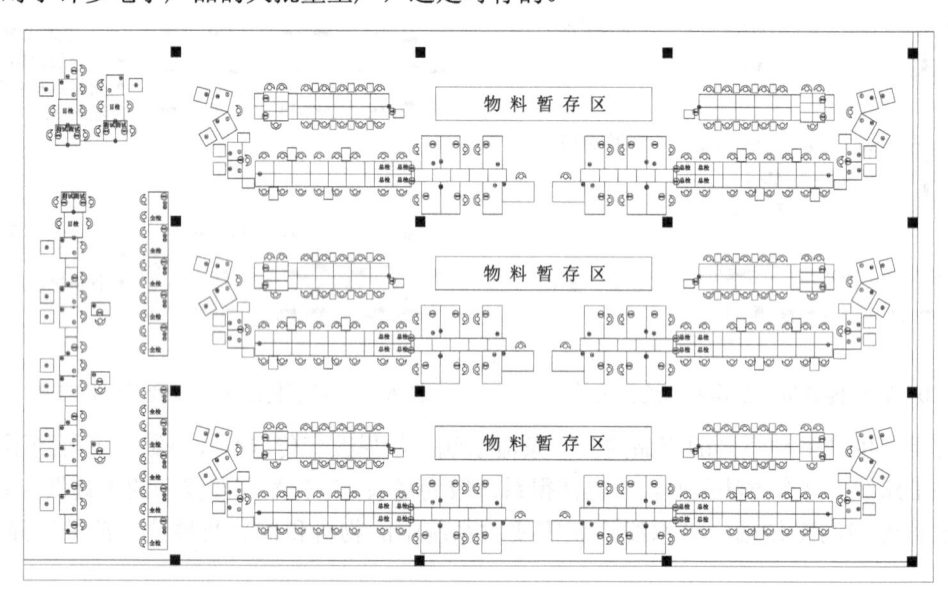

图 6-12 某企业多条流水线布置方式

模块化是指增加并行工作站或将手工作业改为自动作业，常见于多产品混流线，能节省投资和空间。随着多品种少批量生产越来越普遍、模块化，尤其是结合柔性制造单元，可能更有利。

例 6-4 图 6-13 为某流水线设计的部分示意图。注意图中的转向挡臂分流的传送带设计大大简化了物料搬运工作，并有助于流水线平衡。在图中，中间是传送带，两边各布置一个长工作台。右下是 3# 工作站。当工件接近铆接台时，传送带上的转向机自动使工件在工作台的左端积累，1 号操作者可以方便地拿到铆接机上。铆接作业的周期时间

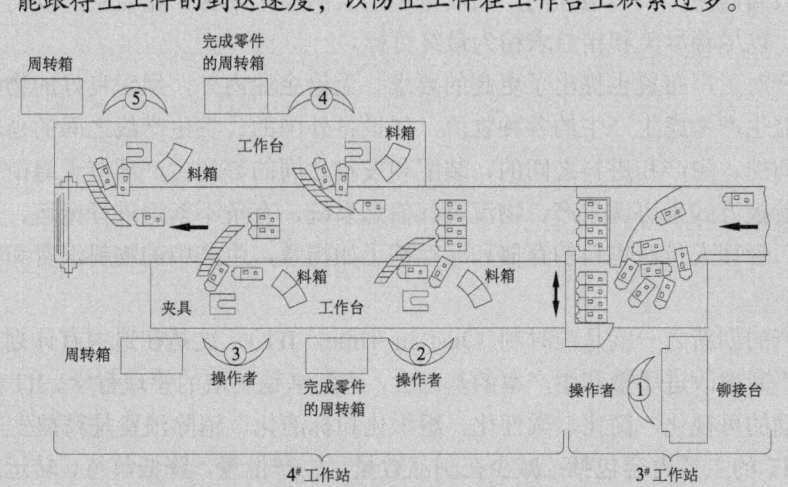

要足够快,能跟得上工件的到达速度,以防止工件在工作台上积累过多。

图 6-13　某流水线部分详细设计示意

因为 4# 工作站内的作业周期时间较长,所以流水线采用双列双位布置,共 4 个工位,需要 4 名操作者。铆接机可以积累 4 个铆完的工件,然后由定位机一次滑向传送带。随着 4 个铆完的工件一起在传送带上向右移动,另一个机械式转向机的挡臂自动将一个工件从队列中分离,送入 2 号操作者的工位。第一个工件分离之后,剩下 3 个仍随传送带并列前行,直到第二个转向机位。接着队列中的第二个工件被转向挡臂导向 4 号操作者的工位。剩下的 2 个工件继续随传送带前进,分别先后自动地导向 3 号和 5 号操作者。

4# 工作站操作者完成的工件放入各自的周转箱中,如果后面还有操作要进行,则需要另外的搬运设备按时将装好的周转箱送入下一工作站。

有关电子工业流水线设计可参阅文献:Reza H. Ahmadi 和 Panagiotis Kouvelis 的 Design of electronic assembly lines: An analytical framework and its application [《欧洲运筹学杂志》1999 (115):113-137]。

6.4　单元式布置

单元式布置(Cellular Layout)是单元生产的硬件要求之一。单元生产是当代最新、最有效的生产组织方式,为日本和欧美企业所广泛采用。单元生产是对精益生产认识不断深化的产物,采用单元生产的企业,在设施布置、人才培养、物料控制上发生了极大的改变。在小批量多品种生产的苛刻要求下,单元式布置放弃了传送带,却达到了甚至超过了大批量生产条件下传送带流水线的效果,因此被誉为"看不见的传送带"。

6.4.1　精益生产与单元式布置

作为精益生产的具体表现形式之一,单元式布置离不开精益生产。精益生产(Lean Production)起源于日本的丰田生产方式,是在经营、组织、管理、产品和供销等方面都形成的与传统大批量生产方式不同的一整套思想和做法。精益生产的基本目的是在一个企业里同时获得极高的生产率、极佳的产品质量和很大的生产柔性。精益生产以简化为手段，以人为中心，以尽善尽美和精益求精为最终目标。

精益生产对工厂布置也提出了更高的要求。无论企业内外，组织良好的物流有很重要的作用。精益生产考虑生产中的各种物流，如设备外围的、各生产线之间的仓库内的、生产和装配之间的、生产和进料之间的、装配和发货之间的等和生产环节无缝衔接，紧凑运行。它通过看板方式来协调生产、物流及其信息系统，有条不紊地进行搬运、仓储、摆放和加工装配。管理人员对物料的存储和库存都了如指掌，生产中的物料浪费和丢失都降低到最低限度。

精益生产的创新之一就是准时制（Just In Time，JIT），这是在追求有计划地消除一切浪费和坚持不断地改进质量和生产率的基础上，达到卓越制造的管理哲学。JIT 重视和追求一切生产活动的可视化、简化、柔性化、组织化和标准化。消除浪费是精益生产和 JIT 的首要任务。JIT 的主要内容包括：减少在制品数量、生产批量、降低等待、转运时间和制造与采购的周期时间，降低车间和工厂的面积，全员参与和全员生产维护，重视供应商的开发与认证和要求其小批量、多批次准时送货到工厂，工作地储存和零件批量最小化，采用成组技术、单元制造和柔性制造，控制重点工艺、平衡生产线和制订高水平的生产作业计划，追求生产零缺陷和从源头保证质量。

准时制强调"一个流"生产。根据李特尔法则：生产周期=存货数量×生产节拍。在生产节拍相对固定的情况下，要缩短生产周期，就需要降低存货数量。生产过程中存货就体现在在制品数量上。在在制品数量压缩的最高境界就是"一个流"，即在制品最少，生产批量和转移批量都只有一个。

精益生产在布置中的表现如采用单元布置的单元制造（Cellular Manufacturing）就是一种创新。单元布置中机器设备按工艺顺序采用 U 形排列，减少了移动的浪费，使得物料和零部件能以最小的移动和延迟顺畅地完成生产过程。按精益生产的思想，工厂内物料的移动并不增值，因而是要消除的对象，但这需要有减少人员和物料移动的灵活布置。再加上采用准时制，物料只在真正需要的时候才上线。这样的布置减少了距离，节约了空间并消除了不必要的库存的潜在面积需求。一般来说，进行单元式布置需要如下的措施或要求：按产品或零件簇来构建生产单元；采用一个流生产，尽量使库存最少、距离最短；培养多面手，增加人员灵活性，改进员工之间的交流；采用防呆设备和柔性的、可移动的设备。

在进一步探讨单元式布置之前，我们先从理论上介绍一下如何将众多的加工机器和零件划分为不同的单元，这就是单元的形成。

▶▶ 6.4.2 单元的形成

单元生产就是采用制造单元的生产方式。制造单元的成功实现需要解决选择、设计、运作和控制等方面的问题。选择是指对某一特定单元确定它的机器和零件类型，也就是单元形成。制造单元可以通过多种方式形成，最常见的方法就是将生产同一零件簇的机器、人员、物料、工具和物料搬运及存储设备分组。分组可基于工艺路线、加工机床、设计属性和物料搬运成本等，具体方法有分类和编码法、生产流程分析法、簇聚法、启发式法和数学模型法等。下面介绍 Singh 和 Rajamani 提出的直接簇聚算法 DCA。

DCA 法采用一种机器—零件矩阵，其中矩阵元素为 1 表明某零件需要某机器加工，否则为空。DCA 法的步骤如下：

1) **将行、列排序**。将机器—零件矩阵每行、列的 1 相加。各行以行总和递减的方式从上到下排列，各列以列总和递增的方式从左到右排列。如果行或列的总和相等，再以零件号或机器号递减方式排列。

2) **列移动**。从矩阵的第一行开始，将第一行有 1 值的各列移到矩阵左边。对下面各行重复上述过程，直到不能再移动。

3) **行移动**。从矩阵的最左列开始，如果有可能形成由 1 组成的集中块，就将行向上移动，对后面各列重复上述过程。（注意可以采用 Excel 等电子表格软件来进行此种行、列排序。）

4) **形成单元**。查看是否有单元形成，每个零件的所有加工都在该单元内进行。

单元形成时可能产生瓶颈机器，即一台机器由两个单元共用。当存在瓶颈时，可以将瓶颈机器置于单元间的边界处，以方便零件从一个单元搬到邻近单元。或者，重新考察需要由瓶颈机器加工的零件能否用其他设计或方法来代替，还可以考虑将零件外协加工。这些方法都不能解决时，只能增加瓶颈机器的台数。

例 6-5 图 6-14（左）为 A~H 8 种零件在 12 台机器上加工的情况，12 台机器采用按工艺原则布置，如图 6-14（右）所示，图中只列出 A, B, C 3 种零件的加工路线就已很复杂了。试利用单元形成方法将其改为单元式布置。

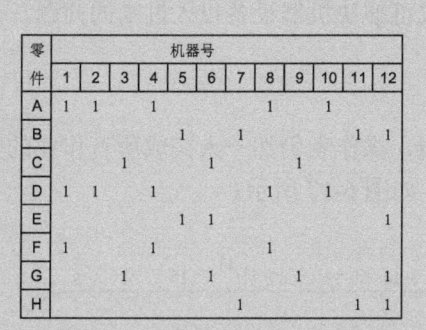

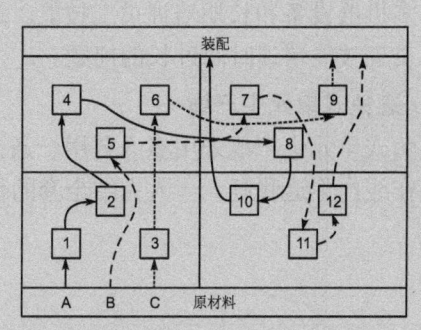

图 6-14 机器—零件矩阵（左）和机器的工艺原则布置（右）

解：采用 DCA 法形成的单元如图 6-15（左）所示，注意机器 6 和 12 为瓶颈机器。本例将瓶颈机器置于两单元交界处，如图 6-15（右）所示。

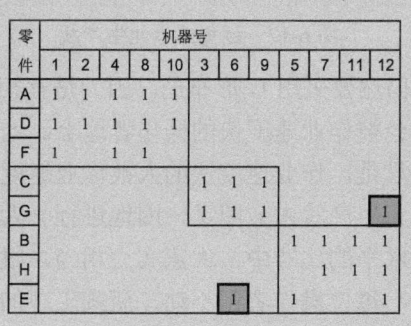

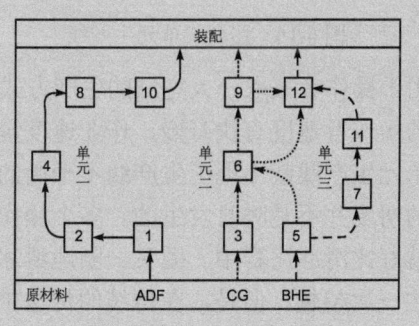

图 6-15 排序后机器—零件矩阵（左）和机器的单元布置（右）

单元的形成还有很多方法，有兴趣的读者可参阅文献：Singh N. Design of Cellular Manufacturing Systems: An Invited Review. European Journal of Operational Research, 1993，69(3)：284-291。

▶▶ 6.4.3 单元生产线的类型

形成单元之后，我们可以按单元所分配的作业来设计单元生产线。设计之前先介绍单元生产线的三种形态，即屋台式、逐兔式和分割式。

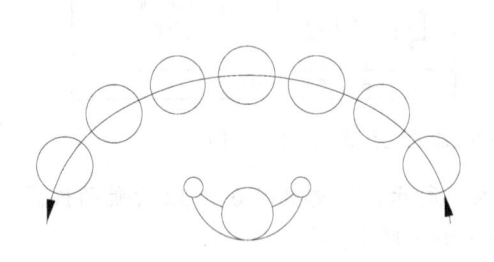

1．屋台式单元生产线

屋台式单元生产线，指的是一位操作者拥有一条单独的生产线。屋台源于日本的小吃作坊车，所有工作一人在车上完成。屋台式单元生产线中操作者负责全部生产，这是典型的"一人完结"作业，即操作者按照工艺顺序从头做到尾，并且每次只加工一个产品，且不会在同一个工序加工几个在制品。图 6-16 所示为典型的屋台式单元生产线，它为 U 形布置，方便操作者沿着工艺路线由一道工序走向另一道工序，完成最后一道工序后就可以立刻开始下一个产品的第一道工序。

屋台式单元生产线平衡率最高，达到了 100%。但是这种方式有两个极高的要求：生产工艺所需的所有机器设备都要配置齐全；员工必须掌握所有的作业方法和技能。

目前，已有不少日本公司采用屋台式单元生产线，如复印机和电视机等电子装配行业、服装加工行业及小型机械加工行业，但绝大多数公司并不具备这样的条件，因为事先需要投入许多机器设备和长期培训员工技能。逐兔式可解决机器设备投入过高的问题，分割式可解决员工技能培训时间过长的问题。

2．逐兔式单元生产线

逐兔式单元生产线采用多人共用一条生产线，操作者仍然一人完成所有作业的方法，但他们在线内你追我赶，一人完结全套的作业，如图 6-17 所示。

图 6-16 屋台式单元生产线　　图 6-17 逐兔式单元生产线

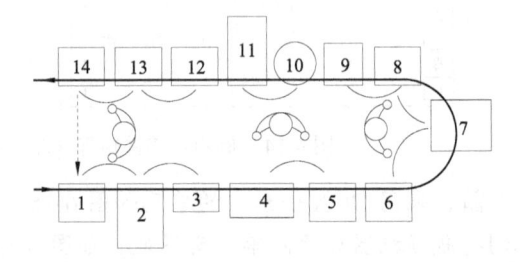

由于操作者采取一人完结的生产方式，因此仍然要采用 U 形布局。因为是互相追赶，不同的操作者速度有快有慢，作业速度慢的人总会被作业速度快的操作者追上。这时，逐兔式单元生产线就出现了生产线不平衡的问题。只是，作业速度快的人被作业速度慢的人挡住的情况并不是时时发生的。多个操作者在单元生产线内一圈又一圈地进行一人完结作业，就好比滑冰比赛中一圈又一圈地滑冰。在高水平的比赛中，大家实力相当，很长时间才发生一次超越。但是，在传统的传送带方式下，每位操作者都不动，瓶颈工序的员工永远在阻碍其他员工的效率发挥，并不断增加在制品，生产线平衡率就会很糟。

逐兔式单元生产线不需要过多的设备，但仍是一人完结作业，并没有降低员工技能多样化的要求。要降低对员工的要求，需要采用分割式单元生产线。

3．分割式单元生产线

分割式单元生产线也是多人共用一条生产线，但根据员工技能的情况，一个完整的工艺流程由几位操作者分工完成，如图 6-18 所示。

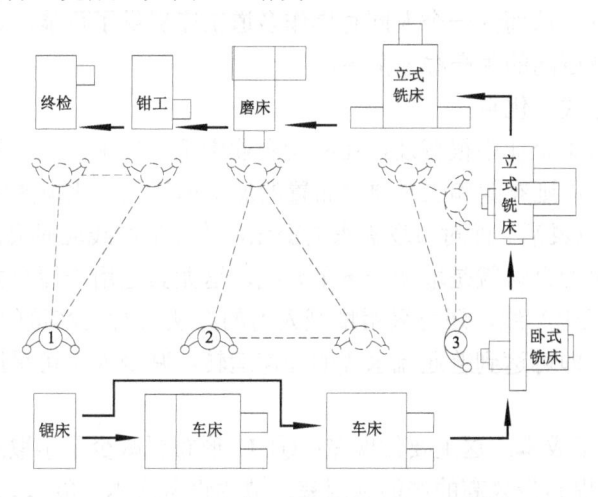

图 6-18　某机加工分割式单元生产线

分割式单元生产线采取分工作业，降低了对员工多能化的要求。但分割式尽可能"一人完结"，在操作者确实无法掌握必要的作业技能的情况下才会进行作业分工。同时，采用 U 形布置，既便于实现灵活的作业组合和分割，中间不同工位的操作者也可以方便地互相帮助，从而提高平衡率，降低库存。

分割式单元生产线平衡率没有屋台式和逐兔式的高，因此必然存在生产瓶颈，在瓶颈与非瓶颈之间就会存在在制品。虽然这种情况下在制品的出现是必然的，但是可以人为地控制在制品的数量。

分割式单元生产线不需要操作者立刻掌握全部技能，也不需要为每位操作者配备一条单独的生产线，因此这种方式比较多变，但是它的平衡率也是最低的。如果能对操作者进行多能化培训，可以从分割式向逐兔式转化；如果能为每位操作者配置一条生产线，就可以向屋台式转化，但并不是所有生产现场都适用的。

4．单元生产方式的共性与优势

（1）单元生产方式的共性

分割式、逐兔式、屋台式均是单元生产线，它们的共同特性集中体现在三点：

1）**操作者巡回作业，站立作业**。单元生产中机器设备不动，操作者移动，在制品随操作者移动，也称为流水线化生产、多制程作业。操作者手上只拿着一个在制品，做完一道工序后立即转入下一道工序，在单元内"转圈"。因为要移动，只能采用效率比较高的站立式作业。当然一些精细作业不合适，但从整体效率看，站立作业使得操作者可以互相协助，从而提高生产线平衡率。

2）**生产线逆时针流水线化排布**。生产线按逆时针排布，一是员工能够采用一人完结作业方式，二是逆时针排布适合左撇子，当员工进行下一道加工作业时，工装夹具或者零部件在左侧，员工作业并不方便，员工就会走到下一工位，巡回的目的也就达到了。

3）**生产线出入口一致**。单元生产线也称为 U 形生产线，原料入口和成品出口安排得足够接近，在外形上就像 U 形、∩ 形、L 形、口形、M 形等。出入口方向一致，减少了操作者的空手浪费，可以同时处理成品产出作业和原材料投入作业，还有利于生产线平衡。因为各工序非常接近，从而为一个人同时操作多道工序提供了可能，这就提高了工序分配的灵活性，从而取得更高的生产线平衡率。

(2) 单元生产方式的优点

单元生产线在日本企业中很普及，在欧美企业中正方兴未艾。各界普遍认为单元生产线具有传统的按产品原则布置和工艺原则布置的加工车间无法比拟的优势。

1）**生产能力变更灵活**。面对市场需求的变化，单元生产线应对灵活。如果生产能力需要增加一倍，最简单的办法就是增加一条单元线，这尤其适用于屋台式单元生产线。对于分割式和逐兔式单元生产线，还可采用增减人力的办法来对应产量的变化。增加操作者，"一个萝卜一个坑"，即可达到普通流水线的高速运转；减少人员可采用一人的屋台式，实现低速运转。

2）**可以降低人工成本**。这主要体现在：① U 形布置减少了手取放的浪费，节约人工成本；② 平衡率的提高带来高的产能利用率，节约设备成本；③ 单元生产无传送带，不会因为传送带异常而影响整条单元生产线，即减少了异常成本。

3）**可以有效减少生产场地面积**。主要是由于：① 取消传送带，节省空间；② 缩减工位，间隙节省空间；③ 在制品少，节省空间；④ 布局优化，节省空间。大量实践证明，实施单元生产改造后，至少可以减少 50%的生产面积。

▶▶ 6.4.4 单元生产线布置与设计

设计单元生产线时，除了关心加工对象，也要考虑机器柔性水平、单元布置、物料搬运方式与设备、工夹具的类型与数量等，以达到生产率高、在制品水平低、生产平衡率和机器利用率高等目标。单元生产线布置常采用"不落地生根，不寄人篱下，不离群索居"的原则，根据实际需求调整改进。这些原则，可以概括为"两个遵守，两个回避"。

两个遵守：逆时针排布，出入口一致。
两个回避：孤岛形布局，鸟笼形布局。

两个遵守前面已经讲过。下面主要介绍两个回避和单元生产线的理想布局。

孤岛形布局把生产线分割成一个个独立的工作单元，如图 6-19（左）所示。这种布局的缺陷在于单元与单元之间互相隔离，无法互相协助。

鸟笼形布局往往没有考虑到使物流、人流顺畅，这种布局错误地用机器设备或者工作台把操作者围在中间，如图 6-19（右）所示。鸟笼形布局使物流不顺畅，在制品增加，单元与单元之间的互相支援也变得几乎不可能。

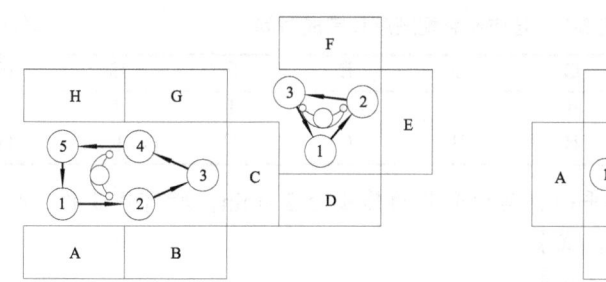

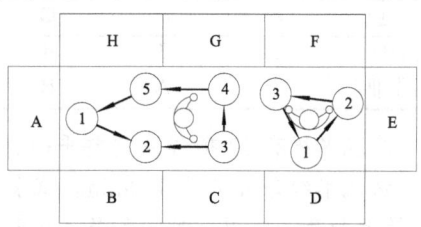

图 6-19　单元生产线的孤岛形布局（左）与鸟笼形布局（右）

单元与单元之间可以有多种合理的组合，如图 6-20 所示。

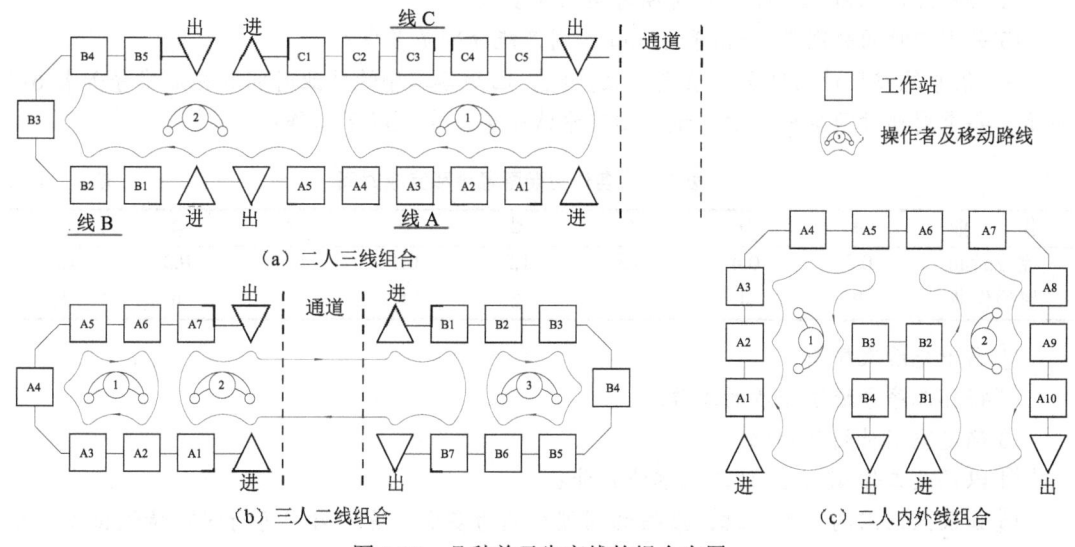

（a）二人三线组合

（b）三人二线组合

（c）二人内外线组合

图 6-20　几种单元生产线的组合布置

总之，要先进行时间研究和平衡效率分析，然后结合上述布置原则，确定在具体情况下所需的单元线形式，设计出合理的单元生产线。

本章习题与思考题

1. 生产线基本布置类型有哪些？它们各自适用于什么场合？单元生产线类型有哪些？

2. 流水线平衡的目的是什么？如果有一个工人，无论其怎样努力，工作速度总比同一条装配线上的其他人低 15%，你如何处理这种情况？

3. 对于流水线节拍，以下情况它是增加了还是减少了：①考虑稼动率；②考虑合格品率；③考虑稼动率和合格品率？

4. 一条生产线共有 8 项作业，工作周期时间为 8min。已知各项作业的装配顺序和时间如表 6-6 所示。请根据周期时间和作业顺序限制，确定最少工作站数和各项作业的安排，并算出此安排下生产线的效率。

表 6-6　各作业装配顺序和完成时间　　　　　　　　　　　　　　　　　　　　　　单位：min

作　　业	A	B	C	D	E	F	G	H
完成时间	5	3	4	3	6	1	4	2
紧后作业	无	A	B	B	C	C	D、E、F	G

5. 某流水线有 17 项作业需要平衡，其中最长的作业为 2.4min，所有作业的总时间为 18min。该流水线每天工作 450min。试求：

①最大和最小的周期时间各是多少？
②该流水线理论上可能达到的每日产能是多少？
③按最大产能来计算，最少需要几个工作站？
④若每天产能为 125 件，则周期时间应为多长？
⑤若周期时间分别是 9min 和 15min，则产能分别是多少？

6. 某卷笔刀厂计划增加一条新的生产线，已知各工序的作业时间和先后次序如表 6-7 所示，要求周期时间尽可能短。试做出流水线平衡，完成以下工作：

表 6-7　各作业装配顺序和完成时间　　　　　　　　　　　　　　　　　　　　　　单位：min

作　　业	a	b	c	d	e	f	g	h
完成时间	0.2	0.4	0.3	1.3	0.1	0.8	0.3	1.2
紧后作业	b	d	d	g	f	g	h	无

①画出先后次序图；
②将各工序分配给合适的工作站；
③确定空闲时间百分比；
④以每天工作 420min 计算流水线产能；
⑤如果只采用两个工作站，最短的周期时间为多少？这一时间可行吗？请做出工作站分配；
⑥确定上述情况下流水线的效率和产能。

7. 某流水线的 7 项作业及时间（单位：min）如图 6-21（a）所示，采用直线型和 U 形布置的结果分别见图 6-21（b）、(c)。请计算它们各自的节拍和平衡率，并比较两者的优缺点。

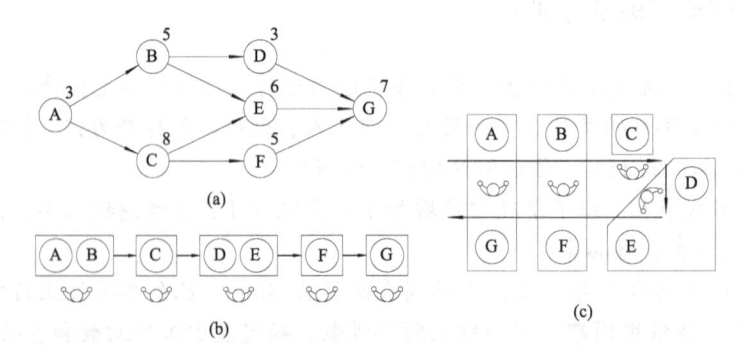

图 6-21　流水线布置与平衡

8. 采用直接簇聚算法对如图 6-22 所示的机器—零件矩阵构造制造单元。如果存在问题，提出可以解决问题的其他方法。

9. 对如图 6-23 所示机器-零件矩阵采用直接簇聚算法构造制造单元。如果存在问题，提出可以解决问题的其他方法。

10. 一家木材厂想从工艺原则布置转换到成组单元式布置，该厂在各单元间安装传送带来传送零件并限制单元间的移动。该厂的机器-零件矩阵如图 6-24 所示。请采用直接簇聚算法构造制造单元。

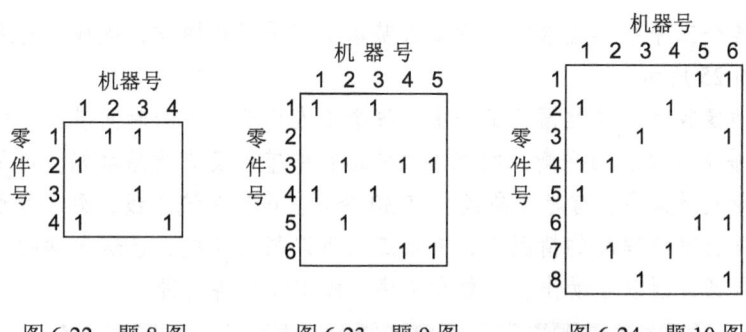

图 6-22 题 8 图

图 6-23 题 9 图

图 6-24 题 10 图

11. 某流水线共有 7 个工作站，每站配 1 名工人。其中 3 号与 4 号要进行协同作业，6 号与 6'号为同一作业，但工人只能在两个位置中的一个内工作。流水线除 3 号和 4 号相对布置之外主体为单列布置。已知各工作站的作业时间如表 6-8 所示，日作业时间为 460min，目标产量为 850 台，流水线稼动率为 95%，生产不良率为 3%，试分别按直线和 U 形布置确定该流水线节拍和平衡效率。

表 6-8 各工作站作业时间　　　　　　　　　　　　　　　　　　　　单位：s

作 业	1. 装底检查	2. 插件	3. 安装1	4. 安装2	5. 接线	6. 调整1	7. 调整2	8. 包装
时 间	29.5	31.2	27.5	30.0	29.0	56.0	56.0	26.5

案例讨论　　　　　　　　　　　　　　　　　　　　　　Case Discussing

某电子厂笔记本电脑键盘生产线布置设计

某电子厂主要生产多种形式的笔记本电脑键盘。各种笔记本电脑键盘的生产过程基本上是一样的，生产都是批量式的。现在该厂每条生产线每天能够生产同一种键盘 1 300 个左右，整个厂有 32 条流水线。线上每个员工的动作都很简单而且稳定，所以适合流水线生产。

键盘生产流程为零部件在 K/M（制键）组装好了之后到 P/R（印刷）房去印刷，印刷好了面板之后再到 F/A（装配）去进行功能检测。虽然每段都是流水线生产，但线间工作无法平衡，因此需要一个半成品存放区。而且 P/R 印刷好的面板都要到热压车间热压之后才能回到 F/A 进行作业，其采用流水线生产的地方主要有 K/M、F/A。

K/M 的流水线总共有 4 条，都属于双列直线型布置，两条流水线面对面靠在一起，员工在各自线上作业。流水线靠员工一侧为操作台板，外侧是防静电的皮带输送带。

下面是流水线节拍的计算，以 NSK-D70 机型为例。计划期有效工作时间 F_e = 8h = 28 800s（注：工人 8:00—17:00 为上班时间，其中有 40min 为吃饭时间，中途有两次休息，每次为

10min）；计划期产品的产量 $N=1\ 300$ 个，所以节拍为

$$R = 28\ 800/1\ 300 = 22.2（s）$$

对于不同的型号其流水线的具体工序不同，但基本工序都是一样的，都是把电路板、橡胶板铺在一起→插橡胶触头→插键帽→检查键高低→手感检查→总检→装入薄膜塑料袋→装箱。

在上述的各个工序中其流水线上的工人基本上双手同时操作，完成后传递到左手的下一工位，如图6-25所示。

特别是在插橡胶触头和键帽的工序中，每个工人作业所用的时间基本是相等的，所以K/M流水线上基本可以达到平衡，在流水线的运行中基本没有物品堆积。但是不足之处是每条线上的作业人员太多，有时一条线上有30余人。虽然其流水线达到了平衡，但工序没有同期化。在同样熟练程度的情况下，有些工人可以很快完成自己这一站的工作，但有些工人感觉时间很紧，所以在动作、人数和工序分配中还有待改进。

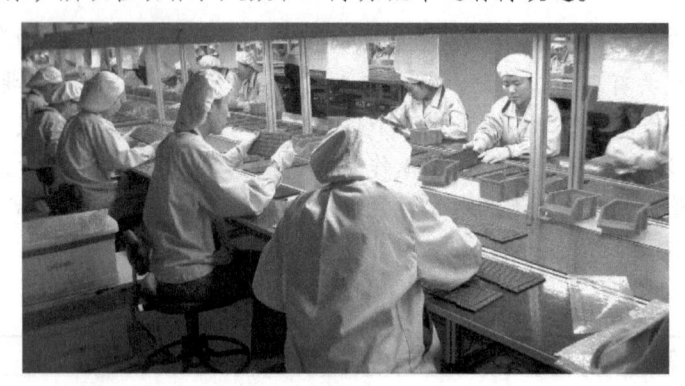

图6-25 键盘装配双列直线流水线

? 讨论及思考题

1．试分析上述案例中人工流水线的节拍时间。若要采用50s的节拍，应如何调整？

2．结合案例，你认为在大批量生产和中小批量生产中，应当采用什么类型的流水线？这些布置对人员的要求又是什么？

案例5 某灯具组装生产线采用单元制造　　案例6 某装配型单元生产线设计与布置方案

第7章 布置技术及应用

本章主要内容

- **系统布置设计 SLP**
  SLP 基本要素与程序模式、物流分析之从至表、物流相关图、SLP 相关图技术、平面布置方案的确定
- **其他布置方法与布置设计**
  关系表法、详细布置设计、工作地布置
- **服务设施布置与设计**
  办公室布置、零售店布置、其他布置
- **布置模型与算法**
  算法分类、CORELAP、CRAFT、布置算法小结
- **布置设计软件与仿真**
  计算机辅助设施设计的发展、典型软件简介、系统仿真概述

引导案例

东风汽车公司有两笔账：一笔是 1 辆汽车约有 12 600 多个零件，如果每个零件在物流中运距增加 1m，则生产 1 辆汽车零件多运行 126km，按年产 20 万辆汽车计算，所有的零件增加的运距相当于沿地球绕了 60 圈！另一笔是生产 1 辆汽车约需要 36 700 道工序，如果每道工序的物流费用多花 1 分钱，那么生产 1 辆汽车的成本需增加 367 元，按年产 20 万辆汽车计算，每年增加的费用近亿元！东风汽车公司前身是 20 世纪 70 年代开始建设的，由于历史原因，在建厂设计时，对设施布置与设计考虑得极为不周，22 个专业厂分布于十堰市各个山坳内，厂区的长宽分别是 31.2km 和 8km，发动机和驾驶室运到总装厂房距离分别是 11.4km 和 3.6km。东风对物料搬运采用传统的天车方式，同叉车方式比，人员占用多、效率低，还增加约 40%的厂房投资，载货汽车进入厂房也带来一系列的弊端。各分厂封闭生产，都分别设置仓库、酸洗和下料的厂房和设备，同集中设置相比，设备效率低、材料利用率低、厂房面积大、占用场地大，基建投资多。由于零件工艺线路长，专业厂相互之间协作关系复杂，加上厂房车间地域上分散，东风汽车公司的生产组织极其复杂，物流始终是压在公司肩上的一个重担。

十堰基地也给东风汽车公司的后续发展带来障碍，公司不得不另行规划其载重车和轿车的生产厂址。不过，通过总结经验教训，公司工厂布置与设计已经发生了质的飞跃。

7.1 系统布置设计（SLP）

设施布置的方法和技术一直是工业工程领域不断探索的问题，人们研究出了许多手工设计、数学分析、图解技术和现代的计算机辅助设施设计技术。在众多的布置方法中，物流处于重要地位，人们都把寻求最佳物流作为解决布置问题的主要目标。

1961年理查德·缪瑟提出的系统布置设计（Systematic Layout Planning，SLP）是对工业设施传统布置经验设计方法的重要革新，在世界范围内产生了较大影响，应用十分普遍。SLP是一种条理性很强、物流分析和作业单位关系密切程度分析相结合、寻求合理布置的技术，不仅适合各种规模或种类的工厂的新建、扩建或改建中对设施或设备的布置或调整，也适合制造业中对办公室、实验室、仓库等的布置设计，同时也可用于医院、商店等服务业的布置设计。

7.1.1 SLP基本要素与程序模式

在缪瑟提出的SLP中，把P, Q, R, S及T作为给定的基本要素（原始资料）和布置设计工作的基本出发点，并称其为解决布置问题的钥匙。

1）P—Products，指系统物料的种类。在生产系统中产品P是指待布置工厂将生产的商品、原材料或者加工的零件和成品等。这些资料由生产纲领和产品设计提供，包括项目、品种类型、材料、产品特征等。产品这一要素影响着生产系统的组成及其各作业单位间的相互关系、生产设备的类型、物料搬运方式等方面。

2）Q—Quantity，指数量。在生产系统中指所生产的产品的数量，也由生产纲领和产品设计方案决定，可以用件数、重量、体积等来表示。产品Q这一要素影响着生产系统的规模、设备的数量、运输量、建筑物面积大小等方面。

3）R—Routing，指路线。它包括工艺路线、生产流程、各工件的加工路线及形成的物流路线。为了完成产品的加工，必须制定加工工艺流程，形成生产路线，可以用工艺过程表（卡）、工艺过程图、设备表等表示。它影响着各作业单位之间的联系、物料搬运路线、仓库及堆放地的位置等方面。

4）S—Service，指辅助生产与服务过程的部门。在实施系统布置工作以前，必须就生产系统的组成情况做一个总体的规划，大体上分为生产车间、职能管理部门、辅助生产部门、生活服务部门及仓储部门规划等。可以把除生产车间以外的所有作业单位统称为辅助服务部门S，它包括工具、维修、动力、收货、发运、铁路专用路线、办公室、食堂等。由这些作业单位构成生产系统的生产支持系统部分，在某种意义上加强了生产能力。有时，辅助服务部门的占地总面积接近甚至大于生产车间所占面积，所以布置设计时应给予足够的重视。在SLP中，S也常用来表示工厂作业单位部门的划分情况。

5）T—Time，指物料流动的时间。时间要素是指在什么时候、用多少时间生产出产品，包括各工序的操作时间、更换批量的次数。在工艺过程设计中，根据时间要素，确定生产所需各类设备的数量、占地面积的大小和操作人员数量，平衡各工序的生产时间。

通过详细调查，可将系统中P, Q, R, S, T的情况统计清楚，以备分析。当零件的种类繁多时，可忽略一些影响小、批量很小的物料或零件。

只有在对上述各要素充分调查研究并取得全面、准确的各项原始数据的基础上,通过绘制各种表格、数学和图形模型,有条理地细致分析和计算,才能最终求得工程布置的最佳方案。整个 SLP 设计被划分为四个阶段:确定位置、总体区划、详细布置、实施。

四个阶段均按顺序进行,其中第 1、4 阶段不属于布置设计工作,第 2、3 阶段是布置设计的主要工作。SLP 的详细布置阶段的程序模式如图 7-1 所示。

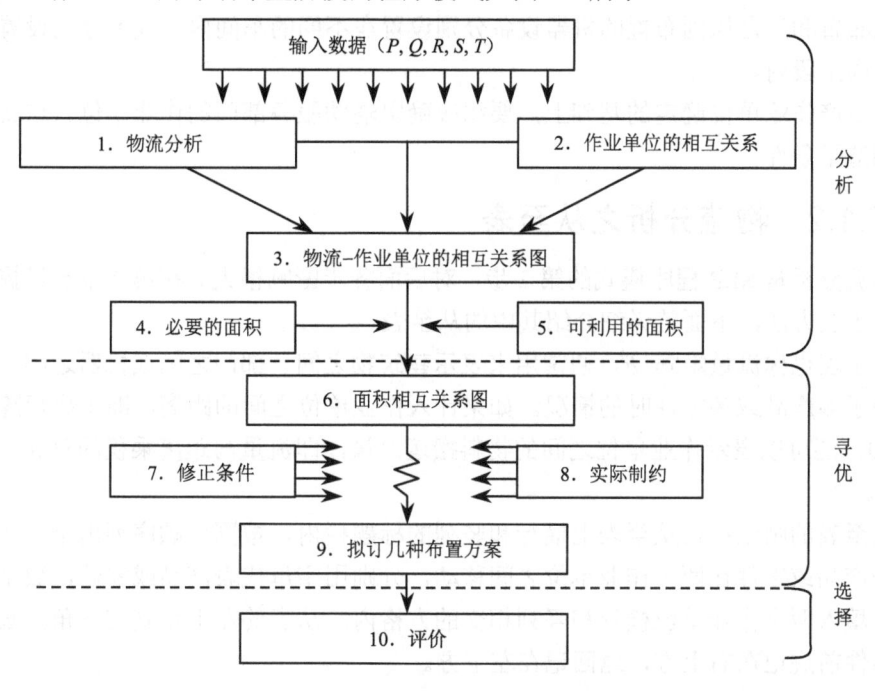

图 7-1 SLP 详细布置阶段的程序模式

有了上述 P, Q, R, S, T 基本要素,还要进行 P-Q 分析。P-Q 分析是要回答采用什么样的生产方式,从而采取什么样的基本布置形式。

P-Q 图是 P-Q 分析的基本手段(见图 7-2)。图中的横轴表示产品 P(品种或种类),纵轴表示数量 Q。将各类产品按数量递减的顺序排列,绘制出 P-Q 曲线。曲线的左端表示数量很多而种类较少的产品,右端表示数量少而种类很多的产品。

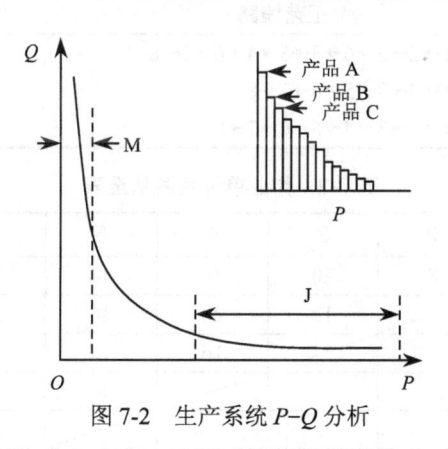

图 7-2 生产系统 P-Q 分析

以图 7-2 为例，从图上可以看出，M 区的产品数量大、品种少，宜用大批量生产方式，加工机床按产品原则布置。J 区的产品数量少、品种多，属于单件小批量生产方式，应该按工艺原则布置。在 M 区和 J 区之间的部分，则宜用上述两种相结合的成组原则布置。

P-Q 分析的结果不仅是确定生产方式和布置形式的基础，也是划分作业单位的基础。即把不同生产方式和布置形式的机器设备，分开配置在不同的面积内。例如，可以把按产品原则布置和工艺原则布置的机器设备分别设置在不同的车间内，或者分别设置在一个车间的不同工段内。

在生产作业单位确定的基础上，要相应确定辅助服务部门的作业单位。这就为下一步分析创造了条件。

▶▶ 7.1.2　物流分析之从至表

物流分析是 SLP 程序模式的第 2 步，对后面各步影响很大。在第 2 章已经提到过物流分析的主要方法，下面就详细介绍其中的从至表。

从至表也称流量矩阵 F，通常用来表示建筑物之间、部门之间或机器之间的物流量，它适用于多产品或多零件时的情况。如果计入作业单位之间的距离，即距离矩阵或距离从至表 D，还可以表示作业单位之间的物料搬运总量，即流量与距离乘积的总和，称为物流强度 S。

从至表的画法：在从至表上横行和竖列的标题栏内，按同样顺序列出全部作业单位，将每个产品或零件在两个作业单位之间移动，分别用字母代表产品或零件，数字代表搬运总量，填入两个作业单位横行和竖列相交的方格内。从表的左上角到右下角，画一条对角线，零件前进记在右上方，退回记在左下方。

运用从至表可以一目了然地进行作业单位间的物流分析（见例 7-1）。

例 7-1　设有 3 个产品 A, B, C，制造它们涉及 8 个作业单位，分别是原料、锯床、车床、钻床、铣床、检验、包装和成品，以 1~8 代替。3 个产品的工艺线路和每天运量如表 7-1 所示，各作业单位距离如表 7-2 所示。试进行物流分析。

表 7-1　产品工艺线路及运量

产品号	工艺线路	每天搬运托盘数
A	1→2→5→6→3→5→4→6→7→8	8
B	1→4→3→5→6→7→8	3
C	1→2→3→4→5→6→7→8	5

表 7-2　作业单位距离从至表

从＼至	1	2	3	4	5	6	7	8
1. 原料		8	20	36	44	30	18	10
2. 锯床			12	28	36	22	10	18
3. 车床				16	24	10	22	30
4. 钻床					8	18	30	38
5. 铣床						26	38	46

续表

从＼至	1	2	3	4	5	6	7	8
6. 检验							12	20
7. 包装								8
8. 成品								

解：先按工艺线路画出产品运量从至表，如表 7-3 所示，其中格子中字母为产品代号，数字是托盘数，多个产品在同一个格子内的，运量为它们的托盘数之和。

表 7-3 产品运量从至表

从＼至	1	2	3	4	5	6	7	8
1. 原料		13 (AC)		3 (B)				
2. 锯床			5 (C)		8 (A)			
3. 车床				5 (C)	11 (AB)			
4. 钻床			3 (B)		5 (C)	8 (A)		
5. 铣床				8 (A)		16 (ABC)		
6. 检验				8 (A)			16 (ABC)	
7. 包装								16 (ABC)
8. 成品								

有了表 7-2 和表 7-3，以相应格子的运量乘以距离便得到物流强度，见表 7-4。这也可以用矩阵来计算，即 F 和 D 两个 8×8 矩阵对应元素两两相乘，而系统搬运总量 S 为 F 和 D 的两两乘积的总和，即表 7-4 中最右下角的 2 016。

表 7-4 物流强度从至表

从＼至	1	2	3	4	5	6	7	8	合计
1. 原料		104		108					212
2. 锯床			60		288				348
3. 车床				80	264				344
4. 钻床			48		40	144			232
5. 铣床				64		416			480
6. 检验			80				192		272
7. 包装								128	128
8. 成品									0
合计	0	104	188	252	592	560	192	128	2 016

有了这些数据，可以进行 F-D 分析（分别以 F 和 D 为纵横坐标，识别出 F 和 D 都大的部分）或物流强度的等级划分，做出物流相关图。

▶▶ 7.1.3 物流相关图

表 7-4 计算出物流强度之后，要对它们进行分级，以便对作业单位之间的关系密切程度进行比较（见表 7-5）。

表 7-5 物流强度分析

序 号	路 线	物流强度	作业单位对	物流强度（按作业单位对合并后）	等 级
1	5→6	416	5—6	416	A
2	2→5	288	2—5	288	E
3	3→5	264	3—5	264	E
4	6→7	192	6—7	192	I
5	4→6	144	4—6	144	I
6	7→8	128	7—8	128	I
7	1→4	108	3—4	128	I
8	1→2	104	1—4	108	O
9	3→4	80	1—4	104	O
10	6→3	80	5—4	104	O
11	5→4	64	6—3	80	O
12	2→3	60	2—3	60	O
13	4→3	48			
14	4→5	40			

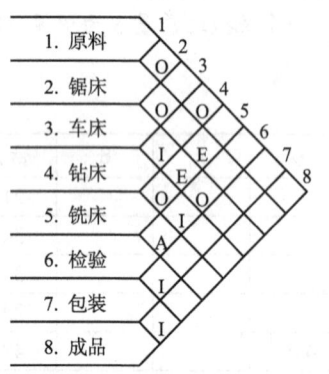

图 7-3 物流强度相关图

用这种关系密切程度等级制成的物流强度相关表，将是布置的一大依据。根据表 7-4 按路线将物流强度从大到小列出，见表 7-5 左三列。再将同一作业单位对的物流强度合并，如表 7-5 中，3→4 的 80 和 4→3 的 48 合并得 3—4 为 128，5→4 的 64 和 4→5 的 40 合并得 5—4 为 104，然后重排大小。再按作业单位对物流的强度划分等级，见表 7-5 右三列。物流强度等级划分采用著名的 A，E，I，O，U 等级，一般 A 占总作业单位对的 10%，E 占 20%，I 占 30%，O 占 40%，U 级代表那些无物流量的作业单位对。

最后，把所得物流强度等级在相关图上标出，如图 7-3 所示，其中 U 级关系可忽略。

需要说明的是，这里物流强度的计算是基于各作业单位间距离已知的情况求出的，而在布置之前，这些距离是没有办法知道的。因此在布置时，只能采用基于产品和工艺所估计出的物流量作为物流等级的依据，物流强度可在后面列出了几个方案时再做分析比较。若对已有布置进行分析、修改，就可以采用物流强度这种反映运量和距离的综合从至表，甚至在估算出单位物料移动单位距离的搬运成本后，可以得到物流成本从至表。

例 7-2 某厂有 5 个车间，布置如图 7-4 中的 A，B，C，D，E 所示，其中"+"为各车间矩心。该厂生产四种产品，各产品的工艺线路和每月产量分别为：① A→B→C→D→E，200 件；② A→D→E，900 件；③ A→B→C→E，400 件；④ A→C→D→E，650 件。而且每种产品的生产批量为 50 件。

1）试以直角距离计算两两车间的距离从至表 D；
2）计算物流运量从至表 F；
3）计算物流强度从至表 S。假设每批次产品每搬运移动 1m 的成本是 2 元，试将上述物流强度从至表转化为物流成本从至表 C。

解：直角距离意味着从一矩心到另一矩心只能水平或竖直走，直角转弯。它的计算以两点坐标的 x 和 y 值之差的绝对值相加，即

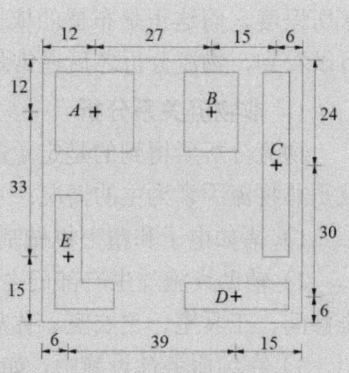

$$d_r = |x_B - x_A| + |y_B - y_A| \qquad (7-1)$$

图 7-4 某厂布置图（单位：m）

本例以左下角为坐标原点，可得各点坐标 A（12,48），B（39,48），C（54,36），D（45,6），E（6,15），从而 AB 的直角距离为 27m，同理可以算出其他的直角距离，结果如表 7-6 所示。需要说明的是直角距离只是对实际物料流动路程的一种近似算法，且两点间不同方向的直角距离是相等的。物流运量要按产品来算，将各产品的工艺路线的每段分别列入从至表的对应格子中，最后要将不同产品在同一格子中的数据相加，得到表 7-7。

表 7-6 直角距离从至表 D　　单位：m

从＼至	A	B	C	D	E
A		27	54	75	39
B	27		27	48	66
C	54	27		39	69
D	75	48	39		48
E	39	66	69	48	

表 7-7 物流运量从至表 F　　单位：件

从＼至	A	B	C	D	E
A		600	650	900	
B				600	
C				850	400
D					1 750
E					

物流强度从至表为表 7-6 及表 7-7 同一格子中对应元素相乘，可以用矩阵或 Excel 来计算，结果如表 7-8 所示。按每批次单位距离搬运成本 2 元计，则每件每米搬运成本为 2/50 元，以此作为系数乘表 7-8 所得的各个数字，便得到物流成本从至表（见表 7-9）。

表 7-8 物流强度从至表 S　　单位：m/件

从＼至	A	B	C	D	E
A		16 200	35 100	67 500	0
B	0		16 200	0	0
C	0	0		33 150	27 600
D	0	0	0		84 000
E	0	0	0	0	

表 7-9 物流成本从至表 C　　单位：元

从＼至	A	B	C	D	E
A		648	1 404	2 700	0
B	0		648	0	0
C	0	0		1 326	1 104
D	0	0	0		3 360
E	0	0	0	0	

从表 7-8 和表 7-9 分别可得该布置方案的总物流强度为 279 750，搬运物流总成本为 11 190 元。进行 F-D 分析，发现 D-E 之间物流量大且距离远，不合理，宜改进。

7.1.4　SLP 相关图技术

相关图（Rel Chart）是缪瑟首先使用的，它能直观地表示各作业单位两两之间的关系

密切程度，而这正是布置的依据之一。企业内作业单位之间关系影响因素较多，从图 7-1 可以看到，物流分析之后通常是作业单位相互关系的分析（非物流关系分析）。

1. 非物流关系分析

物流分析所得到的是定量的相互关系，但是各作业单位之间还存在着其他关系。以下就是非物流因素为主的情况：

1）诸如电子和精密机械制造厂，需要运输的物料很少，物流相对来说不重要。

2）辅助设施与生产部门之间常常没有物流关系，但必须考虑它们之间的密切关系，如维修间、工具室、更衣室、休息室与生产区都有一定的密切关系。

3）在纯服务性设施中，如办公室、维修间内，常常没有真正固定的物流，确定它们之间的关系，必须提供其他通用规则。比如可用信息作为依据，甚至将人当作流动的"物料"。

4）在某些情况下，工艺过程也不是布置设计的唯一依据。例如，重大零部件的搬运要考虑运入运出的条件，不能按工艺过程布置；有的工序属于产生污染或有危害的作业，需要远离精密加工和装配区域，也不能考虑工艺顺序。

因此，在分析作业单位相互关系时，除了物流关系，还要考虑非物流的相互关系。它们一般不能用定量的方法得到，而要用一些定性的方法。这时相关图每个菱形格子不但要表示两两之间的密切程度等级，还要加上评级的理由。定性给出密切程度等级时，有 A，E，I，O，U 和 X 共 6 种，其比例一般如表 7-10 所示。

表 7-10 作业单位相互关系密切程度等级

含 义	A	E	I	O	U	X
意义	绝对重要	特别重要	重要	一般	不重要	不要靠近
颜色	红色	橘黄	绿色	蓝色	无色	棕色
量化值	4	3	2	1	0	−1
线条数（条）	4	3	2	1	无	1（折线）
比例（%）	2～5	3～10	5～15	10～25	45～80	根据需要

图 7-5 所示的作业单位相关图是某叉车厂的例子，这里共有 14 个作业单位，两两关系共有 $n(n-1)/2 = 14(14-1)/2 = 91$ 个，则 A 级有 2～5 个，图中为 3 个。确定作业单位密切程度等级的主要影响因素，也就是评级理由，在相关图中一般以代码表示，并在右下角列出表格。

这些理由一般不要超过 8～10 条。常见理由有：
- 工作流程；
- 作业性质相似；
- 使用相同设备、设施或同一场地；
- 使用相同文件；
- 使用一套人马；
- 联系频繁程度；
- 监督和管理；
- 噪声、振动、烟尘、易燃、易爆等。

图 7-5 作业单位相关图

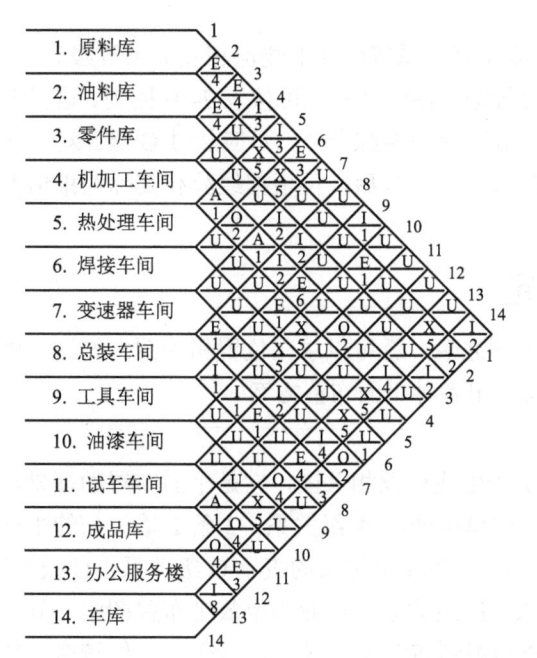

编号	理由
1	工作流程的连续性
2	生产服务
3	物料搬运
4	管理方便
5	安全与污染
6	共用设备设施
7	振动
8	人员联系

非物流关系评级主要由上述理由确定，A 级一般只用于部门间有密切的工艺联系或使用相同的设备或场所，如钢材库和下料区、最后检查和包装、清理和油漆等。大量的人员流动也可定为 A 级。如果对定为 A 级有些把握不准，就可定为 E 级，如两个作业单位间人员流动量大但并不是时时如此，又如有方便和安全要求、搬运物料要求和服务频繁和紧急等。U 级是最多的，当两个作业单位间不需要相关或无干扰时采用。X 级同 A 级一样重要，但方向相反，是不要密切靠近的，如油漆间就不能和焊接间相邻。一般噪声、烟尘、发热、制冷和气味都是列入 X 级的理由。

因为这种评级是定性的，必须遵循以下的方法和步骤：

1）由设施布置人员初步决定各作业单位间的关系，经集体讨论，充分阐明理由并做出分析。

2）访问相关图中所列作业单位的主管或上级，做充分的调查研究。

3）决定密切程度的标准，并逐项把这些标准列在相关图的理由表中。

4）对每对作业单位确定密切程度等级和理由。

5）应允许任何人对相关图提出意见，允许多次评审、讨论和修改。

2. 综合相关图

综合考虑物流和非物流关系时，要确定两种关系的相对重要性。这一重要性用比值 $m:n$ 来表示，一般不应超过 1:3～3:1。如果比值大于 3:1，意味着物流关系占主导地位，设施布置只考虑物流即可；当比值小于 1:3 时，说明物流的影响很小，只考虑非物流关系即可。在实际情况中，根据两者的相对重要性，比值可为 3:1, 2:1, 1:1, 1:2, 1:3。

有了此比值和两个相关图，就要将相关图中各密切程度等级按表 7-10 予以量化。然后用以下公式计算两作业单位 i 和 j 之间的相关密切程度

$$CR_{ij} = mMR_{ij} + nNR_{ij} \qquad (7\text{-}2)$$

式（7-2）中，MR_{ij} 和 NR_{ij} 分别是物流相互关系等级和非物流相互关系等级。

随后就可以按 CR_{ij} 的值再来划分综合等级，各档比例还可按表 7-10 控制。这里要注意 X 级的处理。任何一级物流强度与 X 级的非物流关系综合时，不应超过 O 级。对于一些绝对不能靠近的作业单位，相互关系可定为 XX 级。最后，再根据经验和实际约束情况来适当调整综合相关图。

▶▶ 7.1.5 平面布置方案的确定

按 SLP 程序，得到作业单位综合相关图之后，就可以求出位置相关图。如给定面积需求，还可进一步得到面积相关图，以此设计出各种平面布置方案。

1．位置相关图——线形图

缪瑟提出的 SLP 中采用了线形图来试错生成位置相关图，它是平面布置的基础。线形图采用 4 条 1 单位长的平行线段表示两作业单位间的 A 级关系；3 条 2 单位长的平行线表示 E 级关系；2 条 3 单位长的表示 I 级关系；1 条 4 单位长的表示 O 级关系；U 级不连线；X 级用折线表示。具体方法是：首先将 A、E 级关系的作业单位放进布置图中，同一级别的用同一长度的线段表示。随后，按同样的规则布置 I 级关系。若作业单位较多，线段混乱，可以不画 O 级关系，但 X 级必须画出。上述线段长度并不是绝对的，可调整各部门的位置来满足关系的亲疏程度。

例 7-3 已知某叉车厂作业单位综合相关图如图 7-6 所示（注意图中空格子均为 U 级关系）。请画出布置线形图。

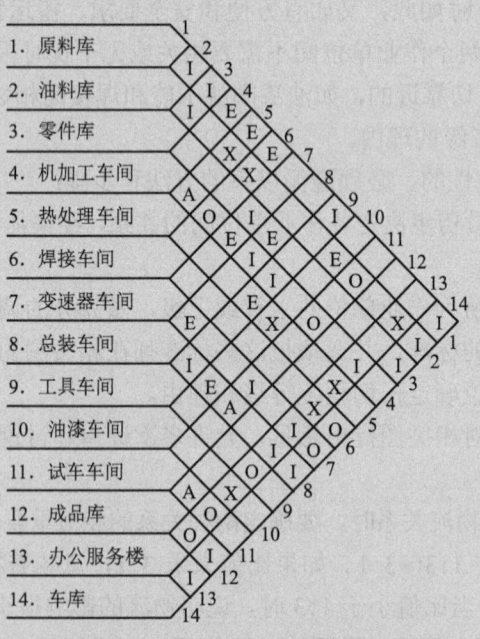

图 7-6 作业单位综合相关图

解：先按表 7-10 将 AEIOU 关系量化为数值，得到 14 个作业单位的综合接近程度和按分值的排序，见表 7-11。

表 7-11 作业单位综合接近程度排序

作业单位代号	1	2	3	4	5	6	7	8	9	10	11	12	13	14
综合接近程度	17	7	11	18	7	3	13	21	10	4	13	7	7	14
排　序	3	12	7	2	11	14	5	1	8	13	6	10	9	4

分值越高，说明该作业单位越应靠近布置图的中心位置；分值越低，则越应靠近边缘。布置步骤如下：

1）考虑有 A 级关系的各作业单位对 8-11、4-5 和 11-12。将分值最大的作业单位 8 置于中心位置，与其成 A 级关系的 11 与之相邻，关系用 1 单位长 4 条线画出，如图 7-7（a）所示。

2）取分值次高的作业单位 4，它与作业单位 8 和 11 分别有 I 和 O 的关系，故作业单位 4 用 3 单位长双线与作业单位 8 连接，用 4 单位长单线与作业单位 11 相连接，如图 7-7（b）所示。

3）处理与作业单位 4 有 A 级关系的作业单位 5，而作业单位 5 与 8 和 11 均是 U 级关系，可不予以考虑，在作业单位 4 旁布置 5，如图 7-7（c）所示。

4）看作业单位 11，与之有 A 级关系的是作业单位 12，也用 4 线 1 长布入。作业单位 12 与 4、5 均为 U 级关系，也不予考虑，如图 7-7（d）所示。

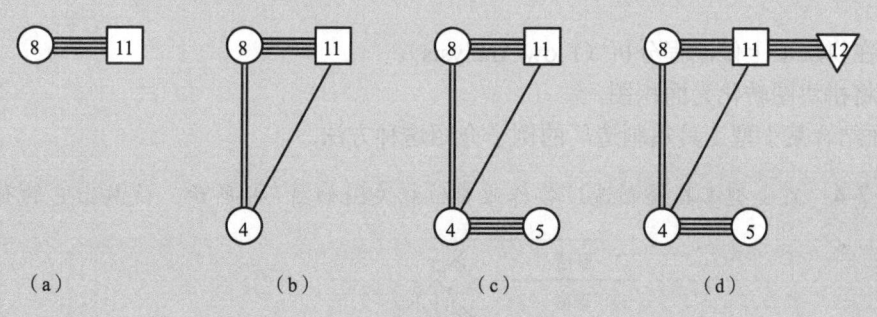

图 7-7　线形图绘制步骤

现在考虑有 E 级关系的，也从作业单位 8 开始，布置方法类同 A 级的。再后来是 I 级的。注意，X 级的要尽量远离。最后得到的布置线形如图 7-8 所示，其中线段长度是近似的。

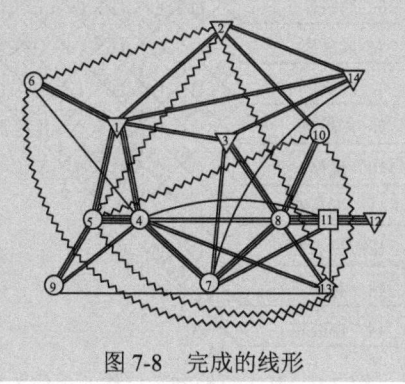

图 7-8　完成的线形

线形图法比较烦琐，尤其是作业单位多的时候。但它采用线段使各作业单位摆放有一定的距离，较适合厂房分离的工厂总平面布置。

2. 面积相关图

面积相关图主要考虑两个方面：一是将作业单位面积需求汇总，根据场地的要求，确定建筑的基本形状；二是在此形状上按各作业单位的面积需求进行分配，结合上面位置相关图，做出块状布置图（Block Layout）。在面积相关图的基础上可以得到布置方案。

7.2 其他布置方法与布置设计

SLP 法的一大贡献是提供了相关图和从至表，尤其是相关图为平面布置打好了基础。平面布置方法除了缪瑟的线形图法，还有关系表法、图论法和螺旋法等，布置设计还有更多内容要考虑。

7.2.1 关系表法

在 SLP 的基础上后来又有关系表法。关系表法的逻辑条理较强，容易得到较好的布置结果。它的主要步骤如下：

1）将相关图转化为关系工作表（Relationship Worksheet）。
2）将每个作业单位制作出一个相同面积的拼块，得到拼块图（Dimensionless Block Diagram）。
3）在拼块图上做流程分析（Flow Analysis）。
4）将拼块图转化为面积图。

下面结合某小型工具箱制造厂的例子介绍这种方法。

例 7-4 某小型工具箱制造厂各作业单位相关图如图 7-9 所示，试做出它的布置。

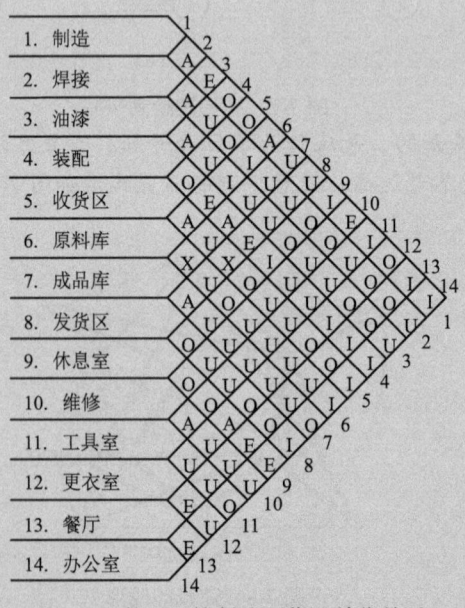

图 7-9 某工具箱制造厂作业单位关系

解：具体求解过程如下所述。

1. 关系工作表

关系工作表是对相关图的进一步总结，它每行列出一个作业单位，A, E, I, O, U, X 各成一列，将与之形成 A, E, I, O, U, X 级关系的其他单位分列在各列之中，如一列中有多种关系，以逗号隔开。完成的关系表如表 7-12 所示，其中最重要的是 A, E 和 X 列。

表 7-12 关系工作表

作业单位	A	E	I	O	U	X
1. 制造	2, 6	3, 10	9, 11, 13, 14	4, 5, 12	7, 8	
2. 焊接	1, 3		6	5, 9, 10, 12, 13	4, 7, 8, 11, 14	
3. 油漆	2, 4	1	6	9, 12, 13	5, 7, 8, 10, 11, 14	
4. 组装	3, 7	6, 8	9, 12, 13, 14	1, 5	2, 10, 11	
5. 收货区	6		14	1, 2, 4, 9, 12, 13	3, 7, 10, 11	8
6. 暂存区	1, 5	4	2, 3, 14	9	8, 10, 11, 12, 13	7
7. 仓库	4, 8			14	1, 2, 3, 5, 9, 10, 11, 12, 13	6
8. 发货区	7	4	14	9, 12, 13	1, 2, 3, 6, 10, 11	5
9. 休息室	12	13, 14	1, 4	2, 3, 5, 6, 8, 10, 11	7	
10. 维修	11	1		2, 9	3, 4, 5, 6, 7, 8, 12, 13, 14	
11. 工具室	10		1	9, 14	2, 3, 4, 5, 6, 7, 8, 12, 13	
12. 更衣室	9	13	4	1, 2, 3, 5, 8	6, 7, 10, 11, 14	
13. 餐厅		9, 12, 14	1, 4	2, 3, 5, 8	6, 7, 10, 11	
14. 办公室		9, 13	1, 4, 5, 6, 8	7, 11	2, 3, 10, 12	

2. 无面积拼块图

对每个作业单位做一个同样大小的方块，称为无面积拼块。在拼块上，将作业单位代号写在正中央，名称写在代号上面，"X="写在代号下面；四个角分别放置与之成 A，E，I，O 级关系的，U 级关系不用考虑。做成的拼块如图 7-10 所示。

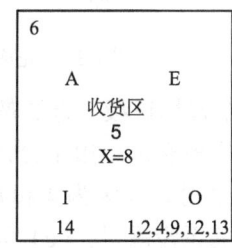

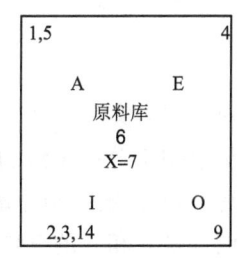

```
┌─────────────────┐  ┌─────────────────┐  ┌─────────────────┐  ┌─────────────────┐
│2,6          3,10│  │3,7           6,8│  │6               │  │1,5            4│
│ A            E  │  │ A            E  │  │ A            E  │  │ A            E │
│     制造        │  │     装配        │  │    收货区       │  │    原料库      │
│      1          │  │      4          │  │      5          │  │      6         │
│     X=无        │  │     X=无        │  │     X=8         │  │     X=7        │
│ I            O  │  │ I            O  │  │ I            O  │  │ I            O │
│9,11,13,14  4,5,12│ │9,11,13,14  4,5,12│ │14      1,2,4,9,12,13│ │2,3,14        9│
└─────────────────┘  └─────────────────┘  └─────────────────┘  └─────────────────┘
```

图 7-10 无面积拼块示例

完成全部拼块后，可以裁下来进行布置摆放。

摆放时，先找出关系最重要的，即 A 最多的，若 A 的数量相同，再比较 E 的。将此块先放于中央位置，本例为 1。再看 1 块的 A 角（左上）和 E 角（右上）。

> 摆放规则：A 级关系要边靠边放，E 级关系至少角靠角，X 级关系既不能靠边也不能靠角。

本例先将 2 和 6 两块与 1 块靠边摆放，如图 7-11（a）所示。

完成 1 块的 A 级后，再看 E 级关系，本例将 3 块和 10 块与 1 块角靠角，见图 7-11（b）。

注意因为 I 和 O 对摆放并无多大用处，故在摆放图中省略。在图 7-11（b）中注意 A 级关系的边靠边和 E 级关系的角靠角（注意，因空间限制，每拼块的 A, E, X 关系没有写出，请读者做出拼块自己拼）。

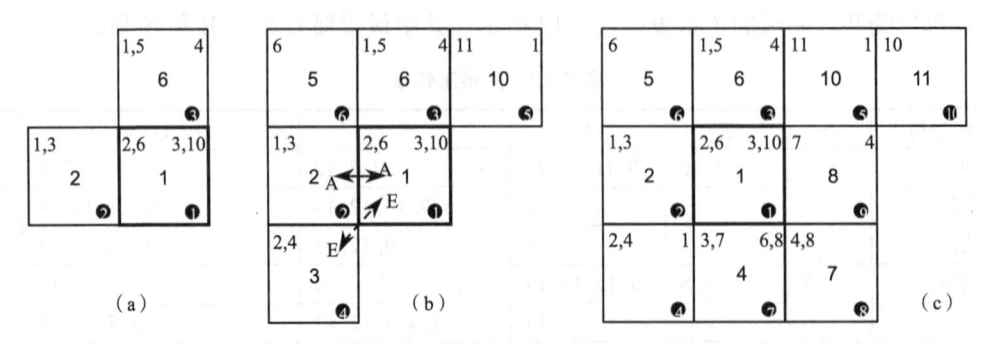

图 7-11 拼块及其摆放（黑圈数字表示摆放顺序）

接下来考察新加入的块，即 2, 6, 3, 10 的 A 级和 E 级关系，这里先将 5 摆在 6 左边。4 摆在 3 的右边，同样 7 摆在 4 的右边……以此类推，直到摆完为止。

因为 A 级关系边靠边，摆第 2 块时有 4 种选择，所以最后的布置图有多种方案，图 7-12 就列出了 4 种。这种类似摆积木的方法，虽然也得到多种方案，但总体来说，比线形图方法试错的次数要少得多，而且不存在线条的长短问题，更容易操作。

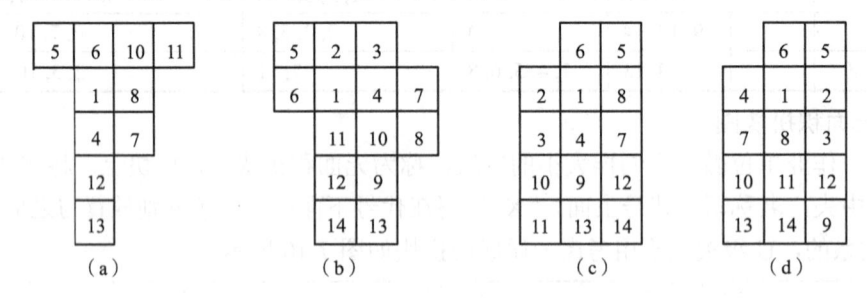

图 7-12 完成后的拼块图

对这些方案可以做一个好坏评级。方法是：如果 A 级的没有靠近，则扣 2 分；X 级的边靠边也扣 2 分；A 级的只角靠角，扣 1 分；X 级角靠角，E 级没有角靠角也扣 1 分。因此上述（a）方案的扣分是 2 分，是因为 4 和 6 的 E 级关系没有角靠角而扣的；（b）也扣 2 分，同样是 4 和 6 的 E 级关系没满足；（c）因为将 5 和 8 两个 X 级关系摆在一起而扣了 4 分，总扣分为 8 分；（d）的扣分则为 10 分。可见（a）和（b）这两个方案较好。

3. 物流流程分析

物流流程分析可以考虑物流流程图，可以在完成的拼块图上标出其物流流程路线。从本例来看，有一个明确的物流流程路线，即收货(5)→原料库(6)→制造(1)→焊接(2)→油漆(3)→装配(4)→成品库(7)→发货(8)。可以在完成的拼块图（见图 7-12）中标出这一流程，如图 7-13 所示。注意（a）（b）两个方案均是收发不在同一边的，若考虑收发可以在同一边，（c）方案也不错。而（d）方案没有流畅的流程，故舍去。

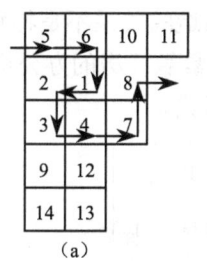

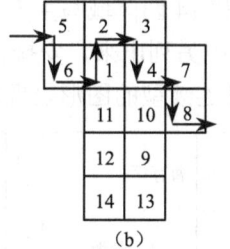

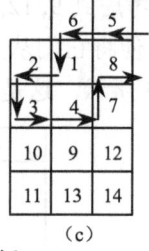

图 7-13 布置图的物流流程分析

4. 面积图

结合上面布置图，可以做出有面积的块状布置图。如对上述工具箱制造厂，已知各作业单位的面积需求如表 7-13 所示。

表 7-13 各作业单位的面积需求   单位：m²

代 号	名 称	面 积	单元格数（个）	代 号	名 称	面 积	单元格数（个）
1	制造	300	9	8	发货区	36	1
2	焊接	105	3	9	休息室	36	1
3	油漆	280	8	10	维修	36	1
4	组装	90	3	11	工具室	36	1
5	收货区	60	2	12	更衣室	20	1
6	暂存区	42	1	13	餐厅	60	2
7	仓库	390	11	14	办公室	190	6

可以算出，总需求为 1 681m²，圆整为 1 800m²，按长宽比 1:2 得厂房尺寸为 30m×60m。以 6m×6m=36m² 为基本单元格，总共有 50 个单元格，各作业单位圆整后的单元格数如表 7-13 中"单元格数"列。

这样，面积块状布置就是在此 50 个格子上分配各作业单位的。以图 7-13（a）的拼块图为基础，可以得到不同的格子布置图，如图 7-14 所示。这里尽量保持各单位的完整性和物流流程的畅通性。当然得到的图形还较粗糙，需要进一步调整与修正。

图 7-14 格子状的布置图

上述过程手工绘制较烦琐，不过步骤明确，可以得到明确的格子布置图。这种格子图实际上是一种离散型图形表现形式。

需要的面积常常受到实际可能性或其他因素的限制，因此必须对所需面积进行适当调整，使之可行，既符合建筑物的整体外形，又符合各作业单位面积的需要。调整时可压缩一些不必要的面积，也可进行新的组合。

如上例，最后考虑到 9，12，13 和 14 四区域与生产制造的关系不是特别密切，建筑和使用要求也不一样，便将它们从厂房中另列出来，安排在紧靠厂房的办公房中，修正后的块状布置图如图 7-15 所示，这是一种连续型的图形表现形式。

图 7-15 工具箱厂修正后的块状布置图

7.2.2 详细布置设计

得到块状布置图还不是设施布置工作的完结，还要进一步细化，安排工厂的设施和设备，得到详细布置图。在这一过程中，还要对布置进行进一步的修正和调整，一般会得到几个方案。在工具箱制造厂的例子中，各车间的具体情况如下：

1）制造车间将钢板先剪切成带状，再剪切成各零件毛坯，然后折弯成相应的形状并冲孔。该车间因有大块钢板搬运，故安排桥式起重机（天车），它直通收货区大门。

2）焊接车间为流水线布置，工位为双列相对直线式布置。各工位依次将箱体、箱盖和隔盘用自动点焊机焊接起来，工件放入吊篮集装，由单轨悬挂式输送机输送。

3）工件焊接后进入油漆车间，经过清洗、干燥、上漆、烘烤等工序，由单轨悬挂式输送机运送。

4）进入组装车间，箱盖要铆装提手和上锁扣，箱体要铆装下锁扣。然后上折页，最后是产品包装、下线。

经评价确定了最优方案后，最后的详细布置图如图 7-16 所示，主体为 75m×24m 的大厂房，旁边是办公及辅助设施。其中物料搬运系统主要采用单轨悬挂式输送机构成一个循环式回路，将各车间串接起来。需要说明的是，这种将各车间全部安排在一起的联合厂房是当今厂房设计布置的一个趋势，它可以节约占地面积、节省工程费用、方便生产管理和物流，可以集中供水、气和采暖、通风等，而且还有较大的调整余地。如丰田公司就采用联合大厂房，厂房之间平行布置、紧密排列且距离很近，门与门相对，节省生产占地，缩短物流距离且使物流顺畅。联合厂房的详细内容会在第 10 章介绍。

总之，块状布置图只是设施布置工作在部门级布置的初步成果，还要细化到更小的作业单位，安排具体的设施和机器设备，做出详细布置。详细布置在工厂里也称为车间布置，分为车间总体布置和工作地（工作站）布置。前者就是要确定车间级作业单位内部的组成单位（工段、班组等），实际上仍是块状布置，可用前面介绍的方法；后者确定工作地、机床设备之间的相互位置。

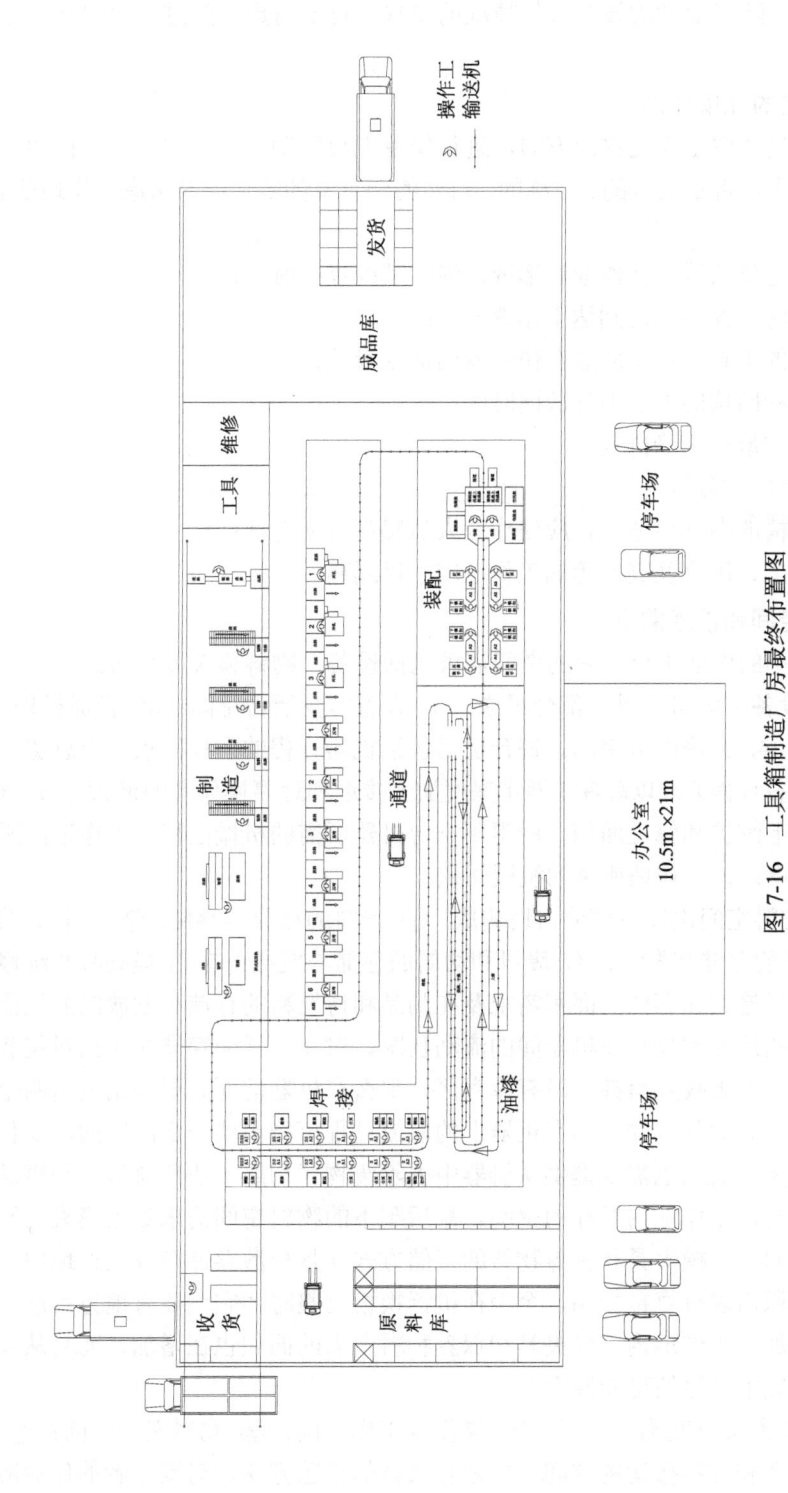

图 7-16 工具箱制造厂房最终布置图

注：厂房为 75m 长，24m 宽。上部跨货车上的双线代表天车，下部有一个单轨悬挂式输送机将各生产部分串起来，便于物料运输。

7.2.3 工作地布置

在实际布置中，除了要考虑设施具体情况的要求，还要考虑生产过程中现场工作地的要求。

1. 工作地布置的几项原则

工作地布置应当考虑工作地物流方向，进行作业人员的动作研究和人因工程学分析。根据作业人员的动作是否是同时的、对称的、自然的和重复的等情况来考虑工作地的要求，具体包括以下原则：

- 工具、物料定位放置，使作业者形成习惯，减少寻找时间；
- 运用各种方法使物料自动到达工作者身边；
- 使用频率高的工具、物料应放在作业者面前或身边；
- 尽量利用自动回位的方法消除放回时间；
- 工具、物料按最佳次序排列；
- 照明适当，视觉舒适；
- 工作台和座椅的高度要适宜，应使作业人员感到方便舒适；
- 有噪声、粉尘、污水及高温等的工作点应予以隔离。

2. 工作地的空间和技术需求

工作地就是最小的作业单位，它的空间需求包括设备、物料和人员空间。

1) **工作地的设备空间**可由以下部分组成：① 设备本身所占空间；② 机器行程空间；③ 日常维护空间；④ 大修服务空间。每台机器包括机器行程的面积需求可由总宽（静止宽度加上最大左和右行程）乘以总深（静止深度加上接近和远离操作者的最大行程）得到。在此基础上，再加上维护和修理面积，就得到一台机器所需的机械面积。工作地内所有机器的机械面积之和就是该工作地所需的机械面积。

2) **工作地的物料空间**由以下部分占地构成：① 来料的接收和存储；② 在制品的接收和存储；③ 待发料的存储和发送；④ 废料和切屑的存储与发送；⑤ 工模夹具和维修保养用物料。要确定物料接收和存储的面积需求及在制品和待发料的存储与发放的面积需求，就要知道集装单元的尺寸和物料在机器间的流动状况。对在机器旁存储的进出料集装单元要留有足够的空间。如果收发料部门没有库存区，那么在机器前面只要分别留出两个集装单元的位置就可以了。此外待加工料在机器上的取放过程可能需要一定的空间，如长条料会超出机器范围很多，而且也需要提供从机器中去除废物（切屑、边角料等）和废品的空间，以及这些废弃物在工作地内暂存的空间。最后剩下的物料空间需求是工模夹具和维修保养物料所需的空间。工模夹具和保养物料的存储方式（是分散存储在各工作地内还是集中存放）对这一面积需求有直接影响，至少在机器换模调整时，它们要有地方可放。随着机器调整次数的增加，工作地内工模夹具和保养物料所需的面积也在增加，而且从安全、防护和空间上看，集中存储的可能性更高。

3) **工作地内的人员空间需求**包括：① 操作者工作空间；② 物料搬运空间；③ 操作者进出空间。操作者和物料搬运的空间需求依赖具体的工艺方法。对操作者的作业应当进行动作研究和人因研究以确定工艺方法。考虑这些因素对应遵循以下通用原则：① 工作地的设计应当使得操作者取放物料时尽量不行走或进行长距离或不方便的伸臂动作;② 工作地的设计应当使得操作者的工作有效果且有效率;③ 工作地的设计应当尽量使得操作者安全、舒适、生产率高;④ 工作地的设计应当尽量减少身体损伤和疲劳,包括视力疲劳。除了操作者和物料搬运的空间需求,还要有操作者进出的空间。行走通过静止物体时至少需要 0.76m 宽的通道;如果是在静止物体和运转的机床间通过,至少需要 0.91m 宽的通道;而在两台运转的机床之间行走,至少需要 1.07m 宽的通道。

设施规划人员应当模拟操作者进行各种必需的活动。这种模拟将保证分配足够的空间,并可以显著提高总体运作水平。

在工作地布置中一定要考虑流动,不要形成孤岛。孤岛使作业人员常被孤零零地分隔作业,无法进行相互间的帮助;容易产生空手等待的浪费、半成品在库的浪费、搬运的浪费,无法实现"少人化"生产。不考虑人和机器的平衡就推进自动化,这是造成孤岛的原因。只有做好作业间的配合,实施能够互相支援的流动作业分配,才能达到"少人化"的目标。

3. 工作地布置存在的问题及解决方法

工作地布置初期具体条件不明确,布置可能没有那么详细,而且工作地布置经常会因操作和工艺的改变而调整,因而大量存在工作地布置的评价和再布置问题。要考察工作地是否经常存在下列现象:

- 作业台很大,实际使用只需要一小部分,其余堆满了原材料、半成品及工具夹;
- 作业台只有一层,只利用了平面空间,未利用立体空间,员工在一个很大的范围内拿取所需物品,既不方便又浪费时间;
- 物料集装容器设计不合理,要么太大,要么太小;
- 工作现场放了很多私人物品;
- 材料、车辆、空箱、卡板、手推车到处都是,碍手碍脚。

在物品放置以前,要明确以下事项:

- 现在的工作是超额完成还是落后了?
- 在规定的场所有无错放的物品?
- 最近要生产什么?使用哪些零部件?

根据以上情况,要做到:

- 物料放置场所要设在生产线附近,若物料用完,作业者马上就可以发现;
- 为了便于管理,零部件要分类放置;
- 坚持先入先出的原则;
- 实施定置管理,明确零部件的放置场所、位置、数量和状态。

通过规定物品的放置方法,可以把握生产的异常状态,从而进行改善,这可以按表 7-14 的提示来掌握。

表 7-14 放置方法和制度化重点

项　目	规定内容
场所	规定物品的放置场所，并进行定置、定量管理
放置方法和标识	根据放置场所的现物标识、最大量标识、最小量标识，就可以知道物品的有无、生产的进度及接下来应该加工什么等情况
包装形态	从物流的角度考虑取放、数量确认的难度和节省空间
管理	场所、种类、名称、最大量、最小量等明确，便于推进全员信息共享，正常和异常情况也一目了然

4．改善工作地布置的方法

要避免物料的外包装进入生产现场。如果物料的外包装进入生产现场，就很容易产生灰尘和垃圾，如同在垃圾场生产，怎么可能生产出高质量、高价值的产品？到处都是空箱、纸皮或泡沫塑料，占据了很大的地方，还要不时回收，导致物流不畅。

既然不能让外包装进入，就要采用物流集装容器，设计并选用合适的盒、架、箱等容器，保证物料流动和空间的充分利用。另外，可从人因工程学的角度出发，设置扇形的作业区域，并充分利用立体空间，如图 7-17 所示的工作地布置。再者，相似物料、不良品和废品要隔离摆放，防止错用，并做好标记及防护措施，便于正确放置和查找。

资料 17　机器布置与二次分配问题

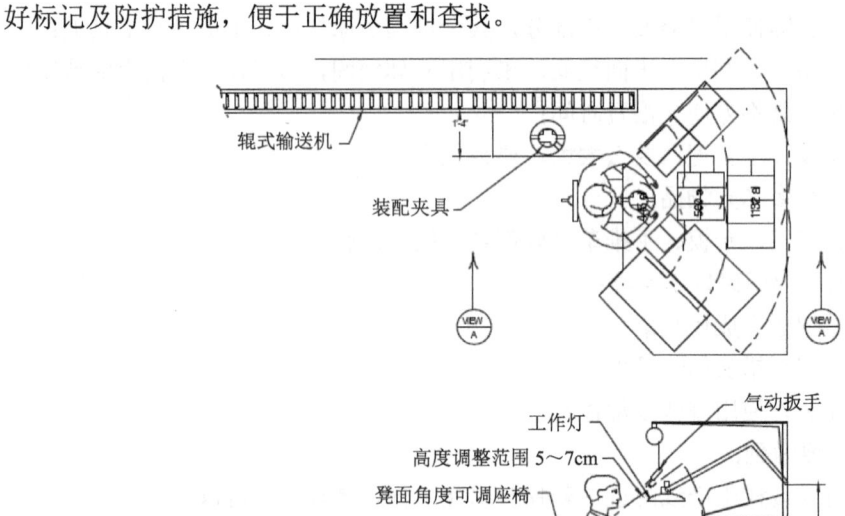

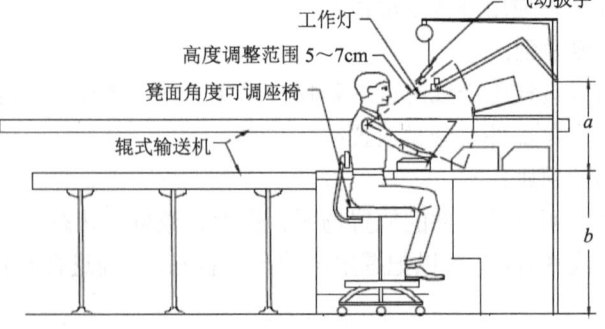

图 7-17　工作地布置示例

7.3 服务设施布置与设计

服务不同于生产的主要特点是不生产有形产品,但服务有可能提供有形的产品,或者涉及物品。服务设施的布置对象非常广泛,如办公室、商店、超市、仓库、医院、餐厅、车站、银行,甚至像迪士尼之类的大型游乐园等。总体来说,服务系统主要涉及的是人员、信息和商品的流动,布置类型可归结为办公室、零售店、仓库和其他布置。通常,办公室布置主要考虑信息和人员的流动;零售店布置考虑人员和商品的流动;仓库布置考虑物料的流动。

由于顾客的需求,服务设施布置常采用过程(工艺)原则布置,以顾客流动或文件流动最小化为目标。但还有其他目标,如零售店布置要尽量将产品在顾客动线途中展现给顾客,布置和店面设计要有艺术美感,甚至还有用计算机程序来确定货架空间、排面管理、货物陈列与盈利能力分析。

本章我们介绍前两种服务设施的布置及其他布置,仓库布置将在第 8 章再详细讨论。

7.3.1 办公室布置

办公室布置与工厂布置最大的区别是信息的重要性。办公室布置强调信息流和纸面文件处理流程,并考虑人员的需要。办公室里的工作人员、他们的工作内容、每个部门的人员组成和各部门的相互关系是必须考虑的,组织机构图是分析各部门和人员相互关系的良好工具。

办公室布置的另一个特点是灵活性。组织的人员变动和机构变化都会带来办公室布置的变化,幸好办公室再布置比工厂要容易得多。现代办公室的可移动性、模块化家具非常容易改变布置。模块化布置既便于交流,又保证了一定的私密性;既节省空间,又可以灵活组合。另外,模块化布置外观统一、漂亮,能给人以良好的形象。模块化布置开放性强,但隐秘性不够。

相关图是最有用的方法之一。可以先考虑信息流和人员流得到不同的相关图,再根据具体情况,得到综合相关图,以此作为办公室布局的依据。如无面积拼块图在这里应用更好,因为各办公室差别不是很大。

在我国,普通办公室每人使用面积不应小于 3 m^2,单间办公室净面积不宜小于 10 m^2。专用办公室中,设计绘图室,每人使用面积不应小于 5 m^2;研究工作室,每人使用面积不应小于 4 m^2。根据需要可分设大、中、小会议室,中、小会议室可分散布置。小会议室使用面积宜为 30 m^2 左右,中会议室使用面积宜为 60 m^2 左右;中、小会议室每人使用面积,有会议桌的不应小于 1.8 m^2,无会议桌的不应小于 0.8 m^2。

如果采用模块化的开放式布置,可以节省不少面积,而且通过有效利用高度空间,可在办公室面积不扩大的情况下,提高空间利用率,有利于员工间的交流。但办公室布置究竟采用模块化布置还是单独办公室布置,还要根据具体情况来定。可以采用两种方式的混合,如一些重要的职位和会客室采用单独办公室式布置,一般员工则采用模块化布置。

7.3.2 零售店布置

零售店布置（Layout for Retailers）是指店内展示商品的安排方法，它不仅要考虑各商品的摆放位置，还要考虑展示能吸引顾客，包含很多艺术的因素。例如，商店应当通过橱窗展示吸引顾客进入商店里面，通过商品的合理分区、摆放和展示，让顾客易于找到其所要的商品。此外，商店布置还应让顾客经过走道时，能看到冲动性购买的商品。限于本书范围，这里主要介绍零售店布置的一些主要方法和原则，不涉及艺术的因素。

只要是一个有点规模的商店，其内部总有一些位置是"黄金铺面"，顾客的交通路线就是毛利最高的商品摆放的最佳位置。冲动性购买的商品和常用商品应当摆放在店的前部；顾客要仔细挑选的商品及特殊商品自然会吸引识货的人，不应放在黄金位置。

零售店布置应充分了解顾客的购买习性。如果顾客进店来买特定的商品，并趋向于直接走向这些商品，那么可在路途中布置一些附属的商品。观察顾客的行为有助于确定热销商品和滞销商品。经过客流量、灯光、通道、展示位置、声音、招牌和颜色等多因素的综合考虑，店主就可以找到最好的商店布置。

零售店主要有三种布置形式：
- 网格式（Grid Layout）；
- 自由式（Freestyle Layout）；
- 精品店式（Boutique Layout）。

网格式布置以矩阵网格方式安排柜台，通道都是平行的。大多数超市和相当数量的折扣店都采用网格式布置，因为它适合自选购物方式，容易控制客流量。网格式布置能有效利用销售空间，创造整洁的环境，并能简化购物活动。典型的网格式布置如图 7-18 所示。

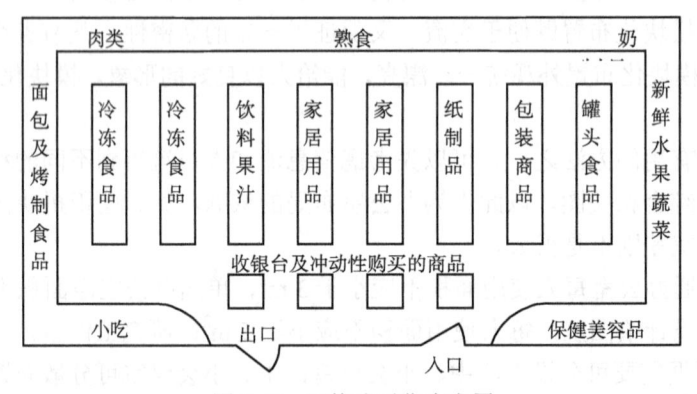

图 7-18 网格式零售店布置

自由式与网格式有很大的不同，它采用不同形状和大小的柜台（货架）展示。自由式的主要优点是有一个轻松、友好的购物气氛，能够鼓励顾客更长时间逗留和购买，并增加顾客冲动性购买的机会。但是自由式布置的空间利用率不高，而且规划不好还可能会产生安全问题。自由式布置的例子如图 7-19 所示。

精品店式布置将商店划分为一系列相对独立的购物区，每个区域都有自己的主题，就像在一个大店里布置一系列专卖店一样。精品店式布置能为顾客提供一个独特的购物环境，有些小的百货商店就采用这种布置，可以展现独特的形象，如图 7-20 所示。

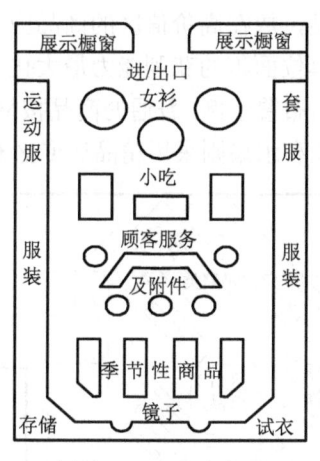

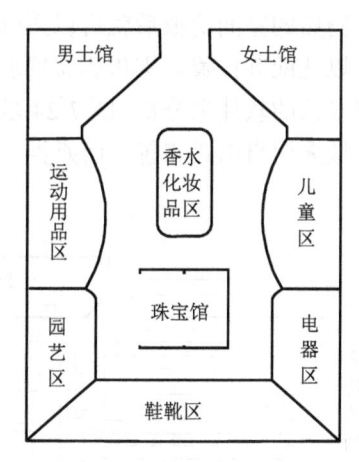

图 7-19　自由式布置　　　　图 7-20　精品店式布置

商店应尽可能地将商品展示得吸引人。最好的效果是，顾客的眼睛一看到展示，就知道该店出售商品的类型。顾客一般更能记住展示的商品，而不是货架上的商品。公开展示主打商品就可创建一个吸引人的销售区域，而将互补的商品一起展示能带动销售。例如，在西服衬衫区展示领带，或在鞋帽区展示手袋，常会引发顾客多项购买。

空间充裕的展示为商品提供了一个开放的视线，并能减少店内失窃的发生。公开、宽敞的形象比混乱拥挤的外观要好得多。另外，展示高度也很重要，因为顾客不会购买他们看不到或够不着的商品，尤其是在超市。

零售商还要记住将店中销售区和非销售区分开，在主销售空间中不要布置存储区、办公室等非销售功能区，虽然非销售活动对零售成功是必需的，但它们不能喧宾夺主，占据值钱的销售空间。

很明显，商店内的空间的各部分在创造销售收入上并不相同，可以用空间价值来区分。例如，多层建筑内不同楼层的区位价值不一样，同一楼层内靠近通道、入口处的价值更高。一般来说，随着与主入口距离的增加，空间价值不断下降。一般楼层区位价值如图 7-21 所示。

通道的布置对吸引顾客也有很大影响，沿主通道摆放的商品一般销量会更高，其客流量一般分布如图 7-22 所示。

空间价值也依赖与商店入口的相对位置。一般来说，距离越远，价值越低。另外，统计数据表明：大多数顾客进店后，先向右转，再逆时针移动，而且大约只有 1/4 的顾客会逛超过一半的店面。典型商店布置的平面空间价值如图 7-23 所示。

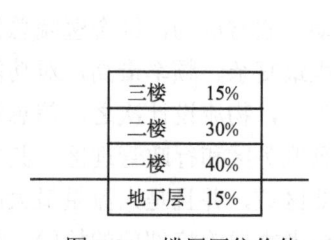

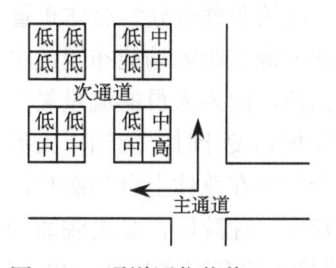

图 7-21　楼层区位价值　　　　图 7-22　通道区位价值　　　　图 7-23　商店平面空间价值

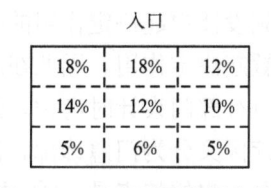

明白了商店的空间价值后就可以正确地布置商品，放在高价值区的商品应当产生足够的销售量，以匹配其位置。零售店布置总的目标是单位面积的获利能力最大化，在这方面国外甚至有专门的软件来分析。图 7-24 是一个超市的布置示例，普通的商品按网格式布置，食品中间区域采用自由式布置，而奶类、面包、蔬菜和水果则采用精品店专区布置。

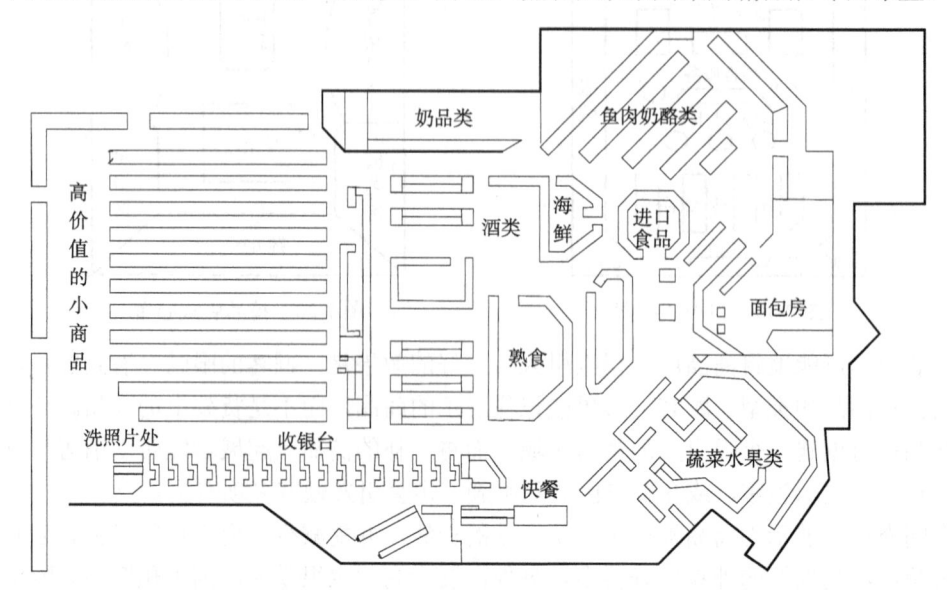

图 7-24　超市布置示例

7.3.3　其他布置

服务设施的内涵相当广泛，但总体来说采用功能布置（工艺原则布置）更普遍。这里主要介绍一下医院和餐厅的布置。

1. 医院布置

从传统观点来看，医院设计似乎与布置关系不大，但是如果将就医的病人看作"活动的物体"，病人就诊时的流动就是物的流动，这一"物流"难道不需要距离最小化吗？现代综合医院的功能相当复杂，主要有三大类流动：人流、物流和信息流。其中，人流又可分为医生人流、护士人流、病人流、陪伴探视人流和工作人流。物流可分为洁净物流和污染物流，药品和医疗用品的流动要与医疗垃圾和污染物流严格分开。信息流主要是医疗信息的传输，借助计算机网络信息流可以得到很好解决，并为物流、人流提供管理和支撑功能。对这些流动的分析是做出合理布置的前提。

同工厂布置的层次类似，医院布置可分为总体布置、部门科室布置和详细布置。

在医院总体布置中，首先要确定影响功能布置的主要流动。通常认为，综合医院总体规划设计中起决定作用的是人流，因为人员的流量最大、流程最复杂、频率最高，对功能设置起决定作用。因此在总体规划设计时，应当以人流设计为主，物流设计次之，信息流在进行部门设计时考虑。综合医院在总体上分为医疗区、后勤服务区和行政管理区，其中医疗区又分为门急诊部、治疗区、住院区，是医院职能的主要区域，并且是人流量最大的部分，它的特点是：① 人流量大并有高峰时段；② 门急诊患者需要治疗部门的检验、检查和诊断结果，会有大量人流在治疗部和门急诊部之间流动；③ 住院患者需要定期在治疗部接受检查和治疗，但与门诊部比较，人流量要少得多。因此在功能设计与布局上，应当是门急诊位于院区的最前端，住院部位于后端，治疗部位于中间。而后勤服务区对于医疗区的支持主要体现在物流方面，其中，医疗用品（对于治疗部分）和药品是主要物流，因而应当以它们为主进行布局。行政管理区与前面各部门的关系体现在信息流方面，现在用计算机网络容易解决。

医院科室布置中患者的流动分析也是重点。其实病人身体不适才去看病，最需要的就是移动距离和移动时间最短，最怕的就是挂号、候诊、检查、交费、取药这一流程中的前跑后等！因此，一些医院的专门科室将上述流程涉及的候诊、检查、交费等作业单位集中布置，即成组单元布置。

在医院布置中手术部是另一个重点。随着现代医疗科技的高速发展、各种新技术的应用，现代手术部越来越朝综合、多专业集成方向发展。在设计布置手术部时，不但要有多方面的专家参与，其内部组成、流程布局、设施设备的配置、使用和管理、空间定位和整体的各种联系都应统筹兼顾，使人流、物流、信息流顺畅、便捷。

例如，洁净手术部是由洁净手术室、洁净辅助用房和非洁净辅助用房组成的自成体系的功能区域。其中，洁净手术室是核心，它一般由手术台及周边区构成。洁净辅助用房一般包括麻醉准备间（预麻间）、刷手间、冲洗消毒间、无菌储存间、一次性物品库、麻醉苏醒间、护士站、更衣室、换车室、家属等候室及洽谈室；非洁净辅助用房有会诊教室、办公室、休息室、值班室、库房、敷料洗涤间等。除上述辅助用房外，还有一些与洁净手术部关系密切的治疗部门，如重症护理单元（ICU）、供应室、检验科、血库、血气室和快速病理切片室等，在设计布置中需加以注意，使它们联系方便、途径短捷。如将这些功能房间看作作业单位，完全可以用 SLP 来进行分析设计。

但医院布置还有其特定的专业要求，如洁净手术部平面布置应符合卫生学和医学流程的要求（无菌要求、人流物流及洁污分明）；应全方位、全过程地控制污染途径（包括手术部空气净化、无菌物品送发、储存、无菌技术操作及使用后物品的消毒处理）；应符合流线简明、快捷、高效的原则（所有人流、物流的工作轨迹与环节都能体现及时、周到、方便）；应符合洁净手术部的管理要求。

至于洁净手术室的布置方式，以符合卫生学要求、就地消毒、污洁分明为原则，主要采用三种组合布置方式：单通道式、双通道式和中央岛式。在手术室的布置方式中，设置洁净与清洁双通道最为常见，它适用于大多数的常规手术部。而中央岛式的布置方式可专辟无菌物品间，非常适合大型、复杂、手术多的手术部，以满足无菌器械、物品的种类多、数量大和运输频繁的要求。

单个手术室以手术台为中心，采用固定式布置，如图 7-25 所示。手术台长边下侧为巡视区域，人员流动相对较多，而且病人从这一侧上下手术台，应尽可能不安放设备。一般除麻醉机位于患者头部位置外，绝大部分医疗仪器与装备均布置于主刀医生一侧的后边。在洁净手术部平面设计中，单个手术室内部布置有一定的套路，而各手术室在手术部中的位置与组合方式却多种多样，应结合医院的实际情况与特色，做到以人为本、安全可靠。

图 7-25 手术室的固定式布置

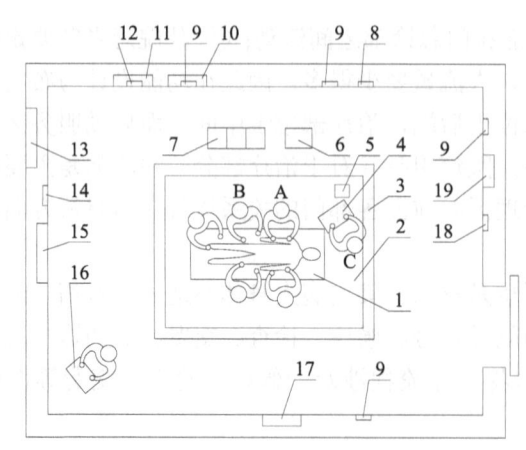

1.手术台　2.送风天花（设无影灯及排风口）
3.灯带　4.麻醉机
5.吊塔　6.指示仪　7.辅助治疗仪器
8.备用气体箱　9.插座箱　10.器械柜
11.药品柜　12.等电位箱　13.配电盘
14.记录板　15.信息面板　16.监护仪
17.观片灯　18.计时器　19.麻醉品柜
A.主刀医生　B.器械护士　C.麻醉医生

案例7　SLP 用于某外科手术部布置

医院布置与改善已经引起有关管理部门和医院的重视，从物流工程和设施规划角度也值得深入研究。

2. 餐厅与厨房布置

随着我国经济的发展和人民生活水平的提高，餐厅及厨房的布置设计是非常普遍和常见的需求。餐厅的平面布置、设备设施的安装和装修都应遵循"功能设计"的原则，满足企业定位与盈利、顾客、作业服务、员工和餐饮文化等多方面的需求。可以说在服务业日益发展的今天，餐厅和厨房的布置设计并不比一般工厂的简单，甚至更复杂。

任何一个餐厅在设计之初，都要考虑到所面向的顾客群体和投资的规模，做好项目投资预算，以此确定装修价格水平和座位数，进而决定前厅、吧台、用餐区、厨房、库房、职工生活区等部门的面积和比例。这相当于 SLP 中的 P-Q 分析。

餐厅设计中物流分析要考虑四大流——顾客、物料、员工和信息流，要促进它们的交叉互动和协调统一。顾客流是顾客从停车、进门、等候、入座、点菜、就餐、结账、出门到离去的流程；物料流是物料从购入、储存、取用、加工、上桌、清理到垃圾处理的流程；员工流是员工从上班、更衣、工作、下班、出门到回家的流程；信息流是就餐、点菜、加工等信息从传入、收集、分析、传递、决策、指挥到存储的流程。如果说顾客流对餐厅前台布置有重要影响，那么物料流则对后台有重要影响，其他流对顾客服务质量和餐厅效率和效益也都有重要影响。

餐厅作业服务的需求体现在布置模块上主要是前台的用餐区、后台的厨房和服务辅助空间。餐厅作为服务设施当然要满足顾客的需求。在设计餐厅的时候，就要考虑客人的每项活动，根据行为科学，合理地布置和设计设施设备及装修。例如，快餐的椅子不能太舒适，因为客人吃了就走，翻台率高。不但要考虑到单个客人，还要考虑到群体。例如，一家人就餐就要考虑到老人、女士和孩子的不同需要，这就是为什么一些餐厅面积再小也要设计出一个儿童游戏角的原因。

食材购入之后，要进行验收、储存、粗加工、细加工、清洗、备料、配料、烹调、装盘、配器、传递、展示、上台、服务、清理等一系列复杂、细致的操作后，才能提供给客人。厨房设计不但要有满足上述作业流程的合理布置，还要考虑作业人员的人因要求和食品的物理化学要求，如柜门的高低、开关的位置、厨房的温度、灶台的亮度、冷热之间的关系，以及食物会不会交叉污染，许多方面都需要进行科学的功能设计。

中西餐两种明显不同的餐饮方式在布置上也有很明显的差别。如中餐的大餐桌和大包厢在西餐中就不常见，两者在餐厅出入口、通道、餐桌和包厢等的布置上有较大区别，但有互相借鉴的趋势。中餐的原料和品种极为丰富，可以用 SLP 的方法来进行整个厨房系统的功能布置；而西餐厨房更多采用单元式布置和流水线式布置。例如，西式快餐厅采用标准化样板厨房来提高效率和保证质量，用 2、4 人餐桌的合理配置来获取最大的收益。

总之，餐厅布置设计中要以顾客定位和服务标准为起点，仔细分析四大流，合理安排它们的场所、设备设施、通路的需求，结合现实情况，做出合理的布置。这个过程需要经验的积累，但更重要的是物流流程分析和标准作业程序的应用、系统布置和改善，这些是我国餐饮从业者比较缺乏的知识和经验。

7.4 布置模型与算法

计算机软硬件技术的迅速发展给布置带来了很大的进步，有了计算机，ALDEP、CORELAP、CRAFT 及 MultiPLE 等布置模型与方法大有用武之地。这些方法可以分为两大类：构造型及改进型。构造型是由物流从至表、相关图信息出发，生成一个全新布置图，如 CORELAP、ALDEP；改进型则是对已有布置的改进，寻找一种更好的布置图，如 CRAFT、MultiPLE。此外，还可以按照这些布置方法所依据的输入信息来分，有的基于物流从至表，如 CRAFT、MultiPLE；有的基于相关图，如 ALDEP、CORELAP；有兼而有之，如 BLOCPLAN。

下面介绍算法的几种分类，然后重点介绍构造算法的代表 CORELAP 和改进算法的代表 CRAFT，并介绍混合整数规划模型及算法。

7.4.1 算法分类

上面已经说了，布置算法可以按照它们所需的输入数据类型来分类。现在的算法更趋向于采用从至表数据，这就要用更多的时间和精力来准备从至表，但这些算法完成后能提供零件流动（或物料搬运次数）更多的信息。

1. 按目标函数分类

布置算法也可以按其目标函数来分类。布置有两种基本目标：一个是使流量与距离乘积的和最小，另一个是使相邻程度值最大。前者是"基于距离"的目标，类似于经典的二次分配问题的目标——在输入数据为从至表时尤其如此，如 CRAFT；而后者是"基于相邻程度"的目标，更适合相关图，如 CORELAP 和 ALDEP。

首先考虑基于距离的目标，设 m 为部门数，f_{ij} 为从部门 i 到部门 j 的物流量（以单位时间移动的集装单元数来衡量），c_{ij} 为将一个单元的物料从部门 i 移动到部门 j 单位距离的成本。于是目标函数是要使单位时间内部门间物料的移动总成本最小化，即

$$\min Z = \sum_{i=1}^{m}\sum_{j=1}^{m} f_{ij} c_{ij} d_{ij} \tag{7-3}$$

式中，d_{ij} 是部门 i 到 j 的距离。在很多布置算法中 d_{ij} 以部门矩心最近直线距离来度量，但也可以按特定的通道结构来量取。

注意式（7-3）中 c_{ij} 的值是假设与搬运设备的利用无关，且与移动的距离线性相关。如 c_{ij} 的值不满足上述假设，可以设对所有的 i 和 j 都有 $c_{ij}=1$，那么只考虑在设施中总的物流量，即 f_{ij} 与 d_{ij} 的乘积。有时，也可以将 c_{ij} 当作相对"权重"（按集装单元的属性，如尺寸、重量、是否散放等），并使总的物流量的加权和最小。

至于基于相邻程度的目标函数，其中相邻程度的量值是按布置中所有相邻两个部门的物流量或密切程度关系值 f_{ij} 的总和来计算的。如果部门 i 和 j 相邻（共边）就令 $x_{ij}=1$，否则 $x_{ij}=0$，目标是求相邻值最大，即

$$\max Z = \sum_{i=1}^{m}\sum_{j=1}^{m} f_{ij} x_{ij} \tag{7-4}$$

虽然从式（7-4）所得相邻值有利于比较不同方案的好坏，但要经常评价一个特定布置在某个上下边界的相对效率，此时设施规划人员可采用以下"归一化"的相邻值。

注意归一化的相邻值（也称为效率等级）由式（7-5）所得总相邻值除以设施内的总物流量。相邻值归一化的结果总是 0～1。如果归一化的相邻值等于 1，则表明所有的正向流量的部门单位都是相邻布置的。

$$Z = \frac{\sum_{i=1}^{m}\sum_{j=1}^{m} f_{ij} x_{ij}}{\sum_{i=1}^{m}\sum_{j=1}^{m} f_{ij}} \tag{7-5}$$

2．按图形表现方式分类

布置算法可以按布置图形表现方式进一步划分为离散型和连续型。

离散型表现方式允许计算机以矩阵形式存储和处理布置数据，用得更多。它以格子大小确定了布置的总体分辨率，每个部门的面积要四舍五入到最接近的整格子数。格子越小则分辨率越好，部门的形状也更灵活。但格子小则格子数量多（矩阵大），会显著增加计算负担。因此，对采用离散型表现方式的算法，选择合适的单元格尺寸是很重要的决策，必须在规划过程的初期就确定下来。

连续型表现方式没有格子结构，虽然它在理论上比离散型更灵活，但在计算机上难以实现。现有计算机布置算法仅在厂房和部门形状均为矩形时才采用连续型表现方式。只有部门为矩形时，面积、矩心的坐标和南北方向边的长度均已知，才能确定它的精确位置和形状。

▶▶ 7.4.2 CORELAP

CORELAP（Computerized Relationship Layout Planning）是 1967 年提出的一种构造算法，它以作业单位之间的相关图为基础，布置的目标是实现作业单位之间最大关系密切程度，可以说是 SLP 的计算机化。

根据相关图，可以对作业单位关系等级的权重赋值，如 $A=6, E=5, I=4, O=3, U=2, X=1$。对每个作业单位所有的关系值求和，得到作业单位总密切程度等级（Total Closeness Rating, TCR）。选择 TCR 最大的部门作为最先进入布置的作业单位。若最大 TCR 值有多个，取面积最大的，若还有相同的，任取一个。第二个进入的作业单位选择与第一个有 A 级关系的，再依次选 E 级、I 级……如果在同一关系级中有多个作业单位，选择作业单位 TCR 值最大的。这一过程类似前面的工作表法。

CORELAP 用矩形的作业单位构造布置，在布置中作业单位形状尽可能设计为基于正方形的。确定了布置顺序后，开始向布置图中放置作业单位块。放置原则是保证进入布置图的作业单位与前面进入的相邻作业单位的关系值之和 NCR（Neighbor Closeness Rating）最大。在图 7-26 中作业单位 1 有 3 种放置方法。其中放置在 1a，则与 3, 4 相邻，$NCR_{1a}=CR_{13}+CR_{14}$，$NCR_{1b}=CR_{14}$，$NCR_{1c}=CR_{13}$，故选择 1a 位置。

对布置图好坏的评价是：任意两个作业单位之间的关系值与它们之间的最短直线距离积的总和最低为最优。

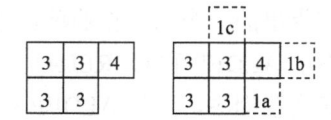

图 7-26 放置方法

例 7-5 以图 7-27 所示的 5 个作业单位相关图的简单例子来说明 CORELAP 的原理。1～5 个作业单位面积分别是 20, 40, 40, 60 和 20。

解：先求出 TCR 表，如表 7-15 所示。

再根据 TCR 值和面积确定布置顺序。表中作业单位 2 的 TCR 值最高，故先布置。随后布置与 2 有 A 级关系的 1，4 和 5 与作业单位 2 均为 I 级关系，但 4 面积更大，故先布置 4，再布置与 2 有 O 级关系的，故布置顺序为 2→1→4→5→3。

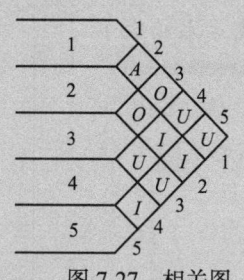

图 7-27 相关图

表 7-15 TCR 表

作业单位	1	2	3	4	5	TCR	面积
1		6	3	2	2	13	20
2	6		3	4	4	17	40
3	3	3		2	2	10	40
4	2	4	2		4	12	60
5	2	4	2	4		12	20

接下来，由各部门面积确定最终平面布置，布置过程如图 7-28 所示。

图 7-28 CORELAP 布置过程

应该注意的是，由于用的是确定性方法，CORELAP 只产生一个最终布置方案，但可改变关系分值，如设定 $A=200, E=100, I=50, O=10, U=0$ 和 $X=-200$ 得到新的方案。

布置方案的评价如表 7-16 所示，其中 2 个作业单位间的距离为到达公共边最少需要的距离。比较不同方案，以总得分最小为最优。

表 7-16 CORELAP 布置方案的评价

关系等级	A	I	I	I	O	O	U	U	U	U	
关系值	6	4	4	4	3	3	2	2	2	2	布置
从	1	2	2	4	1	2	1	1	3	3	方案
至	2	4	5	5	3	3	4	5	4	3	得分
距离	0	0	0	2	2	0	0	1	1	0	
乘积	0	0	0	8	6	0	0	2	2	0	18

7.4.3 CRAFT

CRAFT（Computerized Relative Allocation of Facilities Technique）是 Buffa 等人 1964 年提出的一个以各作业单位之间物料搬运总成本逐步减少为优化原则的程序。和基于相关图的 ALDEP 和 CORELAP 相反，CRAFT 以从至表为基础，因此，有时也称 CRAFT 为定量布置程序，而称 ALDEP 和 CORELAP 为定性布置程序。

CRAFT 通过对现有各作业单位的平面布置，将某两个作业单位相互交换位置，计算交换后的物料搬运总成本，并进行比较，取总成本最小的布置为优化候选方案，再考虑其他具体条件的各种限制，选择一个可行的优化方案。在与其他设计方案比较确定某一布置设计是较好的方案时，CRAFT 用物料搬运总成本作为评价标准，好的布置总成本较低，最优布置则可能是总成本最低的。

下面以美国得克萨斯大学运筹学组 Paul A. Jensen 教授所编的 CRAFT 方法的 Excel 加载宏程序为例介绍 CRAFT 方法。

例 7-6 图 7-29 是以本章作业第 14 题为基础的包括 7 个作业单位 D1~D7 的布置设计初始数据，因为原题没有考虑成本，故成本从至表各项单位距离成本均取 1。

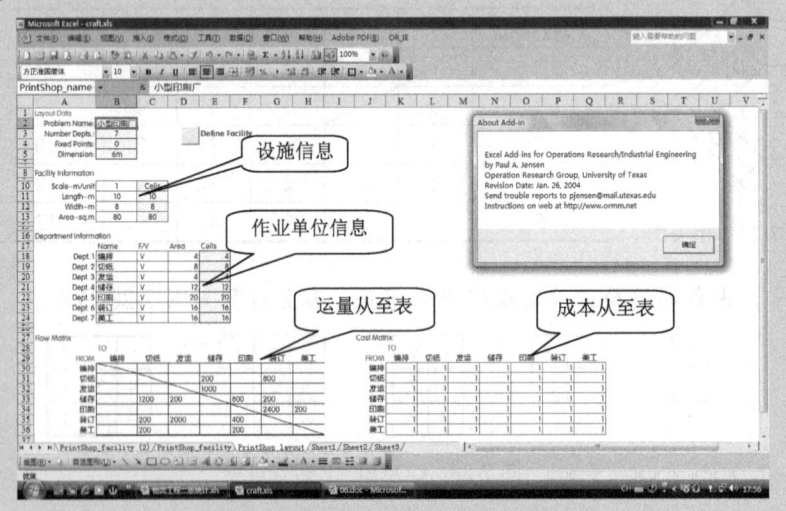

图 7-29 CRAFT 布置初始信息的输入

解：输入定义的初始信息后，单击"Random Layout"按钮，程序自动给出一个初始的布置设计，如图 7-30 所示。这里每个作业单位的矩心（Centroid）均已算出，它们的距离以矩心的直角（Rectilinear）距离来计算（这两个概念的含义请参见第 5 章）。初始布置见图 7-30 中右下角，其中 51 760 元为总成本，即先由直角距离乘以相应运量后得到物流强度，再乘以各自单位距离成本，得每个作业单位对的搬运费用，最后的乘积全部加起来。

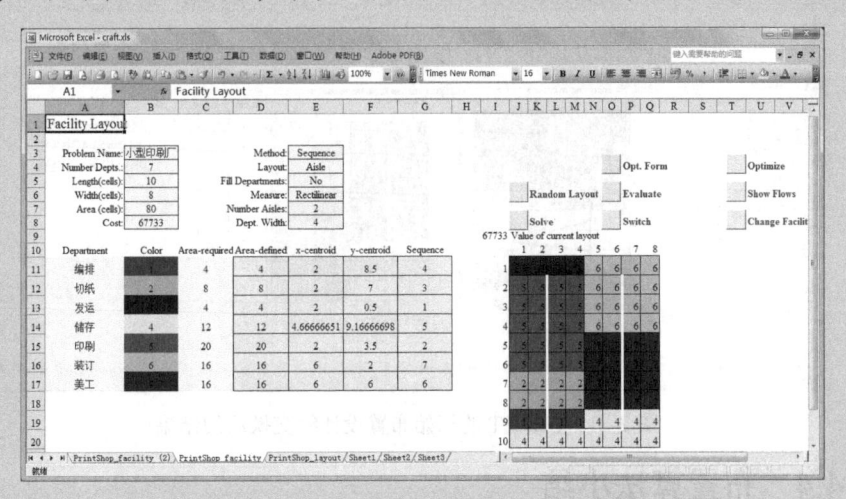

图 7-30 Jensen 的 CRAFT 加载宏程序自动生成的初始布置

给出初始布置后，CRAFT 成对交换两个作业单位，以设法改进布置设计，这就是看交换后的结果是否更好，即总成本是否减少。然而 CRAFT 的这种两两交换只能在相邻的作业单位之间或两个等面积作业单位间进行。例如，作业单位 5 和 6 交换后的结果为 49 700 元，比初始总成本 51 760 元下降了。每次交换后，比较新旧方案的总成本。总成本高的新方案显然就不予考虑，最优求解就是找到总费用最小的过程。例如，在作业单位 5 和 6 交换的基础上再进一步交换 3 和 4 的位置后的结果为 43 300 元，它已经是该初始方案下最优的了。

CRAFT 法的结果取决于初始布置，不同的初始布置可得到不同的最优解，但可进一步从这些最优解中找到一个最好的。但是，程序给出随机的初始解不一定轮询了全部初始方案，因而结果通常并不令人满意。另外，Jensen 的 CRAFT 方法还有一个缺点：初始解只能由系统给定，不能由用户设置。如图 7-31 所示，初始解总费用 57 533 元，经过三次交换，最终解为 42 800 元（粗细不同的黑线表示大小不同的物流强度），比上面 43 300 元更低。

由 CRAFT 产生的布置设计提供给布置设计人员一个评价标杆（Benchmarking），这个标杆就是各作业单位之间使总物料搬运或运输成本最小化的结果。因而，CRAFT 是应用较为广泛的一种设施规划优化方法，不断有人对它进行完善和改进，如 1973 年 Hillier 提出可进行非相邻单元交换的方法，1982 年 Johnson 开发出可以考虑多层车间及非线性物料搬运成本的 SpaceCRAFT。但 CRAFT 对于大型问题的作用是非常有限的。

MultiPLE（Multi-floor Plant Layout Evaluation）是类似于 CRAFT 的一种改进型、采用最速下降算法的软件，它也采用从至表作为输入数据，目标函数以部门矩心直角距离为基础，但它的部门形状并不限定于矩形，布置为离散表现方式。MultiPLE 不管两个部门是否相邻都可以进行交换，它通过采用空间填充曲线来完成交换功能。MultiPLE 既有 CRAFT 的灵活性，又没有 CRAFT 对部门交换的限制。

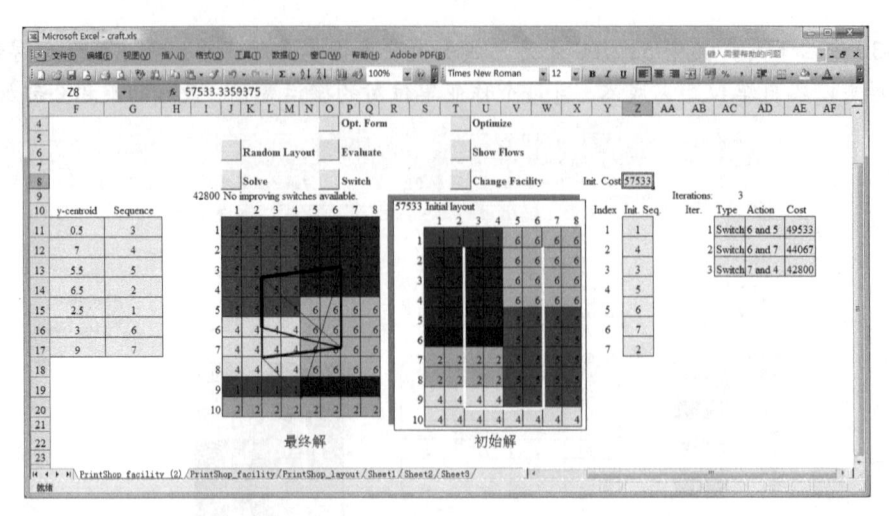

图 7-31 CRAFT 的初始布置设计经交换后的结果

7.4.4 布置算法小结

ALDEP 和 CORELAP 是早期使用的布置算法，能力有限，故实用价值不大。CRAFT 和 MultiPLE 算法的优化技术还是比较原始的。其他算法还有 MCRAFT、BLOCKPLAN、LOGIC、SABLE、MSLP、SPACECRAFT 等和图论算法，图论算法被目前流行的布置设计商品软件包 Factory Program 所采用。

如果采用连续式表现方式，而且所有部门均为矩形时，设施布置问题就是一个混合整数规划（Mixed Integer Programming，MIP）问题。回顾前面的内容，对矩形的部门，只需要矩心和部门的长度（宽度）数据，就可以确定其位置和形状。尽管可以用其他目标，但对这种模型我们采用基于距离的目标函数[见式（7-3）]。MIP 模型是一种构造型模型，因为对它没有必要输入初始布置方案，但也可以用于改进布置。

总之，这些模型和算法可以帮助布置分析人员开发或改进布置，同时提供目标判据，简化对该过程中出现的不同布置方案的评价。尽管计算机布置算法还不能取代人的经验和判断，因而无法得到布置的定性特征，但是计算机布置算法可以显著提高布置规划人员的生产率和最终方案的质量，因为它们可以在很短时间内产生大量不同的布置方案并给每个方案做出定量评价。计算机布置算法对假设分析也很有效，这种分析是通过改变输入数据或布置本身来观察结果的变化的。

7.5 布置设计软件与仿真

以计算机布置算法为基础进一步发展就可形成专门的布置设计软件，或者说形成计算机辅助设施设计（Computer Aided Facilities Design，CAFD）技术。现在各种计算机辅助设施设计技术开始应用于设施设计的各个领域和各个阶段，从学术研究部门到从事设施设计的工程实践部门，无不以计算机技术发展作为推动设施规划与设计的主导技术，CAFD 的应用越来越广。

▶▶ 7.5.1　计算机辅助设施设计的发展

设施规划与设计是项复杂的工作，要考虑众多的复杂因素，不但有定量因素，还有很多定性因素。不但要考虑工艺因素，还要考虑建筑物的限制、生产系统的效率要求，同时还要遵循有关的政策、法规。由于社会的进步、技术的发展，产品更新换代加快，新工艺、新设备不断涌现，生产系统朝着多品种、少批量的生产方式发展，因此要求生产系统设施布置频繁变化。随着计算机技术和定量分析技术的推出，计算机辅助设计规划或计算机辅助设施布置是必然的发展方向。

从 20 世纪 50 年代起，管理科学、工程数学、系统分析的应用，为工厂设计由定性分析转向定量分析创造了条件。20 世纪 70 年代以来，推出了一些计算机辅助工厂布置算法，较著名的有 CRAFT，CORELAP，ALDEP（自动设计法），PLANET（分析评价法）等。它们以搬运费用最少、相互密切度最大等为目标，产生一个最好的工厂布置方案。计算机辅助工厂设计逐渐进入实用阶段，可进行布置设计、场地设计、建筑设计、物料搬运系统和工艺流程的布置及动态仿真。20 世纪 80 年代，在物流系统分析中利用计算机仿真技术进行方案比较和优选。复杂系统的仿真研究包括：从原料接收到仓库、制造、后勤支持系统的仿真，仓储系统分析、评价的仿真等；设施设计的动态、柔性问题的研究；利用图论、专家系统、模糊集理论进行多目标优化问题的探讨等。

经过近 20 年的发展，CAFD 软件已经发展成两类：一类是纯粹进行设施规划与设计的软件，如 FactoryCAD, FactoryPLAN, STORM，SPIRAL 等，可以方便地用来进行计算机辅助设施规划与设计；另一类是在规划设计的基础上还包含仿真和性能分析的系统，如 FactoryFlow, FactoryOPT, ARENA, ProModel 等。

20 世纪末至 21 世纪初，信息技术发展处于高潮，人们结合现代制造技术、柔性制造系统（Flexible Manufacturing System，FMS）、计算机集成制造系统（Computer Integrated Manufacturing System，CIMS）和现代管理技术如 JIT 等进行物料搬运和平面布置研究。这时出现了数字化工厂的概念和 Delmia Solution，eMPower 之类的数字化工厂软件，不仅能完成设施规划设计和仿真评价，而且还包括制造规划、控制和供应链设计等功能，能与企业的产品数据管理和企业资源计划（ERP）相连接，是功能十分强大而完备的软件。

设施规划与设计有许多科学的、规律性的东西可以遵循，这就是目前形成的设施规划与设计的学科体系。这些科学的、规律性的东西，都可以借助计算机减轻人的脑力劳动强度，提高人的脑力劳动质量。计算机作为人的大脑的延伸，在设施规划设计中起着十分重要的作用。从前面的论述可以看出，无论是物料搬运还是平面布置，无论是设计中的数据处理还是图形处理，都与计算机技术的应用分不开。

然而，设施规划与设计不仅是一门科学，更是一门艺术。因此计算机无论怎样发展和应用得多么广泛，只能是辅助进行规划设计的工具，不可能代替人脑的创造性劳动。因此，积累经验，发展艺术灵感，使设施规划与设计更合理、更完善、更符合人的要求，仍然是设施规划与设计重要的一环。

需要说明的是，设施规划与设计的前期工作阶段包含了多种规划与设计环节：战略设施规划、可行性研究、场址选择、产品设计、纲领设计、工艺过程设计等，计算机在这些阶段中的应用也很广泛，且形式多样，如产品设计、工艺过程设计中有专门的 CAD/CAM 和 CAPP，以及 MRP、ERP 等。

▶▶ 7.5.2 典型软件简介

当前的设施布置软件主要有 FactoryCAD，FactoryPLAN，STORM 和 SPIRAL 这类辅助设计软件，而 FactoryFLOW，FactoryOPT，ARENA 和 ProModel 等软件除辅助设计功能外，还有仿真和性能分析功能。特别是 Factory Program 族软件在国际上使用较普遍。目前国内也有一些基于 AutoCAD 开发的 CAFL 程序。

1. 工厂布置和物料搬运系统设计软件

Factory Program 族软件是美国 Cimtechnologies 公司（已被 Engineering Animation Inc.，EAI 公司兼并）的产品，是被广泛认同的软件，使用效果不错。这一组软件包括 FactoryCAD，FactoryPLAN，FactoryFLOW 和 FactoryOPT 四个模块，各模块主要功能如下。

1）**FactoryCAD** 是在 AutoCAD 基础之上开发的专门用于工业和制造设施规划设计的绘图软件，创建、美化、改进和编辑布置图像使用 AutoCAD 一样方便，用户可以从软件的工具库中直接调出设施布置常用的图元、图块和设备等，并可将自建的图块加入库中。该软件还有专门的工具栏，如"工业""机床""搬运"和"传送带"等，只要单击工具栏上的一个按钮就可在图面上自动生成一个工具，画图效率大大提高。该软件还有"动画"功能，如用物料搬运设施时，动画指令跟踪设备运动路径，并能保证移动时四周有足够的间隙。FactoryCAD 还有三维绘图功能，并有方便的二维转三维功能。其他三个模块都是在 FactoryCAD 环境所建立的布置图上进行操作。

2）**FactoryFLOW** 是最早的商品化布置程序之一，可以将生产及物料搬运数据与实际设施图和物流路径集成在一起综合考虑分析，这样就能使设计人员以立体的形式看到并处理布置中的空间问题。该软件综合了大量的数据，如产品和零件文件、产量、零件物流路径、距离、物料搬运数据和固定及可变成本等，因此可以确定关键路径、潜在瓶颈和生产物流效率等。用户可以方便地改变这些数据以比较不同方案。这种分析便于设计人员取消无用步骤、缩短物料搬运距离来提高产出率，减少在制品库存和确定搬运要求等。

3）**FactoryPLAN** 是基于作业单位关系密切程度来进行布置设计和分析的程序，同强大的设计功能相比，它主要是一个规划工具，用于分析和优化布置，尤其是分析不同作业单位的相互关系，并可对不同的布置方案做出定量评价。

4）**FactoryOPT** 是与 FactoryPLAN 配套使用的软件，主要用于确定作业单位中心的优化位置，从而优化工厂布置。它可以自动创建块状布置图，用户可以从多达 324 种不同变量组合中选择合适的变量来处理布置算法。

2. 数字化工厂软件

数字化工厂软件是一个集成的计算机环境，能对整个工厂及其生产线进行设计和仿真。它比设施布置设计的内涵更加丰富，可以计划和优化一个完整的制造厂，评估制造新设计产品的可行性，设计和动态仿真显示一个自动的或手动的制造系统，并且能用虚拟加工模型为机器人和其他机床产生和修改程序。数字化工厂软件给传统的设计方法带来了革命。对加速新产品的开发，降低工程和制造成本，减少生产时间，提高生产力和产品质量起到了极为重要的作用。

Tecnomatix 技术公司和 Delmia 公司是数字化工厂软件领域的先驱和领导者，这里对 Tecnomatix 的数字化工厂软件 eMPower 中的 eM-Plant 生产线及物流仿真工具作一介绍。

eM-Plant 又称为 SIMPLE++，是用 C++实现的关于生产、物流和工程的仿真软件，它是面向对象的、图形化的、集成的建模和仿真工具，系统结构和实施都满足面向对象的要求。

eM-Plant 为生产系统和生产过程提供了一系列规划、仿真和优化的工具，帮助改进和优化解决方案。它可针对各种规模的工厂，包括整个工厂、个别的车间或生产线进行规划。它可用来估算不同的方案，并对车间的重新布置或关闭做出决定。它能优化车间的布置、生产能力和性能。它面向对象的技术能够使使用者生成很好的结构层次模型，包括外部和内部供应链、生产资源、生产和经营过程。

eM-Plant 能模拟生产线并进行优化，使其适应各种大小的订单和混合产品的生产。它的图表和曲线图功能用于分析在制品、机器、运输系统和工人的利用情况，消除瓶颈，从而设计出具有较好负荷平衡的生产线和车间。

eM-Plant 另一大功能是建模、仿真和优化生产系统，分析和优化生产布局、资源利用率、产能和效率、物流和供应链，以便承接不同大小的订单与混合产品的生产。它使用面向对象的技术和可以自定义的目标库来创建具有良好结构的层次化仿真模型。

▶▶ 7.5.3 系统仿真概述

现代的设施布置软件都有仿真功能。仿真就是通过建立实际系统模型并利用所建模型对实际系统进行实验研究的过程。从普遍意义上讲，仿真技术是应用于系统的，就是说系统是仿真的研究对象，而系统模型化又是进行仿真的核心和必要前提。

系统仿真所需要的模型主要还是数学模型。数学模型可分为静态模型或动态模型，也可分为连续系统模型或离散系统模型。离散系统模型还可分为离散时间模型或离散事件模型。一般生产系统和物流系统的仿真采用的模型为离散系统模型。

1．系统仿真概念

系统仿真是建立在控制理论、相似理论、信息处理技术和计算机技术等理论基础上的，以计算机和其他专用物理效应设备为工具，利用系统模型对真实或假设的系统进行试验，并借助专家的经验知识、统计数据和信息资料对试验结果进行分析研究，进而做出决策的一门综合的试验性学科。从广义上讲，系统仿真的方法适用于任何领域，无论是工程系统（机械、化工、电力、电子等）还是非工程系统（交通、管理、经济、政治等）。

系统仿真根据模型的不同，可以分为物理仿真、数学仿真和物理-数学仿真（半实物仿真）；根据计算机的类别，可以分为模拟仿真、数字仿真和混合仿真；根据系统的特性，可以分为连续系统仿真、离散时间系统（采样系统）仿真和离散事件系统仿真；根据仿真时钟与实际时钟的关系，可以分为实时仿真、欠实时仿真和超实时仿真等。

2．系统仿真的一般步骤

1）调研系统，设立目标。通过调研，仿真者应全面、深入地了解所研究的系统，能够对系统进行尽可能详细的描述，明确仿真的目标和系统涉及的范围。一般来说，仿真目标不同，所建立的模型也不同，为建立模型所需要采集的数据也不同。

2) **收集仿真数据，建立模型。**根据仿真目标，对系统进行选择和整理。为保证所建模型符合真实系统，应对模型进行反复检查与修改，直到模型完全正确为止。

3) **编制仿真程序。**

4) **运行仿真模型。**

5) **输出结果分析。**采用统计学的方法，对仿真结果进行统计分析。

3. 系统仿真模型的基本要素

- 实体。组成系统的物理单元。
- 属性。实体共有的属性，但可以通过其值的不同来区分不同的实体。
- 变量。反映系统属性的信息。
- 资源。实体获得服务所需要的资源。
- 队列。实体等待服务而形成的队列。
- 事件。引起系统变化的行为，包括实体的到达、离开、仿真的结束等。
- 仿真时钟（Simulation Clock）。表示仿真时间变化的时钟。由于系统状态变化是不连续的，在相邻的两个事件发生之间，系统状态不发生变化，因而仿真时钟将跨越这些不活动的周期，从一个事件的发生时刻直接推进到下一个事件的发生时刻。

4. 系统仿真软件

自从 20 世纪 60 年代初期 Simula-60 和 GPSS 仿真软件问世以来，仿真软件的开发和应用已经走过了将近 40 年的历程。目前，较为通用的仿真软件可以分为以下几类。

（1）通用仿真软件

GPSS/H 和 GPSS/WORLD 等是目前比较流行的通用仿真软件，它们是从 GPSS 发展而来的。SLAM-Ⅱ是多用途仿真语言 SLAM 的改进版本，除了可进行面向过程、面向事件和面向连续系统的混合仿真，还增加了物料搬运功能，可对吊车、AGV 和存储区进行建模，以适应在制造系统中的应用。此外还增设了仿真运行中断功能，可在运行中修改变量值，具有初步的动态控制功能。SIMSCRIPT Ⅱ.5/SIMGRAPHICS 是一种类自然语言的仿真系统，当与 SIMGRAPHICS 联用时，能够提供图形建模环境，可自动生成可执行程序，直接进入仿真运行。

（2）生产与物流仿真环境

ARENA 是目前功能较强的仿真软件，它是面向制造系统的虚拟交互仿真（Virtual Interactive Simulation，VIS），是 SIMAN/CINEMA 的结合，具有输入/输出分析器和车间计划进度生成与仿真动画显示功能等。

前面介绍的数字化工厂软件都有较强的仿真功能。基于 SIMPLE++的 eM-Plant 仿真工具可以优化产量、缓解瓶颈、减少在制品，能够定义各种物流的规则并检查这些规则对生产线性能的影响。eM-Plant 还提供了与 SQL, ODBC, RPC, DDE 的接口，能够读入 CAD（MicroStation）的图形进行仿真，还具有图形化和交互化建模能力。

MASS 是一种与经济评价相结合的仿真环境，可用于评价车间的生产进度、物料搬运仿真、进度安排准则、产品实际成本和资金费用计算，以及彩色动画显示功能。

GPMS（General Purpose User-defined Modeling System），全称为通用用户定义（仿真）

建模系统，是针对当前国际上仿真建模研究领域所关注的热点而开发的一个全新的仿真建模环境。它使得用户能集中精力在自己的问题上，而不必担心仿真建模方面的技术问题。

此外，广义制造系统仿真器的出现，实现了对某类制造系统的非语言建模、模型数据驱动等功能。这类典型的一体化仿真软件有 TESS，IBIS。广义仿真器有 AutoMod Ⅱ, FACTOR, GEMS, WITNESS 等。

（3）可视仿真系统

新近开发的离散系统仿真软件几乎都具有不同水平的可视化功能。SIMFACTORY 可对工厂整体生产过程进行可视仿真，具有交互式图形界面、3D 图形建模、制订企业计划、物料供应仿真及高分辨率动画显示和后置统计分析功能。如何使仿真技术能直接、方便地为非专家们所采用，如何使仿真软件系统能够更有效地解决日益复杂的实际问题，特别是柔性制造系统问题，已成为各国有关学者、研究人员关心和研究的内容。

5. 仿真的优缺点

仿真之所以被广泛接受，是因为其具有相对的柔性和直观性，可用于难以建立数学模型的大而复杂的系统。进一步说，仿真可以在动态和随机环境中，在各参数的相互作用下，给研究人员提供一个清晰而明确的结果。例如，在制造单元中增加一名操作工人的效果，或增加一台加工机器有无好处及其对车间的产出量的总体影响，都可以模拟实际情况进行观察和研究。除去技术上的优点外，仿真的基本概念很容易被理解。所以，一个仿真模型相比其他绝大多数分析和数学模型，能让管理层和顾客更容易做出判断。

仿真主要的缺点是开发某些比较复杂的模型既费时又费钱。在实际工作中，对一个公司的规划模型、大型的制造工厂或各种作业和服务的仿真都要花上数年的时间来开发。即使如此，仿真也不一定反映全部重要的事实。仿真的另一个缺点是，有些仿真不会产生解决问题的优化方案，而只是为模型的分析提供结果。所以，负责任的规划人员要做各种不同情况下的仿真，为的是寻求最好的方案。

本章习题与思考题

1. 请比较 CORELAP 方法与工作表法的异同。
2. SLP 方法在以流水线和单元生产线为主的设施布置设计中能否应用？
3. 参观一个小型的单位，如小型工厂、餐厅、书店、实验室等，列出该单位的全部设施，确定它们的相互关系并给出理由，然后画出相关图。
4. 参观当地一所医院和餐厅，总结它们的布置形式和特点。
5. 某学院注册有 4 道手续：领表、咨询、领卡和缴费，分别安排在 A, B, C, D 这 4 个连续相邻的同大小的房间中。因为同时有新老学生，如果 450 名新生领表后去咨询，550 名老生领表后直接去领班级卡，而毕业班学生已经注册过，领表后直接缴费，详细的学生流向如表 7-17 所示。请问：已有布置是否可以改进？若能改进，该如何改进？

表 7-17　学生注册流向　　　　　　　　　　　　　　　　　　　　　单位：人

从＼至	领　表	咨　询	领班级卡	缴　费
领表		450	550	50
咨询	250		200	0
领班级卡	0	0		750
缴费	0	0	0	

6. 某机加工车间拟搬入一个长 18m、宽 12m 的新厂房中，该厂房中有 6 个工段，即备料（A）、焊接（B）、钻床（C）、车床（D）、磨床（E）和压弯（F），它们所占面积大致相等。根据以前的数据，各工段之间的物料流量情况如表 7-18 所示。该厂房划分为 6 个相等大小的小间，如图 7-32 所示。各工段之间的距离按直角距离来量取。试根据总物流强度来确定各工段的位置。

表 7-18　各工段之间的物料流量

从＼至	备料	焊接	钻床	车床	磨床	压弯
备料		100	50	0	0	50
焊接	25		0	50	0	0
钻床	25	0		0	50	0
车床	0	25	0		20	0
磨床	50	0	100	0		0
压弯	10	0	20	0	0	

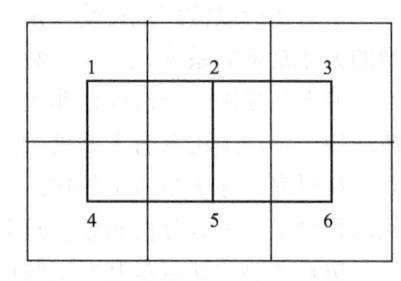

图 7-32　习题 6 厂房示意图

7. 有一机加工车间由车、钻、磨和抛光 4 个工段组成，各工段的距离从至表（以中心量度）如表 7-19 所示。该车间主要加工 P1，P2，P3，P4 这 4 种产品，其工艺路线和每周产量如表 7-20 所示。假设各产品的加工批量均为 25 件，试完成：

表 7-19　距离从至表　单位：m

从＼至	A	B	C	D
A		14	19	10
B	9		8	14
C	19	23		20
D	12	9	20	

表 7-20　产品工艺路线和产量　单位：件

产品	工艺路线	每周产量
P1	ABCD	200
P2	ACD	600
P3	BD	400
P4	BCD	500

1）算出每个工段的物流强度，做出从至表。
2）若每批量产品每米的搬运费用为 1.50 元，做出物流成本从至表。
3）以物流成本从至表为基础，画出相关图。
4）若车间厂房大小为 18m×24m，且各工段尺寸分别是 A：12m×4m，B：4m×8m，C：12m×14m 和 D：12m×8m。试按 3）的相关图来布置各工段，画出块状布置图。

8. 4 个部门要布置在 60m×100m 的厂房内。预计的人员流量和各部门的面积需求分别如表 7-21 和表 7-22 所示。试用 SLP 方法做出块状布置图。

表 7-21 题 8 各部门人员流量　　　单位：人

部门	A	B	C	D
A	0	250	25	240
B	125	0	400	335
C	100	0	0	225
D	125	285	175	0

表 7-22 各部门面积需求

部门	面积（m²）
A	20×20
B	40×40
C	60×60
D	20×20

9. 一家玩具制造公司生产 10 种不同类型的产品，需要在 15 个面积相等的部门中进行，给定表 7-23 所示的产品工艺路线和预计产量，试做出从至表并采用 SLP 方法做出块状布置图。

表 7-23 题 9 的产品工艺路线和预计产量　　　单位：件

产品	加工顺序	预计产量	产品	加工顺序	预计产量
1	ABCDBEFCDH	500	6	IJHKL	150
2	MGNONO	350	7	GNO	200
3	HLHK	150	8	ACFBEDHD	440
4	CFEDH	200	9	GMN	280
5	NON	100	10	IHJ	250

10. 已知 8 个作业单位的相关图如图 7-33 所示，试将它们布置在 2×4 的网格中，其中 1 号位置应固定如图 7-33 所示。

11. 请按图 7-34 所示的相关图将 9 个作业单位布置在 3×3 的网格中，其中 5 号作业单位要在左下角。

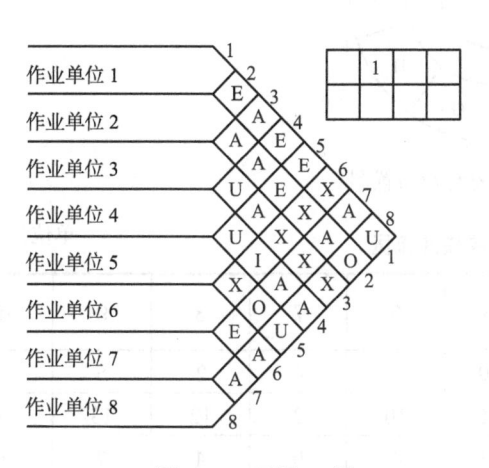

图 7-33 习题 10 图　　　图 7-34 习题 11 图

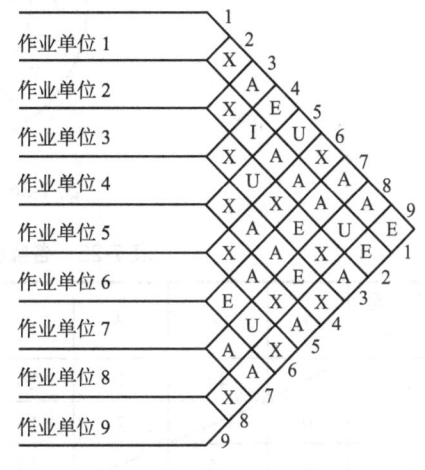

12. 某小诊所的布置如图 7-35 所示，共有 A～F 以及接待台 7 个房间，要安排 1～6 个诊室，其中接待台位置固定。接待台至其他各房间距离相等，均为 10m。各房间的间距以及病人到各诊室的次数统计如表 7-24 所示。请设计诊所布置，使得病人在诊所内所走距离最短。

13. 10 个实验室要安排在如图 7-36 所示的环形楼层的 10 个房间 A～J 中，其中 1 号实验室安排在 A 房中，实验空间的试样传递由一个沿逆时针方向运行的环形传送带来完成。已知各实验室间的试样传递流量数据如表 7-25 所示。试确定一个总流量最小的布置方案。若传送带顺、逆时针方向都可运行，又该如何布置？

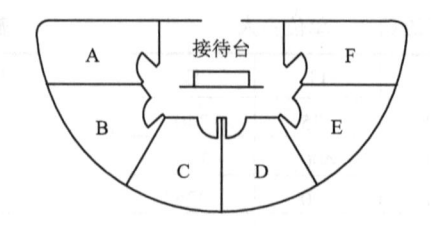

图 7-35 诊所布置

表 7-24 各房间的距离及病人到各诊室的次数

至\从	A	B	C	D	E	F		至\从	接待	1	2	3	4	5	6
A		12	24	30	36	48		接待		10	10	200	20	0	100
B			12	18	24	36		1	10		0	0	80	20	40
C				6	12	24		2	40	0		0	0	0	20
D					6	12		3	10	40	0		10	190	10
E						12		4	0	30	50	0		10	70
F								5	10	60	40	60	30		20
								6	30	10	100	0	20	0	

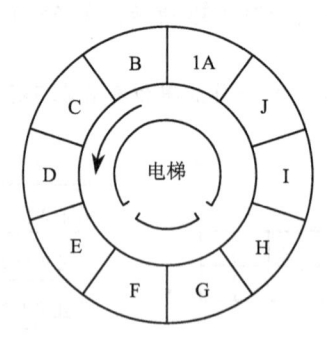

图 7-36 实验室环形布置图

表 7-25 各实验室试样传递流量

单位:个

至\从	1	2	3	4	5	6	7	8	9	10
1		40	1	20	20	4	0	2	6	5
2	0		2	15	25	10	2	12	13	6
3	50	35		10	13	4	0	4	7	1
4	6	1	8		0	14	10	20	22	11
5	3	2	7	35		22	5	9	19	10
6	5	5	10	0	2		15	0	1	20
7	20	16	50	4	9	2		1	3	0
8	10	6	14	2	4	44	13		1	25
9	5	5	18	1	2	40	30	42		32
10	30	30	35	20	15	5	40	10	15	

14. 某小型印刷厂拟把 7 个作业单位布置在一个单层厂房内，面积是 48m×60m。各车间的面积要求如表 7-26 所示，各车间之间的平均年物料运输量如表 7-27 所示（1t=1 000kg），试画出一个块状布置图。

表 7-26　各车间尺寸　单位：m

车间	长	宽
编排	12	12
切纸	24	12
发运	12	12
储存	24	18
印刷	30	24
装订	24	24
美工	24	24

表 7-27　各车间之间年物料运输量　单位：t

从＼至	编排	切纸	发运	储存	印刷	装订	美工
1 编排							
2 切纸				200		800	
3 发运				1 000			
4 储存		1 200	200		800	200	
5 印刷						2 400	200
6 装订		200	2 000		400		
7 美工			200		200		

15. 按表 7-28 所示的从至表列出各作业单位的关系图，若按 CORELAP 布置，请确定各作业单位进入布置的顺序。设物流量大于 12 的为 A 级关系，8～12 为 E 级，6～8 为 I 级，3～6 为 O 级，小于 3 为 U 级。

16. 对图 7-37 所示的最初布置和表 7-29 所示的从至表，用 CRAFT 做出布置。

表 7-28　题 15 的从至表

从＼至	A	B	C	D	E	F	G	H
A		8	3		6			
B	1			5				
C					4			
D		9					18	
E			4	1				
F	4		4					
G			2					20
H			7					

表 7-29　题 16 的从至表

从＼至	A	B	C	D	E
A		3	2	1	
B			1	3	
C	1			4	
D					
E					

```
A A A B B B
A A A C C C
A A A C C C
D D D E E E
D D D E E E
```

图 7-37　初始布置图

案例讨论　Case Discussing

某高技术公司布置方案

"真难以置信，"某高技术公司董事长莫传走到员工餐厅时自言自语，"从我创办公司到现在只有 6 年时间，却变化如此大！"他现在关心的是新买的、用来提高公司库存和财务管理水平的计算机，这台机器只能放在员工餐厅的后部，其他地方都没法摆放。

该公司制造换能器，这是一种将气体或液体的压力或重量、力量等转换为电信号的高技术设备。公司目前租用一处面积为 1 200m² 的 L 形厂房，主要分为 4 大部分：办公区、工程区、机加工区和装配区。公司现有 80 多名员工，包括技师、工程师、装配工人、秘书和销售人员等。

在公司成立的前两年莫传主要关心财务和营销,但现在更重视生产能力、成本和库存。虽然一般顾客的订货量每次只有3~10台,但销售量每年持续增加30%。公司现在的问题是:

1)场地狭小,不得不推迟数控机床和测控仪器的购买,尽管这些设备能带来更高的产能和效率,成本也容易收回。

2)机加工区太拥挤,不太常用的设备经常得挪到仓储区。

3)越来越多的机器要采用两班倒甚至三班倒,但生产率在下降,质量也在滑坡。

4)约有10%的人力浪费在仓储区的进出物料搬运,因为所有库存都存于此。仓库混乱不堪,寻找零部件很困难,浪费很多时间。另外还外租了100m²的仓库。

5)因为产能不足,莫传不得不放弃几项利润丰厚的投标项目。

6)一些办公人员抱怨空间局促,办公空间狭小也给到访的客户留下不好的印象。

为了提高公司的产能,莫传考虑有两种方案:一是更新现有厂房合同,并另租相邻一处600m²的办公楼。这样每月的租金为23 000元,但须投资9万元建设连接走廊;二是置地新建面积为1 800m²的厂房,现在一处价格为60万元的土地很合适,厂房建设成本为1 000元/m²,购地及建设的资金成本约为15%,此外搬迁成本需要12万元。

不管莫传选择哪种方案,都必须改进已有布置,因为现有布置物料流动和部门交流不畅。莫传最初的设计是,先布置办公室,其他部门考虑并不全面,只是要求机加工部和清洗部不能靠近。他希望现在挤在开放办公区的工程和物料管理部能有更好的办公环境以发挥技术人员的创造力,并加快物料搬运和加强人员交流,最后确定的相关图如表7-30所示。

上面预计的面积需求可以满足未来5年的发展,两个方案的面积都为1 800m²。请问哪一个方案更合适?做出块状布置图,并说明你的设计的优点。

表7-30 某技术公司部门数据及从至表

部门		1	2	3	4	5	6	7	8	9	10	11	12	13	14	15	面积块数
1			I	A	E	U	A	E	O	O	O	O	I	E	O	U	3
2	会议室			U	U	U	U	U	U	U	U	U	U	U	U	U	1
3	工程部				I	U	U	O	A	E	E	I	E	E	U	O	2
4	采购部					U	A	A	A	A	A	I	I	E	O	A	1
5	员工餐厅						U	U	U	U	U	U	U	U	U	U	2
6	计算机室							A	X	U	U	U	O	I	U	U	1
7	仓储区								A	O	O	O	O	U	U	U	2
8	机加工									A	X	I	O	U	U	I	6
9	装配区										A	A	I	U	I	A	7
10	清洗区											O	O	U	U	U	1
11	焊接间												O	U	U	U	1
12	电子间													E	U	U	1
13	销售及会计														O	U	2
14	收发货															U	1
15	测试部																1

第 7 章 布置技术及应用

> **? 讨论及思考题**

1．试根据案例的相关图，用适当方法做出布置图。
2．结合案例，你认为从相关图到布置图，本章所介绍的方法哪个更好？
3．在实际问题中，如何划分作业单位并确定它们之间的相互关系？

案例 8　沃尔·斯柯德沃根工厂布置　　案例 9　某液化石油气储配站的设计

第8章 仓库与配送中心规划设计

本章主要内容

- **仓库及仓储系统**
  仓库的分类、仓储系统
- **存储运作与仓库规划**
  仓库的作业功能、仓库运作管理、仓库管理信息系统、仓库规划
- **仓库布置设计**
  存储方式与空间、空间利用、库容量与仓库面积、库房布置设计、通用仓库及库区规划设计要求
- **自动化立体仓库**
  概述、自动化立体仓库的优点、自动化立体仓库的分类、自动化立体仓库的发展趋势
- **配送中心规划设计**
  配送中心规划的要素和资料分析、配送中心的设施规划、其他系统规划

引导案例 海尔物流和立体库

海尔集团公司通过分析发现：在整个生产过程中，最受制约的是仓储，就是原材料和零部件的仓储和配送，所以海尔选择了这个作为突破口。海尔在青岛海尔信息园里建了一座机械化的立体库，在黄岛开发区建了一座全自动的立体库。黄岛立体库长120m、宽60m、高16m，仓储面积5 400m²，共有9 168个标准托盘货位，托盘规格统一为1.2m×1m；立体库放货的高度可达12.8m，每天进出的托盘单元达到1 200个，实际能力是1 600个。5 400m²的立体库取代了原来65 000m²的外租库，而且由于使用了计算机系统，管理人员从原来的300多人降为48人。外租库的租金和外租库到车间的来回费用的减少，加上省下的工人工资，一年就达1 200万元。

立体库降低了物料的库存。因为海尔在计算机系统里进行了设定，如只允许放7天的料，超过7天不让进料，相对来说使整个库存量下降。当时空调事业部就是一个典型的例子，从9月到12月库存大约降了1.4亿元。

立体库深化了企业物流系统的规划。因为立体库使用后是两翼推动的，一是海尔要求所有的分供方按照标准化的模式送货，所用的都是标准托盘、标准周转箱。以往用的都是纸箱，纸箱的缺点是产品的零部件容易压坏，上线的时候还要倒箱，多次倒箱增加了人工拣选，保证不了产品的质量。采用统一的物流集装单元之后，从分供方的厂里到海尔的生产线整个过程不用倒箱。车间也是一样，以往车间脏、乱、差现象很严重，使用托盘单元

和标准周转箱之后,全部实行了叉车作业。二是分供方也都建立了立体库,具有灵活性和扩展性。刚开始设计立体库时想的只是放空调,但是通过计算机系统管理以后,空调只占很少的库容,公司马上把冰箱、洗衣机、计算机全部放进去,一下子减少了这些产品的外租库,整个效果非常明显。

立体库有很多好处,但是并不一定非要建立体库,在车间旁边也可以搭立体货架,这样可以节约车间里宝贵的生产面积,每寸土地都得到充分的利用。(改编自周行.海尔物流与创新.商品储运与养护,2000,8: 12-18.作者周行就职于海尔集团物流本部。)

8.1 仓库及仓储系统

"仓库"这个词大家一定不陌生,按一般理解,仓库就是存储和保管货物的场所。随着经济、社会和技术的发展,商品、货物的数量和种类越来越多,但是存储的时间越来越短,而且货品在仓库中不只是存储和保管,还有诸如分拣、包装等加工增值过程。从物流系统的观点来看,仓库的主要功能应当是促使货物更快、更有效地流动,而不仅仅是存储。

仓库这个概念的内涵和外延已经发生了巨大的变化。仓库已经不仅仅是一个存储场所,它已经发展到配送中心、物流中心,不但建筑物的外貌焕然一新,而且内部的空间、设施等都发生了根本的变化,更有功能和管理的进化。现代仓库和配送中心已经形成了围绕货物由存储空间、存储设施设备、人员和作业及管理系统组成的仓储系统,功能也延伸到包括运输、仓储、包装、配送、流通加工和信息等一整套物流环节。

仓库还是供应链的实质组成部分。现代市场竞争要求对生产—分销网络的设计和运作进行连续改进,这对仓库的绩效提出了更高的要求。诸如 JIT 或精益生产等新管理方式的采用也为仓库系统带来了新的挑战,如要求更严格的库存控制、更短的反应时间和更多的产品变化。另外,信息技术的广泛应用,如条形码、射频通信和仓库管理系统,为仓库设计和运作提供了新的机会。

总之,为了满足现代社会市场的需要,仓库完成了从"静态"的储藏到"动态"的流通枢纽质的飞跃。概念和功能的改变,引起了仓库形态和内容的显著变化。

8.1.1 仓库的分类

从仓库发展到物流配送中心,并不意味着所有的仓库都要成为配送中心,它们还是有分工的。对仓库的分类和组成有所了解后,认识就会更深。讲仓库和配送中心规划设计应先从仓库分类开始。

1. 按应用领域分类

仓库可分为流通领域仓库和生产领域仓库两类,它们的功能和性质有所不同。流通领域的仓库最常见的就是现在兴起的配送中心。配送中心(Distribution Center,DC,有人称"大仓")是从事货物配备(集货、加工、分货、拣选、配送)和组织、对用户进行送货、高水平实现销售和供应服务的现代物流设施。它接受生产厂家、供应商等多品种、大批量的货物,按照多家需求者的订货要求,迅速、准确、低成本、高效率地将货物配送到顾客要求的场所。配送中心不再仅以存储功能为主,而是强调质量和服务,以更好地满足顾客需要，因而配送中心被称为"服务经济的工厂"。亚马逊、菜鸟等还将配送中心发展为订单履行中心（Fulfillment Center），广泛采用机器人、智能仓储、自动分拣及人工智能技术来提高仓储配送效率。从仓库到配送中心，是静到动的飞跃。像配送中心之类的仓库，活动范围大、服务面广，设计、配置和功能均以考虑社会与经济效益为前提。

生产领域的仓库，严格来说可分为存储（storage）和仓储（warehousing）两类。生产制造过程原材料的存储、原材料或在制品的供应都属于存储功能。而准备发货启运的最终成品和产品的存储则属于仓储功能。它们实现企业物流不同阶段的功能，但因为作业和管理的相似性，现在很多企业实行统一管理。不管是原材料库、设备库、工具及零件库、劳保品库，还是成品库，都是为企业生产经营服务，设计、配置和管理要体现成本效益的原则，但最终要由市场需求来决定。随着现代物流集成的概念，两个领域的划分已不明显。

2．按物流建筑分类

现在仓库库房已经发展为物流建筑，物流服务和物流加工需求明显增加。物流建筑按建筑形态分，有单层、多层、高层物流建筑，以及货棚、场坪等，单层的不但有传统的平房仓库，还有成本低、建设快的轻钢结构仓库和易于装拆的仓储篷房等。楼房仓库在我国城市发展迅速，它属于多层仓库还是高层仓库就看高度是否超过 24 米。此外，还有高层货架仓库和罐式仓库。高层货架仓库是现代物流发展的一个方向；罐式仓库主要为圆筒形，用来存储液体或气体货物。新的仓储建筑类型还有仓储篷房，它类似蒙古包，是非永久固定建筑，具有安装和拆卸快捷、模块组合灵活等特点，适用于多种安装场地，并具有可移动、重复使用等优点。从空间利用率来说，高层货架仓库最好，但需要更多的存储设施设备。楼库的利用率也较高，但要注意上下层的物流联系。

物流建筑按使用功能分，有作业型、存储型和综合型，分别以配送中心、储备库和物流园区为典型代表；按处理物品的特性分，有普通、特殊和危险品库三类。具体来说，又有普通仓库、冷藏仓库、恒温仓库、露天仓库和危险品仓库等类型，因为要储藏货物的要求不一样，它们的区别同时反映在建筑物和内部设施上。

▶▶ 8.1.2　仓储系统

仓储，从狭义讲，是指通过仓库对物料进行储存和保管。广义理解是指商品在从生产地向消费地的转移过程中，在一定地点、一定场所、一定时间的停滞。储存是物流的一种运动状态，是商品流转中的一种作业方式。在这里对物品进行检验、保管、加工、集散、转换运输方式等作业。

研究仓储和仓库问题常将其作为一个系统来对待，仓储系统包括存储空间、货物、仓储设施设备、人员和作业及管理系统等要素。

1）**存储空间**。存储空间由仓库库房提供，不同的库房提供的空间差别很大。在进行存储空间规划时，必须考虑到空间的大小、柱子间距、有效高度、通道和收发站台等因素，并配合其他因素，做出完善的设计。

2）**货物**。货物是仓库的生命源。货物的特征、货物在存储空间的摆放方式和管理与控制是存储系统要解决的关键问题。货物的特征包括供应商、商品特性、规格类别、数量和时间等方面，而影响它们在存储空间摆放的因素有储位单位、储位策略和原则、商品特性等。货物在库房中不仅要摆放好,还要便于存取、分拣和加工管理。这些活动在仓库,尤其是流通型仓库即配送中心进行得更多,要求掌握库存状况,了解其品质、数量、位置和出入库状况等信息。

每项存储的货物都有一个物品编码,即库存单位(Stock Keeping Unit,SKU),它是商品的最小分类单位。对仓库里的 SKU,不但要按货物名称,还要按型号和规格来区分。如可乐,内容都一样,但单件商品包装有 2L、1.25L、600mL、550mL、330mL 和 225mL 等多种型号规格,这里提到的 6 种包装规格,每种在仓库里都是一个独立的 SKU。这还不是最多的,如服装,同一款式,有男女式之分,规格、型号之分,还有颜色、搭配之分,往往一款服装的 SKU 就有几十种。

3) **仓储设施设备**。仓储设施设备由收发设施设备、存储设备、搬运和输送设备等组成。只要货物不是直接堆码在地上的,不是由人力肩扛手捧的,就需要托盘、货架等存储设备和输送机、笼车、叉车等搬运和输送设备。这些设备已在第 3 章详细介绍过了,本章将结合具体设计,谈谈它们的选型和配备。

4) **人员**。仓储系统的人员包括负责仓管、搬运、拣货和补货等的人员。即使最自动化的仓库也需要人员来看护和管理,人员仍然是仓库最活跃的因素,在仓储空间设计和设备选择时,都要根据自动化程度的高低来考虑人–机作业和管理问题。例如,考虑人员在存取搬运货物时要求效率高、省时省力,作业流程要合理,储位配置及标志要简单清楚、一目了然,且要好放、好拿、好找。

5) **作业及管理系统**。前面已经谈到,前几项组成已经决定了仓库的作业状况好坏。按照设施规划设计的要求,要考虑作业流程,没有通畅的作业流程就不可能有完善的仓库功能布局。现代仓库还要考虑信息系统。仓库管理系统(Warehouse Management System,WMS)是仓库运作的神经中枢,与良好的作业系统配合,能完成仓库的各项功能。

一般来说,仓储系统的主要功能和流程如图 8-1 所示。仓储系统按此流程又主要可以分为收货、存储、拣选和发货等子系统。

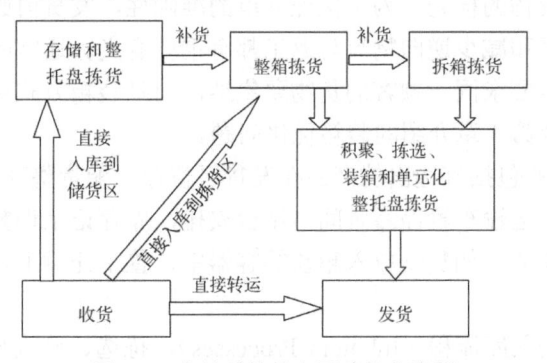

图 8-1 仓储系统的主要功能和流程

8.2 仓储运作与仓库规划

一个仓库的规划设计要支持仓库的各项功能,并在随后的仓储运作中表现出来,因此,在进行仓库规划设计之前,先要掌握仓库的作业功能和各项运作策略。

8.2.1 仓库的作业功能

仓库最开始的功能是存储和保管货物，但随着仓库从静态到动态的发展，存储功能已经扩展到移动等功能。总体来说，仓库有三类最基本的功能，即移动、存储和信息交换。具体作业功能如下所述。

1. 移动

移动功能可以进一步分为以下作业功能。

1) **收货**。收货作业包括到达货物卸货（包含确定运输车辆停靠时间、站台安排、车辆固定措施、车厢密封检查和卸货作业）、在收货区暂存、外观查验、检查物料的数量和质量是否与货单一致、更新库存记录，还可能有货物的重新包装和整理。例如，普通箱式货物收货后如要用托盘货架存储，需要在收货后进行托盘化（托盘包装，即将箱式货物按堆码要求码放在托盘上）。

2) **入库**。入库是将商品移至存储区、专门作业区或发货区的实际移动过程，包括搬运和放在适当的地方，直接转运就是收到货物转运到发货区。入库货物如存入货架通常称为上架。在货物入库之前，必须先确定货物的储位分配，因为储位分配对随后的货物出库速度和成本影响极大。

3) **拣选**。拣选是将一种或多种存储货物取出，按顾客要求整理组合，包括拆包或再包装等的一系列作业，也称为理货。拣选按货物大小分为整托盘拣货、按箱拣货和单件拣货（拆箱拣货），货物越小，则拣货成本越高。在仓库设计中，拣选要考虑的主要问题是确定拣货批量、拣货路径和分类。拣选要根据顾客的订单要求、货物类型和作业频度等确定拣货策略和方式。拣选是仓库的一项基本服务，一般占仓库的近一半作业成本。这将在下一小节详细讲述。

4) **检查与装箱**。装箱作业是劳动密集型的工作，顾客订单所要求的每种货物都必须装入合适的容器（物流箱、托盘、集装箱、车辆等）中，以发运到顾客手中。当然在这一过程中可以方便地进行货物的检查。为了保证订单的准确性，发货前必要的检查是必不可少的，这对提高服务水平和减少逆向物流与返工都有重要意义。通常顾客希望所订货物装在尽量少的容器中，这就要求同一顾客的货物要集纳，而且装箱方式要有利于空间利用率和货物集纳等。后者涉及第4章介绍的装箱优化问题。

5) **发货**。发货作业包括拣选出的产品在发货区暂存，配货整理后搬运到运输车辆内，发车计划与线路安排，运输车辆停靠时间与站台安排，库存记录调整和发货记录检查，也包括分类整理和包装作业，如货物放入箱盒等容器中，置于托盘上，捆扎加固，贴发货标签和包装单等。

其中收货与入库为入库流程（Inbound Processes），拣选、检查与装箱、发货为出库流程（Outbound Processes）。

2. 存储

存储是商品在等待需求前的实际存放，它要求仓库中货物有序，以达到较高的空间利用率和便于物料搬运。存储的形式与待储货物的尺寸、数量及产品搬运特性或容器有关。存储按时间长短分为临时的和持久的。临时存储强调仓库的移动功能，仅存储基本库存所必需的货物数量，其具体数量由物流系统的设计、提前期和需求三者综合决定。持久存储是指超过正常补货数量，即安全库存或缓冲库存。需要持久存储的条件常有季节性需求、不确定需求、冷冻产品、预期购买和数量折扣等。

商品在仓库存储时，会由于各种因素的影响造成商品质量的变化，因此要根据存储商品的特性配备相应设备并采取相应方法来保持商品的完好性，这就是商品的保管养护。保管养护要坚持"以防为主，以治为辅，防治结合"的原则，它是仓库的一项经常性工作，要求：①掌握商品的性能，适当安排存储场所；②严格入库验收；③合理上架、堆垛苫垫；④加强仓库温度和湿度管理；⑤坚持在库检查；⑥开展科学实验研究。

货物储位分配就是对不同货物分配最有效的拣货存储设备和区域。存储保管过程中还有移库或移位，这是为了提高存储、搬运或出库效率而进行的货物存储位置的移动与调整。

3. 信息交换

信息交换总是伴随着仓库的移动和存储功能。仓库作业管理需要时间性强的精确信息，如库存水平、吞吐量、储位信息、进出货信息、空间利用率等。仓库管理信息系统是仓库信息交换的中枢，下面有专门小节介绍。

尽管企业都试图减少纸面的信息，但纸面信息还是有很多，企业建设的各种仓库管理系统就是希望尽可能地将这些日常管理功能自动化。由于在仓库运作中误差和差错总是难免的，因此需要定期盘存，以提高信息的准确性。

4. 其他功能

现代仓库还发展出了不少新功能，如分拣、包装和直接转运等。直接转运，也称交叉转运，它无须存储，直接将刚收到的货物经适当的分类整理转运到发货站台，如图 8-2 所示。纯粹的直接转运消除了入库、存储和拣选作业，但必须有信息系统的支撑。由于减少了作业时间和成本，并能够提高服务水平，直接转运现在应用得越来越广。

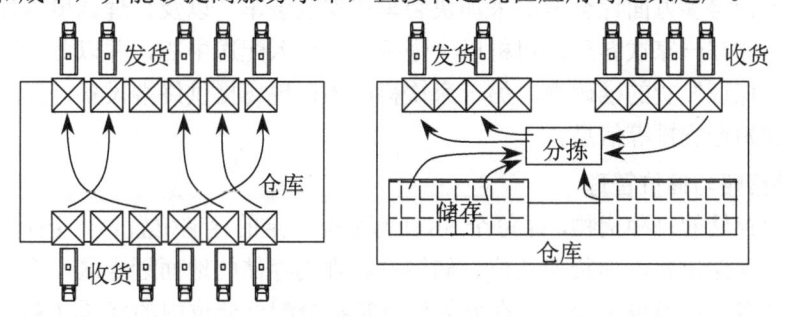

图 8-2 直接转运（左）与传统仓库功能（右）比较图

不少仓库还有处理零售退货功能。据统计，在美国零售类仓库的退货约占 5%，而电商类仓库的退货率可能高达 25%~30%，因此，必须将处理退货功能作为主要功能来考虑，在仓库或配送中心留出退货存储、拆包、再包装及分拣等必要的空间。

现代仓库还发展有更多的增值加工（Value-added Processing，VAP）功能，如贴标签、再包装、分装、组合装配、延迟制造等。

8.2.2 仓库运作管理

仓库作业的主要流程就是收货、存储、拣选和发货，仓库的运作主要围绕它们展开。对于收发货这里仅介绍收发货原则，收发站台设计将在第 10 章专门介绍。本小节主要介绍存储和拣选的运作。在存储运作管理中主要有存储策略和储位管理，在拣选运作管理中主要有拣货方式、策略和路径等。现代仓库更加注重移动，提高出货效率和准确率，因此拣选更加重要，但存储与拣选是前后顺序的仓储作业，两者不能割裂，需要在仓库设计与运作中通盘考虑。下面先介绍其中的几个重要方面。

1. 收发货策略

（1）收货策略

为了使收货作业顺利进行，简化物流，减少工作量，需要采用适当的收货策略。① 尽量不设置中间仓库，而设置直接转运仓库，使货物能更快、更直接地发送到顾客手中。② 采用信息技术，进行预收货（Advanced Shipping Notice，ASN）。越来越多的仓库现在都规定没有 ASN 的货物不得卸车。ASN 是确保将正确的货物发送到正确的地方的最好方法。ASN 应当有密码来验证。③ 在收货时尽量完成更多的工作，如预包装、贴条码标签、称重量积等。④ 按货物发货、拣选和存储要求来安排储位与暂存区，先整理货物再上架。⑤ 通过货车调度计划和 ASN 信息，错开收货作业高峰时间，平衡仓库内外资源的使用。

（2）发货策略

许多实践认可的收货策略也适用于发货，如直送、ASN 和合理设置暂存区。此外，重要的发货策略还有单元化、安全装车、自动装车和站台管理等。单元化策略是物流的基本要求，要从初始采购成本、维护成本与要求、搬运难易程度、环境影响、耐用性和对产品的保护等方面考虑合适的单元化方法，详见第 4 章。装车策略要求从拣货、理货、暂存区、搬运和站台设计等多方面综合考虑来加快装车和安全装车，以及合理调度入库车辆和采取信息化措施。如在一家饮料厂，司机以一张智能卡进入配送中心，并以此卡中的信息来加快现场作业，保证发货的准确性。另一家饮料厂还在现场提供终端设备，允许司机联机访问装车状态和站台安排等信息。

2. 存储策略与储位管理

仓库中要存储的每种货物，即每个 SKU 都分配一定的存储位置。一个储位可以是任何一种可标识的存储位置，如货架货位、储箱位、堆码存储的地面划定区。仓库中要存储的货物不仅数量多，种类也不少，存在着如何将货物分配到储位中的问题（Storage Location Assignment Problem，SLAP）。这一问题的解决既可以先从宏观考虑，对货物按类别划分，来确定存储区域的划分与分配，称为存储策略；也可以把它看成一个微观布置问题，不但要考虑放在什么具体储位，还要考虑如何方便拣货取出，即储位管理。

（1）仓库存储策略

策略主要有三种：随机存储策略（Randomized Storage Policy）、定位存储策略（Dedicated Storage Policy）和分级存储策略（Class-Based Policy），以及上述策略的混合使用。

1）**随机存储策略**。它是最简单的存储策略，即将要存入的货物放到任意一个可用的储位。如果有多个位置可放，理论上说物品放哪儿都是随机的。通常对单元货物存储，如托盘货架仓库和自动化仓库采用随机存储策略，可以充分利用存储空间。在实际工作中，随机存储和提取策略并不是真正随机的，操作人员倾向于优先使用最近的空间。

2) **定位存储策略（分区存储策略）**。货物由于分类不同，会存放到预先安排的不同区域。它要求给每类货物分配的存储空间不小于最大存储量的空间，因而在大多数时候空间浪费比第一种策略更大。总之，这两种策略的选取要综合货物存储和拣货的数量与速率。随机存储虽然占用空间少，但当货物量大时，拣货查找十分费时；定位存储便于货物存取，但需要空间较多。

3) **分级存储策略**。它源于帕累托定理。在仓库中可能 80%的存取活动针对 20%种类的货物，15%的存取活动针对 30%种类的货物，5%的存取活动针对余下 50%种类的货物，据此将货物分为 A, B, C 三级。为了缩短存取货时间，A 级应放到离出入口最近的地方，B 级次之，C 级则放在最远处。虽然每种货物有各自的存储空间需求，但是它们可以在同级别指定的区域内随机放置。

随机存储和定位存储是两种极端策略，而分级则是某种程度的折中。如在分级存储策略中，所有货物级别都相同，即随机存储策略；同理，如果所分级别和货物种类相同，即定位存储策略。而混合存储则是对仓库不同的存储区分别采用不同的策略。

存储策略对储位数量乃至存储面积的影响可以通过例 8-1 来说明。

例 8-1 P, Q, R, S, T 共 5 种货物 10 期的库存量如表 8-1 所示。采用随机存储、定位存储和分级存储策略各需要多少储位（每单元 1 个储位）？

表8-1 P, Q, R, S, T 货物各期库存量   单位：单元

货物	1	2	3	4	5	6	7	8	9	10
P	4	1	4	2	0	2	0	3	0	4
Q	1	2	3	4	5	5	5	4	3	2
R	0	3	1	0	3	0	3	1	0	3
S	3	2	5	4	6	7	3	3	0	2
T	2	3	2	3	3	5	4	3	2	1

解：采用随机存储策略，先汇总各期 P, Q, R, S, T 共 5 种货物的库存量，如表8-2 "随机"列所示，10 期汇总值中峰值为 19，则需要 19 个储位。

采用定位存储策略，每种货物在 10 期内都要有固定数量的储位。而 5 种货物各期库存量的峰值分别是 4, 5, 3, 7, 5，则各需储位数分别是 4, 5, 3, 7, 5，总储位数为它们之和 24。

采用分级存储策略，有多种组合，如 PQ/RST，PQR/S/T，S/QT/PR 等，数据分别如表 8-2 所示，各期最大值分别是 19, 21, 24，可以看到最小的情况是 PQ/RST，即总储位数为 19。

由此可见，如果仅从存储空间需求来看，随机存储策略最好；但定位存储和分级存储的优点是有可能减少存取货的搬运成本和时间。

表 8-2 三种存储策略下的库存量　　　　　　　　　　　　　　　　单位：单元

时期	定位					随机	分级		
	P	Q	R	S	T	PQRST	PQ/RST	PQR/S/T	S/QT/PR
1	4	1	0	3	2	10	5/5	5/3/2	3/3/4
2	1	2	3	2	3	11	3/8	6/2/3	2/5/4
3	4	3	1	5	2	15	7/8	8/5/2	5/5/5
4	2	4	0	4	3	13	6/7	6/4/3	4/7/2
5	0	5	3	6	3	17	5/12	8/6/3	6/8/3
6	2	5	0	7	5	19	7/12	7/7/5	7/10/2
7	0	5	3	3	4	15	5/12	8/3/4	3/9/3
8	3	4	1	3	3	14	7/10	8/3/3	3/7/4
9	0	3	0	0	2	5	3/7	3/0/2	0/5/0
10	4	2	3	2	1	12	6/2	9/2/1	2/3/7
峰值	4	5	3	7	5	19	7/12	9/7/5	7/10/7

（2）储位分配与管理的措施

不论采取什么存储策略，货物的储位分配与管理应当采取以下措施：
- 通过优化货物的拣货顺序来减少拣货人力需求；
- 通过匹配货物的集装单元与储位大小来减少补货人力需求；
- 通过平衡各分区拣货人员的工作负荷来降低反应时间并改进流动状态；
- 通过将相似货物分开存储，避免拣选错误，提高拣货精确率。

总体来说，这些措施既要考虑提高仓库空间利用率，从而降低仓库建造成本；也要考虑降低物料搬运成本，便于存取货物，提高仓库作业效率。

3．拣选作业

拣选作业是按订单将一种或多种存储货物取出，按顾客要求整理组合，包括拆包或再包装，并放置在指定地点的整套作业。拣选作业包括查找存储在不同地方的货物、向货物存储处多次来回行走、拾取货物、拣货确认、订单文件处理和其他工作。

拣选作业是仓库物料搬运和信息处理两种活动的综合，拣选作业的目的在于正确且迅速地集合顾客所订购的商品。这也说明拣选作业的难度，既要有搬运的费力过程，又要有信息的准确性。同时拣选还与存储保管和发货作业紧密相连，各作业之间相互影响。

拣选首先要考虑货本身——是什么样的货物？它的形状、形态、重量、体积是什么样的？这就要考虑拣选单位及相应的拣选行走方式。

（1）拣选单位

拣选单位与存货单位基本对应，但可能会因顾客需要而更细分。一般来说，拣选单位可分成单品（Bulk）、箱（Case）及托盘（Pallet）三种，即通常说的 PCB。这三种是标准的包装形式。除此之外，还要考虑非标准的货物，总共有以下四种拣选单位：

1）单品。拣选的最小单位，可由人工单手拣取，体积一般在 $10cm^3$ 以下，单边长不超过 20cm，重量在 1kg 以下。单品从包装箱中取出，又称为拆箱拣选。

2）**箱**。由一件或多件单品装在瓦楞纸板箱等包装盒内所形成，体积一般在 $10cm^3 \sim 1m^3$，单边长不超过 1m，重量在 1～30kg。通常箱的尺寸为长 $200mm \leqslant l \leqslant 600mm$，宽 $150mm \leqslant w \leqslant 450mm$。

3）**托盘**。由箱码垛而成，无法用人手直接搬运，必须利用叉车或托盘搬运车等机械设备。

4）**特殊品**。体积大、形状特殊，无法按托盘、箱归类，或必须在特殊条件下作业的货物，如大型家具、桶装油料、长杆形货物、冷冻货品等，存储和拣选时都必须特殊考虑。

按拣货单位划分的拣货方法有整盘拣货（P→P）、整箱拣货（P→C）、拆箱拣货（C→B）等。拣选单位是根据订单分析出来的结果来决定的。对库存的每一品项，都要做以上的 PCB 分析，以判断出拣选的单位，但有些同类货物可能因为有两种以上的拣选单位，在设计中要针对每种情况分别考虑。

拣选单位越小，则拣选工作量越大。一般来说，在中央库或中央配送中心（CDC）拣选单位较大，而在地区库或区域配送中心（RDC）中拣选的往往是多品种小批量的，拣选单位小，且要求时间短，拣选作业最繁重。

在仓库或配送中心（DC）中，因为顾客的订单大小不一，实际的拣选单位可能是 PCB 等的混合。

（2）拣选行走方式

拣选与存储和发货直接相连，互相影响，无论采用何种作业单位，其中间都伴随着一系列的物料搬运作业。就拣货来说必须考虑行走方式。行走方式主要有人至货（Operator-to-Stock，OTS）、货至人（Stock-to-Operator，STO）两大类。

1）**人至货方式**。人至货方式是最常见的，也称为就道式拣货（In-the-Aisle），拣货员通过步行或搭乘拣选车辆到达货品储存位置。人至货拣选时，拣选货架是静止的，拣货员带着活动的拣货车或容器到拣选区拣选，然后将货物送到静止的集货点，或者将拣选的货物放置到输送机械上。人至货的系统构造简单，柔性高，可以不用机械设备和计算机支持，但所需的作业面积较大，补货不方便，劳动强度高。人至货系统的存储设备有托盘货架、轻型货架、橱柜、流动货架或高层货架等静态存储设备。拣选搬运设备有无动力拣选台车、动力牵引车、叉车、拣选车、动力或无动力的输送机、拣选式堆垛机和计算机辅助拣选台车等。

2）**货至人方式**。货至人方式则相反，所拣货物由机器寻址找出，自动送到拣选者的作业位置，拣选者在固定位置内作业，无须去寻找货位。货至人是自动仓库的拣货方式。货至人方式可分为普通、闭环和活动三种，对普通的货至人方式，拣货员不用行走，拣选效率高，工作面积紧凑，补货容易，空箱和空托盘的清理也容易进行，可以优化拣选人员的工作条件与环境。不足之处在于投资大，拣选周期长。这种拣选方法的应用系统称为小件自动化仓储系统（Mini-Load ASRS 或 Automatic Small Container Warehouse，ASCW）。闭环货至人方式和活动货至人方式是大型自动仓库的拣选方式，分别由闭环输送机系统和高架堆垛机将所要的货物自动送到指定位置。

4. 拣选策略

订单拣选是仓库的一项基本服务，据统计占仓库的近一半作业成本，是影响仓储效率的重要因素。订单拣选通常有四种策略，即摘果式（Discreet Picking）、播种式（Batch Picking）、分区式（Zone Picking）和波浪式（Wave Picking）。

（1）摘果式

摘果式作业也称单订单拣取（Single-Order-Pick），这种作业方式要求拣选人员巡回于仓库内，一次将一个订单的所有货物从头到尾拣取挑出并集中，是较传统的拣选方式。

如图8-3（a）所示的四种货物拣选顺序为 g→c→a→e，每种货物数量为字母后的数字。可以看到，对1号订单（粗实线框），拣货员1要按g,c,a,e 这四种要拣的货物，选择一条合适的路线（拣选路径后面会讲述），分别从规定的位置拣取合适的数量，完成该订单要求的所有取货后从货架中出来。再考虑第二个订单的拣选。就像爬到树上后，要将所有的果子摘完后再下来才划算，故得"摘果式"之名。

摘果式的优点是：一个订单在拣选后一次完成，不必再分选、合并，作业方法单纯，提前期短，导入容易且弹性大，适用于大批量订单的处理。

但它也有明显的缺点：商品品种多时，拣选行走路径加长，拣取效率降低；多个工人同时拣取不同的订单时，会在通道处发生拥挤；拣选区域大时，搬运系统设计困难。

（2）播种式

播种式拣选将多张订单集合成一批，将该批订单所要的同种货物一起拣出，其他货物也分别拣出。同种货物在取货后或在暂存区再按各顾客的需求二次分配。采用播种式时要确定拣货员拣取订单的合理批量。如图8-3（b）所示，还是1号拣货员，采用播种式，他要将1号和2号两个订单先合并，再拣取全部数量。图中粗实线框（g1和a3）为1号订单的，粗虚线框的（d5、b4和f2）为2号订单的，双线框（c7和e8）的是两个订单都有的，拣货员一次将两个订单的所有货物全部拣出后退出拣选区，再分选。如果拣货车没有足够空间容纳分开放的货物，这样"边拣边分"就容易出错。

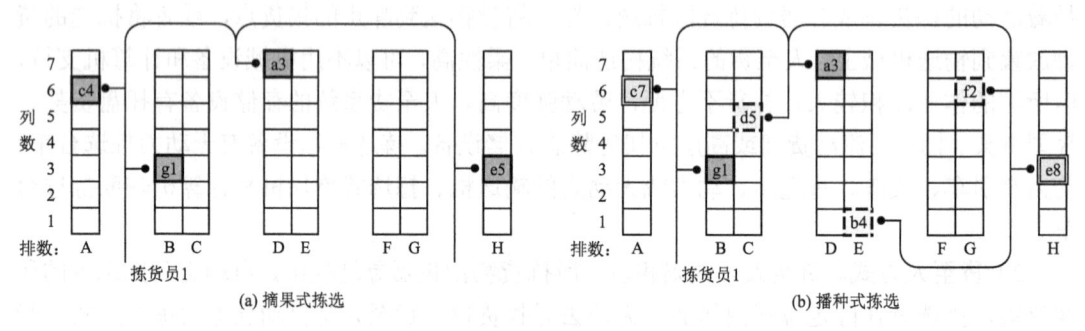

(a) 摘果式拣选　　　　　　　　(b) 播种式拣选

图8-3　摘果式与播种式拣选示意

播种作业方式的优缺点如下。优点：适合订单数量庞大的系统，可以缩短拣取时行走搬运的距离，增加单位时间的拣选量。缺点：对到来的订单无法即时反应，必须等订单累积到一定数量时才进行一次性处理，因此会有停滞的时间产生（只有根据订单到达的状况做等候分析，决定出适当的批量大小，才能将停滞时间减到最短）。拣取后还要分选，若数量多则很费时。

（3）分区式

分区式拣选是指各个工人分别在不同拣选区共拣一个订单的货物或多个订单的货物。每个工人只负责拣取他所在分区的货物。拣取的货物最后再分选、合并。每个拣货员负责一片存储区内货物的拣选，在一个拣选通道内，先将订单上所要货物中该通道内有的全部拣出，汇集一起后再分配。

如图 8-4 所示，分区式拣选先分区，合并订单后再分割，1，2 号拣货员分别负责 1，2 区的拣选。所有订单合并后，1 号提货员负责拣取 1 区货物 g1, c7, d5 和 a3，2 号拣货员负责完成 2 区货物 b4, e8 和 f2 的拣取。可以看到，分区式主要是分区播种式，要多个拣货员才能完成拣选任务。

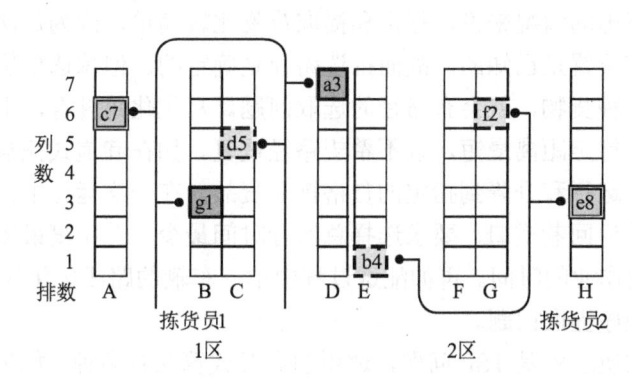

图 8-4 分区式拣选示意

分区式拣选优点：每区可采用不同的技术、设备和布置，如快出货物在最易拣区，能减少拣选时间。缺点：分区拣选难以平衡各区工人的工作量和拣选速度。

分区播种式拣选是多人先分订单，划分原则有合计量分批原则、时窗分批原则、定量分批原则和智慧型分批原则。例如，采用智慧型分批原则的仓库或配送中心通常将前一天的订单汇集后，经过计算机处理在当日下班前产生明日的拣选单，但发生紧急插单时处理作业较为困难。

（4）波浪式

波浪式拣选是按照某种特征将要发货的订单分组，如同一承运商的所有订单为一组，一次完成这一组订单，下一波再拣选另一组的。它只适用于自动拣选机械的拣选，如全自动仓库的拣选—分拣系统就采用这种方式。

4 种拣选策略的总结对比如表 8-3 所示。

表 8-3 四种拣选策略比较

策　略	每订单拣选人数	每拣货员处理订单数
摘果式	单人	单订单
播种式	单人	多订单
分区式	多人	单订单/多订单
波浪式	多机器	多订单

总之，摘果式拣选和播种式拣选分别代表了串行和并行两种不同的方式，是两种最基本的拣选策略。比较而言，摘果式拣选弹性较大，临时性的产能调整较为容易，适合顾客少样多量订货，订货大小差异较大，订单数量变化频繁，有季节性趋势，且货品外形体积变化较大，货品特性差异较大，分类作业较难进行的仓库或配送中心。播种式拣选的作业

方式通常在系统化、自动化后产能调整能力较小，适用于订单大小变化小，订单数量稳定，且货品外形体积较规则的固定及流通加工类的仓库或配送中心。

5. 拣选路径

统计表明，拣选作业时间组成中行走所花时间最多，要减少这种不增值活动所消耗的成本就要考虑拣选路径的优化。另外，行走时间还影响服务水平，行走时间越短，货物送达顾客的速度就可以越快。

对于托盘整进整出的情况来说，行走和提取货物比较简单，因为每次作业都是以托盘为单位，托盘的存储位置是已知的，故而拣选路径是确定的。但拣选单位更小时，因为每次行走一趟要拣选多种货物，就会有路径的选取问题。从优化角度看，不但要考虑下一步到哪里，还要考虑总行走距离最短，且不希望路径重复。如在巷道式托盘货架仓库中，拣货员随拣选式堆垛机运行和升降到指定的货格拣取货品，在一次运行中根据货单途经若干点完成全部拣货作业返回巷道口，要求选择总运行时间最少、总距离最短的路径，以提高效率，缩短整个拣货作业的时间。再如配送过程中单一车辆的路线优化问题和 AS/RS 中巷道堆垛机拣货时的顺序提取问题。

拣选路径问题实质上就是 TSP 问题，适用的启发式算法有多种：如果仓库里每个通道内至少有一种货品要拣取，可采用 S 形算法（S-shape Heuristic）；如果用径距代表上下两个要拣取货品的直角距离，这一距离可能是在同一通道内，也可能是跨通道的，则可以用最大径距法（Largest Gap Heuristic）；还有最近插入法、模拟退火算法、遗传算法和蚁群算法等。优化的拣货路径还有一个如何有效实施的问题，需要采用昂贵的计算机视觉展现技术。但总体来说，以下几种方法值得在仓库运作中应用：

- 将主要拣选路径设置为直接的、较短的，且拣货员记得住的路线；
- 对分区作业的拣货员确定路径规则，便于提高效率；
- 按主要拣选路径作业方便的要求安排货物的储位。

在实践中，通常多 SKU 仓库采用 S 形拣选路径，相应地库位编号也要按 S 形设置。例如，有 3 排货架共 12 个库位（A~L），其中两排是背靠背的，那么库位的顺序设置应该是：

```
A B C D
H G F E
I J K L
```

因为无论是 WMS 系统还是 Excel，在生成拣货单时一般都是按照库位顺序排列拣货路径的，也就是 A 到 L 的顺序，所以，库位按照这样排列可以比较通畅地进行拣货。

6. 仓库运作评价

上面从几个方面对仓库运作管理进行了探讨。其实对仓库的评价，不仅要反映仓库当前运作水平，也要反映仓库的规划设计水平。这似乎涉及全生命周期的评价，可以有很复杂的方法和模型。但 De Koster 提出一种基于简单参观考察就可以做出的评价方法，主要从① 顾客满意度，② 清洁、环境、人因、安全和卫生，③ 空间利用、建筑条件与设施，④ 物料搬运设备状况，⑤ 团队工作、管理与动机，⑥ 存储系统与策略、库存管理，⑦ 拣货系统与策略，⑧ 供应链协调，⑨ 信息技术水平，⑩ 质量，⑪ 管理效率和灵活性等方面来评价，并设计了易于操作的问卷。这一方法简单易行，值得参考。

8.2.3 仓库管理信息系统

仓库管理信息系统（Warehouse Management System，WMS）就是跟踪和管理仓库各项作业活动的实时计算机管理软件，它采用关系型数据库系统，具有跟踪、计划、控制、分析和记录各项仓储作业活动的数据，还有储位分配和查找等功能。WMS 是仓库各项信息的数据库管理系统，它的核心功能是对货物及其储位的管理，并将仓库主要流程，即收货、存储、拣选和发货等作业采用统一的计算机系统来辅助管理。它不仅有查询、盘点、移位等仓储管理功能，还可以有作业安排、人员分配、拣货路径生成、库龄报警等功能，而且可以通过 EDI、ASN、Internet、条形码和 RFID 等技术来提高仓库管理的速度和精确率。

WMS 的常见功能有：交易作业活动的处理，如货物重量、体积和供应商信息等的验证；货物储位分配；拣选单的生成与打印；条码、储位和产品标识的打印；查询、盘点与分析等。WMS 还有高级功能，如进出运输作业计划与管理，包括容器装箱优化、装货计划、站台和停车场管理等；作业人力管理，如人力规划与调度、人力控制与时间标准；支持电子商务和供应链等。

采用 WMS 系统能显著节省人力并提高工作效率和数据准确性。对于自动化仓库和配送中心，WMS 是必不可少的。但是目前市场上一些 WMS 价格较贵，企业应当选购自己用得起、功能合适的软件，要注意性能的稳定比功能更重要。购买 WMS 软件不能只站在仓库一个点上看问题，WMS 只是企业中的一个相对较小的 IT 系统，这个系统如果在技术架构上和其他系统一致，后期 IT 团队容易支持和运维，出了问题好解决，运维成本也比较可控。

WMS 系统也开始探索应用人工智能和物联网技术，如对分拣输送机、AGV、RFID 标签等收发信息，并通过人工智能来决定用哪些设备、哪些操作来更好地完成工作。现代的 WMS 还向供应链拓展，或者供应链软件 ERP/SCM 也增强 WMS 功能。若加上优化功能，可以提高供应链的可视性和执行能力，形成仓库执行系统，或制造执行系统，乃至供应链执行系统。

8.2.4 仓库规划

仓库规划的内容包括仓库选址、确定仓库的大小和数量，以及仓库的布置与设计。仓库的主要作用是服务于生产和消费，因此要想提高对顾客的服务水平，选址问题是首要的问题。决定仓库选址之前要考虑如下问题：需要建多少仓库？每个仓库建在什么地方？规模多大？对于一些大企业，仓库可能很多，但分散的仓库使得每个仓库规模都很小，利用率和效率都难以保证，且难以达到物料搬运设备和自动化仓库的经济应用规模。应当根据生产厂的地址、客户服务基础和要求、租用费用、建造费用等因素综合考虑。

（1）要考虑的主要问题

1）**物流的组织**，包括集装单元的确定、前置拣选区的确立（包括应放置哪些货物）。

2）**设备选择和数量确定**，包括存储方式与设备、拣货和物料搬运设备、仓库管理信息系统和自动标识与通信设备。

3）**仓库布置**，包括存储容量和存储空间的配置。

4）**人员的技能要求与数量确定**。

对这些问题的回答就是要确定以下策略：收货策略（主要是货车的站台分配）、存储策略、补货策略、订单处理策略（包括拣选策略和拣选路径策略）、分类整理策略和发货策略。

(2) 规划的基本原则和方法

仓库的布置与设计是本章讲述的主要内容。一个好的仓库规划应当能够增加产出、改善物流、降低成本、提高顾客服务水平和提供更好的工作条件，或者说，实现空间利用、设备利用和劳动力利用的最大化，所有物料容易接近和所有物料得到最好的保护，这就要求注意规划的程序和方法。

系统布置规划程序和方法对仓库这类设施也适用。如仓库设计中也要考虑物流流程、作业单位的划分和相对位置。在这些工作开始之前，对仓库的 P, Q, R, S, T 分析是十分必要的。例如，就 P 来说，仓库要存放的物品有哪些，有多少类型、采用什么包装、存储有什么要求，这些数据确定了收发、存储等作业区的总体类型；就 Q 来说，仓库总的吞吐量是多少，各物品有多少数量，这些数据确定了仓库的大体面积；而 R 包括物品移动路径，与 P 一起确定了搬运设备的选择和仓库通道的设计。辅助设施对仓库功能的完成也很重要，而时间性更是仓库设计要着重考虑的因素。例如，现在竞争激烈和顾客要求快速反应使得仓库必须采用自动化设施设备才能达到快和准的基本要求。

仓库布置由如下因素决定：存储物品类型、可用空间、高度、库存周转周期、吞吐量与存取量、仓库周围交通布置等。总体布置要根据仓库的作业功能对作业区做出适当划分，如分为物料存储区、收货作业区、分拣作业区、发货作业区等，然后分析这些作业单位的物流关系，以此来确定相对位置。

但是仓库布置作为服务系统的一类布置问题，有它的特殊性。仓库规划设计中物流的因素很重要，解决如何存、如何流的问题是主线，因此首先要考虑存储方式和空间利用，然后与总的吞吐量和平均库存量结合确定仓库模型。

仓库运作中所产生的总成本在很大程度上在设计阶段就已经确定下来了。一般来说，规划包括功能定位、技术参数确定、设备选择和布置确定几个方面。每个方面的目标性能指标（成本、吞吐量、存储容量和反应时间）都应当得到满足。但注意，在仓库规划中还有二律背反问题。如空间利用率和存取方便性就是互相矛盾的，这就要求先要分析仓库的主要功能，再确定合适的空间和存取要求。

8.3 仓库布置设计

本节以托盘集装单元的货架仓库为重点，即常见的机械化仓库设计。

8.3.1 存储方式与空间

货物在仓库中的存储方式主要有以下三种。

1. 散放

散放是将无包装的干散货采用原始的货物聚集、堆存的粗放方式，如煤炭、矿石、沙土等大宗货物。散放缺乏有效的组织管理，空间利用率低，且散放搬运活性系数为 0，极不便于搬运作业，应当尽量避免。但是如果仓库进出货采用人工搬运方式（这在我国还很常见），收发货暂存区域的货物就会散放，因此在以人工搬运为主的仓库中，确定暂存区大小时要予以考虑，以防货量巨大时"爆仓"。

2. 堆码

堆码或称堆垛，是指货物以一个叠一个的方式存放在地面上的存储形式。堆码适合货物 SKU 不多、存储数量较大、货物容易堆码（通常为直方体的集装单元，如托盘单元）、整单元存储和拣货、先进先出（FIFO）要求不严格和存储高度低的情况，常见于产成品仓库。采用堆码的货物很多，如大木箱包装、纸卷、集装袋/箱等大而结实的货物。主要堆码方式有重叠式、纵横交错式、压缝式等，详见第 4.2 和 4.4 节。

传统的货物堆垛要求科学合理、稳固安全、简易方便和整齐美观，堆垛设计要考虑垛基、垛型、货垛参数、货垛苫盖和货垛加固等方面的内容。例如，螺纹钢露天堆码，钢材长 7，9，12，14，单捆直径 0.25（单位均为 m），松散捆扎，堆码时截面相当于 0.35m×0.20m 矩形。主要有两种垛型：①"井字形"，适合垛基结实、数量较多钢材的堆垛，垛底平面近似为正方形，上下两层纵横交错压码，垛高≤5m，整垛总质量达 1 000~1 500t；②"一字形"，每捆钢材同一方向放置，为底大上小的宝塔式，如垛底放 20 捆，上面依次为 19，18，17，…，10 捆，采用骑缝压码，垛底平面为长方形，立面为三角形，通常垛高≤2m，整垛总质量达 200~400t。为防钢材生锈可加篷布苫盖。如正码一字形货垛稳定性较差，可两侧立档柱、层间加垫板、使用 U 形架等方式加固。为便于吊装、计数等作业及满足安全的需要，钢材码垛之间应留出不少于 0.8m 的间距。

单元堆码（Block Stacking）针对单元化货物，便于机械化作业和管理，是现代物流常用的堆码方式。单元货物堆码示意如图 8-5 所示，它为 3 层高（z 方向）、4 排深（x 方向），每列（y 方向）可分别堆放不同的货物单元。单元堆码设置作业通道（图 8-5 中的 $A/2$ 仅显示一半通道，左侧一半通道及码垛未画出），默认通道两侧堆码货物，以充分利用作业机械的机动性来进行存取。

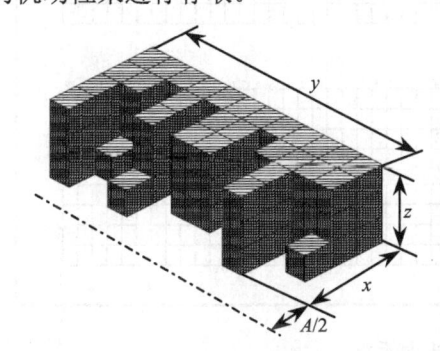

图 8-5 单元货物堆码示意图与实际图（集装箱堆码）

通常单元堆码的存储深度（Lane Depth）可达 2~10 单元深，高度则由多种因素综合决定，要考虑：①库房建筑物净高，②安全堆垛高度，③货物码垛性，④搬运方法，以及⑤地面载荷等，其中货物码垛性即具体可堆几层，可参考托盘单元承重条件和货物包装的堆码层数极限、堆码重量极限（参见国标 GB 191—2000《包装储运图示标志》）。对一些轻量货物，堆码高度可达 6m，但通常推荐最大堆码高度在 2~3m；为安全起见，z≤（2/3）min$\{x, y\}$，x, y≤6m。

为了便于不同货物的存取和管理，通常采用分类堆码（Dedicated Stacking）的方式，即采用定位存储策略而不是随机存储策略，不同货物单独占据一列或几列，分配给一种货物的位置不能由其他货物占据。因此分类堆垛存在蜂窝损失（下一小节介绍），空间利用率难以达到理论的数据，且难以满足先进先出（FIFO）这一存储的基本目标。

例8-2 某仓库轴线尺寸为 42m×21m，净高 4.1m。拟存储一批洗衣机，包装尺寸（长×宽×高）为 0.8m×0.6m×1m，毛重 50kg，包装承压 110kg。堆码作业采用带平抱夹的叉车，且仓库为"田"字形通道（参见第 10 章图 10-5），其中中间十字交叉通道宽度 2.6m，靠墙通道宽度不低于 2m。问最多能存储多少洗衣机？

解：首先考虑洗衣机可以直立堆码的层数，按高度计算 int(4.1/1)=4，可以放 4 层，但考虑叉车作业需要堆码后货物最高面与天花板的有效净空不少于 0.3m（参见 8.3.3 节图 8-9），只能堆码 3 层，另外，按承压来看也只能堆码 3 层。

接着考虑平面上的最大堆放量。田字通道的仓库可存储区分为相等 4 块，设墙厚为 0.36m，则每块长为(42−2−2−2.6−0.36)/2=17.52（m），宽为(21−2−2−2.6−0.36)/2=7.02（m），不计摆放时箱箱之间的间距且为同方向摆放，平面尺寸 0.8m×0.6m 的洗衣机包装可以摆放的最大数量为

$$\max\left\{\mathrm{int}\left(\frac{17.52}{0.8}\right)\times\mathrm{int}\left(\frac{7.02}{0.6}\right),\mathrm{int}\left(\frac{17.52}{0.6}\right)\times\mathrm{int}\left(\frac{7.02}{0.8}\right)\right\}=232(台)$$

即每块竖放 8 排 29 列，如图 8-6 所示，这实际上是 4 深堆码。

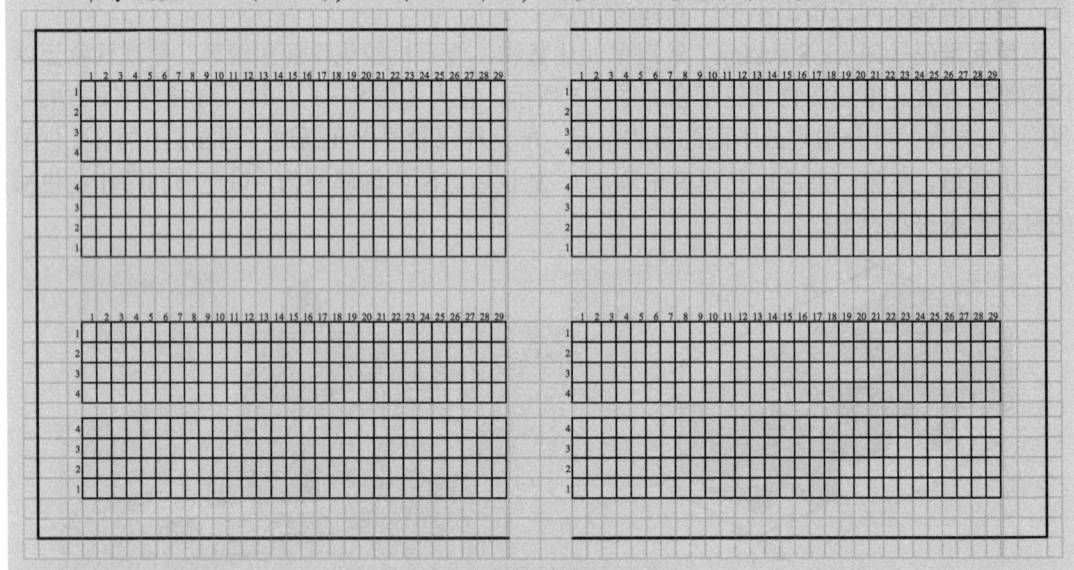

图 8-6 洗衣机仓库堆码平面示意

因此，最多能存储洗衣机 232×4×3=2 784(台)。平均每台洗衣机存储占地面积 0.32m²。

现今海运集装箱宽度都相同，是最适合堆码的，不论是码头、货运站还是船舶上都是层列堆码。如码头常对不同公司、客户等的重箱、空箱、特种箱采用分区堆码，根据场桥、叉车等作业机械的要求，码垛深 5~6 排，高 4~8 层，y 方向可达几十米长。在集装箱船舱内，每贝的长度 40ft，每贝有多舱、多排、多层，并由舱盖分为舱底和舱面，这种贝列层结构可以规则堆码巨量的集装箱。例如，一艘 2 万标箱以上超大型全集装箱船，船头到船尾共 24 贝（y 方向），每贝 24 排，（x 方向）舱盖上下各 12 层（z 方向），每个集装箱位都

有一个唯一的 6 位数代号，总共能够堆载 23 756TEU。因为是用岸桥从上吊装，船上没有集装箱装卸作业机械，也不需要作业通道。

3. 货架存储

这是现代仓库存储的主要方式，它很好地解决了空间利用和先进先出两个问题。从前面物流工程设施设备的介绍可知，货架形式多种多样，采用货架存储时要根据具体物料特性和库存出入量选择合适的货架，以及配套的搬运方式。货架存储方式主要有托盘货架、轻型货架（含抽屉式货架），分别适用于不同类型的货物。由于现代仓储中托盘和叉车这种机械化方式的广泛应用，托盘货架使用更广泛。对托盘货架的机械化仓库，托盘货物、货架和搬运设备结合就确定了托盘货架区存储面积要求，将在后面重点讲述。轻型货架的尺寸和通道更小，可参照对待。

存储货物的空间叫存储空间，存储是仓库的核心功能，存储区域规划的合理与否直接关系到仓库的作业效率和存储能力。在进行仓储区域的空间规划时，应先求出存货所需占据的空间大小，并考虑货物尺寸及数量、堆码方式、托盘方式、托盘尺寸、货架货位等因素，然后进行区域的空间规划。堆码方式、托盘及货架等因素将直接影响空间的利用，下一小节将探讨空间利用问题。

▶▶ 8.3.2 空间利用

在设计仓库时，一个重要的考虑因素是空间利用（Cube Utilization）。空间利用要考虑蜂窝损失和通道损失。

1. 蜂窝损失

蜂窝损失（Honeycombing Loss）是仓库可用存储空间不能全部被利用时所造成的损失，通常发生在货物形状、货物堆码和储位分配时竖直或水平空间没有充分利用的情况，如在图 8-5 中可以看到分类堆码的蜂窝损失。下面再以图 8-7 所示的单、双深堆码（图中作业通道宽 3 000mm 和货物单元深度 1 000mm 为示例数据）和图 8-8 所示的分类堆码为例详细说明。图 8-8 是 3 深 3 层堆码，3 种不同货物共 4 列，但绘图方向同图 8-7 相比转了 90°。如果在某种货物的一列中取走一箱或几箱货，只要该列不被取尽，所产生的空缺就不能被别的货物填补，如图中最右列的 3 个空缺。留下的空位犹如蜂窝，故得名蜂窝损失，它影响了库容量的充分利用。

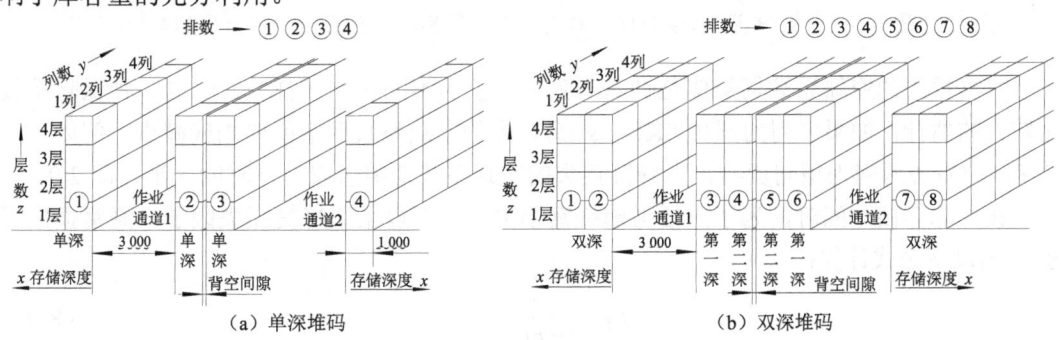

图 8-7 单元货物沿通道堆码 4 层

蜂窝损失会出现在水平和竖直方向上，影响平面面积和空间的利用。对于现有仓库设置，可以测算它现在存储状况下的蜂窝损失。如在图 8-8 中，蜂窝损失比例为空缺数占总储位数的比例，即（4+1+3）/（4×9）=22.2%。这一比例揭示了现有存储状态下空间损失的情况，如果改变存储方式，蜂窝损失也会发生变化。

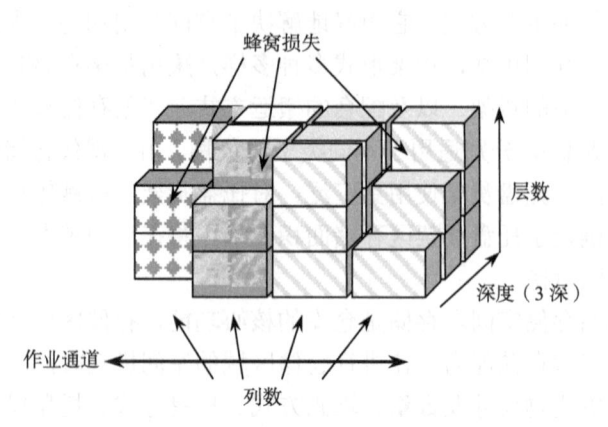

图 8-8　蜂窝损失示意，从左到右 3 种货物的空缺分别是 4 个、1 个和 3 个

蜂窝损失是难以避免的，这就要求在设计仓库时考虑蜂窝损失，对它做出合理的估算。蜂窝损失的估算通常用空缺系数 H 的期望值来衡量。

实际货物堆码中蜂窝空缺究竟会出现几个是一个动态变化的数据，只能假设一列货物中蜂窝空缺数出现的概率是相同的，则空缺系数 H 的期望值 $E(H)$ 为：

$$E(H) = \frac{1}{n}\sum_{i=0}^{n-1}\frac{i}{n} \tag{8-1}$$

式中，n 为 1 列货位堆码货物件数；$i = 0, 1, 2, \cdots, n$，如图 8-7 中左右分别是 4 和 8，图 8-8 中为 9。

> **例 8-3**　求图 8-7（a）中的蜂窝损失空缺系数期望值。
>
> **解**：图中 1 列货物可能有 4 种状态：只堆 1, 2, 3 或 4 层，因此相应的空缺数分别为 3/4, 2/4, 1/4 和 0。设 4 种状态出现的概率都是 1/4，则空缺系数 H 的期望值
>
> $$E(H) = \frac{1}{4}\left(\frac{3}{4} + \frac{2}{4} + \frac{1}{4} + 0\right) = \frac{3}{8} = 0.375$$
>
> 同理，图 8-7（b）中 $E(H) = 7/16 = 0.4375$。图 8-8 中 $E(H) = 4/9 = 0.444$。

蜂窝损失的空缺系数期望值是针对一列列储位为不同货物（SKU）时的一种保险系数比较大的估计，如果多列为同种 SKU，蜂窝损失的空缺系数期望值要相应减少。例如，在图 8-8 中右边两列为相同货物，则蜂窝损失的空缺系数期望值取单列时的一半，即 2/9。

在计算存储空间时，为了方便考虑蜂窝损失，还可以采用蜂窝损失因子。蜂窝损失因子 f_H 由以下公式计算：

$$f_H = \frac{1}{1 - E(H)} \tag{8-2}$$

如前双列蜂窝损失为 2/9，则蜂窝损失因子为 1.29，即考虑蜂窝损失时要增加 29%的面积。再如 2 深 4 层单列存储时蜂窝损失因子为 1.78，要增加 78%的面积，这已是很冗余的

估计了。

2. 通道损失

通道损失是由于作业通道占据了有效的堆放面积而造成的。无论是分类堆码,还是货架存储,都存在通道损失。若不考虑 y 方向的情况,即以一个通道及两边堆码的理想单元状况来看(图 8-7),通道损失 L_a 可用下式计算:

$$L_a = \frac{W_a}{W_a + 2d} \tag{8-3}$$

式中,W_a 为作业通道宽度;d 为存储深度。

如图 8-7(a)中通道损失为 3/5,比例是非常高的。要降低损失,可以降低通道宽度和增加存储深度,如图 8-7(b)中一个通道两侧各有两排货物,即货堆的深度为两个货位,通道损失降到 0.429(3/7),但此时增加了蜂窝损失。对于常见的选取式托盘货架来说,堆垛深度最多两排,即双深式货架,此时可配用带伸缩叉的叉车或双前移叉车。但出入库和装卸搬运等操作不太方便,如果前后两深放同种货物虽便于管理,但也会有一定的蜂窝损失,因而需要全面考虑,具体参见后面例 8-6。通过图 8-7 典型数据(设通道宽度为 3m,货物深度为 1m)的计算,在货物不同深度时的通道损失、蜂窝损失及总空间损失如表 8-4 所示。

表 8-4 仓库空间损失参考表

存储深度(排)	1	2	3	4	5
通道损失	0.60	0.429	0.333	0.273	0.230
蜂窝损失*	0.15	0.249	0.305	0.340	0.366
总空间损失	0.75	0.678	0.638	0.613	0.596

*这里蜂窝损失是考虑通道损失之后的,即 $E(H) \times (1-L_a)$。如第 2 列,$E(H)$ 为 0.437 5,蜂窝损失=0.437 5×(1−0.429)=0.249。

由表 8-4 可见,货堆越深,通道的损失越小,虽然蜂窝损失有所增大,但总的库容量损失是减少的。由于平面损失率很大,要想提高空间利用率,只有往高度发展和降低通道宽度,这也是高层自动化立体仓库发展的一个原因。

例 8-4 某种货物 C 不同型号均为木箱包装形式,尺寸(长×宽×高)为 1.0×0.6×0.7,箱底部平行宽度方向有两根垫木,可用叉车搬运,在仓库中堆垛放置,最高可堆 4 层。C 类货物最大库存量为 600 件,请考虑通道损失(设叉车直角堆垛最小通道宽度为 3.6)和蜂窝损失确定其需要的存储面积(本题尺寸单位为 m)。

解:货物堆垛 4 层,不考虑任何作业通道与取货要求,全部箱子密不透风地码成 4 层高,最小占地面积为 1.0×0.6×600/4=90(m²)。(请对比例 8-2)

货物堆码深度为 2~10 深,这里按平均 6 深来计算,此时通道损失由式(8-3)可算出,L_a=3.6/[3.6+2×(0.6×6)]=0.333。以 1 列 4 层 6 深 24 件计,蜂窝损失空缺系数期望值 $E(H)$=23/48=0.479,合计损失为 0.333+0.479×(1−0.333)=0.652,故需要的存储面积为 90 /(1−0.652)=259(m²)。

如为 10 深时,计算可得 L_a=0.23,仅考虑通道损失所需要的面积为 90 /(1−0.23)=117(m²),考虑蜂窝损失时上述等概率期望值会估计过高,不妨在考虑通道损失的基础上增加 30%,即蜂窝损失因子取 1.3,此时需要面积 117×1.3=152(m²)。

由此可见，随着货物堆垛深度的增加，所需的存储面积减小，这也与表8-4、表8-5的数据结论吻合。但货物堆垛越深，越难取出先放进去的货物。

上面等概率蜂窝损失的估计在很多情况下偏大，尤其是多深多层时。根据实际情况，可以在考虑通道等因素后，结合蜂窝损失增加10%~30%面积宽放，但不考虑蜂窝损失是不行的。

3. 空间利用与空间标准

从蜂窝损失和通道损失的情况来看，存储深度是二者的折中，因此，在给定存储策略下，如何确定合理的存储深度对空间利用有决定性影响。例如，表8-5显示了定位存储策略的堆码（分类堆码）在不同存储深度下的占用面积和空间利用率情况（假设A，B，C货物均为同等大小单元，作业通道宽度为2个单元，存储为单层）。

表8-5 分类堆码不同存储深度下的空间利用

存储深度	示意图	货物面积	列数	总面积	面积利用率
$D=1$		12	12	24	50%
$D=2$		12	7	21	57%
$D=3$		12	5	20	60%
$D=4$		12	4	20	60%
$D=5$		12	3	18	67%

如果采用随机存储策略，则最佳存储深度D^*的计算可以采用以下公式：

$$D^* = \left\lfloor \sqrt{\frac{A(2M-N)}{2NyH}} + \frac{1}{2} \right\rfloor \tag{8-4}$$

式中，A为作业通道宽度；M为所有货物的总单元数；N为货物种类数；y为单元深度；H为层数。$\lfloor \ \rfloor$为取不小于的最近整数。根据表8-5的数据，$A=2$，$M=12$，$N=3$，$y=1$，$H=1$，则$D^*=3$。

请注意表8-5的分类堆码是分区存储策略，对$D=3$的情况，采用公式(8-4)的随机存储策略，则第4列应撤除，2个B放到第2列空处，则面积利用率为75%，超过$D=5$的情况。

总之在利用空间时，应考虑以下因素。

1) **空间的保持**。空间的保持包括最大限度地将存储空间集中和立体利用空间，以及将蜂窝损失降到最低。对于托盘单元货架，空间集中的一个方向是托盘货架→双深货架→后推式货架→驰入式/贯穿式货架，它们的空间集中越来越高，但也造成存取的困难和FIFO

难以实现。另一个方向是从托盘货架到托盘重力式货架，托盘重力式货架既便于存取，也可以实现 FIFO，适合少品种、大批量货物的存储，如成品存储。要想降低蜂窝损失，就要降低存储的深度，单深的比多深的存储方式蜂窝损失更小，但空间利用却不经济。

2) **空间的限制**。空间的利用受到厂房结构、喷水消防装置、顶棚高度、地面载荷强度（对高层货架特别重要）、建筑柱网及物料安全堆放高度的限制。

3) **易存取性**。过分强调空间利用可能导致不易存取物料。作业通道的设计必须足够宽，以便于物料搬运；每个存储孤岛的接触面都应有能进入的通道；所有主要通道都应是直的，可通向门；作业通道的方向应能使大多数物料沿存储区的最长轴线存放；在同一区域内的货架最好保持同一方向摆放；作业通道应考虑两面作业，不应沿墙设置，除非这面墙有门。

4) **存储策略**。前面已经介绍过随机存储、定位存储和分级存储策略。良好的存储策略可以减少出入库移动距离，缩短作业时间，充分利用存储空间。

只要上述因素、各种损失、存储深度都确定下来了，就可以计算各种货物（以集装单元为单位）所需的空间标准。空间标准（Space Standard）是指单位（如托盘等集装单元）货物考虑通道和蜂窝损失后的存储空间需求。不同存储形式的空间标准可用平均每单元货物的占地面积来衡量，可参见例 8-2。对一种货物将其以集装单元为单位的计划存储量乘上它的空间标准，就可以得到它的空间需求。将所有货物的空间需求加起来就得到总的存储空间需求。再加上收发货的空间需求、办公、维护和厂房服务需求，就可以确定仓库总的面积需求。

▶▶ 8.3.3 库容量与仓库面积

库容量是指仓库能容纳物品的数量，是仓库内除去必要的通道和间距后所能堆放物品的最大数量。库容量是仓库的主要参数之一，它满足了待存储货物对空间大小的要求，对仓库面积有关键性的影响，在规划和设计仓库时首先要明确库容量。库容量的大小，首先取决于生产、经营的需要。

1. 储存空间的要求

仓储系统的要素首先是空间，这要求仓库首先要为每个存储单元分配足够的储存空间，为了达到此目的，采用存储分析表来表示对存储空间大小的要求，如表 8-6 所示。此表表明物品的种类、单元载荷的类型、各种物品的重量，是仓库设计和使用中的主要参数期。库容量过小不能满足储存货物的需要，库容量过大则会增大投资。

表 8-6　存储分析表

物料说明	集 装 单 元				SKU 储存数量			储存空间		
	类型	容量	尺寸	重量	最大	平均	计划	方法	标准	高度

对表 8-6 中需要说明的是如何决定各 SKU 储存数量。例如，某工厂生产产品 C，仓库每天要从此厂平均进货 30 箱，共订 30 天安全库存 4 天，订单提前期 7 天，试问应该存储的最大和平均数量是多少？这个问题的答案是库存订货点为安全库存加上订货提前期，故

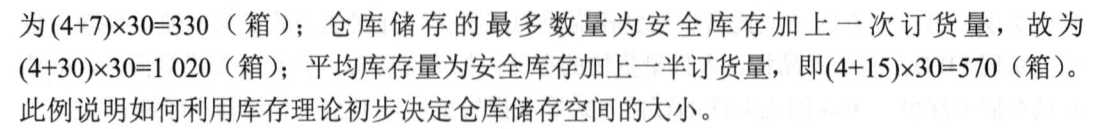

为(4+7)×30=330（箱）；仓库储存的最多数量为安全库存加上一次订货量，故为(4+30)×30=1 020（箱）；平均库存量为安全库存加上一半订货量，即(4+15)×30=570（箱）。此例说明如何利用库存理论初步决定仓库储存空间的大小。

2. 库容量

库容量的计算，与库内货物存放形式、装卸搬运机械的类型及通道等有关，在设计时，应根据实际情况具体计算。但总体来看，不管仓库采用什么形式，库容量应当能容纳确定仓库规模下的库存量。

仓库规模主要取决于拟存货物的平均库存量。实际上货物平均库存量并不如上例那么简单，尤其是货物种类多的时候它是一个动态指标，随各种货物的收发经常发生变化。作为流通领域的经营性仓库，其库存量难以计算，但可以确定一个最大吞吐量指标；作为企业内仓库，可根据历史资料和生产的发展（预留5～10年后的指标），大体估算出平均库存量（Average Inventory），高峰库存量为平均库存量加20%～40%，以此高峰库存量为库容量指标。库存量常以实物形态的重量表示。

在库容量大体确定后，还要根据拟存货物的规格品种、体积、单位重量、形状和包装等确定每种货物的单元规格，以此作为仓库的存储单元（Stock Keeping Unit，SKU）。

从物流标准化和单元化出发，仓库存储单元一般以托盘或货箱为载体，每个货物单元的重量多为200～500kg。采用机械化作业的存储单元尺寸最好采用标准托盘尺寸，这就是常见的单元仓库（Unit Load Warehouse）。

3. 面积计算

库房面积包括存储面积和辅助面积，存储面积指货架、堆码和必要的作业通道实际占用的面积；辅助面积指收发、分拣作业场地、通道、办公室和卫生间等需要的面积。存储面积的计算分堆码、货架等多种情况，具体方法有多种，如荷重计算法、类比法、公式计算法和几何计算法等。

对于托盘单元货架，我国标准 GB/T 28576—2012《工业货架设计计算》规定了组装式重型货架的基本结构、计算模型、计算工况与载荷组合及强度、刚度与稳定性校核方法，适用于普通托盘货架、窄通道托盘货架和自动化立体仓库货架的设计和计算。

（1）荷重计算法

这是一种经验算法，通常以每种货物的荷重因子（Stowage Factor，每吨货物存储时平均占用的体积）为基础，再根据库存量、储备期和单位面积的荷重能力来确定仓库面积。这种计算方法适合散装货物，在我国计划经济时代应用较多，但因为现在储备期时间大为缩短和采用货架、托盘后货物的单位面积荷重能力大为改变，应用不多。面积较难计算时，还可以类比同类仓库面积，比较类推出所需面积（类比法）。

（2）公式计算法

综合考虑集装单元存储系统的四种方式：单元堆垛（Block Stacking）、深巷式存储（Deep Lane Storage，或称贯通式货架存储）、单深货架存储（Single-Deep Storage Rack）和双深货架存储（Double-Deep Storage Rack），采用一套变量和公式来计算面积。感兴趣的读者可参阅机械工业出版社 2007 版汤姆金斯等著，伊俊敏、袁海波等译的《设施规划》（第 3 版）中 10.5 节"传统存储模型"。

第 8 章 仓库与配送中心规划设计

（3）几何计算法

几何计算法通过托盘货架存储的几何关系直接计算出货架区所占的存储面积。存储面积的计算与库内货物存储方式、存储策略、空间利用、装卸搬运机械的类型及作业通道等有关，在设计时要确定具体要求，根据实际情况确定几何尺寸关系，画出图形，再进行计算。几何计算法既有形象的图形表现，也便于结果的调整与讨论。

下面重点介绍集装单元仓库面积的几何计算法。

采用托盘货架存储的几何计算以托盘单元为单位，要先确定货架货格尺寸、货架排列和层数，再确定一个叉车货架存储单元，以此单元的个数来确定存储区的面积和形状。图 8-9 将有助于理解托盘货架各种尺寸与叉车的关系，图中 $a\sim h$ 值如表 8-7 所示。

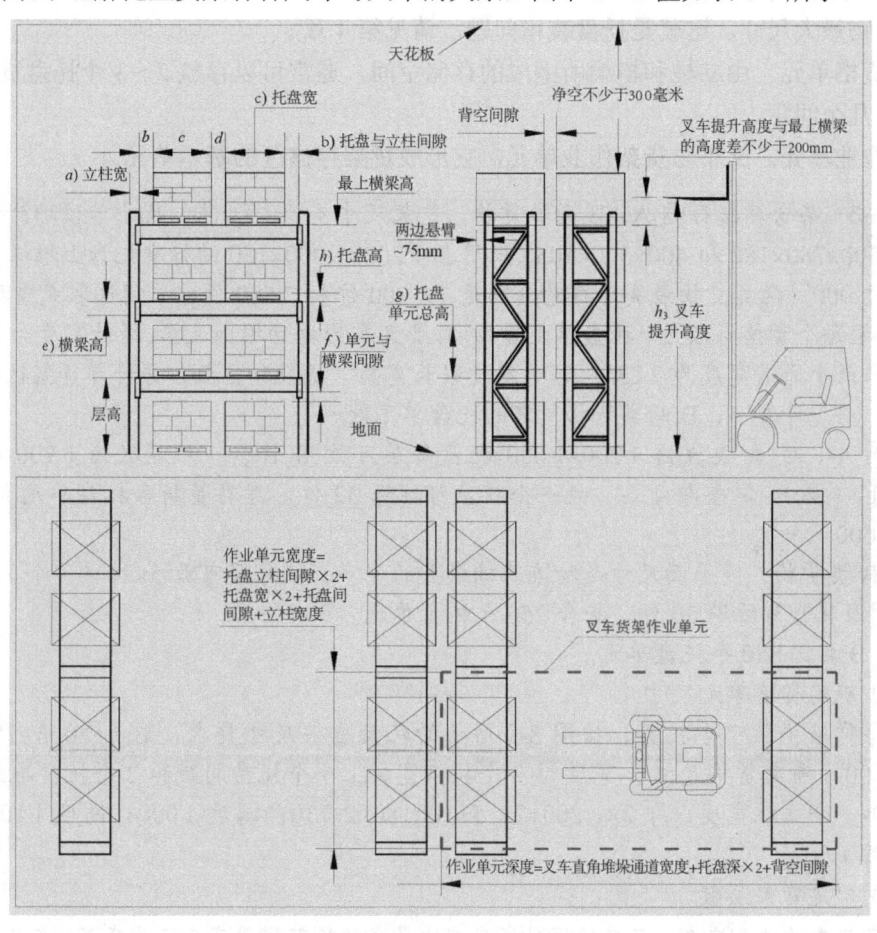

图 8-9 托盘货架尺寸关系与叉车货架作业单元（上左：正视图；上右：左视图；下：俯视图）

表 8-7 图 8-9 中各尺寸范围

符 号	名 称	尺寸范围（mm）
a	立柱宽（平行于横梁方向）	50～100
b	托盘与立柱间距	75（GB/T 37922—2019）
c	托盘单元宽度	800，1 000，1 100，1 140，1 200，1 219，…
d	托盘单元之间的间距	100（GB/T 37922—2019）

续表

符 号	名 称	尺寸范围（mm）
e	横梁高	80～100
f	托盘单元与横梁的间距	75～150（GB/T 37922—2019）
g	托盘单元高度	500～2 200
h	托盘高（自身高）	40～160
h_3	叉车提升高度	3 000～9 000

托盘货架布置几何设计时可抓住三个单元的设计：

1）**托盘单元**。要确定箱式货物在选定托盘上的堆放方式，形成不能超出托盘尺寸的托盘单元货物最大尺寸。这就是托盘装箱问题，请见第 4 章。

2）**货格单元**。由立柱和横梁所围成的存储空间，通常可以存放 2～3 个托盘货物。这里要注意几个间距。

3）**作业单元**。叉车与货架作业单元，它形成货架存储区的基本单元。

例 8-5 某仓库拟存储 A，B 两类货物，包装尺寸（长×宽×高，尺寸单位均为 mm）分别为 500×280×180 和 400×300×205，采用在 1 200×1 000×150 的标准托盘上堆垛，总高度不超过 900。两类货物最高库存量分别是 19 200 件和 7 500 件，采用选取式重型货架堆垛，货架每个货格存放 2 个托盘单元货物。作业叉车为电动堆垛叉车，提升高度为 3 524，直角堆垛最小通道宽度为 2 235。试确定货架长宽高、层数和排数，并计算货架区面积。

解：（1）计算 A，B 两类货物所需的托盘单元数

按例 4-1 对 A 类货物 1 200×1 000 托盘每层可放 8 件，可堆层数为（900-150）/180=4.17（层），取整即 4 层，故一个托盘可堆垛 32 件。库存量折合托盘单元数为 19 200/32=600（个）。

对 B 类货物，因平面尺寸是物流基础模数的一半，故每层可放 5×2=10（个），可放 3 层，则每托盘可堆垛 30 件，折合 250 个托盘单元。

A，B 共需 850 个托盘单元。

（2）确定货格单元尺寸

因每货格横放 2 个托盘，按图 8-9 所示的托盘货架尺寸要求，取 a=80，b=75，d，e，f 均为 100，确定货格尺寸，宽度为 2 个托盘宽加上一个托盘间距和 2 个托盘与立柱间距，再加一个立柱宽度，即 2×1 200+2×75+100+80=2 730；深度 1 000；高度 1 100（含横梁高度 e）。

（3）确定货架层数

为了叉车的作业安全，叉车的提升高度应比最高的货架横梁高度还要高至少 200。由于叉车的提升高度为 3 524，有（3 524-200）/1 100=3，因此可确定货架层数为 4 层，含地面层。

（4）确定叉车货架作业单元

叉车两面作业，确定叉车货架作业单元如图 8-10 所示，该单元共有 16 个托盘单元。

作业单元宽度 W 与货格宽度一致，即 2 730，取 2.8m

作业单元深度 D 为两排货架深度+背空间隙 100+叉车直角堆垛最小通道宽度，即 D=1 000×2+100+2 235=4 335，取 4.4m，则面积 S_0=2.8m×4.4m=12.3m^2

(5）确定面积

由总托盘单元数除以叉车货架作业单元得所需作业单元数，再乘作业单元面积即可得货架区面积（包括作业通道面积），即

单元数=850/16=53.125，取不小于的整数得 54

面积 $S=54 \times S_0 =54 \times 12.3 \text{m}^2 =664.2 \text{m}^2$

(6）确定货架排数

货架总长和排数与具体的面积形状有关。对新建仓库则可以此作为确定仓库大体形状的基础。本例 54 个单元，按 6×9 得货架横向有 9 个单元，即

存储区宽度 9×2.8m+0.08m（加一个立柱宽）= 25.3m

纵向有 6 个巷道，12 排货架，则

存储区深度 6×4.4m=26.4m

深度比宽度大，不符合货架最好沿长尺寸方向布置的原则（如图 8-10 所示）。可考虑用 4 巷道，取 4×14=56，此时

存储区宽度为 14×2.8m+0.08m=39.3m

存储区深度为 4×4.4 m=17.6m

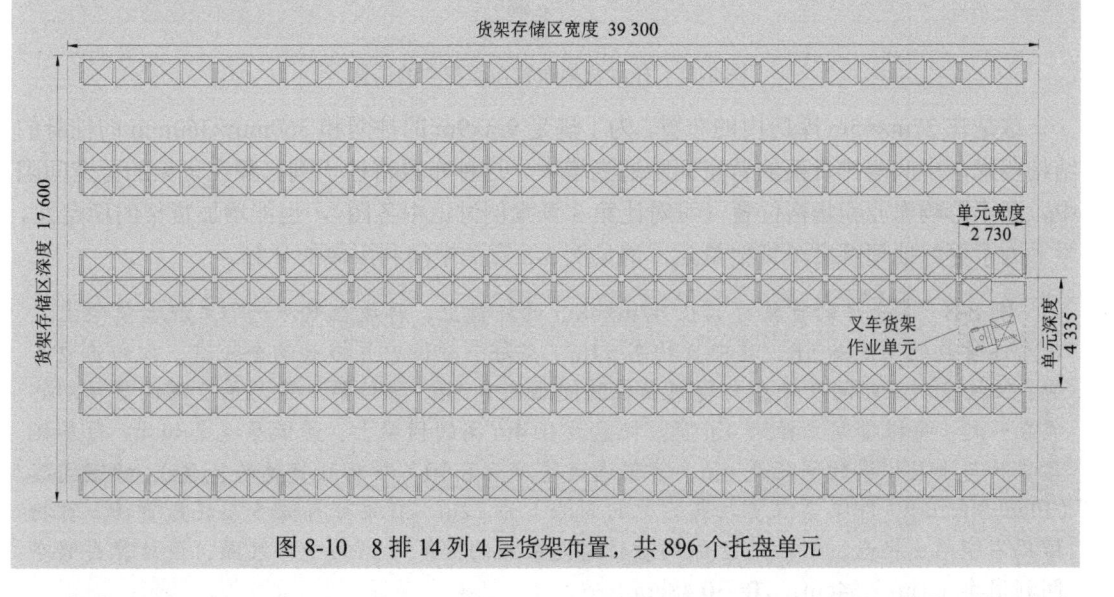

图 8-10　8 排 14 列 4 层货架布置，共 896 个托盘单元

货架布置不能仅仅考虑存储和节省面积，从出货速度快的要求来说，更重要的是考虑方便货物拣选，这才符合现代仓库"动"的理念。如图 8-10 中考虑拣货出货方便，需要设置一个贯穿各排货架的竖向交叉通道。交叉通道与作业通道垂直，通常从货架中间断开，宽度可容纳两辆叉车并行，即相当于一个货格长度。为了提高空间利用率，交叉通道可做成桥洞式的，即上部仍然保持货格不变，只需拆除下部两三层横梁，改作交叉通道。

若布置区域内有柱梁等建筑结构，还要根据柱网分布情况做适当调整。例如，上例布置考虑库房结构后的布置如图 8-11 所示。

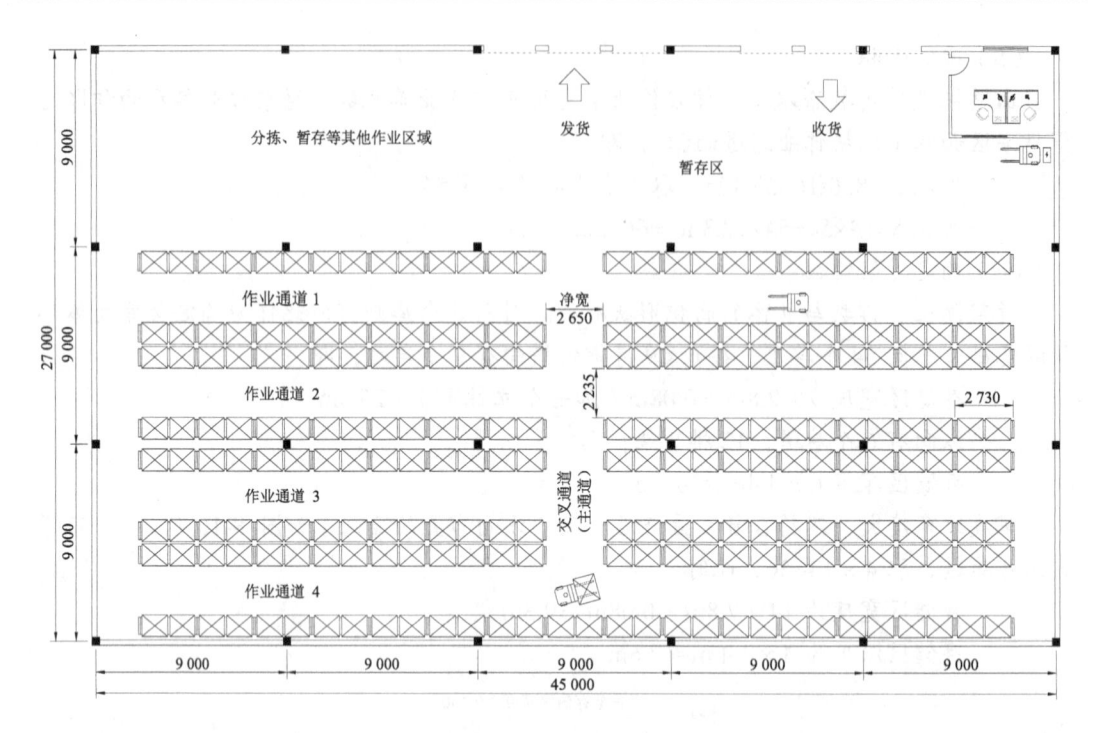

图 8-11 托盘货架布置在库房中的调整

这是在 27m×45m 库房内的布置，为了满足 9m×9m 的柱网和 360mm×360mm 的柱身的结构要求，中间两排货架的背空间隙适当增大。这种布置将柱子刚好藏在货架的背空间隙中，既不影响作业和货格位置（可对比第 3 章案例讨论中各图），也能增加货架的稳定性。

为了更好地理解叉车货架单元，请见例 8-6 有关空间利用率的计算。

例 8-6 某仓库的货物存储在 42in×48in 的托盘上，再放在双深选取式托盘货架上。托盘连货物的高度是 5ft，其中货物高 54in。在每个货位中并排放两个托盘，方向为边靠边，但托盘相互之间及托盘与货架立柱的间距要有 5in。货位第 1 深与第 2 深的货物刚好靠在一起。每根货架立柱为 4in 宽。托盘放在 4in 高的横梁上，最低层也是如此。每层托盘货物与上层横梁的间距是 4in。货架通道宽度为 8.5ft（货物到货物的宽度），背空间隙（Flue Spacing，即第 2 深货物背靠背的间隙）为 12in。货架可存储 5 层托盘货物。货物堆码不能超出托盘。假设第 2 深的货位都是装满的，第 1 深的一半装满，请计算存储空间利用率（1in=2.54cm，1ft=30.48cm）。

解： 空间利用率实际上就是平面利用率和高度利用率的乘积。对后面两种利用率，只要画出相应图形来就容易了。

1）平面利用率以叉车货架作业单元的一层来考虑，如图 8-12 左所示，可算出单元尺寸为 103in×306in，其中托盘单层为竖放，即长边垂直于竖梁。因为题中第 2 深满放，第 1 深只一半装满，则在此作业单元内相当于放 6 个托盘单元，则平面利用率为

$$u_s = 48 \times 42 \times 6 / (103 \times 306)$$

2）因为最低层也设横梁（便于插腿式、前移式叉车作业），所以高度利用率以货架的一层来考虑，如图 8-12 右所示，可以看出在每一层 68in 高度中利用的为 60in，则高度

利用率为 $u_h = 60/68$。

图 8-12 例 8-6 中双深货架的平面图和立面图（图中尺寸单位均为 in）

3）故空间利用率 u_v 为

$$u_v = \frac{48 \times 42 \times 6}{103 \times 306} \times \frac{60}{68} = 33.9\%$$

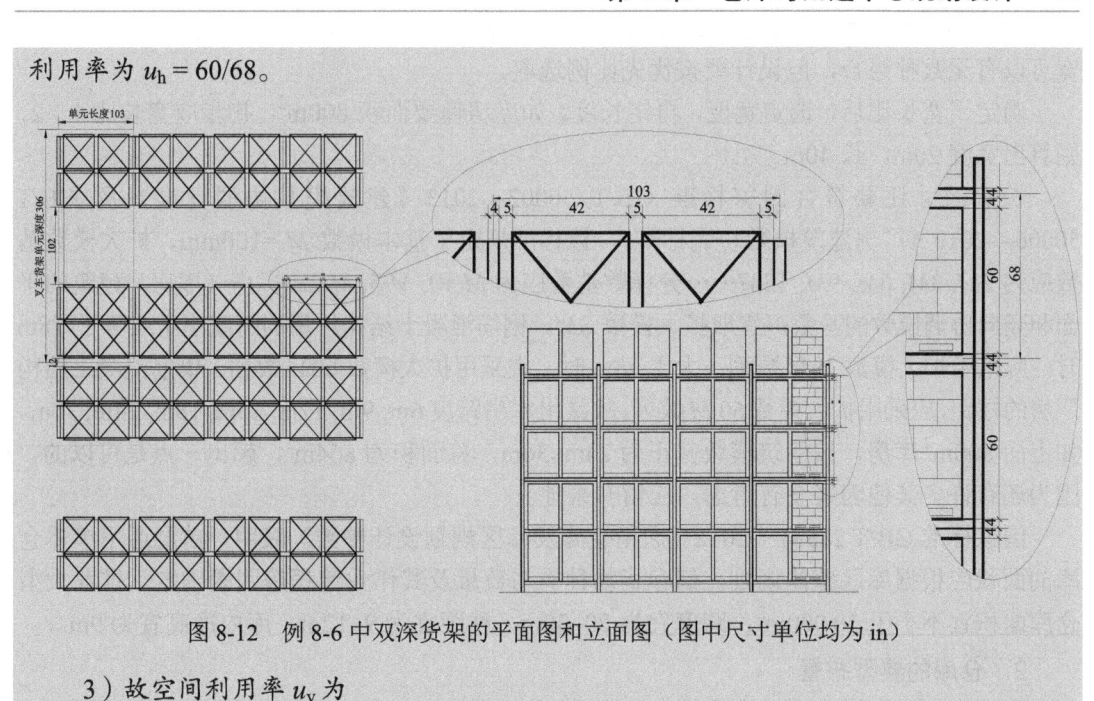

就此例题，有以下启示：

1）托盘竖放（托盘长边垂直于横梁）与横放（托盘长边平行于横梁）的差别。上例若托盘改为横放，则叉车货架单元尺寸为 115in×282in，此时的空间利用率为 32.9%。从而可以得出竖放的空间利用率略高，这也是很多仓库中托盘都竖放的原因。

2）采用双深式货架存储时会有深度方向的蜂窝损失，但不同于单元堆码，双深式无竖向的蜂窝损失，这是因为同一货位的第 2 深与第 1 深一般要放同种货物，以方便货物的查找和存取。

以上是对仓库选取式托盘单元存储区的计算和考虑，它适合 SKU 较多且每种数量不太多的情况。对于托盘单元货物，还可以采用其他几种类型的托盘单元货架（详见第 3.3.2 节）。例如，工厂成品仓库 SKU 少且每种数量较多，可采用驰入式、贯穿式或托盘重力式。除了集装单元的货架或堆码区，仓库还有其他区域面积要考虑，如采用小型流力式货架的快拣区、灯显拣选（Pick-to-Light）区、设备充电维护区域等，都要结合相应的货物、人员、作业及设备要求来考虑，可参考有关专业书籍并查询相关设备商的资料来确定。有关建筑设施方面区域设置及面积的要求见第 8.3.5 节及我国的建筑规范标准。

8.3.4 库房布置设计

本小节主要介绍库房设计及建筑要求、仓库的典型布置和仓库中的物流动线。

1. 库房设计及建筑要求

由上述方法计算得出存储的有效面积后，加上必要的辅助面积，就可得仓库总面积，以此可进行库房设计。库房的长度与宽度（跨度）和库房面积有关，在确定的面积下，长宽可以有无数种组合，但设计要按优先比例选取。

确定了宽长比后，选定宽度，再定长度。如库房需要面积 800m²，初步取宽长比 1∶2，则算出宽度 20m，长 40m。

长宽尺寸还要符合国家标准 GB/T 50002—2013《建筑模数协调标准》及 GB/T 50006—2010《厂房建筑模数协调标准》，该标准规定了基本模数 M =100mm，扩大模数基数应为 $2M, 3M, 6M, 9M, 12M$……分模数基数应为 $M/10, M/5, M/2$。厂房（库房）建筑的平面和竖向协调模数的基数，宜取扩大模数 $3M$。钢筋混凝土结构厂房的跨度小于或等于 18m 时，应采用扩大模数 $30M$ 数列；大于 18m 时，宜采用扩大模数 $60M$ 数列。钢筋混凝土结构厂房的柱距，应采用扩大模数 $60M$ 数列。故常用库房跨度 6m, 9m, 12m, 15m, 18m, 24m, 30m。如上面 800m² 库房，按建筑模数修正为 24m×36m，总面积为 864m²，超出一点是可以的，因为还有许多其他因素没有考虑，应留有余地。

国家标准 GB/T 28581—2012《通用仓库及库区规划设计参数》表明，单层通用单体仓库的面积应根据库区整体规划、储存货物种类与数量及其作业流程等因素确定。推荐大型仓库面积宜不小于 10 000m²，跨度宜为 20~30m，柱距宜为 9~12m，库内净高宜为 9m。

2. 仓库的典型布置

仓库的布置形式要适合仓库的运作流程，收发货口及通道配置决定了仓库的主要物流，对布置形式的选择起着重要作用。目前有四种普遍采用的典型的布置形式，即 U 形布置（U-shape）、直进穿越式布置（Straight-thru）、中枢加模块布置（Modular-spine）和多层楼房布置（Multistory）。

1）**U 形布置**类似生产系统中的 U 形流水线，是仓库设计中的首选模式。它的收发口在同一边，物流移动路线较合理，也便于站台资源的充分利用，还利于三个方向的扩建。

2）**直进穿越式布置**为收发口两边相对布置，物流移动路线为平行的直线，便于解决高峰时同时进出货的问题。这种布置适合直接转运作业，但缺点是难以应用分级存储策略。

3）**中枢加模块布置**以不同功能作业模块与中枢通道配合来满足大型仓库与配送中心的要求，快（如直接转运模块、连续补货的直进穿越式模块）、慢作业模块沿中枢通道布置。这是沃尔沃模块化布置在仓库中的应用。

4）**多层楼房布置**适用于功能多、土地资源紧张的仓库，需要注意各层功能的合理划分和上下层的物流通畅。

3. 仓库中的物流动线

上述四种仓库的典型布置形式实际上就是物流模式或动线的具体体现。因为进出更频繁、量更大，仓库中物流路线更加突出和固定，为了更好地表示仓库作业时物料、设备和人员移动的方式，进一步将物流模式称为动线，来表示货物、设备（包括货品箱、托盘、料箱等）、废弃物和人员的移动路线。仓库布置要求全部动线完整、合理，物料、设备和人员等不能发生阻断、迂回、绕远和相互干扰等现象。图 8-13 所示为 U 形仓库布置及动线图。

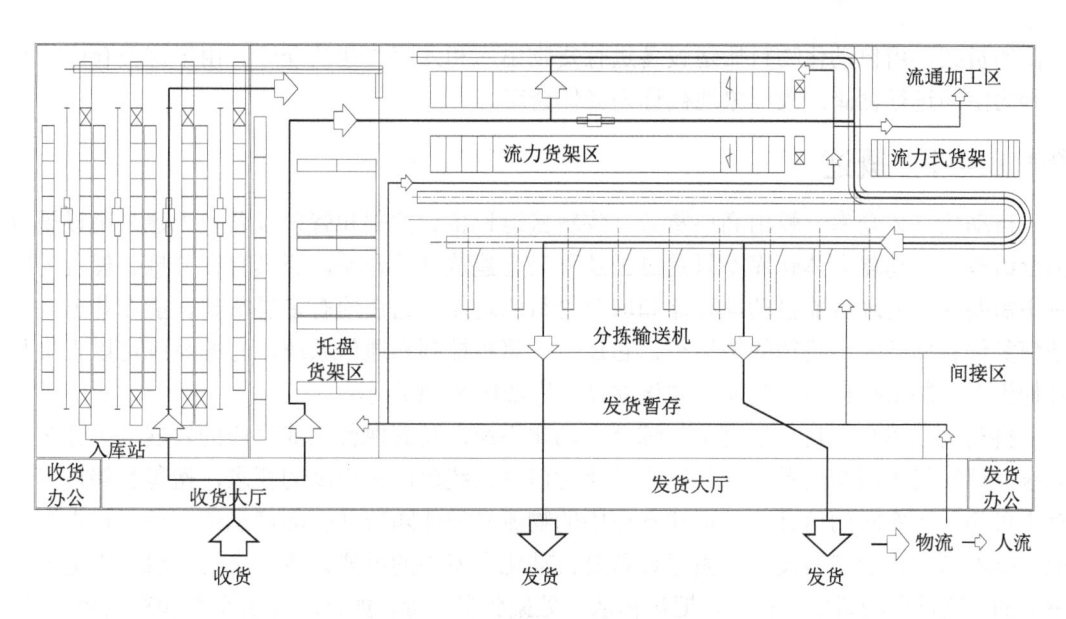

图 8-13　U 形仓库布置及动线

8.3.5　通用仓库及库区规划设计要求

国家标准 GB/T 28581—2012《通用仓库及库区规划设计参数》对单层通用仓库及库区的新建、改建或扩建推荐了严格的规范。

通用仓库是除冷藏冷冻货物、危险货物等特殊要求货物外，能满足货物一般存储要求及相应作业的仓库，一栋或多栋仓库、货场及配套设施组成库区。整个库区包括作业区、辅助作业区、装卸作业区、办公区和停车场等，分区布置。办公区宜设在库区主入口处，辅助作业区应充分利用库区边角的地方。

装卸作业区的宽度及地面承重应根据运输车辆类型、作业方式等进行规划，应满足集装箱卡车作业需要。单侧、相向装卸作业时，宽度（含车辆通道）分别不小于 30m/45m。

应对库门、落水管、消防设施、柱等加装防撞设施，并外涂警示色带。应在站台边缘设置保护角钢，在角钢上焊接锚筋（锚固在混凝土内），并加装防撞垫。

仓库照明应满足作业要求，分区、分路控制，符合相关规范要求。

库区消防应按国家有关消防设计规范要求设计，其中严寒和寒冷地区灭火系统应采取防冻措施。库区安全监控设备应根据企业及客户需要设置。库区应根据相关规范设置防雷设施。

应根据当地气候条件、仓库结构、存储货物、作业方式确定仓库通风系统，优先选择自然通风。应根据库区面积，在作业区内设置卫生间、司机与装卸工休息室、非机动车停放场所等配套设施。

8.4　自动化立体仓库

自动化立体仓库又称立体仓库或高架仓库（High-Bay Warehouse, HBW）、自动存取系统（Automatic Storage & Retrieval System, AS/RS），它一般指采用几层、十几层甚至几十层高的货架,用自动化物料搬运设备进行货物出库和入库作业的仓库。由于这类仓库能充分利用空间进行存储,故形象地被称为立体仓库。

▶▶ 8.4.1 概述

自动化立体仓库一般由高层货架、物料搬运设备、控制和管理设备及土建公用设施等部分组成。自动化立体仓库不只是过去那种只有建筑物的仓库,还具有在分拣、理货的同时不需要人工处理就能自动地存储和取出物料的功能。它使用有多层货架、能在巷道内的任何货位存储并取出货物的搬运车,它还有计算机控制和通信系统,有的系统可以直接与其他生产控制系统相连。典型自动化立体仓库如图 8-14 所示。

自动化立体仓库是一个复杂的综合自动化系统,随着现代工业生产的发展,柔性制造系统、计算机集成制造系统和工厂自动化对信息系统提出了更高的要求,搬运仓储技术要有更可靠、更实时的信息。工厂和仓库中的物流必须伴随着并行的信息流,信息技术深刻地影响着自动化仓库的发展。搬运设备是自动化仓库中的重要设备,它们一般是由电力来驱动的,通过自动或手动控制,把货物从一处搬到另一处,如自动导引小车和有轨台车等。输送设备也是立体仓库中不可缺少的设备,它具有把各物流站点衔接起来的作用。常见的输送设备有辊式、链式、轮式、带式、滑板式输送机等多种形式。

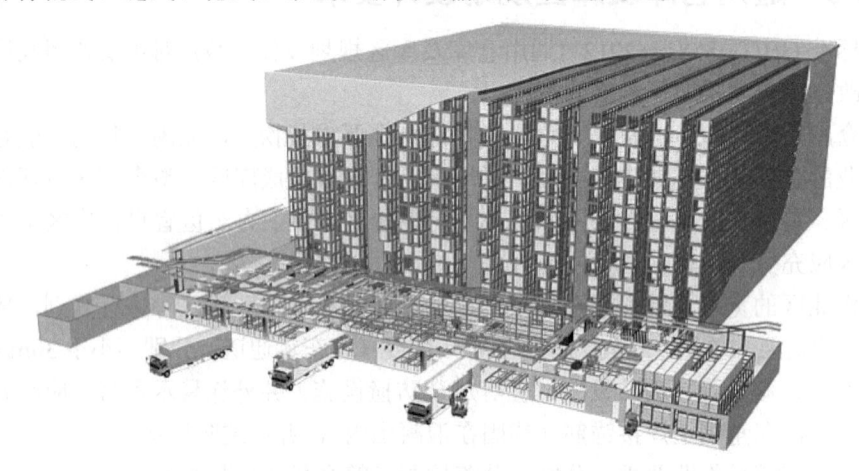

图 8-14 典型托盘单元高架自动化立体仓库示意

▶▶ 8.4.2 自动化立体仓库的优点

20 世纪 50 年代初,美国出现了采用桥式堆垛起重机的仓库,50 年代末到 60 年代初出现了由司机操作的巷道式堆垛起重机。1963 年美国首先在仓库业务中采用计算机控制,建立了第一座计算机控制的立体仓库。1980 年我国自行研制的第一座自动化立体仓库投入使用。之后,自动化立体仓库在我国得到了迅速的发展。这些仓库在机械制造业、电器制造业、航空港、轻工和化工业、烟草业、电商物流业、军工业等广泛使用。目前国内对自动化立体仓库的需求正不断增加。

历史和现实已充分证明,使用自动化立体仓库能够产生巨大的社会效益和经济效益。

自动化仓库的优点如下:

1）能大幅度地增加仓库高度，充分利用仓库面积与空间，减少占地面积。

3）便于实现仓库的机械化、自动化，从而提高出入库效率，降低物流成本。

3）提高仓库管理水平。借助计算机管理能有效地利用仓库存储能力，便于清点盘存，合理减少库存，节约流动资金。自动化仓库的信息系统可以方便地融入整个企业资源管理系统中，使企业物流更为合理，减少了非增值物流过程。

4）由于采用货架存储，并结合计算机管理，可以容易地实现先进先出的出入库原则，防止存储原因造成的货物损失。

5）采用自动化技术后，立体仓库能适应黑暗、有毒、低温等特殊场合的需要。

6）自动化仓库都有仓储信息管理系统，数据及时准确，便于企业领导随时掌握库存情况，根据生产及市场状况及时对企业规划做出调整，提高了生产的应变能力和决策能力。

总之，自动化立体仓库的出现，使传统的仓储观念发生了根本性的变化。原来那种固定货位、人工搬运和码放、人工管理、以存储为主的仓储作业已改变为自由选择货位、按需要实现先进先出的机械化、自动化仓储作业。在提高存储效率的同时，借助自动库存系统，还可以实现对货物进行自动拣选、组配，按实际需求，将库存货物按指定的数量和时间要求自动送到合适的地点，满足均衡生产的需要。可以说，自动化立体仓库的出现使"静态仓库"变成了"动态仓库"。

▶▶ 8.4.3 自动化立体仓库的分类

自动化立体仓库是随着生产的不断发展和进步而变化的。物流系统的多样性，决定了自动化立体仓库的多样性。作为一种特定的仓库形式，它一般有以下几种分类方式。

1）**按建筑形式分类**。可以分为整体式和分离式。整体式指货架除了存储货物，还可以作为建筑物的支撑结构，构成建筑物的一个部分，即库房货架形成一体化结构。这种仓库结构重量轻，整体性好，对抗震也特别有利。分离式是指存储货物的货架独立存在，建在建筑物内部。它可以将现有的建筑物改造为自动化仓库，也可以将货架拆除，使建筑物用于其他目的。由于这种仓库可以先建库房后立货架，所以施工安装比较灵活方便。

2）**按货物存取形式分类**。可以分为单元货架式、拣选货架式。单元货架式是一种常见的结构。货物放在标准容器中或托盘上存储，出入库都以整个单元进行。所用的物料搬运机械有带伸缩货叉的巷道堆垛机、高架叉车等。拣选式仓库的出库是根据提货单的要求从货物单元（或货格）中拣选一部分出库。对整个仓库来讲，当拣选作业不需要整单元出库时，一般采用"人至货"的作业方式；如果仓库作业中仍有相当一部分货物需要整单元出库，或者拣选出来的各种货物还需要按顾客的要求进行组合选配时，一般采用"货至人"的作业方式。

3）**按货架的形式分类**。可以分为单元式货架仓库、贯通式货架仓库、旋转式货架仓库和移动式货架仓库。按单元大小，可分为托盘式立体仓库（Pallet-load AS/RS）和小件立体仓库（Mini-load AS/RS）。

▶▶ 8.4.4 自动化立体仓库的发展趋势

随着企业在供应链存货控制上取得的持续进展，在目前的现代制造企业中，大规模的仓储中心已较为少见。制造企业更需要的是小型化、高反应速度和柔性的存货自动处理系统。为了适应工业的发展，自动化立体仓库系统的高速小型化趋势越来越明显。但另一方面，不少销售、电商、物流、运输企业要处理的货物越来越多，自动化立体仓库则向大型化发展。

在堆垛机方面，具有新的物理外形和更高性能的设备不断出现。伴随着电子控制技术的进步，堆垛机在具有更高定位精度的同时，搜索能力和运行速度的提高使出入库操作周期大大缩短，从而获得了更大的生产能力。

自动化立体仓库的另一个发展重点是提高信息传输和处理速度，主要体现在广泛采用光电扫描技术，如采用射频数据通信技术、新的高效光通信器件等，来实现数据的采集、处理和交换能够在搬运工具与中央计算机之间快速进行，使物品的存取和发送信息做到快速、实时、可靠和准确。

现代信息技术的快速进步也给自动化立体仓库注入了新的发展活力。人工智能和专家系统大量运用到自动化立体仓库系统中。如高容错搬运系统、自诊断专家系统（远程异地诊断和维护）等已出现在部分复杂的自动化仓库系统中。

8.5 配送中心规划设计

配送中心就是从事货物配备（集货、加工、分货、拣选、配货）和组织对用户的送货，以高水平实现销售和供应服务的现代流通设施，它是物流中心的一种。配送中心是基于物流合理化和发展市场化两个需要而发展的，是以组织配送式销售和供应、执行实物配送为主要功能的流通型物流节点。它能够很好地解决用户多样化需求和厂商大批量专业化生产的矛盾，因此，逐渐成为现代化物流的标志。

配送中心系统规划包括多方面的内容，应从物流系统规划、信息系统规划和运营系统规划三个方面入手。① 物流系统规划包括设施布置设计、物流设备规划和作业方法设计。② 信息系统规划是对配送中心信息管理与决策支持系统的规划，包括功能规划、流程规划和信息系统设计。③ 运营系统规划包括组织机构、人员配备、作业标准和规范的设计。通过系统规划可实现配送中心的高效化、信息化、标准化和制度化。

8.5.1 配送中心规划的要素和资料分析

1. 要素

配送中心作为一种特殊设施，它的规划在普通设施 SLP 法的 PQRST 要素上增加为 EIQRSTC，主要包括：

1）**E—Entry**，指配送的对象或客户。配送中心的服务对象或客户不同，配送中心的订单形态和出货形态就会有很大不同。

2）**I—Item**，指配送货品的种类。在配送中心所处理的货品品项数不同，则其复杂性与困难性有所不同，其货品储放的储位安排也完全不同。另外，在配送中心所处理的货品种类不同，其特性也完全不同。

3）**Q—Quantity**，指配送货品的数量或库存量。这里 Q 包含两个方面的含义：一是配送中心的出货数量,二是配送中心的库存量。货品出货数量的多少和随时间的变化趋势会直接影响配送中心的作业能力和设备配置。配送中心的库存量和库存周期将影响配送中心的面积和空间需求。

4) R—Route,指配送的线路。物流线路与配送中心的规划也有很大的关系。规划配送中心之前首先必须了解物流线路的类型,然后根据配送中心在物流线路中的位置和上下游客户的特点进行规划,才不会造成失败。

5) S—Service,指物流服务水平。物流服务水平包括交货时间、货品缺货率、增值服务能力等,应该是合理的物流成本下较高的服务品质。

6) T—Time,指物流的交货时间。在物流服务质量中物流的交货时间非常重要,因为交货时间太长或不准时都会严重影响零售商的业务。

7) C—Cost,指配送货品的价值或建造的预算。在规划配送中心时除了要考虑以上基本要素,还应该注意研究配送货品的价值和建造预算。首先,配送货品的价值与物流成本有很密切的关系;其次,配送中心的建造费用预算也会直接影响配送中心的规模和自动化水准,没有足够的建设投资,所有理想的规划都是无法实现的。

2. 资料分析

要收集、整理和分析上述七个要素的资料,可以采用定性和定量的方法。定量方法包括储运单位分析、物品特性分析和 EIQ 分析;定性方法有作业时序分析、人力需求分析、作业流程分析、作业功能需求分析和业务流程分析。

1) **物品特性分析**。物品特性是货物分类的参考因素,如按存储保管特性可分为干货区、冷冻区及冷藏区;按货物重量可分为重物区、轻物区;按货物价值可分为贵重物品区及一般物品区等。因此规划配送中心时首先需要对货物进行物品特性分析,以划分不同的存储和作业区域。

2) **储运单位分析**就是考察配送中心各个主要作业(进货、拣货、出货)环节的基本储运单位,即所谓的 PCB 分析。要注意掌握物流过程中的单位转换。常见的例子为企业的订单资料中同时含有各类出货形态,包括订单中整箱与零散两种类型同时出货,以及订单中仅有整箱出货或仅有零星出货。为了使仓储与拣货区得到合理的规划,必须将订单资料按出货单位类型加以分析,以正确计算各区实际的需求。

3) **EIQ 分析**就是利用 E,I,Q 这三个物流关键要素来研究配送中心的需求特性,为配送中心提供规划依据。日本铃木震先生积极倡导以订单品项数量分析方法来进行配送中心的系统规划,即从客户订单的品项、数量与订购次数等出发,进行出货特性分析。EIQ 分析是对一天或一个月的订单进行的统计分析,分析的内容包括:

- 订单量(EQ)分析。单张订单出货数量分析。
- 订货品项数(EN)分析。单张订单出货品项数分析。
- 品项数量(IQ)分析。每单一品项出货总数量分析。
- 品项受订次数(IK)分析。每单一品项出货次数分析。

▶▶ 8.5.2 配送中心的设施规划

前面第 7 章所介绍的系统布置设计具有很强的实践性,同样也可应用于配送中心的系统布置中。配送中心的系统布置就是根据物流作业量和物流路线,确定各功能区域的面积和各功能区域的相对位置,最后得到配送中心的平面布置图。配送中心系统布置的一般程序还是脱胎于缪塞的 SLP。

1) **流程分析**。收集并分析了配送中心规划各项要素和资料后,就要进行流程分析。配送中心的主要作业活动包括入库、仓储、拣取、配货、出货、配送等,一些配送中心还包括流通加工、贴标签、包装及退货等作业。在布置规划时,首先应将具有相同流程的货物作为一类(如 A,B,C,D ……),分析每类物料的作业流程,做出配送中心作业流程表。

2) **区域设置**。配送中心按功能可分为进货区、存储区、分拣区和其他功能区,在预定的空间内合理布置各功能块的相对位置是非常重要的。这里主要考虑仓储区和拣货区的设置。

3) **物流相关性分析**。与前面第 7 章介绍的类似,在此不再重复。

4) **活动相关性分析**。各作业区域间的活动相关性主要是物流、信息流和人流的程序性关系、组织与管理上的关系、功能上的关系和环境上的关系。分析后得到类似第 7 章的非物流关系相关图,最后再与物流相关图综合得到综合相关图。

5) **总体平面布置**。在第 7 章和本章仓库规划中已经详细讲述,在此不再重复。

6) **方案的选择与评价**。已在第 2 章介绍了。

配送中心的主要活动是货物的集散和进出,在进行设施规划设计时,环境条件非常重要。相邻的道路交通、站点设置、港口和机场的位置等因素,如何与中心内的道路、物流路线相衔接,形成内外一体、平滑通畅的物流通道,是至关重要的。

8.5.3 其他系统规划

在配送中心整体规划过程中,拣选作业系统的规划是其中最重要的部分。分拣和拣选系统是配送中心劳动强度和差错率最高的作业,拣选作业系统规划是配送中心总体规划过程的重心,并且主导其他规划环节的进行。其主要工作包括:拣选方式的确定,PCB 分析;根据 EIQ 的分析结果确定不同的分拣作业方式;订货拣选四种策略的综合运用;拣选信息处理和拣选设备的选用。

物流信息系统是配送中心的灵魂,配送中心各项功能的实现都离不开信息系统。配送中心的信息系统应当能够保证顺利接纳多品种、大批量的送货,用立体仓库或平面仓库进行存储保管,并具有与各种发货作业相适应的从收货、存货、拣货再到发货作业的完整系统。配送中心的信息系统包括仓库管理系统、运输管理系统和运营管理系统。

本章习题与思考题

1. 采用什么存储方式不会产生蜂窝损失?解释为什么驰入式和贯通式货架的蜂窝损失会更大。

2. 仓库的收、发货作业各有哪些?二者谁更属于劳动密集型作业,为什么?

3. 仓库的托盘单元存储区有什么特点?为什么它比其他存储区更易布置?

4. 对于以下情况,请说明存储是堆码还是货架更合适:①脆性货物的托盘单元;②重

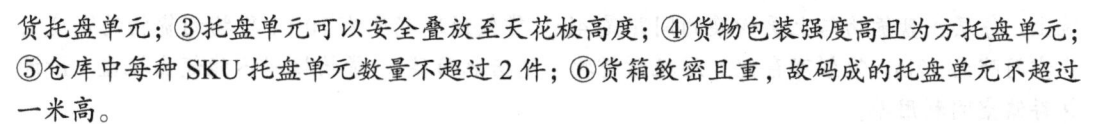

货托盘单元；③托盘单元可以安全叠放至天花板高度；④货物包装强度高且为方托盘单元；⑤仓库中每种SKU托盘单元数量不超过2件；⑥货箱致密且重，故码成的托盘单元不超过一米高。

5. 一个自有仓库的年吞吐量为1万件货物，平均每件货物的搬运费用为0.01美元/ft。仓库的规模为100 000 ft^2。以仓库周长计算的年建造和维护费用为210美元/ft。装卸站位于仓库的一角。请问，该仓库最佳的长度和宽度是多少？该设计的总相关成本是多少？

6. 某库房库存量为5 000个货位，为减少通道占用面积，采用一个通道两侧各有两排货物的布置形式，即双深式，蜂窝空缺和通道所造成的库容量损失为0.569。请问该库房的设计库容量需要多少货位？

7. 多种货物采用分类堆码存储，货物单元尺寸为1200mm×1 000mm×800mm，总数为25 000件，堆码5层高。作业通道宽3 000mm，另设交叉通道，面积为总面积的15%。请问设计的存储面积需要多少？每托盘平均占地面积是多少？

8. 某小库房长宽高为18m×6m×3.5m，储存单重15kg的桶装油漆，已知桶直径0.25m，高0.45m。试为此仓库设计合适的存储布置方式，并列出选用设备。

9. 采用3深4高的分类堆码方式，对最大存储量分别为10个、18个和32个托盘单元的3种货物，托盘单元尺寸1 200 mm×1 000 mm×800 mm，通道宽3 000mm，存储的平面利用率是多少？

10. 某仓库堆码区通道宽度为4300mm，可容纳平衡重式叉车作业。堆码为1 200 mm×1 000 mm托盘单元横放。4种SKU的库存量和堆码高度分别是：A/20/2，B/24/3，C/12/1，D/4/3。请问每种SKU的合适堆码存储深度各是多少？4种SKU堆码统一的存储深度为多少最合适？

11. 假设已经为多种SKU堆码设计好了合适的存储深度，现在得知库存量只是原来预计的一半，这时如何调整存储深度？

12. 某仓库进8 000箱啤酒，包装尺寸为300 mm×300 mm×400 mm，毛重12kg，净重10kg，用日式托盘堆码（重量不计），库房地坪单位面积载荷为1t/m^2，包装的承压能力为50kg，可用高度为3m。存储该批货物至少需要多少面积？

13. 某钢材仓库有625块2m×1m×0.02m的钢板（密度取7.8t/m^3），库房地面承重载荷为7.8t/m^2，则存储该批货物至少需要多少面积？

14. 玛丽玫瑰化妆品公司的成品仓库采用的是6m高的托盘货架，由平衡重式叉车来存取货，货架通道宽度是3.6m。请问在不扩建仓库的情况下，可采用什么方法来增加库容量，以满足公司产品增加的要求？

15. 在什么条件下，在仓库中存储货物分别按以下方式进行：① 将产品直接放在地面上；② 货物装托盘后再堆码；③ 货物装托盘后存储在常规托盘货架上；④ 货物装托盘后存储在流动式托盘货架上；⑤ 货物装托盘后存储在驰入式托盘货架上；⑥ 货物装托盘后存储在贯通式托盘货架上；⑦ 货物直接放在流动式货架上；⑧ 货物存储在悬臂式货架上；⑨ 货物装入柱式托盘堆码存储；⑩ 将货物直接放在货箱内。

16. 某仓库的货物存储在40in×48in的托盘上再放在单深选取式托盘货架上。托盘本身的高度为6in，上面货物高度为40in。每个货架货位中边靠边放2个托盘，每托盘间和托盘与立柱的间隙均为4in。每根货架立柱为3in宽。托盘竖放在4in高的横梁上，但最低层放地上。每层托盘货物与上层横梁的间距是4in。货架通道宽度为10ft（货物到货物的宽度），背空间隙为12in。货架可存储4层托盘货物（包括地面层）。货物堆码不能超出托盘。请计算存储空间利用率。

17. 一仓库的货物存储在1200mm×800mm的托盘上再放在单深选取式托盘货架上。托盘本身的高度为150mm，上面货物高度为1000mm。每个货架货位中边靠边放2个托盘，每个托盘间和托盘与立柱的间距均为100mm。每根货架立柱为80mm宽。托盘放在100mm高的横梁上，但最低层放地上。每层托盘货物与上层横梁的间距是100mm。货架通道宽度为3600mm（货物到货物的宽度），背空间隙为300mm。货架可存储6层托盘货物（包括地面层）。货物堆码不能超出托盘。请分别计算托盘横放和竖放时的存储空间利用率。

18. 配送中心的规划要素有哪些？各个要素的含义及对配送中心的影响是什么？

19. 已知A/B/C 3种货物各期的存储量（单元）分别为：① 10/12/7；② 8/9/8；③ 9/20/7；④ 15/8/3；⑤ 11/5/2；⑥ 8/2/18。采用分类存储策略需要多少存储空间（以单元计）？用随机存储策略又需要多少存储空间？若A和C分为Ⅰ级，B为Ⅱ级，则采用分级存储策略需要多少存储空间？

20. 乔治公司某仓库的有效空间是150ft×275ft×30ft，容量可以满足目前公司年产量25 000件的需要。该公司成品外尺寸为15in×25in×12in，最大堆码高度为6层，仓库没有采用货架。现在公司产能提高了1倍，估计产成品也将增加1倍。请提出一个办法在仓库空间不变的情况下，实现库存量翻番。

21. 某仓库所有要存储的货物都采用堆码方式。所有货物都放在1200mm×1000mm×150mm的托盘上，托盘货物高度为1000mm。现有30种产品要储存，计划每种产品各存储300托盘。托盘货物可以堆垛4层，而仓库的净高为6600mm。收发货站台要布置在仓库的同一边。仓库采用平衡重式叉车，通道宽度为3600mm。试画出此仓库的布置图。

22. 一小仓库存放2.8m×1.5m×1.75m、重2t的大木箱货物，采用3t的平衡重式叉车作业，为了最大限度地利用仓库的面积（18m×15m，仓库门宽3m，处于18m中间），试求合理的单层堆码布置。

23. 对于托盘单元的堆码和货架存储，哪种方式的空托盘位更易获取，从而增加存储容量？请回答并做出解释。

24. 对一个长宽m×n，m>n的托盘单元仓库，如果收发货为相对边（即直线形），那么作业通道是平行于长边m还是短边n时作业效率更高？存储效率呢？如果收发货为同一边（即U形），作业效率和存储效率又如何？

25. 对于标准托盘或欧式托盘，在什么情况下更适合横放（拣选面与长边平行），什么情况下适合竖放（拣选面与短边平行）？

26. 对于图8-11：① 共有多少个作业单元？② 单层有多少货格单元，可以放多少个托盘单元？③ 若主通道采用桥洞式，即通道上部一层横梁保留，仍可以放货，此时货架存储容量是多少个托盘单元？④ 采用上述的桥洞式，桥洞下的净高是多少？⑤ 按表3-3所示的ML10型堆垛叉车，通道上部二层横梁都保留可以吗？请结合缩回高度加以说明。

27. 某库房需要存储288个日式托盘单元的货物，为了减少通道占用面积，采用一个通道两侧各放3排4层托盘单元的布置形式，即3深4高，试问：

① 若叉车直角堆垛最小通道宽度为3.4m，则通道损失为多少？

② 若是同种货物不计蜂窝损失,单通道堆码需要多少列?长度是多少?

③ 若是不同货物分类堆码,蜂窝损失和通道损失所造成的库容量总损失为 0.52,该库房设计的理论库容量应为多少托盘单元?

④ 按②、③问,存储区占地面积各需要多少?

28. 一仓库采用我国标准最推荐的托盘,每货格横放 2 个托盘单元,立柱宽取 0.1m,背空间隙 0.1m。仓库库容量为 800 个托盘单元,请根据图 3-50 及图 8-9 回答下列问题:

① 若选用图 3-50 中的平衡重式叉车,5 层货架,4 巷道布置,请计算存储区的长宽。

② 按 5 层货架计,若托盘单元的高度为 0.9m(横梁高、单元与横梁间隙均取 0.1m,底层托盘放地面),则叉车的提升高度要达到多少?

③ 叉车门架可以有几级?对比表 3-3 中的内燃叉车 H18 的标准配置 1 级门架下的提升高度 3.65m,要达到②问的提升高度,需采用什么方法?

29. 某库房实际需要存储 440 个欧式托盘单元,为了减少通道占用面积,采用一个通道两侧各堆 3 深 4 层货物的堆码形式,假设蜂窝缺失和通道缺失所造成的库容量总损失为 0.56,试问该堆码区设计的理论库容量应为多少托盘单元?堆码区占地面积需要多少?

案例讨论　　　　　　　　　　　　　　　Case Discussing

刘强东的物流牌

半年多的时间里,京东商城 CEO 刘强东消瘦了不是没有原因的:血拼价格战京东打不起了,他内心感到虚弱。强敌让他如芒在背:阿里巴巴要建大物流,腾讯系易迅强势出击,苏宁继续和京东死磕。在高速发展下,更加考验这家 B2C 公司的内功,考验刘强东驾驭京东战车的能力。

2013 年 3 月,腾讯 CEO 马化腾说,未来电商的趋势是"大家经营标准化类目产品都不赚钱,依靠开放平台经营服装等非标准化产品赚钱"。但刘强东不这么看,"要看你背后的运营、管理能力。同样的价格,别人赔钱,沃尔玛赚钱,因为沃尔玛做到了低成本、高效率的供应链,这就是京东公司追求的核心目标。"

物流牌就是刘强东的四张底牌之一,京东物流布局如图 8-15 所示。入职 2 年的 COO 沈皓瑜在京东整体负责仓储、物流、客服这三大与服务密切相关的运营部门,2013 年 5 月 14 日他首次露面与媒体沟通,介绍了其所负责的物流建设情况。

1. 差异化物流服务——极速达

在北京南六环外的京东华北区仓储中心,每天车来车往,鸣笛声不断。平常,这里的 3C 分仓每天订单量是 6 万个,图书仓是 2 万多个。而在诸如"6·18"这样的节日大促,3C 分仓的订单量会达到 20 万个左右,图书仓达 6 万多个。

而京东日前推出的极速达服务,这个仓也承担了向北京发货的重任。"只要小件商品用户选择极速达服务并支付成功,白天的都会在 3 小时内送达,晚上的则在次日 11 点前送达。如果没有送到,那就不收快递费。"5 月 14 日,京东 COO 沈皓瑜在接受记者采访时表示,目前这一服务还只在北京、上海、广州、武汉、成都、沈阳 6 大城市开通,未来将推广到其他城市。除了"3 小时送达"服务外京东还计划在 6 大城市同步推出夜间配送服务,延长截单至 15:00。用户只要在当日 15:00 前下单,订货在当天就可以送达,比之前的"211 限时达"的速度提高了两倍。这意味着整个后台运营都需要提速。京东华北区仓储总监牛春岭告诉记者,目前,京东华北区的仓储从用户下订单到出库约 1 小时,极速达的订单则将时间压缩至不到半小时。

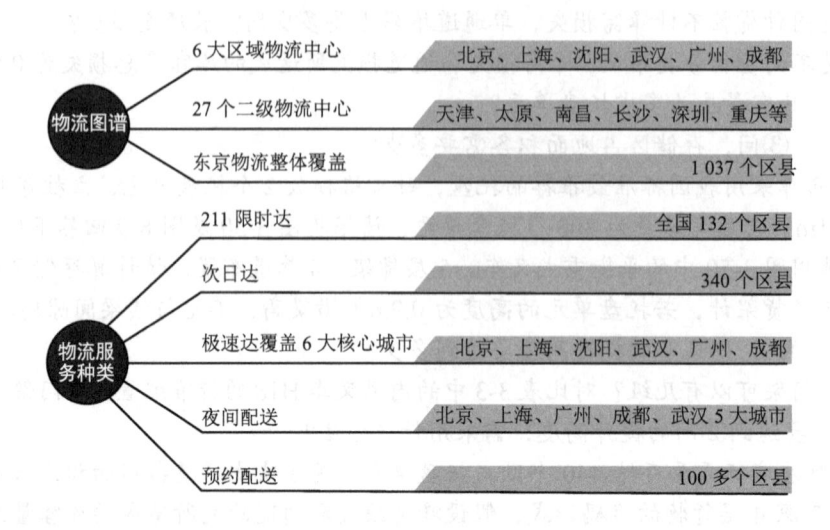

```
物流图谱 ┬─ 6大区域物流中心 ──── 北京、上海、沈阳、武汉、广州、成都
        ├─ 27个二级物流中心 ──── 天津、太原、南昌、长沙、深圳、重庆等
        └─ 东京物流整体覆盖 ──── 1 037个区县

物流服 ┬─ 211限时达 ──────────── 全国132个区县
务种类 ├─ 次日达 ──────────────── 340个区县
       ├─ 极速达覆盖6大核心城市 ── 北京、上海、沈阳、武汉、广州、成都
       ├─ 夜间配送 ──────────── 北京、上海、广州、成都、武汉5大城市
       └─ 预约配送 ──────────── 100多个区县
```

图 8-15 京东物流布局

沈皓瑜告诉记者,京东给这些"极速达"的订单开"绿灯",可以插队拣货,专人包装,最后全部统一装车,单独发送。

"享受极速达服务的客户,无论订单金额是多少,都需要支付49元的快递费。"沈皓瑜告诉记者,如果计入极速达订单的快递成本,49元的费用基本打平。

电商分析师李成东认为,从货品流动率、对固定资金的占用上说,当订单量达到一定规模之后,一日多次的物流配送有时并没有提升整体的运营成本,反而降低了每个订单的固定成本,提升了效率。

牛春岭也坦陈,仓储部分比较关注"库存准确率"和商品流动率,这是提升仓储效率的两个重要指标。库存准确率依赖的是仓储管理系统,而商品流动率则取决于订单量及配送能力。

物流与供应链管理专家、汉森世纪供应链管理咨询副总经理黄刚认为,实现极速达的一定是单个品类,不会是多个品类合单,因为多品类的合单需要从不同的仓中拣出。

此前的4月,京东宣布涉足商超领域。而2012年,京东曾表示要进入生鲜领域。主做高端进口食品的顺丰优选就要求某些进口食品必须要有冷链服务,从出库到配送完毕必须限制在5小时以内。

李成东认为,京东有211限时达、次日达、夜间配送、预约配送四种快递服务,"极速达提供了多种配送服务,可以提高电商的配送门槛"。

2. 是快还是准

和传统物流相比,电子商务需要的物流有以下几个特点:反应迅速,服务范围广,信息化程度较高,个性化物流服务更丰富。对中国电商行业来说,物流战已经成为一种基本的"进攻武器"。不过事实证明,"越来越快"能让消费者满意是个伪命题。根据调查情况和几个快递公司相关人员的反馈,消费者更需要的是投递时间和地址的精准性,快速仅仅是达到这一精准性的必备条件。

电商物流不能仅强调"快",更要"准",即"精准物流",在顾客真正方便收货的时候送到才能体现其物流能力。目前国内只有亚马逊推出了"准物流",顾客下单结算时,系统后台会根据顾客的地址快速计算,推荐几种物流方式供顾客选择,每种方式时间精准到分,这个时间包括订单处理、仓储、拣选、配送全程时间。

这样的配送体系在美国屡见不鲜,美国的电商物流基本上是点餐式的服务体系,无论选择慢物流还是快物流都需要付出成本，承诺顾客的是标准配送时间；各地顾客下单后均能清晰地知道到货时间；订单额度与物流费用关联度高，不同额度享受不同价格。沈皓瑜表示，京东目前还有一个物流服务即预约配送，按照消费者预约的时间进行配送。沈皓瑜还表示，京东也会给一些比较偏远的、对价格更敏感的顾客提供优惠价格，但会慢一些。

或许这才是电商物流未来发展的最终趋势，为消费者提供足够优质的消费体验才是根本目的。

3．物流大版图

保证京东提供极速达服务的是其庞大的物流网络。

一直以自建物流取得竞争优势的京东并未放慢布局物流的步伐。2011年，京东CEO刘强东称，5年内会投资百亿元于物流建设。这引来了广泛质疑，因为自建物流成本高昂。

2013年2月16日，京东7亿美元的股权融资成功，物流布局加速，2013年，京东的物流投入达到36亿元。其中，6个"亚洲一号"一级物流中心的平均投资规模为6亿～8亿元。

在6个一级物流中心之下，京东还有27个城市仓储中心，近千个配送站，200多个自提点。此外，据沈皓瑜介绍，京东还在几十个县级城市进行了合作配送点的尝试，以此来扩大在县级城市的配送能力。

京东的仓储布局也在不断优化。在原来6大区域之下，京东增设了一层仓库，如济南、重庆、西安。把畅销SKU放在离顾客更近的地方，更多长尾商品还是由中心仓来供应，这可以让京东在不增加成本的前提下大幅优化用户体验。此外，京东还继续开设配送站，有些地方设置了二级分拣中心，这是为了达到用户体验、成本和效率之间的平衡。

到2013年年底，京东的仓储面积将超过100万 m^2。此前，刘强东在接受采访时称，京东以后会将多余的物流配送能力出让给其POP开放平台上的商家。自然，京东庞大先进的物流网络吸引着各路供应商。2013年，上舜照明、阳澄湖大闸蟹等公司纷纷声势浩大地召开新闻发布会，宣告与京东合作。4月底，美国知名家居电器品牌Jarden也独家入驻京东，扩充京东的高端小家电品类。

4．亚洲一号库

上海嘉定区高速公路出口不远处，一片繁忙的工地上悬挂着京东的旗帜，这就是京东神秘的上海亚洲一号库（见图8-16）。其中，一期占地9.4万 m^2，主体结构已经封顶，仓库设备装配工作即将开始，旁边就是亚洲一号库二、三期用地，施工将随之进行。

目前在国内，面积相当的仓库基本上都用于大宗物流，不适用于电子商务。京东是一个例外。即将装配设备的中件仓高24m，被分成三个区域，双层作业。其中一个区域完全由机械运作，只在操作平台上预留操作工位。另两个区域半机械化操作，但只需32名员工。据了解，整个仓库都是为京东量身定制的。

按照整体规划，京东商城将要在5年内投资百亿元资金建设自有仓储物流体系。武汉、西安、成都等地的亚洲一号也正计划开工。这几个亚洲一号都是京东自己花钱买地、自己建设的，固定资金投入很大。刘强东向外透露，到2013年年底，上海的亚洲一号就可以投入使用，面积达23万 m^2。另据介绍，沈阳的亚洲一号面积也有11.7万 m^2。

这6个亚洲一号将成为京东的一级物流中心，辐射全国。在6个一级物流中心之间，会有京东自配的物流车来配送商品。目前京东已经开设了北京—上海、北京—广州的干线物流。

5．物流成本及物流管理

有了强大的仓储能力，刘强东的算盘是，从京东三个运营指标开始：前台看用户体验，后台看成本和效率。这些指标决定盈亏，而决定这些指标的则是物流管理。

图8-16 京东亚洲一号库

刘强东提供了两组数字：纵向比较，京东从2009年到现在物流成本降幅达到50%，2012年降幅46%，2013年肯定会超过50%；横向比较物流成本绝对值，"你花8.5元，我只花3.4元"。另外，京东客单价较高，物流费用在销售额中占比会更低。

横向比较，与苏宁、国美、当当、亚马逊这几家公司比，京东物流费用占比只是它们的一半。拿库存周转速度来讲，国美、苏宁为60~70天，管理的是1万个SKU。2011年京东管理了200万个SKU，平均库存周转时间28~32天。

竞争对手也纷纷加入物流大战。2012年7月，易迅全国仓储物流中心将由目前的6个扩充到16个。在上海青浦区，易迅也在建自己的大仓，面积达到27万 m^2，而且距离市区更近。更值得担忧的是马云，2013年他联合郭广昌、沈国军等在相关领域内具有经验和优势的大佬们推出了百亿元物流计划，实现覆盖全国的"地网"。

刘强东并不担心，物流需要时间积累优化，罗马不是一天建成的。这跟有多少钱没关系，就是有1万亿元，也没办法在一年内把京东物流体系建成，这不是吹牛。不是说你有钱有库房，把货放进去就可以了，运营系统管理最复杂，整个物流建起来最快也需要5年。

沈皓瑜则说，京东从仓库到配送都是自己做的，现在每天包裹数当中自营占非常高的比例，他人想复制这样一个网络非常困难。真要拿出几百亿元做，能做，但唯一不能穿越的是这个过程所需要的时间，而在这段时间里京东又已经跑出很远了。而且建自营物流的前提是规模。如果订单量、订单密度不够，那么自营物流成本将非常高昂。

竞争对手各有千秋。苏宁的物流体系比较成熟，但更适用于线下，易迅仓库位置贴近市区，更有利于快速送货，但它们在"量"上与京东尚有不小差距。比如仓储，京东和亚马逊一样采取货物随机存储方式，易迅没有这么做。卜广齐说："在订单量更大时随机存储才能降低成本。"

（根据《中国企业家》2013年第9期袁莹文章和《21世纪经济报道》2013年5月15日汤浔芳文章，以及网易科技报道2013年5月20日《电商物流悖论：越快越美？》综合改编）。

讨论及思考题

1．请结合上述案例比较普通仓库和配送中心规划设计的主要内容。比较生产企业和服务企业对仓库设计要求的异同。

2．结合案例分析自动化立体仓库由哪些设施组成，自动化立体仓库的特点和优越性体现在哪些方面。

3．访问 www.clpp.org.cn，查看由教育部高等学校物流类专业教学指导委员会和中国物流与采购联合会等举办的全国大学生物流设计大赛，试做"安吉杯"第四届全国大学生物流设计大赛比赛案例题目中的案例11与案例15。案例可作为物流工程的课程设计素材。

案例10　某汽车制造公司仓库改造案例

案例11　欧洲配送的驱动力

案例12　蒙牛乳业自动化立体仓库案例

第9章 物料搬运系统设计

本章主要内容

- 物料搬运概述
  物料搬运的概念、物料搬运的原则
- 物料搬运系统
  物料控制系统、物料搬运方程式
- 搬运系统分析方法
  物料的分类、布置、移动分析、搬运方案分析
- 搬运系统设计优化与改善
  搬运设备数量的确定、搬运成本优化、提高搬运安全性、搬运系统及作业的改善

引导案例

一家手表带厂生产金属表带,表带由若干咬合齿片组成。它的工艺是:用冲床冲压出这些齿片,操作工人将生产好的元件装满容器箱后,将容器箱送往装配线进行装配。工厂原来整个生产周期需要 48 天。显然,生产周期这么长在激烈的竞争环境下是难以接受的,于是工厂请张教授寻找问题根源。由于张教授具有工业工程背景,很快就确定了问题所在。首先是所用容器箱太大,需要花很多时间才能装满这种容器箱;其次冲床成为一个瓶颈,限制了整个系统的生产率。张教授提出的建议是:第一,用小得多的塑料周转箱,以看板的形式由下游操作者搬运元件箱;第二,增加一台冲床。措施实施后将生产周期降到 4 天。

这个案例说明设施设计和搬运系统设计是不可分割的,而且物流容器的选择是物料搬运中的一个重要内容。这里采用看板和小塑料周转箱的搬运系统,频繁、小批量地移动物料,是解决该问题的关键。

9.1 物料搬运概述

物料搬运(Material Handling)是制造企业生产过程中的辅助生产过程,它是工序之间、车间之间、工厂之间物流不可缺少的重要环节。据国外统计,在中等批量的生产车间里,零件在机床上的时间仅占生产时间的 5%,而 95%的时间消耗在原材料、工具、零件的搬运、等待上,物料搬运的费用占全部生产费用的 30%~40%。为此,设计合理、高效、柔性的物料搬运系统,对压缩库存资金占用、缩短物流搬运所占时间,是十分必要的。

9.1.1 物料搬运的概念

物料搬运是指在同一场所范围内进行的、以改变物料的存放（支撑）状态（狭义的装卸）和空间位置（狭义的搬运）为主要目的的活动。装卸、移动、分类、堆码、理货和取货等作业都属于物料搬运活动。

装卸搬运是物料的装卸和搬运两项作业的统称。这两项作业又密不可分，习惯上常常以"装卸"或"搬运"代替"装卸搬运"的完整含义。在流通领域常把装卸搬运活动叫作"货物装卸"，而在生产领域则把这种活动叫作"物料搬运"。一般，在强调物料存放状态的改变时，使用"装卸"一词，在强调物料空间位置的改变时，使用"搬运"这个词。因此在本书中统一使用"物料搬运"一词概括物料的装卸搬运活动。

这里还要明确物料搬运的范围，可以从距离和时间两个维度将它和运输、控制及工作空间内的动作等概念区分开来，如图 9-1 所示。如果对距离的区分不需要很明确，物料搬运的概念可以包括运输，如图 9-1 中的虚线框所示。

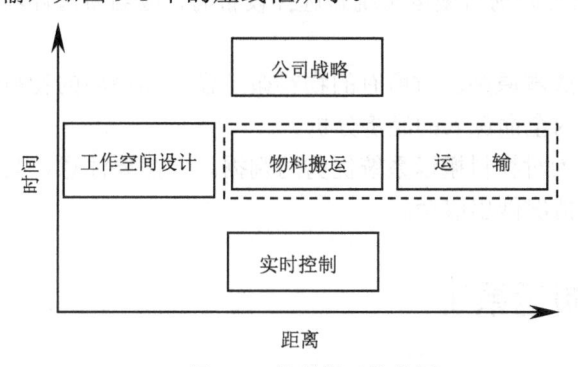

图 9-1 物料搬运的范围

具体的物料搬运作业主要有：水平或斜面运动——搬运作业；垂直运动——装卸作业；提升或下降运动——码垛或取货作业；绕垂直轴线转动——转向作业和绕水平轴线转动——翻转作业。搬运还是所有作业中附加的动作，包括运输、倒退让路、排除路障、堆码、清点、整列、寻找、停下与返回等。

物料搬运的基本内容有三项，即物料、移动和方法。这三项内容是进行任何搬运分析的基础。

9.1.2 物料搬运的原则

国际物料管理协会下属的物料搬运研究所浓缩数十年物料搬运专家的经验，总结出了物料搬运的 20 条原则。美国物料搬运教育大学与产业联系理事会（CICMHE）将其进一步提炼为如下 10 条原则：

1）**规划原则**。全面考虑需求、作业目标和功能要求来规划所有的物料搬运和物料存储工作。

2）**标准化原则**。物料搬运方法、设备、器具、控制和软件应标准化，以达到系统总体作业目标，且不牺牲灵活性、模块化和吞吐量的要求。

3）**工作原则**。物料搬运工作应当尽可能最少，且达到作业所需的生产率和服务水平。

工作可以用运量（F）乘以运距（D）来衡量，即 $W=F \times D$。

4）**人机工效原则**。在设计物料搬运作业和选择设备时，要考虑人的作业能力和局限性，以保证安全和有效的作业。

5）**集装单元化原则**。尽可能采用标准容器与装载工具来集装物料，以利于搬运过程的标准化、集装化。

6）**充分利用空间原则**。尽可能地充分利用建筑物的整个空间，包括高度方向。不要忘了往上看。

7）**系统化原则**。尽可能广泛地把各种搬运活动当作一个整体，使之组成相互协调的搬运系统。系统范围包括收货、检验、储存、生产、检验、包装、成品储存、发货、运输和反向物流等。

8）**自动化原则**。应当采用合理的作业机械化或自动化，以提高作业效率、反应速度和一致性，降低成本并消除重复性和有潜在不安全性的人工作业。

9）**环境原则**。在设计物料搬运系统和选择设备时，应当将对环境的影响和能量消耗作为一个重要依据。

10）**全生命周期成本原则**。对所有的物料搬运设备和最终的物料搬运系统，应当对它们进行整个生命周期内全面深入的经济分析。

这些原则可以作为对物料搬运系统优劣的判据。但是要注意，其中有些原则是相互冲突的，需要根据具体情况做出取舍。

9.2 物料搬运系统

物料搬运是物流系统的主要活动，在物流系统中各环节的前后或同一环节的不同活动之间都有装卸搬运活动的发生。物料搬运是在已经设计和建立的物流系统条件下，使系统中的物料（包括液体、散装物体、单件物体、包装件、集装单元等）按照生产工艺及服务的要求运动，以实现系统设计提出的目标。它不仅是一项技术作业，也是物流系统的控制与管理活动。

设备、容器和路线结构共同组成物料搬运系统。其中设备决定了路线是固定的还是变动的，如输送机就是固定路线式设备；叉车则是可变路线的设备，可以从一处运动到另一处。路线结构分为直达型和间接型两种，其中间接型结构又分为渠道型和中心型。容器集纳并保护产品。大的容器可以满足设备生产能力的需要，通常需要直达型路线，如叉车叉起的一托盘货物。小的容器不能满足设备生产能力的需要，就要采用渠道型和中心型间接路线。物料搬运系统中设备、容器的性质取决于物料的特性和流动的种类。物料搬运系统的设计要求合理、高效、柔性并能快速装换，以适应现代制造业生产周期短、产品变化快的新特点。

9.2.1 物料控制系统

按 Tompkins 等人的观点，物料搬运是"用正确的方法，以正确的成本，按正确的程序，在正确的时间，将正确的物料，以正确的数量，运送到正确的地点"。这里所指的物料不仅包括生产所需的物料,还包括辅助装备和工具,如刀具、模具和夹具等。要达到这几个正确,可以说物料搬运也是物流系统的控制与管理活动。它在已经设计和建立的物流系统条件下,使系统中的物料按生产、工艺及服务的要求运动,以实现系统设计提出的目标。物料控制系统是现代物料搬运系统不可缺少的灵魂部分。零部件编号系统、储位系统、库存系统、标准化、生产批量、订单数量、安全库存量、标签和自动标识技术等都是控制工厂物料流动所必需的,没有它们就根本谈不上上述的几个"正确"。

物料搬运系统具有五个维度:移动、数量、时间、空间和控制。移动物料产生了时间和空间效用,正确的数量、时间和空间离不开精确的控制。控制包括对物料物理和状态两个方面的控制。物理控制是指对物料的方位、顺序和相互间隙的控制;状态控制是对物料的位置、数量、目的地、初始地、所有者、进度安排的实时状态控制。控制正确与否取决于系统的设计和运作管理。据统计,物料搬运涉及企业25%员工的工作,占用55%的工厂空间和87%的生产时间。物料搬运占制造产品总成本的15%～70%;3%～5%的产品由于搬运不当而受损;而且,50%以上的工伤事故起因于物料搬运。

总之,通过改善对物料的控制,尤其是采用信息系统来管理,可以降低库存量,减少盗窃,提高安全性,使物料搬运成为降低企业总成本的一种方法。

▶▶ 9.2.2 物料搬运方程式

物料搬运系统设计是一个十分复杂的问题,设计人员必须具有相当多的操作方面的知识以及物料搬运方面软件和硬件的知识。物料搬运系统的有效设计需要设计人员从内到外地理解问题,设计出有效的解决方案。物料搬运方程式在解决物料搬运问题的各个方面都被证明十分有用。设计者需要考虑6个主要的问题,即6个变量。这6个变量就是著名的5W1H法,如图9-2所示。

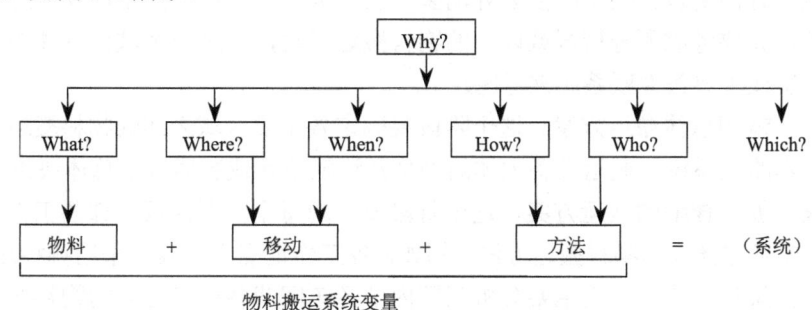

图 9-2 物料搬运方程式

在设计之前,"Why"提示设计者充分评价环境,正确确定问题,对于物料、移动和方法这三要素是否已有合适的处理和深入考虑。5W1H以一连串的问题让设计者详细考虑一些细节,加强对问题的理解,从而有助于找到合适的方案。

5W1H中常见的问题如下:

1) "**Why** 为什么?"为什么需要搬运?为什么需要如此操作?为什么要按此种顺序操作?为什么物料要这样接收?为什么物料要这样运输?为什么物料要这样包装?

2) "**What** 什么?"要移动的对象是什么?其特征、生产量、零件种类是什么?需要什么资料？资料如何取得？系统所规划的范围是什么？是否需要机械化或自动化？是否需要人工控制？有什么意外的情况？

3）"Where 哪里？"物料应该存放在什么地方？什么地方需要物料搬运？什么地方有物料搬运问题存在？什么地方应该使用物料搬运设备？企业内什么地方存在物料搬运的责任？什么地方未来会发生变化？什么地方的操作可以消除、合并、简化？

4）"When 什么时候？"什么时候需要移动物料？什么时候需要自动化？什么时候需要整理物料？什么时候要删减作业？什么时候要扩充系统容量？

5）"How 如何？"物料如何移动？如何分析物料搬运问题？如何取得主要人员的赞同？如何去学习更多的物料搬运知识？如何应对意外情况？

6）"Who 谁？"谁来搬运物料？谁参与系统设计？谁来评价此系统？谁来安装系统？谁来审核系统？谁提供系统的设备？

7）"Which 哪种？"哪种操作是必要的？哪种问题需要首先研究？哪种设备可以考虑选用？哪种物料要及时控制？可以取得哪些方案？每个方案的利弊是什么？哪种方案最佳？用哪种标准来评价设计方案？如何衡量物料搬运的绩效？

9.3 搬运系统分析方法

搬运系统分析（System Handling Analysis，SHA）是缪瑟提出的一种系统分析方法，适用于一切物料搬运项目。SHA 方法包括：一种解决问题的方法，一系列依次进行的步骤，一整套关于记录、评定等级和图表化的图例符号。

物料搬运系统分析过程如图 9-3 所示，搬运设计项目过程分成四个阶段。

第一阶段　外部衔接。这个阶段要弄清整个区域或所分析区域的全部物料进出搬运活动。在这之前，先要考虑所分析区域以外的物料搬运活动，就是把区域内具体的物料搬运问题同外界情况或外界条件联系起来考虑。

第二阶段　编制总体搬运方案。这个阶段要确定各主要区域之间的物料搬运方法。对物料搬运的基本路线系统、搬运设备大体的类型及运输单元或容器做出总体决策。

第三阶段　编制详细的搬运方案。这个阶段要考虑每个主要区域内部各工作地点之间的物料搬运，要确定详细的物料搬运方法。例如，各工作地点之间具体采用哪种路线系统、设备和容器。如果说，第二阶段主要分析工厂内部各车间或各厂房之间的物料搬运问题，那么第三阶段主要分析从一个具体工位到另一个工位或者从一台设备到另一台设备的物料搬运问题。

第四阶段　方案的实施。任何方案都要在实施之后才算完成。这个阶段要进行必要的准备工作，订购设备，完成人员培训，制订并实现具体的搬运设施的安装计划，以支持后面的实施与管理。

上述四个阶段是按时间顺序依次进行的，但是为了取得最好的效果，各阶段在时间上应有所交叉重叠。总体方案和详细方案的编制是物流系统规划设计人员的主要任务。

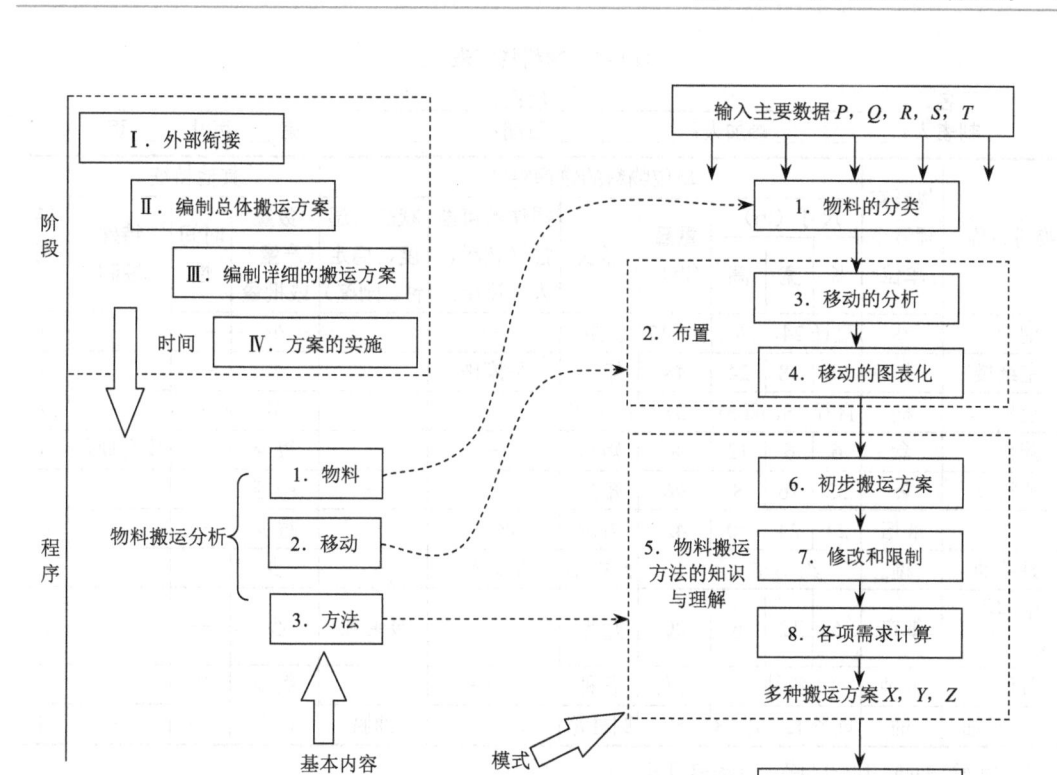

图 9-3 物料搬运系统分析过程

9.3.1 物料的分类

在选择搬运方法时，最有影响的因素通常是所要搬运的物料。对任何物料搬运问题，先要解决的问题都是搬运什么，如果需要搬运的物料只有一种，那么唯一要做的就是弄清这种物料的特性。如果搬运多种不同的物品，则必须按物料类别对它们进行分类，对同一类的物料采用同一方式进行搬运。对所有的物料进行分类，第一可简化分析工作，第二有助于把整个问题化整为零，逐个解决。

物料分类的基本方法是弄清：① 是固体、液体还是气体；② 是单独件、包装件还是散装物料。SHA 的物料分类是根据影响物料可运性（移动的难易程度）的各种特征和影响能进行的。通常主要的特征有物理特征、数量、时间等，根据这些特征编制物料特征表，如表 9-1 所示。在大多数情况下可以把所有物品归纳为 8～10 类。对物理特征来说，实际起作用的往往是容器或搬运单元。

表 9-1 物料特征表

厂名：_____ 项目：_____
制表人：_____ 参加人：_____ 日期：_____ 第___页共___页

物料名称	物料实际最小单位	单位物料的物理特征					其他特征				类别
		尺寸（in）			重量(lb)	形状	损伤的可能性（物料、人、设施）	状态（湿度、稳定性、刚度）	数量（产量）或批量	时间性	特殊控制	
		长	宽	高								
1. 钢带	卷	直径24，高1			6~12	盘状	—	—	少	—	—	d
2. 空纸袋	捆	28	18	24	48	矩形	易撕破	—	少	—	—	d
3. 空桶	桶	直径18，高31			35	圆柱形	—	—	多	—	—	a
4. 药物	盒	6	6	12	8	矩形	—	—	很少	—	政府规范	d
5. 油料豆	袋	32	16	8	96	矩形	—	—	中等	—	—	c
6. 乳酸	酸坛	24	24	30	42	方形	严重	—	很少	—	—	d
7. 黏性油	罐	约1gal			10	圆柱形	怕破裂	—	少	—	—	d
8. 浓缩维生素	纸箱	6	12	6	20	矩形	—	要避热	少	—	—	d
9. 备件	各种	各种	各种	各种	各种	各种	有些	—	很少	急	—	d
10. 润滑油	桶	直径12，高18			50	圆柱形	—	油腻	很少	—	—	d

注：1in=25.4mm，1lb=0.454kg，1gal=3.785L。

9.3.2 布置

对物料鉴别并分类后，SHA 的下一步就是分析物料的移动。在对移动进行分析之前，首先应该对系统布置进行分析，因为布置在很大程度上决定了移动和距离，并影响搬运设备和容器的选择。根据现有的布置制订搬运方案时，路线和距离几乎无更改余地。然而，只要能达到充分节省费用的目的，就很可能要改变布置，所以，往往要同时对搬运和布置进行分析，即 SLP 与 SHA 相结合。

对物料搬运分析来说，需要从布置中了解的信息基本上有以下四方面：

1）每项移动的起讫点（提取和放下的地点）具体位置在哪里？

2）有哪些路线及这些路线上有哪些物料搬运方法是在规划之前已经确定了的，还是大体上规定的？

3）物料搬进运出和穿过的每个作业区所涉及的建筑特点是什么样的（包括地面负荷、厂房高度、柱子间距、屋架支撑强度、室内还是室外、有无采暖、有无灰尘等）？

4）物料运进运出的每个作业区内进行什么工作？作业区内部分已有的（或大体规划的）安排或大概是什么样的布置？

当进行某个区域的搬运分析时，应该先取得或先准备好这个区域的布置草图、蓝图或规划图，这是非常有用的。如果要想分析一个厂区内若干建筑物之间的搬运活动，那就要有厂区总体布置图；如果要想分析一个加工车间或装配车间内两台机器之间的搬运活动，那就要有这两台机器所在区域的布置详图。

9.3.3 移动分析

移动分析的主要工作有四项。

1) **收集各项移动分析的资料**。在分析各项移动时，需要掌握的资料包括物料的分类、路线的起讫点、搬运路径和具体情况以及物流量和物流条件。

2) **移动分析方法**。目前常用的方法有两种。① 流程分析法。每次只观察一类物料，并跟随它沿整个生产过程收集资料，必要时要跟随从原料库到成品库的全过程，然后编制出流程图。当物料品种很少或是单一品种时，常采用此法。② 起讫点分析法。起讫点分析法又有两种不同的做法：一种是搬运路线分析法，另一种是区域进出分析法。搬运路线分析法是通过观察每项移动的起讫点来收集资料，编制搬运路线一览表。每次分析一条路线，收集这条路线上移动的各类物料或各种产品的有关资料。区域进出分析法，每次对一个区域进行观察，收集这个区域运进运出的所有物料的资料，每个区域要编制一个物料进出表。

3) **编制搬运活动一览表**。为了把所收集的资料进行汇总，达到全面了解情况的目的，可以编制搬运活动一览表。表 9-2 表明如何编制这个表，其中，需要对每条路线、每类物料和每项移动的相对重要性进行标定，即著名的 A，E，I，O，U 等级划分。

4) **对各项移动图表化**。图表化是将各项移动的分析结果标注在区域布置图上，达到一目了然的效果。各种移动的图表化是 SHA 的一个重要步骤。

物流图表化的方法有三种：物流流程简图、在平面布置图上绘制的物流图和坐标指示图。其中在平面布置图上绘制的物流图由于注明了准确的位置和距离，可用于选择搬运方案。

9.3.4 搬运方案分析

物料搬运方法是物料搬运路线、设备和容器的总和。一个工厂的搬运活动可以采用同一种搬运方法，也可以采用不同的方法。一般情况下，搬运方案都是几种搬运方法的组合。

1. 物料搬运路线及设备选择原则

（1）物料搬运路线

物料搬运路线分为直达型、渠道型和中心型。

1) **直达型**

在这种路线上各种物料从起点到终点经过的路线最短。当物流量大、距离短或距离中等时，一般采用这种路线是最经济的，尤其当物料有一定的特殊性而时间又较紧迫时更为有利。

2) **渠道型**

一些物料在预定路线上移动，同来自不同地点的其他物料一起运到同一个终点。当物流量为中等或少量，而距离为中等或较长时，采用这种形式是经济的。尤其当布置是不规则的分散布置时更为有利。

3) **中心型**

各种物料从起点移动到一个中心分拣处或分拨地，然后再运往终点。当物流量小而距离中等或较远时，这种路线是非常经济的，尤其当厂区外形基本上是方整的且管理水平较高时更为有利。

表9-2 搬运活动一览表

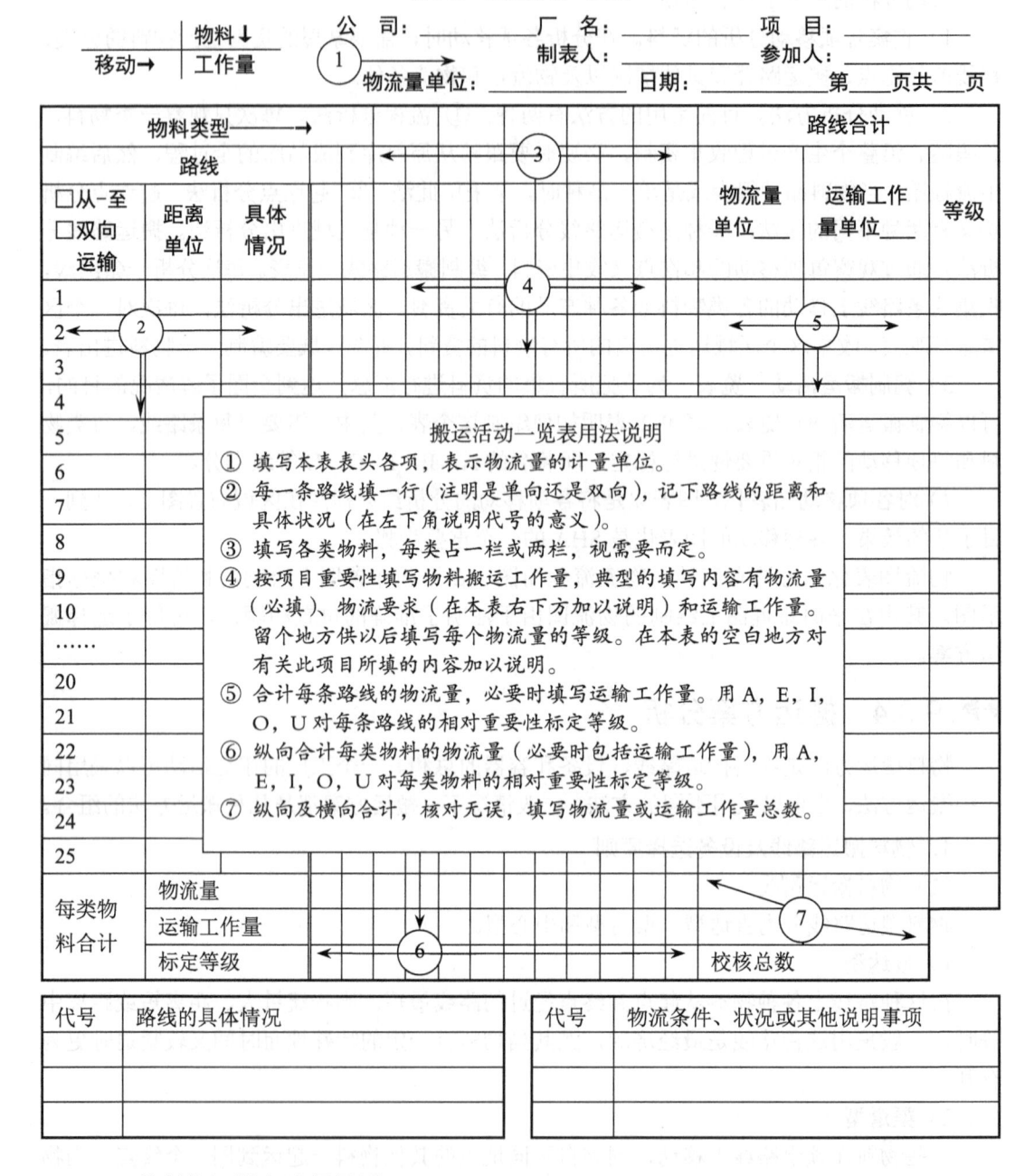

移动→ \ 物料↓工作量 ①	公司：_____ 厂名：_____ 项目：_____ 制表人：_____ 参加人：_____ 物流量单位：_____ 日期：_____ 第___页共___页

路线				物料类型 → ③	路线合计		
□从-至 □双向 运输	距离 单位	具体 情况		② ④	物流量 单位___	运输工作 量单位___ ⑤	等级
1							
2							
3							
4							
5							
6							
7							
8							
9							
10							
……							
20							
21							
22							
23							
24							
25							
每类物 料合计	物流量			⑥	⑦		
	运输工作量						
	标定等级				校核总数		

搬运活动一览表用法说明

① 填写本表表头各项，表示物流量的计量单位。
② 每一条路线填一行（注明是单向还是双向），记下路线的距离和具体状况（在左下角说明代号的意义）。
③ 填写各类物料，每类占一栏或两栏，视需要而定。
④ 按项目重要性填写物料搬运工作量，典型的填写内容有物流量（必填）、物流要求（在本表右下方加以说明）和运输工作量。留个地方供以后填写每个物流量的等级。在本表的空白地方对有关此项目所填的内容加以说明。
⑤ 合计每条路线的物流量，必要时填写运输工作量。用A, E, I, O, U对每条路线的相对重要性标定等级。
⑥ 纵向合计每类物料的物流量（必要时包括运输工作量），用A, E, I, O, U对每类物料的相对重要性标定等级。
⑦ 纵向及横向合计，核对无误，填写物流量或运输工作量总数。

代号	路线的具体情况

代号	物流条件、状况或其他说明事项

（2）物料搬运设备选择原则

要根据距离与物流量指标来确定设备的类别，由第3章可知，设备按技术或具体性能分类时，可分为起重机、输送机、无轨搬运车辆和有轨搬运设备。例如，搬运设备均要求距离短，简单的有二轮手推车，适合量小的搬运；量大的则采用复杂的搬运设备，如窄通道带夹具的叉车。

(3) 选择容器

容器（搬运单元）是指物料搬运时的基本装载方式，如散装采用车厢、罐装等，单件采用单件包装、集装器具等。应根据物料特点和设备来选择运输与搬运单元。

总之，确定搬运的方法是：先确定搬运路线，再选择搬运设备的类别、规格及型号，最后根据物料一览表确定搬运单元。

2. 搬运方案的修改和限制

要使初步设计的搬运方案符合实际、切实可行，必须根据实际的限制条件进行修改。

物料搬运系统的设计除了路线、设备和容器，还要考虑正确有效地操作设备、协调和辅助物料搬运正常进行等问题。在设计后要进行修改和限制的方面有：

- 已确定的同外部衔接的搬运方法；
- 既满足目前生产需要，又能适应远期发展或变化；
- 和生产流程或流程设备保持一致；
- 可以利用现有公用设施和辅助设施保证搬运计划的实现；
- 布置方案对面积、空间的限制条件；
- 建筑物及其结构特征；
- 库存控制原则及存放物料的方法和设施；
- 投资的限制；
- 影响工人安全的搬运方法等。

3. 说明和各项需求的计算

按实际条件和限制做出修改后，应当得出几个不同的方案，对这些方案要逐个进行说明或计算，其内容包括：每条路线上每种物料搬运方法的说明；搬运方法以外的其他必要的变动说明，如更改布置、作业计划、生产流程、建筑物、公用设施、道路等；计算搬运设备和人员的需求量；计算投资数额和预期的运营费用。

4. 方案评价

从几种合理可行的方案中选择最佳的方案，即对方案的评价是 SHA 的一个决定性的步骤，如采用成本费用或财务比较、无形因素比较等。有关评价的详细内容和方法请参见第 2 章。

5. 搬运方案的详细设计

搬运方案的详细设计是在搬运方案的初步设计的总体方案基础之上，制定从工作地到工作地，或从具体取货点到具体卸货点之间的搬运方法。详细的搬运方案必须与总体搬运方案协调一致。

实际上，SHA 在方案初步设计阶段和方案详细设计阶段用的是同样的模式，只是在实际运用中，两个阶段的设计区域范围不同，则详细程度不同。详细设计阶段需要大量的资料、更具体的指标和更多的实际条件，这时需要掌握物料分类、布置和移动分析的详细资料。

在完成总体搬运方案和详细搬运方案的设计后，加上外部衔接和方案的实施两部分，就是 SHA 阶段构成的完整内容，也是利用 SHA 方法进行物料搬运系统设计的内涵。

9.4 搬运系统设计优化与改善

系统搬运分析完成之后，可以得到详细、具体的搬运方案设计。上一节介绍了 SHA 方法，本节将主要考虑系统设计优化问题。首先通过例子来讲述设备数量确定的优化问题，然后讨论系统的成本问题。设计出的搬运系统能不能实施，还需要从成本和安全的角度予以优化。更重要的是搬运系统实施后，企业受内外各种因素的影响对产品、工艺、原材料等的调整，都会影响搬运系统，因此在实际工作中经常碰到的是搬运系统实施后的调整优化，甚至具体到搬运作业的改善。

9.4.1 搬运设备数量的确定

搬运系统机械设备数量的确定要根据系统的要求，满足各项作业的需要，降低劳动强度，同时有较高的作业率及良好的经济效益。

可以用机械设备系数 K 来衡量搬运系统机械化作业程度的高低，公式如下：

$$K = Q_c / Q_t = Q_c / H\alpha \tag{9-1}$$

式中，Q_c 为搬运机械设备能力，是各类机械的总和；Q_t 为搬运系统总物流量，是年吞吐量 H 与重复搬运系数 α 的乘积。通常 α 可取 1~2，如无二次搬运，$\alpha=1$。一般 $K>0.7$ 表明机械化作业程度高，$K<0.5$ 则机械化作业程度低。为搬运系统配备设备时可预先规定 K 的值。

对某一类机械所需台数 Z_i，按下式计算：

$$Z_i = \frac{Q_{ci}}{(Q_c \beta \eta_h \rho t)_i} \tag{9-2}$$

式中，Q_{ci} 为第 i 类机械承担的物流量（t/年）；Q_c 为设备的额定起（载）重量；β 为起（载）重量系数，即平均一次搬运的重量与 Q_c 的比值，如叉车的起重量系数可取 0.5~0.8；η_h 为单位工作小时内平均搬运次数，由运行距离、速度和所需辅助时间确定，如叉车可取 4~8；ρ 为时间利用系数，即设备年平均工作小时与 t 的比值，如叉车可取 0.4~0.7；t 为年日历工作小时。

例 9-1 某厂内新建仓库，仓库年吞吐量为 20 000t，有两次搬运，重复搬运系数为 1.25，所存放的单件物品最大重量为 2t，机械设备系数 $K=95\%$，要求选用额定起重重量为 2.5t 的叉车为搬运工具，叉车的 $\beta=0.5$，$\eta_h=4$，$\rho=0.7$，每年工作 250d，每天工作 8h，试确定叉车的台数。

解：将数据代入式（9-2）

$$Z_i = \frac{Q_{ci}}{(Q_c \beta \eta_h \rho t)_i} = \frac{KH\alpha}{Q_c \beta \eta_h \rho t} = \frac{0.95 \times 20\,000 \times 1.25}{2.5 \times 0.5 \times 4 \times 0.7 \times 250 \times 8} = 3.39 \approx 4 \text{（台）}$$

故需要叉车 4 台。

9.4.2 搬运成本优化

物料搬运系统不但要有"正确的搬运方法"，还要有"正确的成本"。设计搬运系统时，成本估算并不需要过分细致深入，通常采用粗略的方法，如经验估算法。经验估算法可采用现有走行式托盘搬运车的平均单价作为基础，来合理估算特定型号的走行式托盘搬运车的购买价格。但采用经验估算法也要注意，因公司不同、型号不同、时间不同，物料搬运设备的购买价格也会有很大差异，而且所掌握的价格清单很容易过时。因此估算数据要不断地更新。

仅仅考虑降低搬运成本是不够的，因为只追求搬运成本最低往往会造成包含货架在内的整体建筑、生产库存等成本上升，因此要在这些问题中取得平衡。搬运成本通常由以下方法估算：
- 搬运设备移动到负责区域储位的平均时间期望值；
- 高峰需求期作业所需要的搬运车辆数，如以每小时衡量；
- 搬运车辆每小时作业成本，包括人工和燃料；
- 基于年度作业需求的年度运作成本；
- 总搬运成本为年度作业成本和资产成本的总和。

资料 18 搬运成本计算示例

按通常物料搬运设备价格来进行的经验估算法也有陷阱。现在物料搬运设备的种类和范围比过去复杂多了，这主要体现在：① 现在的搬运系统设计方案几乎都是复杂的系统，包括各种电子元器件和计算机控制软件。因此，成本估算必须包括控制系统的软、硬件和集成成本。② 新的物料搬运技术已经大大降低了安装和调整设施所需的人员数量，传统输送机的安装成本可能要占到购买价格的 20%，而新的模块化输送机则只需要购买价格的 10%。此外，传统的电气电力消耗也因为新的电子设备的应用而显著减少。③ 物料搬运设备市场竞争激烈，产品与功能趋同，但价格、质量随着品牌不同相差很大。例如，在国内销售的普通内燃平衡重式叉车，国际品牌的价格是国内品牌的二三倍，但也要看综合拥有与使用成本。最终用户对技术的喜好程度、噪声、安全性、能效、模块化、搬运灵活性、可靠性、可维护性等方面都可能影响具体设备的选择。

物料搬运成本估算的另一方面是使用基于工程信息的详细成本概算模型，如坦乔科等提出的输送机的成本概算方法。输送机成本模型按不同容器尺寸和可选输送机元器件给出。其中可选的输送机部件有以下几种情况：① 按容器尺寸要求来调整输送机宽度；② 使用带式或辊式输送机；③ 不同的输送带材料类型；④ 不同的驱动端配置；⑤ 按计算的功率需求选择电机规格。这一模型表明即使使用输送机来移动零件这一简单的任务，也存在许多由于输送机械部件不同而形成的多种配置。

对更复杂物料搬运系统的设计，必然要采用更全面的系统方法，以确定物料搬运系统设计中各种要素之间的相互作用，这时需要将成本与其他方面综合考虑。

9.4.3 提高搬运安全性

安全性不应当是物料搬运系统设计或设施设计中最后一个考虑的因素，在设计过程中要考虑安全性，并在整个物料搬运系统运行过程中坚守安全准则不放松。在物料搬运过程中，常见的安全事故主要有设备伤害、扭伤、砸伤、爆炸、中毒、触电和灼烫等。事故原因可归结为人、机械、管理这三个方面的因素。随着技术的进步，单纯机械方面的缺陷造成的事故已经很少了，但是仅有安全的设备并不能保证安全的工作环境，搬运系统安全的关键因素是人员—设备接口和管理。

人员—设备接口中特别要引起注意的是行人和叉车同时使用通道的情况。仅美国每年由于行人和叉车相互影响而引起的各种伤害事故就达上千起，在我国甚至有空叉车货叉不放下高速行驶，严重违规，结果将前面的行人当胸穿透的惨剧。许多物料搬运设计都要用到托盘货架和叉车，这种方案的常见缺点是货架区布置不当。按尽量利用空间的原则，许多设计人员设计的通道宽度不够所选车辆作业的使用要求。即使工人训练有素，或者安全意识强，太窄的通道也容易造成上部货架、车辆的损坏和人员损伤。在理想的设施中，行人通道和车辆行驶通道应完全分开，但实际情况常常并非如此。减少两者相互影响的方法是：① 将办公区或员工集中区布置在建筑物的周边，远离存储区和加工区；② 行驶通道的入口应设在开阔区域，远离行人和车辆盲点的设备和建筑结构；③ 在入口处设置支柱和障碍物，以便行人能意识到"一停二看三通过"；④ 如果要用共用通道，就应当另加 750mm 的宽度并沿通道右边标出行人专用通道；⑤ 站台区是特别危险的地方，通常进出的车辆最多，这时应为货车司机设置一个休息区，并限制他们进入站台区，以便叉车工作业时不会因无关人员干扰而分散注意力。

有些物料搬运方案可能要使用输送机械，这时最好将输送机械和叉车区域分隔开来，如可以将输送机吊到屋顶桁架上，或放在阁楼上。如果输送机必须安装在靠近行走通道的地面上，就要采用柱桩或钢轨来加固输送机支撑。不管输送机的导入点是包装台还是某道生产工艺，工作站的设计对防止工伤特别重要。差的人因工程是强迫工人适应工作而不是工作适应人，它占到了工作现场工伤事故总数的 1/3。要避免的、有潜在危险的情况有：操作者不舒适的姿势，重复、过度用力，接触应力和振动。理想的工作站应当是可以调整的，以使操作在肩与膝之间的黄金高度进行，与操作者身体的距离不超过 450～600mm，也应避免弯腰、跪或蹲等姿势。

总之，物料搬运不仅是工业事故的主要根源之一，也是工人职业健康的主要致因。人因工程原则的重要性显而易见。搬运工程师和设施设计人员应当熟悉所有要设计的设施的一般安全要求，贯彻"安全第一，预防为主"的方针，积极遵守我国职业安全卫生的各项法规和管理制度，包括安全生产责任制、安全技术措施计划制度和职业安全教育制度等。物料搬运设计人员应在设计阶段早期识别可能发生的危害，并试图消除所有的潜在危险。

▶▶ 9.4.4 搬运系统及作业的改善

1. 搬运的浪费与不足

在改善搬运系统与作业之前，先认识一下搬运的浪费与不足。

在丰田生产管理中，提出了七种浪费（Muda），其中之一就是搬运的浪费。浪费是指所有一切不增值的活动，对搬运来说就是超出了实际的搬运。通常搬运的 Muda 是容易看得到的浪费，如大部分欧美制造企业的现场，最常见到的浪费现象就是过分地依赖传送带。日本人摒弃流水线布置而采用单元式布置，由人工传送工件而不是传送带，不仅达到了流水线生产的效果，还能适应多品种、少批量的需要，更在搬运上消除了很大的浪费。寻找 Muda 的方法是 4M 法，即从人、机器、物料和方法入手。改善时则以成本和是否容易达到来决定优先顺序，通常是人>方法>物料>机器。

在前面第 5 章讲过，合理的生产布置能够保证物流的顺畅，减少无价值的搬运动作，提高现场的管理透明度和生产效率。把零件、材料从仓库运到生产线，运送过程需要工具和搬运交换，这一切是必不可少的。但是，没有必要的搬运和长距离的搬运都是浪费。搬运的浪费往往因为工厂布置、流水线生产、工程设定等考虑不周而造成。所以如果要降低搬运的浪费，首先要考虑改善工厂的布置，做到即使不搬运，也可以完成工作任务，其次才考虑搬运手段的合理化。

搬运的不足，尤其是方法和设备工具的不足，在我国很普遍，不少企业偏重于依赖廉价的劳动力，普遍采用人力搬运。不注重采用先进的搬运方法，在搬运设备上的投资很少，哪怕一些简单便宜的工具都不配备；人力搬运粗放、低效和野蛮作业，不仅劳动效率极低，也经常造成人员的伤害和货物的损坏，有时还会形成恶性循环，即劳动强度大、安全性低和待遇差导致人员流动性大，从而更不注重人员培训、方法优化和设备的投入。这些不足应当是我们在物料搬运系统设计中要极力避免的。在搬运系统设计和改善中不能过于偏向某一个因素，不能过分依赖人力，要充分认识到机械化和自动化的巨大优势，找到人员、设备和方法配置合理、可行的方案。

2. 改进搬运的分析方法与步骤

改进搬运的分析方法除了前面介绍的 SHA 和活性系数，还有以下方法。

（1）搬运重量比率分析

物料搬运工作量的大小，曾一直是以搬运重量与搬运距离的乘积来衡量的，这种方法在分析和处理有关生产现场物料搬运问题时暴露出比较突出的缺点，因为在生产现场的物料搬运中，实际花费时间多、劳动强度大的是物料的取放，而不是物料的移动，然而这种方法却把取放所花费的时间和劳动量忽略了。

针对这种情况，可通过计算搬运重量比率来分析和找出搬运中存在的问题。搬运重量比率的计算公式为：

$$搬运重量比率 = 搬运重量累计值/产成品净重量 \qquad (9\text{-}3)$$

其中搬运重量累计值，是把由人力每次取放或移动物品的重量累加后得出的数值。通过简化与合并搬运作业，减少搬运环节和搬运次数，实行单元化搬运或提高搬运机械化水平等，可以降低搬运重量比率。

搬运重量比率可以用来分析不同搬运作业的劳动强度与好坏程度，亦可用来分析某项作业工序改善后比改善前减少了多少搬运工作量，尤其在对比不同部分的搬运工作量时最为有效。通过对比分析，可找出需要改进的重点。

（2）空搬运分析

空搬运属于无效搬运，在搬运作业中有许多空搬运是可以减少或消除的，应把它作为分析与改进的对象。为了找出重点改进对象，可对从事搬运作业的人员（包括基本生产工人）进行调查。测定搬运距离（满载搬运距离）和空搬运距离，然后用式（9-4）计算出空搬运系数，进行比较分析。

$$空搬运系数 = （人的移动距离 \div 物的移动距离）/ 物的移动距离 \qquad (9\text{-}4)$$

空搬运系数小于或等于 1 为良好。如果大于 1 的空搬运系数有多个，则把其中最大者作为重点改进对象。

改进的流程和步骤如下:

1) **现场调查,发现问题**。可调查这些问题:有无只重视物料的移动而轻视物料取放的现象?有无过多的空搬运或无效搬运的现象?有无生产工人参与搬运作业过多的现象?有无只注重节省搬运工人而导致生产效率下降的现象?有无因将物料平地散放而多花费劳动力的现象?有无因将物料散乱放置致使取放物料时出现费时费工的现象?是否注意到了搬运阻力?有无为了实现直线型布置而造成过多的无效搬运?有无因为先进先出而在搬运上造成费时费工的现象?各生产环节和工序之间有无重复取放等浪费劳力的现象?搬运作业之间的衔接处有无重复取放等浪费劳动力的现象?物料搬运流程中有无不安全之处?有无因布局不合理造成搬运距离较长的情况?有无因布局不合理造成搬运费用高的情况?

2) **鉴别主要问题,确定改进目标**。从上面的问题中做出鉴别:偏重物料的移动相当于忽视物料的取放;偏重搬运的重量相当于不注重搬运阻力和劳动力消耗;偏重实载运往等于忽视空搬运;忽视搬运工以外的搬运等于轻视由于生产工人负担搬运给生产带来的不利;忽视地面放置和散装放置将带来劳动力的浪费;偏重先进先出将带来仓库作业困难和空间利用不充分;偏重直线布置将带来设备布置不合理,无效搬运过多。由问题和错误得到以下改进线索:① 由于生产工人参与搬运而影响生产效率和产品质量;② 无效取放,表现为物料放置不良,再次整理,重复取放;③ 无效移动,表现为布置不合理,空搬运;④ 使用人力过多,表现为人力移动、人力操作和浪费的劳动力过多。由这些线索可以得到对应的目标,即前一项要提高生产效率,保证产品质量;中间两项要减少搬运作业;最后一项要减少搬运人力。

3) **分析原因,提出措施**。如果空搬运较多,可通过绘制搬运工序分析图来进行空搬运分析,找出产生空搬运的原因和需要改进的地方,制定改进措施;如果是搬运劳动力浪费大,可进行搬运重量比率分析,找出搬运作业量最集中的环节,把分析与改进的重点放在该处;如果在搬运中手工作业和时间浪费较多,则应进行搬运难易性分析和搬运高度分析,查出搬运难易性系数较低的环节和搬运高度较高的姿势,设法改进。总之,要针对具体问题选择分析方法,测定产生问题的原因,然后根据改进目标,制定改进措施,使存在的问题、改进的目标和制定的措施直接挂钩。

4) **实施措施**。根据问题的难易程度,提出合理可行的搬运改进实施方案并加以执行。

5) **结果评价**。可以从定性与定量两方面对改进效果进行评价。

3. 生产现场的搬运改善

生产现场搬运作业的改善要抓住低效和低利用率的致因,以及应用工作采样、作业改善等方法,尤其是作业改善在现场中大有用武之地。

资料 19 人工物料搬运的人因工程指导(英文)

在生产现场的物料搬运中还大量存在着原始的搬运动作,如抓取、捆扎、提升、摆上、放下、垒高、挪动、重新取向、翻转等,可以分析这些搬运动作,然后以机器来模拟、取代人工作业。

在人工搬运还大量存在时,物料搬运系统的设计和改善必须考虑人因工程中的因素。

例如，在站立搬运操作时，活动范围最好在操作者腰部附近20%高度的区域，即手臂自然下垂时前臂的区域是黄金区域，在这个区域内操作时，操作者不需弯腰或跷脚、登高，因此，工作台面、手推车、搁架高度应尽量在此区域。若是以人手进行搬运作业时，腰部以下的高度用于大重物品，腰部以上的高度用于轻小物品，以利于工作效率和人货的双重安全。没有实现全自动化的物料搬运系统有许多重复性的手工作业，在系统设计和改善时要考虑动作经济原则，尽量降低人体的动作等级、劳动强度。这方面的详细内容请参见人因工程方面的书籍。

本章习题与思考题

1. 参观本地一家工厂，评价其物流容器系统，并完成一份检查清单。
2. 就集装单元与物料搬运系统要素之间的相互作用找一个案例并做出分析。
3. 一啤酒公司某种啤酒的包装和搬运过程如下：先将6瓶啤酒一起装入纸箱中，然后纸箱以3层每层20箱堆码在托盘上，采用叉车作业。但是因为啤酒太重，叉车作业时，顶部的啤酒箱子容易滑倒。公司的搬运工程师想出了以下方法来解决问题：a）顶部箱子用框架固定；b）用绳子捆扎箱子；c）用塑料薄膜缠绕箱子；d）采用箱式托盘。试讨论分析上述各种方法的优缺点，还有其他的方法可以解决这个问题吗？
4. 卷钢、纸卷等圆柱状裸装货物的存储与运输主要都是采用卧式的，即卷心轴水平放置。试从物料搬运角度分析为什么这样做？需要什么搬运设备？采用立式有哪些缺点？
5. 某配送中心设计年吞吐量为10 000t，有两次搬运，重复搬运系数为1.35，所存放的单件物品最大重量为1t，机械设备系数$K=85\%$，要求选用额定起重重量为1.2t的叉车为搬运工具，叉车的起重系数为0.8，平均每次搬运时间为12min，移动率为0.8，每年工作365d，每天工作16h，试确定所需叉车的台数。
6. 飞泽饮料公司一小仓库天花板高4.8m，但因上部有蒸汽管道、通风和照明设施，实际可用的高度只有3.5m。该公司的产品多层堆码在托盘上，连托盘总高度为1.8m。在仓库中堆垛以托盘为单位，这时托盘货物无法叠放。该如何解决这个问题呢？
7. 一仓库要存放一批6m长、直径为80mm的捆装的不锈钢管。该仓库原来没有处理过这种货物，叉车工用叉车的货叉插入两捆钢管之间，慢慢推进来取出一捆钢管搬起，但最后货主检查发现钢管有变形损坏。请提出几种防止钢管损伤的搬运方法，并从成本和应用方便角度出发，选择最合适的方法。
8. 现有以下3种托盘货物堆码方法：① 纯手工法每托盘需要6min；② 手工加升降回转台法，每托盘需要4min，但转台需投资3 000美元，10年后残值为1 000美元；③ 托盘码包机法，不需人工，每托盘只需2min，但码包机需投资25 000美元，5年折旧后残值5 000美元。如果劳动力成本为10美元/h，资金成本按15%的年复利计算，试确定每种方法分别适合的年托盘范围。
9. 某零件的工艺路线为：A→F→E→D→C→B→A→F。在以上给定工艺顺序下，有2 000个零件将从第一台机器A流动到最后一台机器F。集装单元数量为50台，从第一台机器开始就确定下来了，但因为批量大小的原因，在机器D加工后集装单元数量翻番。如果用同一辆叉车在不同机器间运送集装单元，假设叉车每次操作一个集装单元，试确定叉车运行的总次数。

10. 一仓库存储 10 000 个托盘单元货物，收发货由 7 名叉车工来处理。从收货、到储位端到发货的平均时间为 6min，假设叉车工年工作 250d，每天 8h，则每年库存周转次数为多少？

11. 某第三方仓库要存放一种生鲜货物，存放期不能超过一个月。该货物平均每天进货 32 托盘单元，试问在满足存放时间要求的情况下，需要多少储位？若采用电动叉车每天工作 6h，托盘单元货物进出一次平均需要 6min，则需要多少台叉车？

案例讨论 —— Case Discussing

线圈搬运的改善

沼津电机厂要验收并压接厂外制造的线圈。交来的线圈每件重量达 10～40kg。搬运很困难，尤其是女工，而且也不安全，因此决定研究改进物料搬运。

该作业的工艺过程为：卡车交货→称重→压接→检验→下一道工序。

工序虽然简单，但搬运工作量大。经过分析发现：搬运共 3 次，总距离 30m，即把线圈搬到工作台或台秤上，再从工作台或台秤上卸下各 3 次，中间还有 2 次停滞。

其中搬运工序分析如图 9-4 所示，活性分析如图 9-5 所示。根据分析，改进的着眼点归纳如下：① 装货卸货次数过多，要减少；② 改进活性系数低的作业工序；③ 缩短移动距离。基于这些着眼点，考虑连手推车一起称重，然后减去手推车的重量。同理在手推车上进行压接和检验，从而消除了全部 6 项装卸作业，并提高了活性系数，一名女工就可进行作业了。另外，改变了压接机的位置，搬运距离从 30m 缩短到 10m。

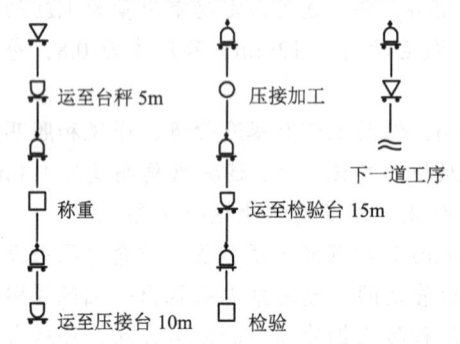

作　业	符　号	次数（次）	距离
移动		3	30m
装卸		4	—
加工检验		3	—
停滞		2	—

图 9-4　搬运工序分析

改进后的搬运工序和布置变化如图 9-6 所示。仔细观察前后工序，会发现在产品的停滞、回收手推车等方面还存在着改进的余地。为了消除停滞，把合格产品顺利送入下一道工序，可扩大分析对象范围并进一步分析工艺作业详情，以达到缩短时间和安全作业的目标。

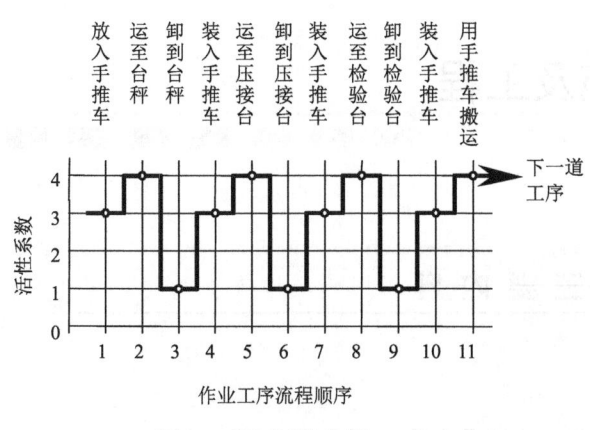

图 9-5 搬运活性分析

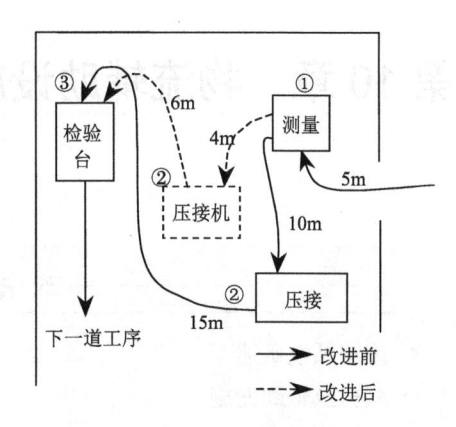

图 9-6 改进后的系统布置

❓ 讨论及思考题

1. 请列出沼津电机厂改造前后所用的物料搬运设备清单。
2. 对改进后的搬运系统进行流程分析、移动分析。
3. 搬运分析经常要从小处着手。请就日常学习、生活中的某项搬运活动进行分析和改进。

案例 13　木材公司底座的搬运

第 10 章 物流辅助设施及工程

> **本章主要内容**
> - 设施系统概述
> - 服务及辅助设施
>   物流服务及辅助设施、收发站台、通道、道路及交通
> - 工程设计规范概述
>   工厂总平面布置、物流建筑规划与布置规范、厂房设计与工业建筑

物流是一门涉及交通运输和土木建筑工程等多学科的交叉学科,本章的目的是使读者对系统内不同的要素有一个总体的了解,以便设计或改善出更好的设施,与其他专业人员有更好的交流与合作。

10.1 设施系统概述

生产系统和服务系统的后方是一些辅助部门。辅助部门的意思是指公用的、附属的及有关的作业单位或职能部门,主要包括维护、机修、工具室、急救站,还常包括办公室、通道与道路、收发站台、收发货区和码头等,有时也称为设施周边系统。

从某种意义上讲,这些辅助部门加强了生产能力,或者说这些辅助部门给生产或服务系统以支持。如果没有它们大力的支持,生产设备及工人就不能充分发挥效能,甚至无法正常工作。同时,由于这些辅助部门的面积加在一起,常常比生产部门本身所占的面积还要大,所以对辅助设施的规划必须给以足够的重视。

需要注意的是,并不是所有的生产或服务系统都会有以上各类设施,可根据企业具体的生产需要进行设置。公用设施宜位于负荷中心或靠近主要用户。设施改、扩建应合理利用原有建筑物及各项设施。此外,还要考虑场区设施、竖向设计、管线综合布置和绿化布置。

从工业及物流建筑使用的角度来说,设施规划与设计也离不开厂房(库房)设施系统,包括相应的公用设施和配套设施。随着厂房与库房建筑各种功能的不断增强,需要更多的公用工程设施系统,具体包括给排水设施、供暖通风与空气调节系统、电气系统(包括供配电、照明、防雷及接地、电气设备安装及电缆敷设,详见 GB 50052-2009《供配电系统设计规范》)、消防系统(包括耐火等级、安全疏散、灭火救援、消防给水、排烟、火灾探测与报警,详见 GB 50016-2014 和 GB 51157-2016)和建筑智能化与安全控制设施、环境保护设施等。它们的专业性很强,这里不做特别介绍。

10.2　服务及辅助设施

物流建筑的服务设施主要有业务与管理办公用房，如办公室、营业厅、更衣室、卫生间和候工室等。工厂管理服务设施一般包括工厂主出入口、行政管理部门、生活与社会服务设施、检测与技术服务部门、交通服务设施和环境保护与绿化。不管工厂与仓库选址何地，都要为员工考虑设置必要的生活与社会服务设施或对接当地相关设施。对于现代工厂，辅助服务设施的占地面积常常接近甚至大于生产车间的占地面积；现代物流仓库也普遍存在服务及辅助设施面积超过存储面积的现象，因此，在总平面布置设计中应对服务及辅助设施给予足够的重视。由于管理服务设施不像生产、存储那样存在明显的物流，因而，这类设施布置设计工作的基本出发点是人员联系、信息联系和生产管理方便，服务对象便利，人流合理，生产环境对人员影响小等方面。

10.2.1　物流服务及辅助设施

作为物流服务的主要实体体现，物流建筑对外业务的营业厅宜设在首层。物流建筑的收发货装卸区是系统与外界交换的通道，必须畅通无阻。要求配建业务与管理办公用房，不宜遮挡有物品进出口的建筑外墙面，贴邻的业务与管理办公用房宜架空布置。交易型物流建筑应为商户设置物品卸货、储存、展示、洽谈、结算的房间。贵重物品库和危险物品库宜设有警犬房。

配送中心等作业型物流建筑和综合型物流建筑内应设置操作人员卫生间，作业人员密集区域距卫生间的距离不宜大于75m。物流建筑的作业区宜就近设置现场办公室、更衣室和候工室，更衣室衣柜应按作业人员人均一个配置，候工室面积可按最大班人数确定，候工室内应设置清洁饮水设施。

物流建筑的辅助设施还有运输车辆装卸操作场地、室外存储场坪、防护网围界或安全监控设施等，还有货物和人员安检设备及专用隔离通道等。例如，具有口岸业务的物流建筑应设置供口岸单位使用的办公、值班用房，快速通关的联合营业和业务办公用房，查验、监管操作用房和场地等，区域封闭隔离围网及卡口。

10.2.2　收发站台

收发站台（Dock）有时也称为平台、月台或码头，如进货码头和卸货码头。不过这里不是指水上码头，而是陆上码头。典型站台如图10-1所示。收发站台的基本作用是：提供车辆的停靠、货物的装卸暂放，利用站台能方便地将货物装进或卸出车厢。物流系统作为一个动态系统，进出频繁，需要专门考虑系统进出两端，即收发站台和停车泊位的设计。站台是物流设施的咽喉，通过收发站台的设置，可以使货物装卸作业高效、有序和省力。

收发站台的设计主要包括站台的布置形式，站台的布置方向，收发站台是否分开设置，站台的宽度、深度和高度尺寸，门的类型、大小和数量等。

1. 进出货站台位置关系设计

出入货站台设计可根据作业性质、厂房形式及厂房内物流的动线来决定站台的形式。为了使物料顺畅地进出仓库，进货站台与出货站台的相对位置是很重要的。

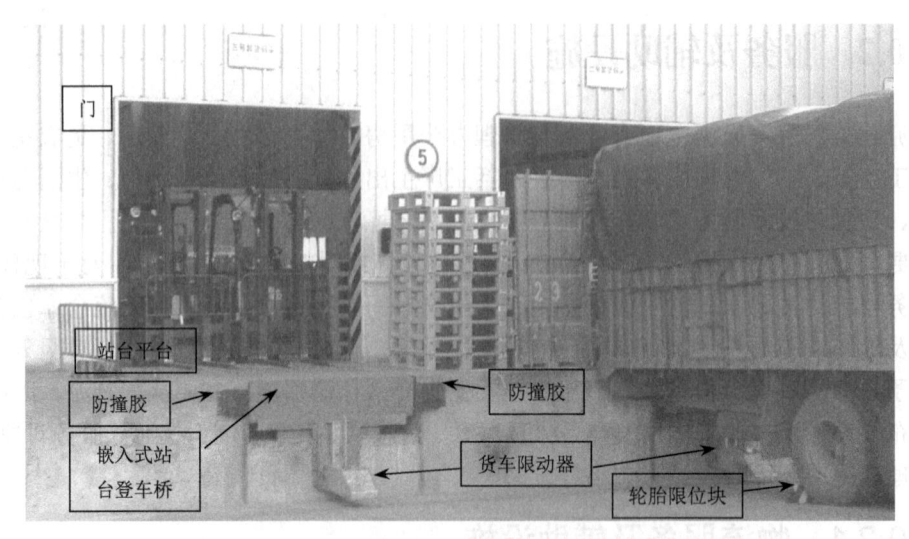

图 10-1 典型站台

收发站台的位置关系决定了物流的方向，是否布置合理将直接影响进出库效率、作业的差错率。两者相对位置关系有如下几种（见图 10-2）。

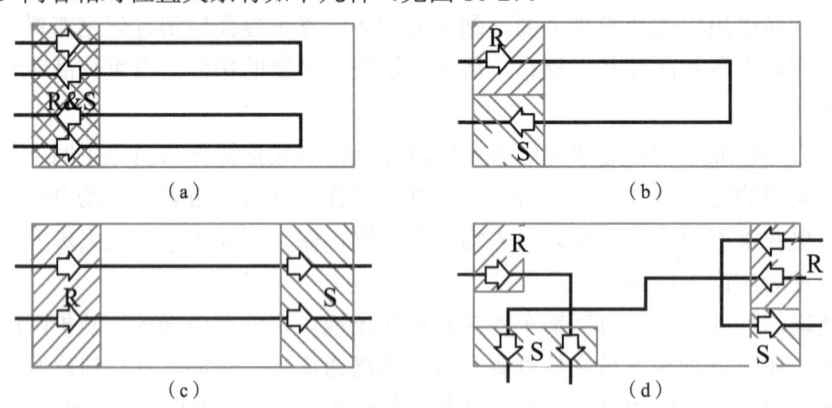

图 10-2 进出货站台配置形式与物流动线（R—进货，S—出货）

1) **进出货共用站台**。这种形式可提高空间和设备利用率，但管理困难。在出入库频繁的情况下，容易造成拥挤、阻滞等相互影响的不良后果。仅适用于进出库时间错开，或进出库作业不频繁的仓库或车间。

2) **进出货分开使用的站台，两者相邻管理**。这种设计方案就是常见的 U 形配置，能使进出作业分开，彼此不会相互影响，适合采用分级存储策略的仓库。U 形配置还便于叉车作业和收发货站台按需动态调整，且仓库易于在其他三边扩充。这种设计适用面较广，但要求仓库面积较大。

3) **进出货区分别使用站台，两者不相邻**。这种方案就是常见的直线型配置，适合进出货量比 U 形配置更大的情况。它采用进出库作业完全独立的相对布置站台，不但空间分开，而且设备独立。直线形配置流程直接，各储位作业均方便且相互干扰少，就像直线形流水线一样，适合长而窄的仓库，出入库物流装卸作业顺畅迅速。

4) **多个进出货站台**。一般仓库不断改造后会形成这种结果，容易造成物流交叉迂回，通常不推荐。

在制造设施设计中,一个重要的问题是确定合适的收发站台数量、分散存储面积及位置。这时,应当详细考虑收发站台与分散存储区的数量与位置的每种可能组合,以得到综合布置和搬运的不同方案,再考虑流动性、时间、成本和质量的影响。

2. 站台布置形式

站台布置形式一般有五种,即直接式(Flush Dock)、驶入式(Drive-in Dock)、穿过式(Drive-through Dock)、伸出式(Finger Dock)和锯齿式。

1)**直接式**是最常见的形式,站台门开在外墙上,货车后部只要靠上门,即可装卸货。因为货车厢底面与站台高度可能有差异,故需要站台登车桥。直接式也有货车侧面靠门的,这时货车厢侧面开门装卸货。为防止风雨影响,可采用能与 8ft 宽、8~8.5ft 高的标准集装箱货车厢后门无缝对接的密封门封或门罩,或在外墙上搭防雨棚。当车辆很多时,直接式站台宽度不够,可做成锯齿状的,或采用伸出式站台,如图 10-3 所示。

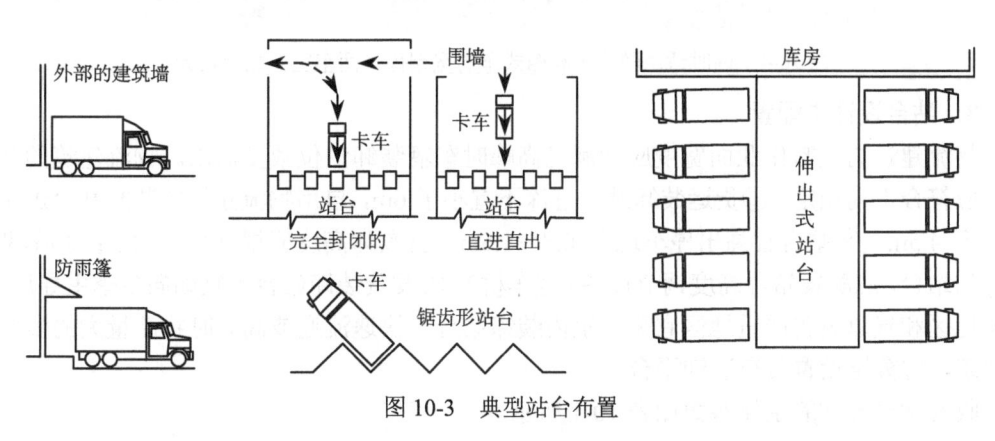

图 10-3 典型站台布置

2)**驶入式**货车可以由门倒进室内,完全不怕雨雪。

3)**穿过式**主要用于铁路站台。

4)**伸出式**一次可由很多辆车装卸作业,货车可停靠伸出站台的两边,可沿伸出方向布置输送机,加快货物进入库内的速度。为了防雨雪,伸出站台上要搭雨篷。伸出式常见于直接转运型仓库中。

5)**锯齿式**是一种较好的方式,它不仅要求车辆转向纵深较浅,而且规划得好就不会影响仓库内部空间,特别适合目前国内敞篷车和厢式车并用的情况。如图 10-4 所示的为某家电仓库的锯齿形站台。它采用宽达 6m 的设计,每个站台对应两个库门,可同时容纳两辆车:一辆厢式车可用登车桥,另一辆敞篷车可利用锯齿直角的两边,从后边和侧边同时装卸货。

究竟选用哪种形式的站台布置,可根据仓库规划、气候条件、作业流程和装卸设备等确定,一般直接式和锯齿式用得较多。

仓库平台(站台)高度应根据运输车辆底板高度确定,宜为 1~1.4m,并在库门处考虑设置登车桥来调节高度。站台宽度不低于 4.5m,且站台及库门宜采用防雨棚,伸出有效宽度应不小于 2.5m,距地面净高不小于 5m。

为便于车辆作业,在收发区外还要考虑布置停车场,这时要考虑停放车辆类型与数量,回车空间、停车角度与宽度等来计算停车空间和规划布置。详细方法请参见有关建筑设计规范类书籍。

图 10-4 同时适用敞篷车和厢式车的宽锯齿（两车宽）站台设计

3. 站台设计与配置

物流建筑的装卸作业面宽度应能满足高峰时车辆装卸泊位数量需求。物流建筑的装卸站台应符合下列规定：①货运装卸站台进深不宜小于 6m，自用物流建筑的装卸站台进深不宜小于 4.5m；②站台宜高出停车地面 0.8~1.5m，且具体高度应根据车型确定；③车型不确定的站台，应配置站台高度调节设备（登车桥）。收发货装卸站台不宜朝向冬季主导风向。严寒地区和气象灾害严重地区宜采用室内装卸站台。快速流通或高峰时物流量大的多层物流建筑，宜分层设置货车装卸平台。

收发站台设计的主要参数如表 10-1 所示。

表 10-1 站台设计参数　　　　　　　　　　　　　　　单位：m

项 目	汽车站台	铁路站台
一般站台宽度	2.0~2.5	约 3.5
小型叉车作业站台宽度	3.4~4.0	≥4.0
站台高度	高出地面 0.9~1.2	高出轨顶 1.1
站台上雨篷高度	高出地面 4.5	高出轨顶 5.0
站台边距铁路中心距离		1.75
站台端头下降坡度	≤10%	≤10%

站台还有一个重要参数就是站台设置数量。站台货位数量与停靠车辆的数量、车辆停靠时间成正比。为了计算站台数量，首先应掌握有关进出货的历史资料、高峰时段的车数和每车装卸货物所需要的时间。站台设置数量计算公式如下：

$$N = T_r \times t \tag{10-1}$$

式中，N 为站台数量，T_r 为每小时停靠车辆数量，t 为停留时间。

例 10-1 某仓库每年处理货物 600 万箱，其中 70% 的进货和 90% 的出货是由卡车运输的。仓库每周工作 5 天，每天 2 班。进货卡车的卸货速度是 200 箱/人时，出货卡车的上货速度是175箱/人时。进出货卡车满载都是500箱。考虑进出货并不均匀，设计加上25%的安全系数。试确定仓库收发货站台数。

解：1）确定进货需求
a. 年卡车进货量为卡车进货百分比乘总进货量，即70%×6 000 000=4 200 000（箱）
b. 年进货卡车次数（假定满载）为4 200 000/500=8 400（次）
c. 每辆卡车卸货作业时间为500/200=2.5（小时）
d. 年总进货卡车次数所需作业时间为8 400×2.5=21 000（小时）

2）确定出货需求
a. 年卡车出货量为卡车出货百分比乘总出货量，90%×6 000 000=5 400 000（箱）
b. 年出货卡车次数（假定满载）为5 400 000/500=10 800（次）
c. 每辆卡车上货作业时间为500/175=2.85（小时）
d. 年总进货卡车次数所需作业时间为10 800×2.85=30 780（小时）

3）计算总作业时间
进出货合计作业时间为21 000+30 780=51 780（小时），
加上25%安全系数为51 780×（1+25%）=64 725（小时）

4）每年工作时数
52周乘每周工作天数乘每天工作时数，即52×5×8×2=4 160（小时）

5）需要站台数为总作业时间除年工作时数，即
64 725/4 160=15.5≈16（个）　故仓库需要16个收发货站台。

收发货站台要想方便作业，还需要一些附属设备，这在第3章的第3.2节已经介绍过。

▶▶ 10.2.3　通道、道路及交通

工厂、配送中心等生产或物流设施除了站台，还要有通道及道路与内外进行交通连接。道路布置的目的在于合理利用土地，方便施工，节约投资和改善交通。

1. 厂房/库房内通道

在第3章专门介绍了叉车的作业通道要求，在第8章也提及仓库的通道设计问题和通道损失问题，其实厂房内一定会有多种通道，有必要在这里进一步总结。

通道虽不直接属于任一作业区域，但是通道的合理设置与宽度设计是影响物流效率的关键。一般厂房布置规划必须先划定通道的位置，然后分配各作业区域。通道的设计应能方便产品和货物的存取、装卸设备的进出及必要的服务区间。

一般来说，厂房/库房内通道包含下列几种类型。

1）**作业通道**：生产和物流作业及出入厂房作业的通道，又包括主通道及辅助通道。主通道通常连接厂房的进出门口至各作业区域，道路也最宽；辅助通道为连接主通道至各作业区域内的通道，通常垂直或平行于主通道。

2）**人行通道**：只适用于员工进出特殊区域的场合，应维持最小数目。

3）**电梯通道**：提供出入电梯的通道，不应受任何通道阻碍。通常此通道宽度至少与电梯相同，距离主要工作通道3~4.5m。

4) 其他各种性质的通道：公共设施、防火设备或紧急逃生所需的进出通道。

影响通道位置及宽度的主要因素有：通道形式，搬运设备的形式、尺寸、产能、回转半径，产品和货物的批量、尺寸，与进出口及装卸区的距离和建筑物限制等。

空间分配最重要的因素是通道的设置及宽度大小，因此，良好通道的设计要点包括：

1) **流量经济**。让所有厂房通道的人、物移动皆形成路径。
2) **空间经济**。通道会占据不少厂房空间，因此需谨慎地设计以发挥空间运用的效益。
3) **设计的顺序**。首先为配合出入厂门的主要通道的设计，其次为出入部门及作业区间的通道设计，然后才是服务设施和参观走道等通道的设计。
4) **大规模厂房的空间经济**。在一个6m宽的厂房内需要有一个宽1.5~2m的通道，占有效地面的25%~30%；而一个180m宽的大型或联合厂房可能有3个宽3.6m的通道，只占所有地面的6%，即使再加上次要通道，也只占10%~12%。因此，大厂房在通道设计上可达到大规模空间经济性。
5) **危险条件**。必须要求通道足够空旷、无阻挡，以便危险时可尽快逃生。
6) **楼层间的交通**。电梯是通道的特例，其目的在于将主要通道的物品运至其他楼层，但又要避免阻碍主要通道的交通。

不同的通道布置有不同的通道面积比例，图10-5表示厂房为30m×30m和15m×60m的尺寸下，通道与厂房面积的比例关系。

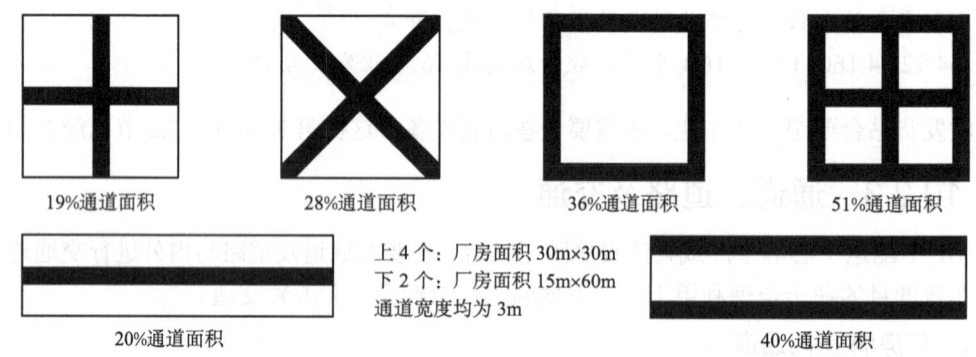

19%通道面积　　28%通道面积　　36%通道面积　　51%通道面积

20%通道面积　　上4个：厂房面积30m×30m　下2个：厂房面积15m×60m　通道宽度均为3m　　40%通道面积

图10-5　通道布置形式相对于厂房面积的比例

大型厂房/库房常采用中枢通道（参见第7章案例），其主要通道经厂房中央，且尽可能直穿，使开始及结束在厂房出入口，且连接主要交叉通道，以有效利用作业空间。

通道宽度的设计要依据作业区域特点、人员和车辆行走速度、单位时间通行人数、搬运物品体积等因素而定，表10-2为一般通道宽度的参考数据。

表10-2　厂房通道宽度参考表　　单位：m

通道种类或用途	中枢通道	辅助通道	人行通道	小型台车	叉车及堆垛机
宽度	3.5~6	3	0.75~1	0.7	参见第3章

通道与布置和动线关系密切，对于仓库有两类重要作业通道：

1) **主要通道**。沿着库房的长度，允许两个方向的交通，也是出入库通道。
2) **交叉通道**。沿着库房的宽度，通常可达仓库的对门。

在设计通道时为了加快出库速度，通常要求作业通道为直线形，同一区域内通道保持方向一致，交叉通道垂直相交。

2．道路与交通组织

厂内/库区道路是联系生产工艺过程及其场所内外交通运输的线路，是实现正常生产和组织人流、物流的重要组成部分，按其用途可分为主干路、次干路、支路和人行道。现代库区、厂区工作通道的宽度、承重和转弯半径要满足国标 GB 1589—2016 规定的最大总长 18.1m 长头铰接列车（长头牵引车+半挂车）货车的通行要求，并要结合消防通道要求对主通道与厂库区车流走向进行规划。

一般主干路至少双车道，宽度 9~15m，并要画中心线；次干路宽度不小于 7m；支路一般宽度为 3.5～4m，人行道宽 1～1.2m。厂内、库区道路的净高应高于运输车辆和消防车辆要求高度的 1m 以上，且不低于 5m。以上各类道路可根据每个企业生产规模和交通运输等需要，全部或部分设置，如采用联合厂房形式，道路种类就很少，但四周宜设置环形道路。

厂(场)区内道路布置基本要求是畅通、短捷、安全、人货分流、少交叉。场区的路网密度、道路宽度、集中停车数量等，应根据物流量、车流量等分析计算确定，并应能满足高峰时车流量的需求。道路布置应满足生产、运输、消防要求，并满足人与车交通分行、机动车与非机动车交通分道的要求。要合理利用地形，考虑与场外道路衔接方便、短捷。运输繁忙的线路宜避免平面交叉，局部交通流线有严重冲突时，应采用局部小立交的方式。

厂内道路布置形式有环状式、尽端式和混合式三种。当用道路划分功能区时，宜与区内主要建筑物轴线平行或垂直，并宜呈环形布置；当为尽端路时，应设置尽端回车场，回车场应满足国家标准 GB 50016—2014《建筑设计防火规范》的规定。另外，因为我国车辆方向盘在左边，车辆行驶路线、停车场和回车场应按逆时针方向设计。

对一般的汽车通道，应根据运输量、日出入库的车辆数量、机动车辆的载重量、型号等来设计道路的宽度、地面承载能力等，确定库区的出入口，即站台，并应按作业流程设计，做到物流合理化。道路和场坪铺面种类有沥青、水泥混凝土、连锁块和独立块铺面，应根据货物种类及装卸方式、地基条件等加以选择。

3．停车场与进出口控制

物流建筑的停车场宜按服务对象分类设置。物流建筑货车停车位可分为装卸站台停车位和停车场停车位。物流建筑货车停车场的规模应按物流建筑和多式联运的发展要求、车辆到达与离去的交通特性、高峰时段货车流量以及货物性质、平均停放时间和车位停放不均匀性等因素确定。

物流建筑停车场设计应有效利用场地，合理安排停车区、通道和作业区，并应便于车辆出入。物流建筑停车场的出入口不宜设在城市主干路上，可设在次干路和支路上并远离交叉口，不得设在人行横道、公交车站以及桥隧引道处，距人行天桥不应小于 100m。

停车场出入口不宜少于 2 个，且出入口之间的净距应大于 10m；条件困难或停车小于 100 辆时，可只设 1 个出入口，但其进出通道的宽度不应小于 7m。当单层或多层物流建筑内设车辆装卸停车位，且每层车辆装卸停车位大于 50 辆时，车辆出入口不应少于 2 个，且出入口之间的净距应大于 10m。物流建筑还应设车辆、人员进出引导标识及管理控制设施，现在逐步采用车牌号拍照识别的闸口控制。

10.3 工程设计规范概述

自 20 世纪 50 年代以来,由于我国政府对工业化的推动与重视,半个世纪建立了数以万计的大中型工矿企业,积累了丰富的设计和布置经验。如 JBJ 9—1996《机械工厂总平面及运输设计规范》和 GB 50187—1993《工业企业总平面设计规范》,这是我国本土经验的总结,对工程设计,尤其是总平面布置有重要指导价值。

10.3.1 工厂总平面布置

总平面布置设计中,应采用含义明确且清晰的图例符号,并按有关的设计制图标准绘图。表 10-3 给出了几种常用图例符号,详细内容请见 GB/T 50103—2001《总图制图标准》。

表 10-3　总图设计图例(部分)

名　　称	图　　例	说　　明
新设计的建筑物		1. 比例小于 1∶2 000 时,可以不画出入口 2. 需要时可在右角上以点数(或数字)表示层数
原有的建筑物		在设计中拟利用者,均应编号说明或在图上注明
计划扩建的预留地或建筑物		用细虚线表示
拆除的建筑物		
地下建筑物或构筑物		用粗虚线表示
新设计的道路	(纵向坡度)(变坡点间距离)(转弯半径)(路面中心标高)	1. 图中斜线为道路断面示意,根据实际需要绘制 2. 箭头表示流向
原有道路		
计划的道路		

工厂总平面设计是对厂区场地范围内的建筑物、构筑物、露天堆场、运输线路、管线、绿化及美化设施等进行全面合理的相互配置,并综合利用环境条件,创造符合工厂生产特性的统一的建筑群体。工厂是由多种系统构成的综合体,既是实现生产工艺过程的场所,又是人们劳动和工作的地方。为场所设置的建/构筑物、仓库等设施,是由工艺过程确定的,它具有功能性、技术性均强的特点。作为后者而设置的行政福利建筑、绿化设施、建筑小品以及整个建筑物、构筑物空间环境,是由工作、生活的功能要求及环境设计要求所决定

的。由于工厂性质、规模、生产工艺的组织和特点不同，各类工厂的组成内容和数量差异很大。随着现代化工厂、联合厂房以及"工业园"的不断发展，这种差异将会更大。

总平面布置是一项政策性、系统性、综合性很强的设计工作，涉及的知识范围非常广，遇到的矛盾错综复杂，必须从全局出发，结合实际情况，进行系统的综合分析，经多方的技术经济论证，选择出最佳方案。设计目标是：根据企业经营目标，在已确定的空间场所内，通过将工人、物料、机器和辅助设施等生产要素合理安排，找到一个高效、经济、安全并使职工满意的，从厂房、车间到各种辅助设施的布置方案，以便创造出具有良好工作和生产环境的企业，提高建设投资和工厂运营的经济效益，并降低企业生产能耗。

总平面布置的主要原则是：

1）必须符合城市规划、建设、环保、卫生、消防等各项规定，满足防火、防爆、防震、防噪等要求，同时能与原有交通运输系统相连接。

2）满足生产工艺流程要求。工厂总平面布局是其制造系统的静态空间结构，直接影响生产工艺流程的顺畅程度，因此，必须在深入分析生产工艺流程、物流状况的基础上，合理地确定生产系统布局及运输道路等的设置，使工厂总平面布置适应生产工艺流程的要求。

3）应该和建厂地点的周边自然条件相适应，充分利用地形、地质等自然条件并考虑气象、气候因素的影响。

4）适应厂内外运输要求。应根据生产要求确定合理的厂内外运输方式，运输线路应力求短捷、顺直，避免迂回，减少运输相互交叉，同时应使厂内道路运输系统布局合理。

5）节约用地要求。在确保生产和安全的前提下，应尽量合理地节约建设用地，基本措施包括合并关系密切的厂房，建成联合厂房；开拓空间，采用多层建筑；选择适宜的运输方式，适当进行管线综合；适当预留发展空间，减少空地。

6）按照生产、辅助、公用设施、行政管理等不同的功能部门进行分区，以便于管理。

10.3.2 物流建筑规划与布置规范

上述工厂总平面布置主要原则基本适合各种非工业设施的平面布置，但物流业近年的迅速发展也相应推出了一些专门规范，如国家标准 GB 51157—2016《物流建筑设计规范》、GB/T 21071—2007《仓储服务质量要求》、GB/T 21072—2007《通用仓库等级》、GB/T 21334—2008《物流园区分类与基本要求》、GB/T 24358—2009《物流中心分类与基本要求》、GB/T 28581—2012《通用仓库及库区规划设计参数》和 GB/T 28577—2012《冷链物流分类与基本要求》等。

从近年来我国物流业的发展来看，物流建筑总体规划应适应当地及行业经济发展的需要，兼顾可持续发展，并结合所在区域的技术经济、自然条件，经过经济技术论证后确定，且宜与邻近的物流设施、交通运输、工业区、居住区、市政道路与动力供给等设施统筹规划衔接。规划应综合所在城市气候、环境和传统风貌等地域特点，保护规划用地内有价值的河湖水域、植被、道路、建筑物与构筑物等，并为工业化生产、机械化作业、建筑空间使用、现代物流管理、可持续发展等创造条件。

物流建筑的规划布局和功能分区，应根据路网结构、建筑布局、建筑群体组合、绿地系统及空间环境等构成相对独立的有机整体。当有城市道路或铁路等设施穿越用地区域时，应统筹组织车流、人流路线；当被分割的不同区块间有物品运输时，宜采取立交方式组织交通。物流建筑的总体规划，应在满足交通运输优化、车辆装卸省力快捷、工艺合理、建筑安全的前提下，提高土地的空间利用率。物流建筑的建设用地规划宜设定投资强度控制指标，并应符合当地或行业的有关规定。

从总平面布置来看，物流建筑应符合以下规定：

1）建（构）筑物及设施宜归并整合，集中布置；

2）建筑物间距应符合国家标准 GB 50187-2012《工业企业总平面设计规范》和 GB 50016-2014《建筑设计防火规范》的规定；

3）应利用地形、地势、工程地质及水文地质条件；

4）应满足物流操作流程、交通组织、消防和管线综合布置的要求；

5）有污染性物品作业或存储的物流建筑，应布置在当地全年最小风向频率的上风侧；

6）具有卫生洁净要求的物流建筑，应远离污染源，并应布置在当地全年最小风向频率的下风侧；

7）除害熏蒸处理房应单独设置，远离场区出入口和人员密集区，并应位于公共建筑和居住建筑的下风向且相距不小于 50m；

8）铁路运输物流建筑的站台与货物装卸线宜采用一台一线的布置形式。

10.3.3 厂房设计与工业建筑

在第 8 章 8.3.4 节中已经介绍了库房的设计，其实库房设计基本上可以归入厂房设计。厂房是最具代表性的工业建筑设施，厂房平面设计方法是其他各种设施规划设计的基础。由于产品的不同和生产工艺流程的不同，各类工厂的组成存在很大区别，生产厂房的结构形式也存在很大差异。厂房不仅有选址时对地质和基础方面的考虑，土木建筑还要根据实际情况因地制宜，对墙体、屋面、地面、内墙、辅房、门窗、沟道等所用材料、施工方法进行选择，以达到实用、安全、方便和美观的效果，在这些方面国家和地方都有专门的标准和规定。这里主要介绍一下最常见的普通厂房平面设计情况。

1. 单层厂房设计

单层厂房适应性强，适用于工艺过程为水平布置的、使用重型设备的高大厂房和连续生产的多跨大面积厂房。由于单层厂房造价低廉，施工简便，因此应用广泛。单层厂房设计的相关因素很多，应注意以下几点：

1）根据车间主要设备占地空间、起重运输设备的类型、通道形式及生产设备布置方案确定车间厂房的平面形式，可采用单跨、双跨、多跨柱网和网格式柱网等形式。确定了厂房平面形式后，决定厂房平面和空间尺寸，选择柱网与结构形式，力求厂房体形简单、构件种类少。按建筑模数要求，厂房跨度柱距可取 6m、9m、12m、18m、24m 和 36m，高度取 3.0m、3.3m，按 300mm 模数增加。近年采用轻型屋面板，12~24m 大距柱更经济。

2）根据生产的火灾危险性进行厂房的防火安全设计，增设防火隔墙及消防通道等。火灾危险性较大的厂房应布置在厂区边缘或最小风向频率的上风侧，并合理布置消防设施和消防车道。

3）根据生产要求、生产者生理和心理要求，结合当地气候条件布置采光和通风口，选择天窗形式，防止过度日晒，避免厂房过热和眩光，使厂房具有良好的采光通风条件。

4）合理利用厂房内、外空间布置生活辅助用房。

5）确定动力、电力、给排水、采暖、通风、空调、三废治理等公用系统的各种设施和管线在厂房内的位置及所需的面积和标高。安排各种操作平台、联系走道和各种安全设施的空间位置。

6）分析生产过程中所产生的各种有害因素，如振动、冲击、噪声、电磁辐射、有害射线、易燃易爆、高温、烟雾、粉尘、水及蒸汽、化学侵蚀介质、有毒液体或气体。当生产环境有特殊要求或生产过程对环境有污染、危害人体、影响设备生产和建筑物安全时，应采取有效的处理措施。

7）根据厂区建筑群体、道路、绿化相统一的美学景观设计要求，对厂房体形、立面、色彩等应根据使用功能、结构形式、建筑材料做必要的建筑艺术处理，形成良好的工厂建筑环境。

2. 联合厂房设计

根据各生产车间的生产性质和特点，将联系密切的生产厂房进行合并，建成联合厂房，可以节约建设用地，节省工程费用，方便生产管理。同时，可以使车间之间的外部物料搬运改为车间内部的物料搬运，大大减小物流强度。

伴随工业现代化而产生的联合厂房在实践中不断发展和完善，并得到广泛应用，逐步打破了过去工业厂房传统的设计原则和特征。

现代工业生产广泛应用自动控制和电子技术，带来了生产过程的自动化，从而使工艺设备更新的周期缩短，生产内容变化的可能性增大。面对新情况，按传统设计方法所建造的厂房，显然已不能适应这种生产工艺发展可变性的要求，而联合厂房在这方面却显示出它的优越性。

由于各生产车间彼此相邻，因此，设计联合厂房时，必须解决各车间之间相互干扰的问题以及厂房卫生条件和消防安全等问题。

- 联合厂房一般适用于冷加工车间。对于生产联系密切而生产性质不同的各车间，通过工艺布置和建筑结构来解决相互之间的干扰问题。
- 尽可能利用自然通风和天然采光。当不能满足卫生要求时，可以辅以机械通风。
- 联合厂房中辅助用房的位置应在服务半径范围内，应充分利用厂房内空间或在适当位置设多层辅助单元。
- 厂房内外均须按标准设置消防通道，厂房内还应分区设立消防设施。

3. 洁净厂房

随着电子、医药等工业的发展，要求等级高、技术先进的洁净厂房也起来越普遍。洁净厂房是空气悬浮颗粒浓度受控，同时室内温度、湿度、压力等参数按相应要求进行控制的厂房。因此洁净厂房在设计、施工安装、维护管理、检修测试和安全运行方面有严格的程序，在节约能源、劳动卫生和环境保护等方面也有较高的要求。

洁净厂房的选址应在大气含尘和有害气体浓度较低、自然环境较好的区域，远离粉尘与气体散发严重的交通场站及要道、工厂、仓库及堆场等，以及振动或噪声干扰的区域。洁净厂房的工艺平面布置应合理、紧凑，在满足生产工艺和噪声要求的前提下，有相同洁净要求的工序和作业单位尽量集中布置。总体布置要考虑大型设备安装和运输的路线，预留安装口和检修口；还应设置单独的物料入口和清洁处理设施，物流路线尽量最短。平面和空间布置设计要考虑生产工艺和空气洁净度的要求，洁净区、人员净化、物料净化和其他辅助用房应分区布置，并应与生产操作、工艺设备安装和维修、管线布置、气流流型以及净化空调系统等各种技术设施进行综合协调。

此外，洁净厂房还有对人员净化、物料净化、噪声及微振控制、建筑、空气净化、给水排水、工业管道和电气等方面的专门要求，详见 GB 50073—2013《洁净厂房设计规范》。

4．现代工业建筑

我国改革开放以来，经济迅猛发展，经济、文化、生产技术快速发展，加上建筑结构和技术的进步，出现了很多新的建筑形式。大量的制造企业出现在全国各地的开发区、工业园区中，工业建筑也由于内外的交流和发展，涌现出一批优秀的厂房建筑。它们既具有较高的艺术水平，又富有时代气息，并和先进的生产技术相协调，也体现了企业文化内涵和品牌特色，做到了形式和内容的统一，不仅成为企业品牌代表和标志性建筑，也成为点缀制造业大国的一道道亮点。

从全球范围来看，一些新的工业建筑形式不断出现，如三角形柱网网格式的厂房、圆形结构厂房、多层和高层厂房、大型密闭厂房、轻钢结构厂房甚至"工业旅馆"。这些建筑结构有的几何造型新颖，又和周围自然环境和谐相处；有的技术经济指标高，节约能源和用地、缩短路线和管线长度；有的因满足产品越来越高的质量要求而发展成大型密闭厂房、洁净和超净厂房。这些建筑结构适应了不同工业门类和企业的多样化需要，也更符合环境与人和谐以及可持续发展的大方向，是值得我们借鉴学习的。图 10-6 为工业建筑外形与环境示例，还可参见图 8-16 亚洲一号库。工业建筑的发展有设施规划人员的一份贡献，同时也使设施规划人员的工作内涵更加丰富。

（a）某电子企业的设计效果　　　　　（b）某机械企业实景

图 10-6　多层联合厂房示例

资料 20　几种特殊的物流建筑及区间要求　　案例 14　某公司仓库及包装车间设计要求

本章习题与思考题

1. 站台布置形式有哪几种？各适用于什么场合？
2. 总结站台及周边区域所用到的各种设施设备。
3. 就前面几章案例介绍的布置图，画出其物流动线图。
4. 如第 7 章例 7-2 中的图 7-4 所示，5 个车间的距离是以矩心的直角距离来计算的，这与实际情况有出入。请以图 7-4 为基础，结合本章的厂内道路要求，设计出适当宽度的主次道路（假设厂大门开在 A，E 之间，道路为水平或竖直布置，转弯半径取 9m，各车间大门尽量靠近矩心），画出设计图形。
5. 上题中，若在 AB，DE 之间设贯通全厂的主干道，厂门改为南北各设一座，其他条件不变，画出此时的主次道路设计图，并算出矩心距离从至表。
6. 什么是总图？总图布置的基本原则是什么？
7. 简述单层厂房设计的注意事项。
8. 库房采用消防喷淋系统的主要优点是什么？
9. 按优先级从高到低排列以下设计目标：①消防安全；②建筑物内的人员安全；③建筑财产；④建筑物内的货物和设备。
10. 试比较物流建筑和工厂建筑在辅助设施与总体布置上的异同点。

参考文献

[1] Bartholdi J J, Hackman S T. Warehouse and Distribution Sciences (0.98)[M]. Georgia Institute of Technology, Atlanta, GA. 2019.

[2] Benjamin S. Blanchard, John E. Blyler. Introduction to System Engineering[M]. John Wiley & Sons, Inc, 2016.

[3] Boysen N, Fliedner M, Scholl A, et al. A classification of assembly line balancing problems[J]. European Journal of Operational Research, 2007, 183(2): 674-693.

[4] Cosgrave J. Estimating the Capacity of Warehouses[J]. Disasters, 1997, 21(2): 155-165.

[5] Dangelmaier W, Blecken A, Delius R, et al. Advanced Manufacturing and Sustainable Logistics[M]. Springer Berlin Heidelberg, 2010.

[6] Dyckhoff H. A Typology of Cutting and Packing Problems[J]. European Journal of Operational Research, 1990 (44) : 145-159.

[7] Gerd Naber, et al. Container Handbook [DB/OL]. http://www.containerhandbuch.de, 2019.3.

[8] Gudehus T, Kotzab, H. Comprehensive Logistics, 2/e[M]. Heidelberg: Springer-Verlag, 2012.

[9] ISO1496-1:2013. Series 1 freight containers—Specification and testing—Part 1 General cargo containers for general purposes, sixth edition [S]. ISO 2013.

[10] ISO1496-2:2018. Series 1 freight containers—Specification and testing—Part 2 Thermal containers, sixth edition [S]. ISO 2018.

[11] ISO1496-3:2019. Series 1 freight containers—Specification and testing—Part 3 Tank containers for liquids, gases and pressurized dry bulk, fifth edition [S]. ISO 2019.

[12] ISO1496-4:1996. Series 1 freight containers—Specification and testing—Part 4 Non- pressurized containers for dry bulk, first edition [S]. ISO 1996.

[13] ISO1496-5:2013. Series 1 freight containers—Specification and testing—Part 5 Platform and platform-based containers, third edition [S]. ISO 2018.

[14] ITCO. 2019 Global Tank Container Survey [R]. Shanghai Maritime University, China, 2019.

[15] Jan Hoffman. Review of Maritime Transport 2018 [R]. UNCTAD, United Nations 2018.

[16] Langley C J, et al. Managing Supply Chains: A Logistics Approach, 8/e[M]. Singapore: Cengage Learning Asia Pte Ltd., 2009.

[17] Render H. Operations Management[M]. New York: Prentice Hall, 2001.

[18] Stock J R, Lambert D M. Strategic Logistics Management, 4/e[M]. New York: McGraw-Hill, 2001.

[19] Tompkins J A, et al. Facilities Planning, 3/e[J]. Hoboken NJ: John Wiley & Sons, 2003.

[20] Yi J , Chen X G , Zhou J . The pinwheel pattern and its application to the manufacturer's pallet-loading problem[J]. International Transactions in Operational Research, 2009, 16(6):809-828.

[21] Yi J M et al. Tactical Planning and Optimization of a Milk Run System of Parts Pickup for an Engine Manufacturer[J]. Journal of Southeast University (English Edition), 23 sup Dec 2007, 23 (10): 99-104.

[22] 蔡临宁．物流系统规划[M]．北京：机械工业出版社，2003．

[23] 陈磊．各种仓储方式的比较与分析[J]．物流技术与应用，2004（8）：91-93．

[24] 董维忠．物流系统规划与设计（第 2 版）[M]．北京：电子工业出版社，2011．

[25] 高晓亮，伊俊敏，甘卫华．仓储与配送管理[M]．北京：清华大学出版社，北京交通大学出版社，2006．

[26] 李学诗．机械工厂物流实践第三利润源泉的途径[J]．物流技术, 2003(11):30-32.

[27] 李毓强．总体工程学概论[M]．北京：化学工业出版社，2004．

[28] 孟祥茹．国际集装箱多式联运[M]．北京：人民交通出版社, 2017.

[29] 彭国勋．物流运输包装设计（第二版）[M]．北京：印刷工业出版社，2012．

[30] 齐二石，等．现代工业工程与管理[M]．天津：天津大学出版社，2007．

[31] 孙亚彬．精益生产实战手册[M]．深圳：海天出版社，2006．

[32] 汤姆金斯，等．设施规划（第三版）[M]．伊俊敏，袁海波，等，译．北京：机械工业出版社，2007．

[33] 王丰，姜大立．物流工程概论[M]．北京：首都经济贸易大学出版社，2008．

[34] 王学锋，等. 集装箱管理与装箱工艺[M]．上海：同济大学出版社, 2006.

[35] 汪鸣. 物流管理模式的创新及推广——评《海尔物流创新模式:一流三网》[J]. 综合运输, 2000(1): 86-87.

[36] 伊俊敏，等．物流工程[M]．北京：电子工业出版社，2005．

[37] 伊俊敏，王笃鹏，潘福斌．集装箱运输管理[M]．北京：清华大学出版社，2020．

[38] 张晓川，等．物流学——系统/网络和物流链[M]．北京：化学工业出版社，2005．

[39] 张文，聂云楚．高效率生产方式[M]．深圳：海天出版社，2002．

[40] 中华人民共和国国家标准．GB 1589—2016《汽车、挂车及汽车列车外廓尺寸、轴荷及质量限值》[M]．北京：中国标准出版社，2016．

[41] 中华人民共和国国家标准. GB/T 12171—1998《集装箱运输术语》[S]. 国家技术监督局, [101] 中华人民共和国国家标准．GB/T 1413—2008《系列 1 集装箱 分类、尺寸和额定质量》[M]．北京：中国标准出版社，2008．

[42] 中华人民共和国国家标准. GB/T 1836—2017《集装箱 代码、识别和标记》[S]. 北京：中国标准出版社, 2018.

[43] 中华人民共和国国家标准．GB 51157—2016《物流建筑设计规范》[M]．北京：中国建筑工业出版社，2016．

[44] 中华人民共和国国家标准．GB/T 50103—2001《总图制图标准》[M]．北京：中国计划

出版社，2002．

[45] 中华人民共和国国家标准．GB/T 2394—2007《联运通用平托盘 主要尺寸及公差》[M]．北京：中国标准出版社，2007．

[46] 中华人民共和国国家标准．GB/T 4387—2008《工业企业厂内铁路、道路运输安全规程》[M]．北京：中国标准出版社，2008．

[47] 中华人民共和国国家标准．GB/T 16470—2008《托盘单元货载》[M]．北京：中国标准出版社，2008．

[48] 中华人民共和国国家标准．GB/T 27924—2011《工业货架规格尺寸与额定荷载》[M]．北京：中国标准出版社，2011．

[49] 中华人民共和国国家标准．GB/T 28576—2012《工业货架设计计算》[M]．北京：中国标准出版社，2012．

[50] 中华人民共和国国家标准．GB/T 28581—2012《通用仓库及库区规划设计参数》[M]．北京：中国标准出版社，2012．

[51] 中国船级社．集装箱检验规范[R]．北京：中国船级社，2016．

[52] 周行．海尔物流与创新[J]．物流技术与应用，2000，5(1):40-43．

[53] 朱耀祥，朱立强．设施规划与物流[M]．北京：机械工业出版社，2004．

[54] 美国物料搬运协会有关资料[EB/OL]．www.mhia.org．

[55] 物流沙龙[EB/OL]．www.logclub.com．

[56] 中国物流与采购联合会有关资料[EB/OL]．www.chinawuliu.org.cn．

[57] 中国国家标准化管理委员会．国家标准全文公开系统[EB/OL]．http://openstd.samr.gov.cn．

欢迎广大院校师生**免费**注册应用

华信SPOC官方公众号

www.hxspoc.cn

华信SPOC在线学习平台
专注教学

- 数百门精品课
  数万种教学资源
- 教学课件
  师生实时同步
- 多种在线工具
  轻松翻转课堂
- 电脑端和手机端（微信）使用
- 测试、讨论、投票、弹幕……互动手段多样
- 一键引用，快捷开课
  自主上传，个性建课
- 教学数据全记录
  专业分析，便捷导出

登录 www.hxspoc.cn 检索 华信SPOC 使用教程 获取更多

华信SPOC宣传片

教学服务QQ群： 1042940196
教学服务电话：010-88254578/010-88254481
教学服务邮箱：hxspoc@phei.com.cn

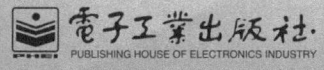

电子工业出版社
PUBLISHING HOUSE OF ELECTRONICS INDUSTRY
华信教育研究所